MIT

Taschenbibliothek der Weltliteratur

Von den Balladen
des blinden Methodius

Mag es auch klingen wie eine Geschichte aus der Zeit der Romantiker, so muß doch damit begonnen werden, daß der blinde Methodius in unserem Hof eine Art von Balladen singt. Der Flur, der in diesen Hof mündet, ist breit und gewölbt und dennoch voller Dunkelheiten, Eisentüren rechts und links verschließen vier nie betretene Verliese. Am Kellereingang baumelt ein Eisenring mit dem Rest einer geheimnisvollen Kette, und im Keller selbst wissen wir einen Rittersaal mit Nebenräumen, aus denen einstmals zwei Gänge zum Rathaus führten und zur Teinkirche. Wenn wir erwachsen sind, werden wir diese längst verschütteten Gänge wieder freilegen, sie bewaffnet durchschleichen und etwas Großes vollführen, das ist sicher.
Unser Hof ist in der Höhe des ersten Stockwerks von einem Spalier edler Säulen aus dem sechzehnten Jahrhundert umgeben. Über die Balustrade gelehnt, lauschen Frauen und Jungfrauen dem Sang des blinden Methodius, und zwischen den Säulen hängen Lambrequins.
Aber diese Teppiche sind keineswegs zum Schmuck der Fassade ausgelegt, sondern zwecks Entstaubung eben aus den Wohnungen gebracht worden, und die lauschenden Frauen sollten Rechtens die Teppiche klopfen, die Bettpolster und Bettdecken lüften oder Wäsche zum Trocknen aufhängen, statt zu lauschen.
Allerdings singt der blinde Methodius wunderschön, sein Tremolo flattert das Flurgewölbe entlang, dringt sicherlich, der Eisentüren spottend, in die nie betretenen Verliese, in den unterirdischen Rittersaal hinab und in die verschütteten Gänge der böhmischen Vergangenheit und unserer Zukunft. Gleichzeitig erreicht sein Singen die höheren Regionen, denn wie aus den Arkaden des ersten Stockwerks leh-

nen sich auch aus den Fenstern des zweiten und dritten die Hausfrauen und Dienstmädchen.

Wenn ich von mir auf andere schließen darf, so ist es nicht allein die schöne Stimme des blinden Methodius, die ihm Auditorium verschafft, und ebensowenig die Melodie seiner Lieder. Nein, der Text siegt über den Ton, die Literatur über die Musik.

Wie schon im ersten Satz gesagt wurde, ist es eine Art von Balladen, was der blinde Methodius singt. Worte, die zu Beginn eines Buches stehen, sind gewöhnlich dazu da, den künftigen Leser festzuhalten, und man soll solche Worte nicht allzu wörtlich nehmen. In unserem Fall aber stimmt die Aussage, daß der blinde Methodius eine Art von Balladen singt, eben nur dann, wenn man sie wörtlich nimmt, das heißt die Ballade gleichsetzt einer Begebenheit in Gedichtform. In diesem Sinne ist der blinde Methodius so ausschließlich Balladensänger, daß er es verschmäht, etwas anderes zu singen, etwa eine Arie, ein Liebeslied, ein Couplet oder gar einen von den Schmachtfetzen des Tages, obwohl er deren Melodien verwendet. Niemals richtet er an Daisy die Frage: „Wann wird die Hochzeit sein?", niemals fordert er vom Glühwürmchen, Glühwürmchen, daß es flimmre, niemals beteuert er, er „hätt geküßt die Spur von deinem Tritt, hätt gerne alles für dich hingegeben". Sein Repertoire besteht durchweg aus Begebenheiten, die mehr oder minder Geschichte waren, Geschichte sind oder Geschichte sein werden, also aus Balladen.

Nun könnte jemand einwenden, daß die Ballade neben der Inhaltsforderung auch bestimmten Formgesetzen gerecht werden müsse und die Gesänge des blinden Methodius demnach nur Bänkel seien.

Ein solcher Versuch, den blinden Methodius und seine Texte auf ein tieferes Niveau zu verweisen, begegnet unserem Veto. Warum macht man ihm und seinesgleichen die Primitivität, die Naivität, den Mangel an Form zum Vorwurf, wenn all das dem Volkslied, soweit es nur Gefühle ausdrückt, als Vorzug angerechnet wird? Warum gelten jene Balladen von Gottfried August Bürger und Edgar Allan Poe am höchsten, die weder ein geschehenes Geschehen noch ein mögliches Geschehen behandeln, sondern Gespensterspuk? Warum predigt der Balladendichter Friedrich

Schiller die Irrealität? Die Antwort lautet: Selbst in der Literatur ist eine konkrete Aussage gefährlich, denn jede Wahrheit enthält potentielle Kritik und Auflehnung.
Wir aber setzen dem Wort: „Was sich nie und nimmer hat begeben, das allein veraltet nie" entgegen: „Was sich stets und immer wird begeben, das allein veraltet nie."
Selbstverständlich wird diese Abschweifung hier nicht um des blinden Methodius willen unternommen, der die Worte „Ballade" und „Bänkel" wohl nie gehört hat und dem es egal sein mag, ob man sein Repertoire der Literatur zurechnet.
Dennoch hat er seine Sängereitelkeit. Da er sein Publikum nicht sehen kann, muß er sich auf andere Weise vergewissern, daß ein solches versammelt ist. „Die Strophe ist schön, nicht wahr?" fragt er nach jeder Strophe, und die Damen vom hohen Balkon bestätigen ihm durch Zuruf, daß die Strophe schön ist, sogar sehr schön.
Mich muß der blinde Methodius nicht fragen, ob ich anwesend bin. Ich stehe den ganzen Tag über neben seinem Schleifrad. Wiederholt ruft meine Mutter mir die Mahnung herunter, nicht so nah heranzugehen, sie befürchtet, Funken könnten mir ins Auge fliegen.
Sein Name flößt mir Bewunderung ein, obwohl in Prag genug Knaben nach einem der Slawenapostel Cyrill oder Methodius heißen. Auch sein Alter imponiert mir, er ist – vor allem am Anfang unserer Bekanntschaft – sehr, sehr alt, wenn auch nicht so alt wie die Erwachsenen, deren Alter überhaupt nicht meßbar ist. Der Haarwuschel auf seinem Kopf ist von dem gleichen Gelb wie Uniformkragen der Sechser-Dragoner, die in meines Vaters Geschäft einkaufen. Der blinde Methodius ist Lehrling beim Messerschmied Kokoschka in unserem Haus, aber er wohnt im Blindeninstitut und trägt die dicke, dunkelgraue Anstaltskleidung mit den riesigen Hirschhornknöpfen. Wenn er abends nach Hause geht, tappt er mit einem armstarken, zwei Meter langen Bambusstab vor sich her, an dem eine Glocke hängt. Die Droschken halten an, während er die Fahrbahn überschreitet, und die Fußgänger sehen ihm nach wie einem Schwimmer in gefährlichem Wasser, jedoch der blinde Methodius merkt nichts von der Beachtung, die er erregt.
Frühmorgens fegt er den Laden des Herrn Kokoschka,

putzt das Schaufenster und stellt sich dann an sein „Velociped", um die vielen breiten Scheren der Tuchhändler aus dem Ledergäßchen zu schärfen, manchmal auch Rasiermesser, Taschenmesser und Fleischermesser oder gar, wie schön, Sicheln und Sensen aus dem Eisenwarenladen des Herrn Lüftner. Es knirscht das Eisen, es sprüht der Stein, es singt der blinde Methodius, und es hören viele begeistert zu, darunter der künftige Schreiber dieses Buches.
Noch heute weiß ich die Methodeischen Lieder auswendig und würde sie gern im Wortlaut hierhersetzen, wären sie nicht zu sehr aus dem Geist der tschechischen Sprache geboren, so daß sie in der Übersetzung sowohl Reim wie Sinn verlören. Das erste, das ich hörte, beginnt so: „Schubsen wir verwegen, Windischgrätz, dieses Kalb, wirft uns von der Kleinseite her Kugeln in den Hinteren."
Wir Kinder glauben, es seien Murmeln, die Windischgrätz, dieses Kalb, uns in den Hintern wirft, und schubsen verwegen. Nach jeder Silbe des Wortes „Hin-te-ren" macht der blinde Methodius eine Kunstpause, in welche die Zuhörerinnen hineinkreischen und die Funken zwischen Schleifstein und Klinge aufprasseln wie die Raketen am Sankt-Nepomuks-Tag.
Die Aktualität dieses Liedes ist längst verblaßt, es entstammt der Prager Revolution von 1848, ihrem letzten Tag, an dem vom Stadtteil Kleinseite aus der österreichische General Fürst Windischgrätz das Bombardement auf die Bürgerschaft eröffnete.
Darüber hat mich – es war in meinem ersten Schuljahr – mein Vater aufgeklärt, als er merkte, daß ich etwas singe, ohne es zu verstehen. Der Windischgrätz, so erzählte mir mein Vater, hat in Prag übel gehaust, und dafür hat ihn Gott bestraft. Mitten im Zimmer wurde seine Frau von einer Kugel getötet, obwohl die Straße vor dem Palais menschenleer war und niemand einen Schuß gehört hat.
„Die Straße war leer?" fragte ich atemlos, „und niemand hat den Schuß gehört?"
„Nicht einmal der Wachtposten vor dem Haus", antwortete mein Vater.
„Wer hat sie also erschossen?"
Mein Vater legte den Finger an die Lippen. „Das ist ein Geheimnis, ein sehr großes Geheimnis."

Aber da ich nicht zu drängen aufhörte, erzählte er: „Damals war ich ein kleiner Junge, nur vier Jahre älter, als du heute bist. Mein Mitschüler Kreibich, Eduard, wohnte in der Zeltnergasse; sein Vater hatte dort ein Modewarengeschäft, dem Militärkommando gegenüber. Der Edi konnte alles mögliche zusammenbasteln, er war sehr geschickt, nicht so ein Schlemihl wie du. Wir spielten oft miteinander, auch damals im Juni 48, als wir alle sehr aufgeregt waren wegen der Soldaten, die Wien gegen Prag schickte. Der Edi hatte gerade etwas Wunderbares hergestellt: eine Kanone."
„Eine wirkliche Kanone?"
„Natürlich keine wirkliche, sondern ein Spielzeug. Ihr Lauf war aus unserem Hausschlüssel gemacht und..."
Heiß und mit aufgesperrtem Munde hörte ich zu. Eine erschossene Fürstin – ein Geheimnis, das mir enthüllt wurde – eine Geschichte von Buden – eine Kanone aus Kinderhand – und nun gar unser Hausschlüssel! Unser Tor hat solch riesige Schlüssel.
„Aus unserem Hausschlüssel?" unterbrach ich, „wieso hatte er denn unseren Hausschlüssel?"
„Frag nicht soviel", brummte mein Vater ärgerlich. Hatte er mehr gesagt, als er sagen wollte? „Es war eben ein Hausschlüssel. Aus dem hat der Edi die Kanone gemacht und sie auf einer Lafette befestigt, weißt du, auf einem Gestell mit Rädern, damit sie fahren kann. Und aus einem kleineren Schlüssel haben wir Munition gegossen, das sind Kugeln, und haben im Zimmer geschossen. Als es in Prag losging, hat mir der Edi gesagt: ‚Ich bleib den ganzen Tag am Fenster, und wenn drüben der Obergeneral ins Zimmer kommt, schieß ich ihn tot.'"
„Also hat der Edi die Frau Windischgrätz erschossen?"
„Das weiß ich nicht, ich war nicht dabei. Aber als man am Pfingstmontag vom Tode der Fürstin erzählte, haben viele Leute gesagt, das sei sicherlich leeres Gerede, nur ich hab's gleich geglaubt."
„Papa, kann man denn mit einer Kinderkanone einen Menschen totschießen?"
„Wenn Gott will, schießt ein Besen."
So schloß mein Vater. Erst lange Jahre hinterher kam ich zur Überzeugung, daß ein Besen nicht schießt, auch wenn Gott will. Ich dachte nach, warum mein Vater die Ge-

schichte erfunden habe, und erklärte es mir so: Er hatte von einem Geheimnis gesprochen, und hernach konnte er ohne Einbuße seiner väterlichen Autorität nicht eingestehen, daß er das Geheimnis selber nicht kenne.
Jedenfalls ist der Täter nie entdeckt worden, und die Nachforschungen wurden derart geheimgehalten, daß sie nicht einmal der Polizei anvertraut, sondern immediat dem Geheimarchiv der k. k. Statthalterei überwiesen wurden. Dieses Archiv hörte erst auf, geheim zu sein, als 1918 die k. k. Statthalterei stattzuhalten aufhörte, weil die österreichische Monarchie zu sein aufgehört hatte. Die alten Schriftstücke übersiedelten in das Archiv des tschechoslowakischen Innenministeriums und waren nicht mehr geheim. Bei einem Besuch in diesem Archiv erinnerte ich mich des Falles, der mich in der Erzählung meines Vaters einstmals so bewegt hatte, und ich ließ mir das Dossier „Tod der Fürstin Eleonora Windischgrätz" holen, ein dickbäuchiges Konvolut.
Ich überflog die ersten Aktenstücke: Protokolle über Haus- und Wohnungsdurchsuchungen nach einer allfällig in Betracht kommenden Schußwaffe, vorgenommen in den dem k. u. k. General-Commando gegenüberliegenden Objekten; Einvernahme von zwei auf dem Wege vom Clementinum zu den Barrikaden festgenommenen Courieren Michael Bakunins, der den Aufstand geleitet hatte; Kreuzverhör mit dem Techniker Maur und anderen verdächtigen Civilpersonen; etc. etc.
Da war nicht durchzukommen. Schon wollte ich den Aktenstoß zurückstellen, als mir auffiel, daß von einem Bogen ein Siegel herabbaumle. Zwar sind Hängesiegel in einem Archiv nichts Besonderes, pompöse Petschafte in kostbaren Kapseln hängen an Seidenschnüren von jeder Bulle und jeder Gerechtsame, was aber hatte ein solch mittelalterliches Sigillum an einem Aktenstück aus meines Vaters Zeit zu suchen?
Und siehe da, es war auch kein Siegel, vielmehr war es ein hölzernes Rädchen von einem Kinderspielzeug und hing als Corpus delicti herab von einem acht Seiten langen Protokoll, aufgenommen am 19. Juli 1848 mit dem p. Josef Kreibich, Inhaber eines Modewarengeschäftes im Haus Cons.-Nr. 936 – I., Prag, Zeltnergasse. Im Protokoll war die

Kanone des kleinen Eduard genau so geschildert, wie sie mein Vater mir geschildert hatte. Neu war mir nur, daß Vater Kreibich laut eigener Angabe seinem zehnjährigen Sohn Eduard, als selbiger einen Schuß aus der Kanone abfeuerte, ein Kopfstück gegeben und der Waffe einen Fußtritt versetzt habe, so daß dieselbe zerstört und hernach weggeworfen worden sei mitsamt zugehöriger Munition. Bei der behördlichen Haussuchung hat sich ein unzweifelhaft von der Lafette stammendes Rädchen vorgefunden und wird hiermit den Akten beigeschlossen.
Seit dem Todesschuß waren also fünf volle Wochen vergangen, ehe sich ein Verdacht gegen Edi lenkte. Obwohl, wie aus dem langatmigen Protokoll hervorgeht, die Untersuchungsbehörde der Sache beträchtliche Bedeutung beimaß, konnte nichts bewiesen werden. „Wenn Gott will, schießt ein Besen" – gut, das mochte auch die hohe Obrigkeit glauben, aber einen solchen Willen Gottes vor Gericht zu stellen und abzuurteilen, wagte sie nicht.
Womit wir wieder zum blinden Methodius zurückkehren wollen, der uns singend über die Weltgeschichte aus Vaters Tagen belehrt. Im Laufe seines Lebens, das von 1838 bis 1901 währte, hat mein Vater nur zwei historische Ereignisse aus der Nähe erlebt, eben jenen Prager Aufstand von 1848 und den Krieg zwischen Österreich und Preußen. Die haben seine Lebensweise wenig verändert, und er pflegte sich wiederholt zu rühmen, seit seiner Jünglingszeit immer im gleichen Bett geschlafen zu haben. Seinen Söhnen gönnte das Schicksal keine so stete Lagerstatt. Einer fiel 1914 jung im Weltkrieg, einer, der für den Anschluß Österreichs und für ein Großdeutschland schwärmte, mag sich darum im Bannbezirk Hitlers nicht glücklicher fühlen, einer ist durch die Invasion der Tschechoslowakei grausam von Frau und Kindern getrennt, einer wirkt als Arzt der chinesischen Armee in Bombardements, Wolkenbrüchen und Erdbeben, und einer wurde auf langen Umwegen nach Mexiko verschlagen, wo er diese Memoiren aus anderen Zeiten und Breiten schreibt.
Aber der blinde Methodius hält noch bei Vaters Zeit. Durch seine Lieder erlebe ich die Schlacht von Königgrätz, ohne es zu wissen, ähnlich dem Helden der Stendhalschen „Kartause von Parma", der nicht ahnt, daß er an einer

Schlacht teilnimmt und den nahen Ort namens Waterloo nicht kennt. Jahrelang höre ich den blinden Methodius vom Blutvergießen in Sadowa singen, von aufeinander lossprengenden Reitern bei Stezery und von zahl- und namenlosen Holzkreuzen bei Horenowes, aber all das sind mir nur böhmische Dörfer. Denn die deutsche Klio hat die Spitze ihres Zirkels ins Städtchen Königgrätz gespießt und einen Kreis gezogen, in dem die Schauplätze Horenowes und Sadowa und Stezery verschwanden. Dagegen hat die französische Klio das Dorf Sadowa zum namengebenden Mittelpunkt genommen und solcherart Königgrätz im Kreisdunkel versinken lassen. Revanche de Sadowa pour Königgrätz.

Zum Preise eines heimischen Räubers läßt der blinde Methodius ein aufregendes Lied ertönen. In den dramatischen Steigerungen ähnelt es den Puppenspielen auf dem Weihnachtsmarkt, aber es ist noch schöner, weil es gereimt ist und gesungen wird, das Messer am Schleifstein knirscht und goldene Sternchen prasseln.

Gar viele edle Moritaten verübt der Räuberhauptmann Babinsky, bevor er gefangen wird und in der Zelle schmachten muß, eiskalte Ketten an Händen und Füßen. Da bekommt er Damenbesuch, ein tritt seine jungfräuliche Geliebte. Der Räuber Babinsky enthüllt ihr, er sei der Räuber Babinsky, was sie eigentlich wissen mußte, denn wie hätte sie ihn sonst aufsuchen können. Morgen, fügt er hinzu, werde seine Hinrichtung begangen werden. Daraufhin sinkt sie tot um, und das Schleifrad des blinden Methodius bleibt brüsk stehen.

Eines seiner Lieder, sein Bravourstück, mußte der blinde Methodius viele, viele Jahre später aus seinem Repertoire streichen. Von diesem Lied verstehen wir Kinder überhaupt nichts und geben dem Hannchen, einem kleinen Mädchen aus dem dritten Stock, auf Grund dieses Liedes den Beinamen Hanka Falschheit. In Wirklichkeit gilt der Name Hanka des Liedes einem Mann, und auch der wird nicht der Falschheit beschuldigt, sondern gegen diesen Vorwurf in Schutz genommen.

Es handelt sich um den Museumsbeamten Wenzel Hanka, der 1817 in einem Turm der Königinhofer Kirche eine frühmittelalterliche Handschrift entdeckt hatte. In den Gelehrtenkreisen der Welt erregte dieser Fund Aufsehen und warmes Interesse für die tschechische Kultur, die nun als ein Ahne der europäischen dastand. Deshalb mußte es auf tschechischer Seite Empörung hervorrufen, als fünfzig Jahre hernach in der Prager deutschen Zeitung „Tagesbote" ein anonymer Paläograph (wieder fünfzig Jahre später eruierte ich, daß es der Bibliothekar Zeidler gewesen war) die Echtheit der Handschrift anzweifelte. Der Redakteur des „Tagesboten", David Kuh, wurde wegen Verleumdung verurteilt, nicht gemildert aber wurde der Kampf zwischen Deutschen und Tschechen, der durch die Verdächtigung der Königinhofer Handschrift entbrannt war. „Verleumder", riefen die einen, „Fälscher", die anderen.

Da verschoben sich plötzlich die Fronten dadurch, daß zwei tschechische Gelehrte, Gebauer und Masaryk, mit vollem Namen und wissenschaftlichen Beweisen die Königinhofer Handschrift als eine von Wenzel Hanka verübte Fälschung erklärten. Gegen Gebauer und Masaryk richteten nun deren Konnationalen ihre Wut in allen Formen, auch in der des Liedes, das der blinde Methodius sang. In dem Lied wird behauptet, die beiden Verräter wollen dem tschechischen Volk das Recht auf nationale Vergangenheit und damit auch auf nationale Zukunft absprechen und sogar bestreiten, daß je ein böhmisches Mädchen einen Blumenstrauß aus einem Bach gefischt habe, wie in der Königinhofer Handschrift geschrieben steht. (Diese Stelle aus dem Hankaschen Fund hat Goethe unter dem Titel „Das Sträußchen" ins Deutsche übertragen.)

Alles, was auf der Welt existiert – so höhnt der Refrain des blinden Methodius –, ist eine Fälschung Hankas, und als Schlußakkord ergeht die Aufforderung, den beiden Volksfeinden den Kopf zurechtzusetzen. „Laßt die Herren es verspüren / Daß sie nicht mehr masarykieren / Was verehrt ein jeder Tschech! / Sonst droht ihnen großes Pech / Wie mit dieser Schreiberei / Daß alles Hankas Fälschung sei."

Dennoch hat jener Masaryk all das weiter „masarykiert", was verblendeten Nationalisten heilig war, und er hatte deshalb mehr als bloß Spottlieder zu überwinden, ehe er seinem Volk einen eigenen Staat schuf. In diesem Staat konnte der blinde Methodius das Lied nicht mehr singen. Das aber

ist Zukunft, vom Standpunkt meiner Knabenzeit gesehen.
Als Gegenwart, als eine des Besingens würdige Gegenwart bringt uns der Moldaufluß die Zeit zum Bewußtsein, da er rasend und reißend wird und das altstädtische Festland in einen Archipel verwandelt. Einige Tage vorher hat uns Hannchen, genannt Hanka Falschheit, im Keller über die Geheimnisse der Liebe aufzuklären versucht (sie zog die Sache von der verkehrten Seite auf), und heute ist der unterirdische Rittersaal überschwemmt, als hätte der Himmel die Sintflut über dieses Sodom und Gomorrha geschickt. Bis hinauf zum Kellereingang schaukelt das durch die Kanalröhren eingedrungene Wasser, der Hof ward zum Teich, und der blinde Methodius muß samt seinem Schleifrad in die Loggia des ersten Stocks übersiedeln. Mit blitzblanken Helmen, schnaubenden Pferden und einer riesengroßen Pumpe fährt die Feuerwehr in unserem Hof auf, um das Wasser auszupumpen.
Uns genügt diese Sensation nicht, allzu aufregende Nachrichten dringen aus der Gegend des Kais, wohin es für Kinderbeine kaum zehn Minuten zu rennen ist. Wir rennen unter der Führung Hannchens, genannt Hanka Falschheit, zunächst zum Bethlehemsplatz und an den Rand der Postgasse, in der die Leute beneidenswerterweise auf Schinakeln fahren. Hernach wagen wir uns zum Moldauufer vor. Dieses kommt uns allerdings auf halbem Weg entgegen. Kaiser Karl IV., der bisher auf dem Festland gestanden, steht jetzt im Wasser, die Wellen spielen um die Goldene Bulle in seiner herabhängenden Hand, und es sieht sehr unanständig aus, wie von dieser Bulle die Tropfen fallen. Jubelnd sehen wir, daß die Fluten die ewige Karlsbrücke so zerbrochen haben, wie wir unsere Spielzeuge zu zerbrechen pflegen, bums. Verschwunden sind die Heiligenstatuen.
Was die Wogen alles vor sich her treiben! Möbelstücke, Hütten, Bäume, Balken, Fässer, Telegrafenstangen! Und auf einem schwimmenden Dach bellt verzweifelt ein weißer Hund.
Pioniertruppen mit Pontons sind von überallher herangezogen, um zu retten, was zu retten ist.
Kaum drei Wochen später singt der blinde Methodius, mit

seinem Schleifrad in unserem Hof stehend, der wieder ein Hof und kein Teich mehr ist, ein Lied von der großen Prager Wassernot. Es ist ein parodistisch Lied „von dem Schrank, der ertrank" und dem ein Pionier nachschwamm, und von einer Bank, auf der Großmama saß. Auch der weiße Hund hat eine Strophe, die ihn verspottet: er belle, um Brandstifter fernzuhalten. Von den Brückenheiligen wird gesungen, daß sie es vergeblich dem Sankt Nepomuk gleichzutun versuchen, der seinerzeit hier ertränkt wurde und von strahlenden Sternen umgeben wieder zum Vorschein kam. Und Karl IV. erkältet sich den Bauch mitsamt seiner Bulle.
Wir Kinder haben all das, was das Lied behandelt, mit eigenen Augen gesehen, drei Wochen lang haben wir das Geschaute lärmend und gestikulierend besprochen, und nun, nun singt uns der, der nicht dabei war, den Bericht.
Das kommt mir komisch vor.

Im Innern von „S. Kisch & Bruder"

Der düstere Flur, der, vom Hof kommend, die Gesänge des blinden Methodius an den nie betretenen Verliesen vorbeileitet, führt durch einen skulptierten Torbogen ins Hell der Straße.
Wahrlich, eine helle Pracht ist dieses Portal. Zwei steinerne Bären, die seit Jahrhunderten das Gold ihres Fells bewahrt haben, hüten das Tor, ihrerseits behütet von zwei mit Ruten bewehrten Jünglingen. Unten, fast in Straßenhöhe, sprießen aus den Mündern zweier menschlicher Profile dichte Ranken, Früchte und Blätterwerk, zuerst aufwärts und dann in leichter Rundung sich einander zuwendend. Das Gezweig umhüllt Säulen und Ornamente und läßt nur den goldenen Bären in der Höhe den gebührenden Platz.
Noch heute steht dieses Haus, es steht sogar unter Denkmalsschutz, aber die Firmentafel neben dem schönen Portal ist für immer dahin – es sei denn, daß sie in einem der eisenverschlossenen Verliese stäke. Diese Firmentafel lautete

„S. Kisch & Bruder, Tuch-Handlung". Eine tschechische Übersetzung stand nicht dabei. Der „S. Kisch" war mein Onkel, der „& Bruder" mein Vater.
Oberhalb des Geschäfts liegt unsere Wohnung; dort bin ich 1885 geboren, und diese Tatsache glaubten die „Reiseführer für Prag und Umgebung" den kunsthistorischen Angaben über das Haus anfügen zu müssen. In der nazifizierten Ausgabe von 1934 fiel diese Mitteilung weg, und so wäre in einem künftigen Baedeker das Bärenhaus in der Melantrichova statt mit einem Sternchen mit zweien zu erleuchten, dieweil es einmal ein Geburtshaus war und dann aufhörte, eines zu sein.
Vorläufig sind wir in der Vergangenheit, in der die Melantrichova den Namen Schwefelgasse führte und jene Tafel „S. Kisch & Bruder" einen Ladeneingang und ein Schaufenster überquerte.
Im Hof, am Schleifstein des blinden Methodius, war ich damals ein begieriger Zuhörer. Auf dem großen Vorbau vor unserer Wohnung, wo mein ältester Bruder mit seinen Freunden tobte, war ich ein geduldeter Mitspieler. Im Keller, wo Hannchen, genannt Hanka Falschheit, uns ihre Kenntnisse beizubringen versuchte, war ich ein erstaunter Schüler. Im Laden aber war ich ein Kaiser – mehr als ein Kaiser: ein Feldmarschall. Ich befehligte ein Heer.
Der Verkaufsraum allerdings bot der Phantasie wenig Spielraum. So langgestreckt und schmal er auch verlief, mußte er sich doch gefallen lassen, durch den Ladentisch längsseits halbiert zu sein. Die Räumlichkeit sah, sofern ich's heute bedenke, geradezu wie ein Stollen aus: Schicht um Schicht lagerte in den Wänden, zum Hangenden klomm man auf Leitern empor, des Abends sogar mit einer Laterne in der Hand. Neben den schwarzen und dunkelbraunen und dunkelblauen und dunkelgrauen Tuchen verschwanden die hellen Sommerstoffe ganz.
Von ganz anderer Art war die Egalisierungskammer: klein und quadratisch. Mir aber schien der Raum riesengroß und rund, und noch jetzt kreist er in meiner Erinnerung als eine hundertfarbig leuchtende und sprühende Kugel, in deren Innern ich sitze und hinwegrolle über Festungen, Feinde und Schlachtfelder. Die Ballen hier sahen mitnichten so plump und so dick und so ernst drein wie jene im Stollen

der Anzug- und Mantelstoffe. Lustig und luftig spielten sie in allen und noch viel mehr Farben; ohne Rücksicht auf die Reihenfolge der Regenbogenskala, ohne Rücksicht auf Ähnlichkeit oder Nuance schmiegten sie sich übereinander und aneinander.

Da lag Grelles auf Sanftem, Krapprot auf Saftgrün, Steingrau auf Karmesinrot, Apfelgrün auf Preußischblau, Zinnober auf Milch, Safran auf Tauben, Hecht auf Dotter, Himmel auf Ziegel, Wein auf Zitronen, Kirsch auf Oliven, Maus auf Gift, Schnee auf Bordeaux, Orange auf Schwefel, Lachs auf Kaffee, Stahl auf Kastanien. Sehr gefiel mir das Gelb der Sechser-Dragoner, weil es mich an den Wuschel auf des blinden Methodius Kopf erinnerte, aber noch lieber hatte ich Papageigrün, wohl wegen des Namens, der mich in einen Urwald voll schwatzender Vögel versetzte.

Jeder österreichisch-ungarische Offizier und Soldat trug auf dem Blusenkragen je zwei tuchene rechteckige Aufschläge in der Regimentsfarbe. Bei den Waffenröcken, die man zur Wache und zur Parade anlegte, bestanden sogar der ganze Kragen, die Epauletten und der Saum der Ärmel aus dem regimentfarbenen Stoff, und das wurde „Egalisierung" genannt, obwohl es die Armee nicht egalisierte, sondern, im Gegenteil, die Truppenkörper schon auf weite Sicht voneinander unterscheiden ließ, also un-egalisierte.

In welcher Garnison die Regimenter auch immer stehen, an welchem Manöver auch immer sie teilnehmen und an welcher Grenze auch immer sie die Wacht halten mochten – gleichzeitig lagerten sie alle in unserer Egalisierungskammer und harrten meiner Befehle. Das papageigrüne Infanterieregiment Nr. 91 war auch dabei, und dort wollte ich, der derzeitige Befehlshaber der ganzen Armee, später einmal als Soldat dienen, wenn ich zum Militärmaß herangewachsen sein würde.

Kam eine Militärperson in unseren Laden, so lief ich ohne Aufforderung in das Egalisierungszimmer, um stolz den richtigen Ballen mit der Regimentsfarbe des Kunden heranzuschleppen.

Einmal im Jahr, am Fronleichnamstag, hielten vormittags die Bürgermiliz mit den Zünften und der Feuerwehr, nachmittags das richtige Militär ihre Paraden ab. An sich war die der Bürgergarden die merkwürdigere, die Zunft der Fleischhauer schulterte riesige silberne Beile, die Bäcker trugen weiße Schürzen über der Uniform, und auf die Bürgergrenadiere waren Fellmützen gestülpt, wahrhaftig so groß wie ihre Träger selber. Das aufregendste an diesen bärbeißigen Gestalten war, daß ich viele von ihnen außerhalb der Bärbeißigkeit kannte, denn wenn sie nicht verzaubert waren wie eben jetzt bei der Parade, waren sie Gewerbsleute, die bei uns einkauften oder bei denen wir einkauften.

In dem Augenblick, da das Messeglöcklein in der Teinkirche zu läuten begann, erscholl der Befehl „General-Decharge", und die Bürgersoldaten gaben aus ihren altfränkischen Flinten eine Salve ab, die sich von der der Militärsoldaten durchaus unterschied: es war kein einfacher Knall, sondern ein verknatterndes Feuer, und wenn endlich der letzte Schuß gefallen schien, der Kommandoruf zum Schultern schon hallte, ließ sich ein oder der andere verspätete Hinterlader noch ein Schüßchen entfahren.

Diese Schau vollzog sich auf dem Altstädter Ringplatz, der Bürgermeister und die Mitglieder des Stadtrats nahmen vor dem Eingang des Rathauses die Defilierung ab, und ich konnte aus dem Seitenfenster unserer Wohnung bequem zuschauen.

Der Parade des richtigen Militärs, die von der Garnisonskirche in der Königinhofer Straße über die Hauptstraße, den Graben, zog, bebte ich wochenlang entgegen.

Auf dem Balkon des Cafés Continental saßen wir Kinder der Stammgäste, und ich zählte den anderen stolz auf, welchen Regimentern der Kordon hüben und drüben angehörte und die Musikkapellen, die neben dem Palais Sylva-Taroucca Aufstellung nahmen, ich kannte sie ja alle nach ihrer Egalisierung. Die Erwachsenen hinter uns waren belustigt über diese Sachkenntnis, und ich höre noch, wie jemand zu meinem Vater sagte: „Ihr Junge wird entweder General oder Tuchhändler."

Ich wurde rot, denn General zu werden war mein Geheimnis. Selbstverständlich würde ich General werden, das stand längst bei mir fest, ein General wie der Graf Grünne, der höchste General von Prag, mit grünem Federbusch und krapproten Lampassen. Die Stoffe seiner Uniform hatte ich mir im Laden bereits zurechtgelegt, nur sein Verhalten mußte ich ihm noch abgucken.

Auf das Aviso „La-den!" ertönte ein einziger Schlag von vielen tausend Händen auf die Patronentaschen, auf das Kommando „Ladet!" wurden gleichzeitig viele tausend Gewehre gefällt und Patronen in viele tausend Läufe geschoben, und auf den Befehl „Hoch an, Feuer!" knallte aus den vielen tausend Läufen ein einziger knapper Schuß.
Bis nun war die mit gelbem Sand bestreute Fahrbahn leer, eine Leere, um so feierlicher, um so erwartungsvoller, als ein Doppelrahmen sie umspannte: der Militärkordon und das vielreihige, dichte Spalier der Zuschauer.
In diese Leere kam es heran, teils hoch zu Roß, teils in Schritt und Tritt. Es blitzten die Säbel der Offiziere im Bogen der Schwenkung. Es flatterten die ruhmreich zerrissenen Fahnen. Es wippten die Feldzeichen aus Laub auf den Tschakos. Es zuckten die Schultern, es prellten die Beine hoch. Vor dem Palais Sylva-Taroucca drehten sich die Köpfe mit einem Ruck nach links, während die Hälse geradeaus weitermarschierten, die mit unseren Egalisierungen benähten Hälse; die ziegelroten Hälse der Dreiundsiebziger, die dunkelgrünen Hälse der Hundertzweier, die milchgrauen Hälse der Elfer, die marineblauen Hälse der Achtundzwanziger, ah, die papageigrünen Hälse der Einundneunziger, die orangeroten Hälse der Sechsunddreißiger, und ihnen nach die Hälse der Jägertruppe, der Kavallerie, der Artillerie und des Trains. Die Musikkapellen spielten jeweils den Marsch des Tuchballens, der eben abgewickelt wurde, es gab ebenso viele Regimentsmärsche wie Regimentsfarben; den Castaldomarsch, den des Prager Hausregiments, summten und pfiffen die Zuschauer mit.
Auf tänzelndem Apfelschimmel, den ein Soldat im Zaum hielt, saß vor dem Sylva-Tarouccaschen Portal der General Graf Grünne, sein strenge gerunzelter, furchteinflößender Blick war es, dem sich die Köpfe entgegenreckten und um dessentwillen die bunten Hälse selbständig weitermarschierten, starr, ohne Richtung und Abstand zu verlieren.
So saß er da, so wird er da sitzen bis zu dem Tag, an dem ich an seiner Stelle dort sitzen werde mit strenge gerunzeltem, furchteinflößendem Blick. Ich übte den Blick.
Man hatte mir erzählt, General Grünne habe eine Schlacht geführt, eine richtige Schlacht mit richtigen Soldaten! Daß es eine verlorene Schlacht war, hatte man mir nicht erzählt

und auch nicht, daß Graf Grünne nicht der oberste Leiter jener Schlacht gewesen; aber das hätte ihm in meinen Augen keinen Abbruch tun, mich keineswegs davon abbringen können, sein Ebenbild werden zu wollen.
Etwas anderes brachte mich davon ab, und in meinem neunten Lebensjahr, in dem Alter, da die Begeisterung für Militarismus am lebhaftesten zu sprießen pflegt, mußte die Parade meines Beiseins entraten. Denn ich hatte General Grünne aus der Nähe kennengelernt.
ER kam in unseren Laden, in Zivil, und dennoch erkannte ich IHN gleich. Ich zitterte vor Aufregung. Die Parade – der Apfelschimmel – die Hälse – die große Schlacht.
Seine Frau war mit und suchte für IHN eine Reihe von Zivilstoffen aus. ER stand daneben, sagte nichts, wie ER auch bei der Parade nichts gesagt hatte. ER begnügte sich, mit dem Blick, den ich kannte, mit dem strenge gerunzelten, furchteinflößenden Feldherrnblick, die defilierende Ware zu mustern. Zuletzt wurden Lodenstoffe für einen Jagdanzug vorgelegt, und die Generalin entschied sich für einen davon, IHM gefiel ein anderer besser, und ER äußerte das.
„Kusch!" zischte seine Frau ihn an.
Und der Feldherr? Er schwieg.
Beim Abendessen erzählte mein Vater der Mutter lachend die Szene. Mir aber war nicht zum Lachen zumute, ich war zerrüttet durch die Zurechtweisung, die sich mein General widerspruchslos hatte gefallen lassen.
„Wie kann sie ihm so etwas sagen?" mischte ich mich in das Gespräch meiner Eltern.
„Schweig", sagte mein Vater. Er sagte nicht „kusch" zu mir.
„Kusch" sagt man nur zu einem Hund. Und daß mein General das Wort wortlos eingesteckt hatte, konnte ich nicht fassen. Meine militärischen Zukunftspläne stürzten zusammen. Ich verlor meinen Beruf, mußte einen neuen ergreifen.
Zur nächsten Fronleichnamsparade ging ich, wie gesagt, nicht mehr. Statt mit Zinnsoldaten spielte ich jetzt mit den Buchstaben meines Druckkastens, statt des Egalisierungszimmers wurde der unsichtbare Platz unter dem Stehpult unseres Verkaufsraums mein liebster Aufenthalt. Dort kam ich, durch eine Reihe von Ereignissen bewegt, auf den Einfall, eine Zeitung zu machen.

Die erste Zeitungsnachricht, die ich gelesen oder, besser gesagt, buchstabiert hatte, war kriminalistischer Natur. Ich war auf die Notiz aufmerksam geworden, weil mein Onkel (die vordere Hälfte der Firma „S. Kisch & Bruder") das Verbrechen entdeckt hatte. Auch den Schauplatz, den Juwelierladen Rummel in der Jungmannsgasse, kannte ich gut, denn im gleichen Haus hatte mein Onkel seine Junggesellenwohnung. Oft war ich zu Besuch dort, es war ganz, ganz anders als bei uns zu Hause. Eine dicke Dame, die sich ohne Kleider hatte malen lassen, hing an der Wand, Photographien von Kusinen und Tanten, die ich nicht kannte, und mitten unter ihnen das Bild eines männlichen Verwandten. Das war unser Urahn, der Hohe Rabbi Lœw, ein großmächtiger Zauberer; er hatte sich aus Lehm einen lebendigen Sklaven geformt, der Golem hieß. Neben Onkels Bett lag ein Tiger, der aber tot war. Manchmal, wenn ich zu Besuch kam, fand ich die Wohnung versperrt, und der Onkel rief mir durch die Türe zu, auf der Straße zu warten. Dann stand ich vor dem Schaufenster des Juweliers Rummel, darin brillantene Schmetterlinge flatterten und kleine silberne Kutschen fuhren und komische Anhängsel für Uhrketten baumelten.

Eines Nachts, als Onkel Semi sehr spät nach Hause ging – er ging immer sehr spät nach Hause –, bemerkte er vom Flur aus einen Lichtschein im Rummelschen Laden. Er lauschte, hörte Geräusche, benachrichtigte den nächsten Polizisten und auf dessen Wunsch die Wachstube. Man umstellte das Haus, drang in den Laden ein und verhaftete einen Einbrecher.

Aus seinem Werkzeug und der Präzision seiner Arbeit schloß die Polizei, eines gefährlichen Internationalen habhaft geworden zu sein. Aber wer war er? Daktyloskopie gab es damals ebensowenig wie ein Verbrecheralbum mit Photos aus aller Welt. Der Festgenommene besaß Legitimationspapiere mit seiner genauen Personenbeschreibung. Sie lauteten auf den Namen eines bisher unbescholtenen Geschäftsreisenden. Hatte er sie gefälscht?

Polizeikommissar Olitsch diktierte ihm, wie ich in der Zeitung „Bohemia" las, stundenlang Sätze, in die er unauffällig Worte aus den Dokumenten einflocht. Die Schrift des Verhafteten ergab keine besondere Ähnlichkeit mit der in den Papieren; entweder hatte der Einbrecher seine Handschrift

bei der Herstellung der Dokumente verstellt, oder er verstellte sie jetzt; oder aber die Dokumente waren echt, und er war wirklich zum erstenmal auf Abwege geraten. Da, nach drei Stunden, der Geprüfte war offensichtlich müde geworden, diktierte ihm Olitsch schnell einen Satz, in dem das Wort „Bezirk" vorkam. Der Einbrecher schrieb „Bezierk".
„Bezirk schreibt man nicht mit ie", sagte Olitsch.
„Ach ja", sagte der Mann und strich das e weg, „ich irre mich dabei immer."
„Jawohl, Sie irren sich dabei immer. Aber ein Beamter würde Bezirk nicht falsch schreiben, das müssen Sie zugeben. Hier auf Ihrem Geburtsschein steht Bezirk mit ie, und in Ihrem Arbeitsbuch ist Bezirk ebenso falsch geschrieben."
Daraufhin gestand der Verhaftete die Fälschung der Dokumente und seinen wahren Namen ein. Es war der eines steckbrieflich gesuchten Geldschrankknackers.
Diese Schilderung des Verhörs wirkte weit aufregender auf mich als das Lied vom Räuber Babinsky, und so blieb ich Zeitungsleser. Ich ahnte nicht, bald von einem Verbrechen in der Zeitung zu lesen, das mich weit mehr angehen sollte als der Einbruch beim Juwelier Rummel.
Die Firma „S. Kisch & Bruder" versandte zweimal im Jahr Musterkarten an Kundschaften in der Provinz. In der Ecke jedes Tuchmusters klebte ein kreisrunder Zettel, darauf Preis, Nummer, Art und Breite des Stoffes angegeben waren. Diese Vignettchen wurden in unserem Geschäft mittels einer Stanze hergestellt. Das tat ich sehr gern, und wenn keine für Geschäftszwecke zu stanzen waren, stanzte ich sie für mich. Aus einem der braunen Pappkartons, die zwischen die Seidenpapierblätter des Kopierbuchs gelegt wurden, damit sich der zu kopierende Brief nicht auf einen anderen abdrücke, stanzte ich eines Tages einen kleinen Kreis heraus, und, schau, schau, er glich ganz und gar einem kupfernen Kreuzer. Ich legte ihn vor den Ladeneingang, jemand kam des Weges, bückte sich danach und steckte den Fund in die Tasche. Kühn gemacht durch diesen Einzelerfolg, ging ich zur Massenproduktion über und verstreute Hartgeld, das de facto Papiergeld war, in unserer Straße.

Vom Wohnungsfenster aus, hinter dem Vorhang versteckt, beobachtete ich die Wirkung. Männiglich hob Kupfermünzen auf, um sie als Kartonblättchen wegzuwerfen, mancher eilte wortlos weiter, sich des Hereinfalls schämend, die meister aber schimpften, zumal dann, wenn sich zwei gleichzeitig hastig und energisch nach dem gleichen Geldstück bückten und ihre Köpfe dabei aneinanderstießen. Bald sammelten sich Gruppen und nahmen eine bedrohliche Haltung an, ohne zu wissen, gegen wen.
Aus dem ehemaligen Michaelskloster schaute ein Mann auf die Straße hinab, die ihrerseits auf ihn hinaufzuschauen begann. Er lächelte in aller Unschuld. Unten nahm man das für Hohn und schickte sich an, ins Haus zu dringen, jedoch gelang es dem Hausbesorger, das Tor rechtzeitig zu schließen. Ein herbeigeeilter Polizist verschaffte sich Einlaß. Während dieser Szene kam meine Mutter ans Fenster, um zu sehen, was es gäbe; ich beschwor sie, sich nicht zu zeigen, kreidebleich erklärte ich ihr, was ich angestellt. „Ach was", meinte sie, „es wird wohl etwas anderes passiert sein."
Drüben führte der Polizist den Mann aus dem Michaelskloster. Was wird mit dem Verhafteten geschehen, wenn er seine Unschuld nicht beweisen kann? Was wird mit mir geschehen, wenn man den wahren Täter entdeckt?
Es hieß alle Spuren beseitigen. Vorerst verbrannte ich den Rest des Kartons, aus dem ich die Münzen geprägt hatte, dann versteckte ich die Stanze im dunklen Flur eines benachbarten Durchhauses. An ihre Stelle legte ich eine alte, ausrangierte Stanze; sie schnitt viel größere Kreise aus, die kein Mensch für Kupferkreuzer halten konnte.
Daß die Tat in einer Tuchhandlung begangen worden war, würde die Polizei sicherlich feststellen, und nur eine in unserer Straße kam in Betracht.
Bezirk schreibt man nicht mit ie, wie ich genau wußte. Ich erwog, ob ich nicht Dokumente herstellen und absichtlich Rechtschreibfehler hineinmachen sollte, um sie beim Verhör vor Polizeikommissar Olitsch zu vermeiden und so meine Unschuld zu beweisen. Oder wäre es nicht besser, zu flüchten? Rußland soll riesig groß sein, dort wird man mich bestimmt nicht finden.
Am nächsten Morgen standen in der Zeitung drei Zeilen,

ein Unbekannter habe in der Schwefelgasse münzenähnliche Kartonstücke ausgestreut und dadurch einen Auflauf hervorgerufen. Dieser Mitteilung folgte eine andere über die mutwillige Alarmierung der Feuerwehr im Vorort Zizkow. Die beiden Notizen trugen den gemeinsamen Titel „Bubenstücke".

O weh! Also auch das hatten sie schon heraus, daß meine Münzen die Stücke eines Buben waren, kein Zweifel, sie waren mir auf der Spur. Ich konnte nicht schlafen, stündlich erwartete ich die Polizei, die da kommen mußte, um mich zu holen. Wie dem Räuber Babinsky würde man mir Ketten anlegen, eiskalte Ketten, und mich in eine finstere Zelle sperren.

Es dauerte lange, ehe ich diese Befürchtung los wurde, ich vergaß sie erst bei der Lektüre des Mordprozesses gegen den Verein „Omladina" („Verjüngung"). Am Weihnachtsabend 1938 war der Handschuhmachergehilfe Rudolf Mrva in seiner Wohnung erstochen worden, und etwa ein Jahr später fand die Verhandlung gegen die Täter statt. Der spaltenlange Bericht war fein zu lesen, weil die Sätze kurz waren und nach jedem ein Absatz kam.

VORSITZENDER: Sie klopften an die Tür?
ANGEKLAGTER DRAGOUN: Ja.
VORSITZENDER: Auf gewöhnliche Art?
DRAGOUN: Nein, mit unserem Klopfzeichen.
VORSITZENDER: Wie war das?
DRAGOUN: Zwei langsame und drei schnelle Schläge und ein Kratzen an der Tür.
VORSITZENDER: Daraufhin hat Mrva geöffnet?
DRAGOUN: Erst fragte er, wer da sei.
VORSITZENDER: Was antworteten Sie?
DRAGOUN: Die rot-blaue Sieben.
VORSITZENDER: Daraufhin hat Mrva geöffnet?
DRAGOUN: Nein. Er fragte zuerst, welcher Teil der Sieben. Ich nannte meinen Namen.
VORSITZENDER: Welchen Namen?
DRAGOUN: Die Lampe im Felsen.
VORSITZENDER: Wo hatten Sie das Dolchmesser verborgen?

Im Hintergrund dieser Mordgeschichte stand eine große antiösterreichische Verschwörung. Monatelang waren in Prag Wappen auf den Staatsämtern, Tabaktrafiken und Briefkästen, die Denkmäler des Kaisers Franz I. und des Feldmarschalls Radetzky zu nächtlicher Stunde mit Teer oder Farbe beschmiert worden. Auf den steinernen Doppelaar der Finanzprokuratur war eine Flasche mit roter Farbe geschleudert worden, und schaudernd sahen wir einen Raubvogel mit zwei Schnäbeln und vier Krallen, die von Blut troffen. Unter Aufsicht der Polizei und im Beisein undurchdringlich dreinschauender Neugieriger wurde stundenlang versucht, die Farbe wegzuschrubben. Nicht mehr zu helfen war dem Adler über dem Postamt am Kleinen Ring, dem waren die Köpfe abgeschlagen, zwei Drähte ragten aus dem klaffenden Doppelhals. Bei hohen Staatsbeamten langten Drohbriefe und sogar Höllenmaschinen ein. Mit Riesenbuchstaben war auf eine Häuserwand der Elisabethstraße eine Bitte an den Kaiser gepinselt: „Franz Joseph, krepiere." Über Prag wurde das Standrecht verhängt, ohne daß die Aktionen sich verminderten.

Plötzlich, sozusagen über Nacht, kam die Polizei einem tschechischen Geheimbund „Omladina" und ihrer Terrorgruppe „Das unterirdische Prag" auf die Spur. Massenverhaftungen setzten ein.

Ohne Zweifel lag Verrat vor. Die noch in Freiheit befindlichen Mitglieder der „Omladina" verdächtigten den buckligen Rudolf Mrva, Geheimname: „Rigoletto von Toskana". In dem Notizbuch, das seine Geliebte ihm im Auftrag der Organisation entwendete, fand sich der Beweis für seinen Verrat, und als Mrva den Weihnachtsbaum schmückte, ertönten an seiner Wohnungstür die zwei langsam und die drei schnell aufeinanderfolgenden Klopfzeichen und das Kratzen ... Die rotblaue Sieben ...

„Das ist die Liebe nur ganz allein", sang der blinde Methodius, seine Messer wetzend, „sie stößt den Dolch in 'n Buckel rein." Von der Haft der „Omladinisten" und ihrem Prozeß sang er auch, aber ganz leise, denn das Lied war verboten, und drüben vor dem schwarzgelben Briefkasten stand, wie wir ihm warnend zuflüsterten, ein Polizist.

Der Mord an Mrva war der Höhepunkt dieser antidynastischen Welle, nach der Verurteilung der Führer verebbte

sie, und eine antisemitische Flut konnte steigen. Im Wald beim Dorf Polna war die Leiche eines Mädchens aufgefunden worden, Dorfbewohner rotteten sich zusammen und schrien, niemand anderer als die Juden hätten das Mädchen ermordet und man müsse alle Juden erschlagen. Um dieser Forderung wenigstens einigermaßen zu entsprechen, nahm der Gendarm irgendeinen Juden aus der Gegend fest, und gegen diesen, Leopold Hilsner mit Namen, wurde das Verfahren wegen „Ritualmords" eingeleitet. Ein oder zwei Jahre später, während Hilsner in Haft saß, entdeckte man abermals eine verweste Frauenleiche und legte ihm nunmehr auch den zweiten Mord zur Last.
Die Rolle, die Zola im Fall Dreyfus übernommen, übernahm im Fall Hilsner der Professor Masaryk. Ja, dessen Rolle war vielleicht noch undankbarer. Keine Zeitung stand Masaryk bei, und er führte diesen Kampf allein, ebenso wie er gegen die gefälschte Königinhofer Handschrift allein gekämpft hatte. Selbst diejenigen seiner Konnationalen, die gleich ihm die Ritualmordbeschuldigung als Wahnwitz erkannten, selbst sie ließen angesichts der alles überflutenden antisemitischen Verhetzung sowohl Hilsner als auch Masaryk fallen, „für Ruhe und Ordnung, gegen Freiheit und Gerechtigkeit".
„Du Hilsner", wurde den Judenkindern auf dem Schulweg zugerufen mit einer Bewegung gegen die Kehle, Nachahmung des „charakteristischen Schnitts", der in dem Prozeß eine Rolle spielte. Der blinde Methodius sang zwar nur ein elegisches Lied: „Hilsner, du arger Mann / Was hast im Brezinawald getan...", aber die Straße war erfüllt vom Ruf nach Rache und Pogrom. Hannchen, genannt Hanka Falschheit, die mich noch vor wenigen Tagen über Liebe aufgeklärt hatte, sang jetzt Haß: „Kaufet nicht beim Juden ein / Kaffee, Zucker, Möbel / Die Juden, sie erschlugen uns / Ein sehr junges Mädel." Es kam zum Krach zwischen uns beiden, und ungeachtet unseres im Keller besiegelten Bundes ging sie von dannen, aus vollem beginnendem Busen schmetternd: „Mein Schubkarren ist mir lieb / Jeder Jud ist ein Dieb."
Das war die Zeit, in der mir, um so mehr als ich einen Kinderdruckkasten besaß, die Idee kam, eine Zeitung zur Aufklärung der Massen herauszugeben.

Der Platz unter dem Stehpult unseres Ladens war keine unebene Räumlichkeit für die Zeitung des kleinen Mannes. Schräg wie das Dach eines Hauses war der Pultdeckel hoch über mir und so breit, daß Hauptbuch und Kassabuch aufgeschlagen nebeneinander liegen konnten. Wenn jemand zu meinen Häupten bücherliche Eintragungen machte, störte es mich nicht, denn von oben, durch den Pultdeckel hindurch, konnte er mich ebensowenig sehen wie ich ihn. Ja, er sah noch weniger von mir als ich von ihm: ich sah seine Beine; sie standen wie zwei Säulen vor dem Portal meines Zeitungspalastes. Die andere Front des Stehpults bestand aus polierten Latten, die mich vor den Blicken der Außenwelt verbargen. Links und rechts hatte ich freien Ausguck und konnte für meine Zeitung das öffentliche Leben beobachten, soweit es sich in unserem Laden vollzog, darin der meine eine Enklave war.

Der Name der Zeitung lautete „Zeitung". Es wäre eine Fehlinterpretation, in diesem Titel die Anmaßung des Herausgebers sehen zu wollen, daß er seine Zeitung für die Zeitung an sich hielt. Eher war er dabei von der instinktiven Erkenntnis geleitet, kein Mensch würde die Zeitung als Zeitung erkennen, wenn er sie nicht durch den Titel als solche kenntlich mache. (Übrigens sollte sie auch kein Mensch zu Gesicht bekommen.)

Mit drei Garnituren von Bleibuchstaben – nach und nach angekauft – wurde sie gesetzt und in einer Auflage von einem Exemplar gedruckt, das sofort expediert wurde, und zwar in die kleine Kiste, die auch als Redaktionstisch diente. Redaktionsfauteuil war der Fußboden.

An Stoff gibt es in einem Tuchladen keinen Mangel, auch an Stoff zum Schreiben nicht. Nehmen wir zum Beispiel Herrn Meyer, den Bankier aus der Heinrichsgasse. Er kaufte meist englischen Homespun, die „Pepper-and-Salt"-Stoffe wurden eigens für ihn aus Manchester bestellt. Mein Vater machte, wenn er Herrn Meyer Stoffe vorlegte, immer Witze, die sich auf Gespenster bezogen: „Wird viel getragen in Gespensterkreisen" oder: „Wünschen Sie ein okkultes Muster oder lieber etwas Clairvoyantes?" Einmal fragte ich meinen Vater nach dem Sinn dieser Anspielungen und erfuhr, daß Herr Meyer Spiritist sei und was das bedeute. Flugs druckte ich einen den Geisterglauben verdammenden Artikel folgenden Wortlauts: „Gespenster gibt es nicht. Ritualmorde gibt es auch nicht. Es ist blöd, so etwas zu glauben." Wie man sieht, war meine Zeitung ein Gesinnungsblatt.

Einige Zeit später wurde der Bankier Meyer unter dem Verdacht des Börsenbetrugs verhaftet, und ich – ein Zola und Masaryk zugleich – verfaßte einen geharnischten, nicht weniger als drei Zeilen langen Artikel zu seiner Verteidigung, bestehend in dem Satz, daß Herr Meyer ein sehr anständiger Herr sei. Ich verschwendete mich in diesem Fall an kein unwürdiges Objekt, denn nach seiner Freilassung begann Bankier Meyer unter Pseudonym im Münchner „Simplizissimus" satirische und mystische Geschichten über Prag zu schreiben und veröffentlichte den viel diskutierten, viel kritisierten Roman „Der Golem". Aber nie hat Gustav Meyrink erfahren, daß ich der erste war, der über ihn geschrieben.

Einer meiner Artikel richtete sich gegen Politiker, die öffentlich den Boykott deutscher und jüdischer Waren predigten, aber bei uns einkauften. Allerdings traten sie nicht durch die Geschäftstür ein, sondern heimlich, durch den Hausflur. Sogar das Tuch für die Tschamara, den verschnürten Salonanzug der Panslawisten, bezogen sie bei uns; um dieses Tuch, einen gewöhnlichen Smokingstoff, zu bekommen, hätten die Boykottprediger wahrlich nicht zum Boykottierten gehen müssen.

Mein Blatt geißelte den Widerspruch zwischen Rede und Handlung, es verglich die Kunden des Hintereingangs mit den Mördern Mrvas, die Klopfzeichen anwandten und mit dem Dolch im Gewande zu ihren Opfern schlichen. Wie der Leser bemerkt, paßt der Vergleich nicht, aber damals bemerkte das kein Leser, denn die Zeitung drang ja aus dem Souterrain des Stehpultes nicht hinaus, und obwohl seit ihrer Gründung ein halbes Jahrhundert vergangen ist, wird sie hier und an dieser Stelle zum erstenmal zitiert. Hätte damals jemand von der Firma „S. Kisch & Bruder" diese Nummer gelesen, sicherlich wäre sie der Beschlagnahme verfallen und der Hersteller der Druckschrift wegen Geschäftsstörung zur Verantwortung gezogen worden. Schade, daß das nicht geschah, dergestalt hätte ich schon frühzeitig gelernt, daß Pressefreiheit dort aufhört, wo geschäftliche Interessen beginnen.

Als größtes Thema für meine Jugendjournalistik hätte sich eigentlich der Prager Dezember von 1897 darbieten müssen. Das waren wilde Tage. Die deutschen Abgeordneten im Reichsrat, die Tumulte an der Wiener Universität und die Straßendemonstrationen in Graz hatten den Sturz des Ministerpräsidenten Badeni erzwungen und die Zurückziehung seiner slawenfreundlichen Sprachenverordnungen. Daraufhin erhoben sich die Tschechen. Deutsche Gebäude und Geschäfte in Prag wurden gestürmt, ihre Einrichtungen zertrümmert, Firmenschilder und Fensterscheiben eingeschlagen.

„Der Russe ist mit uns. Wer gegen uns ist, den wird der Franzose hinwegfegen", sangen die Prager Demonstranten, und das galt als Hochverrat, denn mit Österreich standen Italien und Deutschland zum Dreibund zusammen, während die Franzosen und Russen bereits der zukünftige Erbfeind der Monarchie waren.

Immer größere Ausmaße nahm die Revolte an, machtlos war die Polizei, machtlos selbst das aufgebotene Militär. Vor den Gewehren der Infanterie wich die Menge nur zurück, um sich in einer anderen Straße zu sammeln und Steine zu schleudern. Gegen die Kavallerie wandten die Demonstranten „Knallfrösche" an, Feuerwerkskörper, die unter den Pferdehufen explodierten; die Pferde scheuten, von einem geschlossenen Vorrücken konnte keine Rede sein.

Unser Haustor war versperrt. Wir gingen nicht zur Schule, überhaupt nicht auf die Straße. In unserer Wohnung wurde keine Lampe angezündet. Trotz Verbots lugten wir Buben aufgeregt und neugierig abends aus dem Fenster. Die vom Wenzelsplatz vertriebenen Demonstranten gruppierten sich immer wieder. Ein Mann mit offenem Mantel rannte in unbeschreiblicher Hast durch die Gasse. Gerade vor unserem Haus hielt er eine Sekunde lang inne, knöpfte seinen Mantel ab und warf ihn hin. Im Schein der Gaslaterne sah ich sein Gesicht, es war fahl, Augen und Mund aufgerissen. Der Mann lief ins Ledergäßchen, verschwand im Dunkel – nicht mir verschwand er, ich sehe ihn noch heute vor mir.

Eine Minute später klapperten Pferdehufe übers Pflaster, Dragoner. Mit den Säbeln schlugen sie die Scheiben der

Schenke neben dem „Täubelhaus" ein, preschten zu Pferd in die Wirtsstube. Dann galoppierten sie weiter. An der Ecke des Ledergäßchens überlegten sie, ob sie in diese Finsternis und Enge hineinreiten sollten. Ein Pferd verwickelte sich mit den Hufen in den weggeworfenen Mantel, der Reiter schenkte dem keine Beachtung. Die Schwadron ritt geradeaus, durch die Schwefelgasse. Wenn die Reiter jenen Mann verfolgten, waren sie auf falscher Fährte. Ich freute mich darüber, ohne zu wissen, warum.
Über alle diese großen Themen berichtete die Zeitung „Zeitung" kein Wort. Die Firma „S. Kisch & Bruder" war eine Woche lang geschlossen und damit auch meine Redaktion und Druckerei.

Wirklich gedruckt

Das vorige Jahrhundert und meine Existenz überschneiden sich, fünfzehn Lebensjahre haben wir beide gemeinsam. Ich sitze längst nicht mehr redigierend, druckend und herausgebend unter dem Stehpult. Nur die Kiste dient mir noch. Sie, die mir Schreibtisch und Absatzgebiet gewesen, ist nun Depot für Manuskripte meiner Poesie und Prosa. Sogar ein Theaterstück enthält sie; für das anderthalbaktige Schauspiel „Die Rathausuhr" sollten nur die Bretter der Kiste die Bretter der Welt bedeuten.
Gerne würde ich meine Werke richtig gedruckt sehen. Aber da steht ein Aber: „Mitarbeit an Zeitungen oder Zeitschriften beziehungsweise Einsendungen, auch wenn sie keine Veröffentlichung zur Folge haben, werden auf das rigoroseste, gegebenenfalls mit Relegierung bestraft." Mit diesen Worten des Amtsstils versucht die „Disziplinarordnung für Schüler der k. k. Mittelschulen" jede Äußerung eines jugendlichen Genies zu ersticken.
„Auf das rigoroseste bestraft...", das würde mir unter normalen Umständen keine besondere Angst einflößen, im allgemeinen heißt das einige Stunden Karzer, und die nähme ich gern für Ruhm in Kauf. Relegierung steht ja nur „gegebenenfalls" auf das Verbrechen der versuchten Literatur.
In meinem Fall aber ist es schlimmer. Dreimalige Verurtei-

lung zu Karzer innerhalb eines Schuljahres hat automatisch den Ausschluß aus der Schule zur Folge. Und ich habe gleich zu Beginn des Schuljahrs 1899/1900 das Pech gehabt, zweimal nacheinander in den Karzer gesteckt zu werden.
Der erste Vorfall war eine Prügelei auf dem Schulhof. Gemeinsam saßen mein Gegner und ich die vier Stunden ab, und einer ließ den anderen die Strafarbeit abschreiben, was nicht hinderte, daß die Gegner unversöhnt schieden.
Am zweiten Delikt trug nicht ich die Schuld, sondern meine Großmutter. Wie oft wurde ich in meinem Berufsleben an diese groteske Episode erinnert, wie oft haben Redakteure, genauso wie damals meine Großmutter und aus ähnlichen Gründen, Tatsachen in meiner Arbeit beanstandet. War ich gegenüber meiner Großmutter im Recht? Urteil selbst:
Ich war Quartaner, vierzehn Jahre alt, saß zu Hause und lernte Heimatkunde, die Geographie der im „Österreichischen Reichsrate vertretenen Königreiche und Länder". Ich hatte das Buch vor mir auf dem Tisch, das Kapitel „Herzogtum Salzburg" aufgeschlagen, die Arme aufgestützt, das Kinn in den flachen Händen.
Gestern hatte der Lehrer beim Schüler Kinzl zu prüfen aufgehört, der im Alphabet vor mir kam, morgen konnte ich als erster gerufen werden.
Neben dem Tisch saß Großmutter und strickte. Halblaut las ich: „Das Herzogtum Salzburg hat einen Flächeninhalt von 7153 Quadratkilometern und 192760 Einwohner." Ich wiederholte: „7153, 7153" und „192760". Folgendermaßen ging der Text weiter: „Die Bevölkerung auf dem flachen Lande ernährt sich zumeist von Ackerbau und Viehzucht, in manchen Gegenden auch von Salzgewinnung. In den Städten sind Handel und Industrie bedeutend."
Das brauchte nicht intensiv eingeprägt zu werden. War es doch die Eigenschaft aller Kronländer von Österreich, soweit ich sie gelernt hatte, daß Handel und Industrie in den Städten bedeutender waren als auf dem flachen Land, wogegen Ackerbau und Viehzucht niemals in den Städten blühten. Neu war nur die Salzgewinnung. Ich wiederholte mir: „... in manchen Gegenden auch von Salzgewinnung."
Dann lernte ich weiter: „Die Bevölkerung besteht fast aus-

schließlich aus Deutschen. Die Hauptstadt von Salzburg ist Salzburg..."
Ein leichtes Brummen ließ sich hören. Eine Fliege? Ich sah keine Fliege. Vielleicht war es mir nur so vorgekommen, als ob etwas gebrummt habe, eine akustische Täuschung. Großmutter saß strickend da. Sicherlich hatte nichts gebrummt, wo sollte denn auch jetzt, im September, eine Fliege herkommen? Ich schaute wieder in mein Buch, um weiterzulernen. Wo war ich denn stehengeblieben?
„Die Bevölkerung besteht fast ausschließlich aus Deutschen. Die Hauptstadt von Salzburg ist Salzburg..."
„Mach keine Witze und lern", sagte Großmutter in einem Ton, der Güte und Freundlichkeit war. Verständnislos sah ich sie an, sie aber bemerkte den fragenden Blick nicht, sie strickte.
„... fast ausschließlich aus Deutschen. Die Hauptstadt von Salzburg ist Salzburg", wiederholte ich.
„Du sollst keine Witze machen und lernen." Kein Groll lag in ihrer Stimme. Es schien nur ein freundlicher Rat zu sein, den sie mir erteilte, eben der Rat, keine Witze zu machen und zu lernen.
„Ich lerne doch, Großmama."
„Gut, gut, mein Kind."
Verärgert über diesen ihren Gleichmut, wiederholte ich den letzten Satz, möglicherweise sogar etwas lauter, als es die Weisheit, daß Salzburg die Hauptstadt von Salzburg ist, erfordert hätte. Vielleicht hätte ich ihn überhaupt nicht wiederholen sollen. Vielleicht habe ich doch einige Schuld an dem Vorfall? Wie dem auch sei, ich will mich heute weder mit Selbstvorwürfen noch mit Verteidigungsreden plagen, beides wäre verspätet. „Urteilt selbst", habe ich oben gesagt.
„Die Hauptstadt von Salzburg ist Salzburg..."
Großmutter drohte: „Du wirst ein paar Ohrfeigen kriegen, wenn du nicht aufhörst, Dummheiten zu reden."
Ich trotzig: „Ich rede keine Dummheiten, ich lerne, was hier im Buch steht."
Bestimmt, Gerechtigkeit in jedem Akzent, erklärte sie: „Wenn du lernst, was im Buch steht, werde ich nichts reden."
Da hatte ich sie. Wollen mal sehen, ob sie ihr Wort halten

wird, nichts zu reden, wenn ich das lerne, was im Buch steht. „Die Hauptstadt von Salzburg ist Salzbu..."
Und schon hatte ich eine Ohrfeige. Wie gesagt, ich war Quartaner. Ein Quartaner läßt sich nicht ohne weiteres ohrfeigen, am allerwenigsten wegen einer wissenschaftlich erwiesenen Tatsache, die er schwarz auf weiß vor sich hat. Ich stampfte mit dem Fuß und schrie. Großmutter aber schrie jetzt auch, ihr Garn war gerissen und ihre Geduld.
Meine Mutter kam ins Zimmer geeilt und gab mir noch eine Ohrfeige. Begründung: „Warum ärgerst du die Großmutter?"
„Ich ärgere sie nicht, ich lerne nur, was im Buch steht, und Großmama behauptet, ich mache Witze."
„Blödheiten redet er, anstatt zu lernen", rief Großmutter in mein Plädoyer.
„... nur was im Buch steht."
„Die Hauptstadt von Salzburg ist Salzburg und solchen Unsinn quatscht er."
„Au", machte ich, denn ich hatte eben die zweite Ohrfeige von meiner Mutter bekommen, „da steht doch, daß Salzburg..."
„Wo steht das?" sagte meine Mutter, hob neuerlich schlagbereit die rechte Hand und lenkte ihre Augen in das Buch. Dort stand es tatsächlich.
„Mutterl", sagte meine Mutter zu der ihren, „hier steht wirklich, daß..."
„Was steht dort?"
„... daß Salzburg die Hauptstadt von Salzburg ist."
„Sehr gut!" kreischte Großmutter. „Das ist ja sehr gut!" Sie war ganz außer sich. „Das ist großartig!" So wütend hatte ich sie noch nie gesehen. „So? Steht das dort? Salzburg ist die Hauptstadt von Salzburg, steht dort. Was steht noch dort? Böhmen ist die Hauptstadt von Böhmen, Wien ist die Hauptstadt von Wien – steht das auch dort?"
„Aber, Mutterl, wenn wirklich..."
„Dann braucht er das nicht zu lernen. Das kann er sowieso. Jungbunzlau ist die Hauptstadt von Jungbunzlau!" Großmutter hatte eine Tochter in Jungbunzlau verheiratet, eine andere in Pilsen und eine dritte in Brünn. Bei dem Wort „Jungbunzlau" erinnerte sie sich wohl, daß sie diese beiden anderen Töchter und meine Mutter, die in Prag war, nicht

vernachlässigen dürfe, und schrie, Pilsen sei die Hauptstadt von Pilsen, Brünn die Hauptstadt von Brünn und Prag die Hauptstadt von Prag. Mehr Töchter hatte sie nicht, wir glaubten also, mit diesen Hauptstädten werde es zu Ende sein. Aber es war nicht zu Ende. „Afrika ist die Hauptstadt von Afrika, Deutschland ist die Hauptstadt von Deutschland – wenn das alles in dem Buch drinsteht, braucht er nicht zu studieren."
Sie sprang auf und packte – die wirtschaftlich sparsame Großmutter! – das Lehrbuch der Heimatkunde und warf es mit Wucht und in großem Bogen aus dem Fenster. „Nicht einen Neukreuzer geb ich für sein Studium her, so wahr ich leb. Italien ist die Hauptstadt von Italien, wirklich, sehr gut!"
Beruhigungsversuche blieben vergeblich. Ein wahrer Paroxysmus hatte Großmutter erfaßt. Vor einer imaginären Landkarte tanzte sie hin und her, sprang von einem Weltteil auf den anderen, von Land zu Land, von Stadt zu Stadt. Mit ausgestreckten Armen behauptete sie, Österreich sei die Hauptstadt von Österreich, Amerika die Hauptstadt von Amerika, Berlin die ...
Es klingelte an der Wohnungstür, wir hörten aus dem Vorzimmer die Stimme der Frau Popper, aber Großmutter war nicht willens oder nicht in der Lage, auf Besuch Rücksicht zu nehmen, sie fuhr fort mit ihren geographischen Feststellungen. „Berlin ist die Hauptstadt von Berlin, Frau Popper ist die Hauptstadt von Frau Popper", schrie sie und schrie, bis Babitz, der kleine Ort, dem sie entstammte, von ihr zur Hauptstadt von Babitz erklärt worden war.
Tags darauf ging unser Geographielehrer, ein glatter, übertrieben elegant gekleideter Herr, wie immer zu Beginn des Unterrichts, die Bankreihen durch, um zu kontrollieren, ob jeder Lehrbuch und Geographieheft vor sich liegen habe. Auch ich hatte beides auf dem Pult, die Heimatkunde sogar in sauberes blaues Papier eingeschlagen. Leider kam ihm das Buch etwas zu dick vor, er nahm es in die Hand und stellte fest, daß es die französische Grammatik war.
„Hm, hm. Wo haben Sie die Heimatkunde?"
„Ich habe sie vergessen." Unmöglich konnte ich ihm doch sagen, daß meine Großmutter sie gestern aus dem Fenster geworfen habe.

„Nun, das macht nichts", bemerkte er mit seiner gleisnerischen Freundlichkeit und schwang das lange schwarze Band, an dem sein Kneifer befestigt war. „Wenn Sie die Heimatkunde im Kopf haben, brauchen Sie kein Buch. Kommen Sie heraus."
Wahrscheinlich wäre ich auch gerufen worden, wenn ich mein Lehrbuch besessen hätte, denn die Prüfung hatte ja in der letzten Stunde bei Kinzl, meinem Vorgänger im Alphabet, aufgehört. Jedenfalls aber überstürzte sich infolge des Fenstersturzes der Heimatkunde nun auch der Lauf der Ereignisse.
„Was wissen Sie über das Herzogtum Salzburg?"
Ich begann aufzusagen, sehr laut, sehr schnell. Er wird merken, daß ich über das Herzogtum Salzburg genau unterrichtet bin, und wird mir – so hoffte ich – eine andere Frage stellen. „Das Herzogtum Salzburg hat einen Flächeninhalt von 7153 Quadratkilometern und 192760 Einwohner. Die Bevölkerung auf dem flachen Land ernährt sich zumeist von Akkerbau und Viehzucht, in manchen Gegenden auch von Salzgewinnung. In den Städten sind Handel und Industrie bedeutend. Die Bevölkerung besteht fast ausschließlich aus Deutschen. Die Hauptstadt von Salzburg ist Salzburg . . ."
Ich schaltete eine Pause ein.
„Weiter", forderte mich der Lehrer auf und wirbelte seine Kneiferschnur durch die Luft.
Ich wiederholte den letzten Satz nachdenklich, als ob ich mich an die Fortsetzung erinnern wolle. „Die Hauptstadt von Salzburg ist Salzburg . . ."
„Das haben wir schon zweimal gehört. Daß Salzburg die Hauptstadt von Salzburg ist, ist doch wohl selbstverständlich."
Das war mir zuviel. Meiner Großmutter war gestern der Satz, Salzburg sei die Hauptstadt von Salzburg, so unwahrscheinlich, so unglaubhaft, so unmöglich erschienen, daß sie darüber einen Tobsuchtsanfall bekommen hatte, und jetzt sollte es auf einmal „doch wohl selbstverständlich" sein! „Das ist gar nicht selbstverständlich", schrie ich mit krebsrotem Kopf.
„Wieso ist das nicht selbstverständlich?" fragte der Lehrer und vergaß, so starr war er über meine Frechheit, die Kneiferschnur zu schwingen, „wieso?"

„Fragen Sie die Großmutter!"
Er schleifte mich zum Direktor, der eine Lehrerkonferenz einberief. Die Lehrerkonferenz entschied: fünf Stunden Karzer. Als mir der Direktor dieses Urteil verkündete, fügte er hinzu: „Und was es zu bedeuten hat, wenn Sie sich noch das Geringste zuschulden kommen lassen, wissen Sie."
Ja. Wußte ich. Ich verhielt mich so artig, wie ich konnte. Nach Schulschluß lief ich immer stracks nach Hause, um in keine Konflikte zu kommen. Abends saß ich in unserer Tuchhandlung, dichtend und träumend, hauptsächlich davon träumend, meine Dichtungen gedruckt zu sehen.
Soweit dieser Ehrgeiz seine Erfüllung fand, verdanke ich es der Tatsache, daß ich ein Tuchhändlerssohn war.
Alle Läden der Schwefelgasse handelten mit Material für Herrenkleidung, aber mitnichten standen sie alle auf der gleichen Stufe. Aristokratischen Rang hatten die Tuchhandlungen, denn um ihretwillen kamen die Schneider aus ihren Werkstätten in unsere Straße, die Schneider aus der Provinz nach Prag. Hier befühlten und beäugten und berochen sie den Cheviot, den Kammgarn, den Buckskin, den Homespun und den Palmerston, ja sie behorchten ihn auch, während sie ihn zwischen den Fingern klacken ließen. Manche verlangten die Lieferscheine zu sehen, zum Beweis, daß der vorgelegte Ballen wirklich aus Manchester und nicht aus Reichenberg oder Brünn stamme. Sie studierten den Fabrikpreis des Ballens und dividierten ihn durch die Zahl seiner Ellen (bei englischer Ware: der Yards). Ein Einkauf dauerte mehrere Stunden, oft einen ganzen Tag oder zwei Tage lang.
Der Schneidermeister Orlik zum Beispiel brachte immer seine beiden Söhne mit, „den Emil wegen der Farbe, den Richard wegen des Stoffs". Der Emil hatte nämlich an der Malerakademie studiert, der Richard an der Schneiderakademie. Als Emil später nach Berlin ging, wurde er von zu Hause regelmäßig mit Anzügen beliefert, so daß er dort als der am würdigsten gekleidete Maler galt und bald Professor der Kunstakademie wurde. Aber auch Richard machte seinen Weg, er war nicht nur maßnehmend, sondern auch maßgebend in der Prager Hautevolee. Wenn man zu ihm von seiner Werkstatt sprach, fuhr er ärgerlich auf: „Eine Werkstatt hat mein Bruder. *Ich* habe ein Atelier!"

Dieses Atelier befand sich im Prachtgebäude der Triester Versicherungsgesellschaft. „Assecurazioni Generali", in Prag kurz „Generali" genannt. Während eines Besuchs in Karlsbad füllte der Schneider Orlik den Anmeldeschein lakonisch aus: „Richard Orlik, Generali, Prag". Worauf die Zeitungen veröffentlichten, daß General Richard Orlik aus Prag zum Kuraufenthalt eingetroffen sei. Boshafte Freunde sandten ihm ein Telegramm: „seiner exzellenz general richard orlik karlsbad stop sollen knöpfe auf grauem anzug für kommerzialrat pick einreihig oder doppelreihig genäht werden stop zuschneider wopitschka generalstabschef".

Seither hieß der Schneider Orlik nur General Orlik, und das Witzwort kursierte, der Kriegsminister habe ihm die Bewilligung erteilt, Generalsuniform zu tragen, und zwar über dem linken Unterarm.

Krasse Gegenstücke zu den anspruchsvollen Orliks bildeten die Kunden aus der Provinz. Die Dorfschneider kamen in der Regel frühmorgens im Bauernwagen an und fuhren am nächsten Tag mit dem eingekauften Jahresbedarf wieder heim. Am Abend gingen sie ins Nationaltheater, der Stoff, den sie von dort mitnahmen, schien ihnen fast ebenso wichtig wie der aus unserem Laden. Ich hatte die Aufgabe, unsere Landkundschaft zum Theater zu begleiten und nach der Vorstellung abzuholen – allein hätte sich keiner durch das rasende Großstadtgewirr von Droschken und Fahrrädern gewagt.

Eines Nachts wartete ich vergebens vor dem Theaterausgang an der vereinbarten Stelle, mein Pflegebefohlener kam nicht. Alles Suchen blieb erfolglos, auch die Polizei fand ihn nicht. Am nächsten Tag kam er an, er war bei Ibsens „John Gabriel Borkman" so fest eingeschlafen, daß er erst am Morgen im Theater aufwachte. Ausgeruht und mit geschärftem kritischem Sinn ging er daran, die Modeneuheiten auszuwählen, die seine Kunden zur Kirchweih und zur nächsten Dorfhochzeit tragen sollten.

Bei weitem nicht so langwierig wie die Wahl des Tuchs war der Einkauf des Zubehörs. Damit handelten die kleineren Kaufleute unserer Straße, sie führten Lüster, Serge, Inlett und Cloth für Futter und Taschen, Zwirn und Cordonetteseide für Knopflöcher, Steifleinen und Kanevas für den Re-

vers, Roßhaar für die Fassonierung, Watteline für die Schultern, Knöpfe, Schnallen und Ösen für Herrenanzüge.
Welches von diesen Geschäften der Schneider aufsuchen sollte, war ihm gleichgültig, zumeist ließ er sich von seinem alten Geschäftsfreund, dem Tuchhändler, beraten. Deshalb wurde der Tuchhändler von allen „Zubehörern" devot gegrüßt und seinen Kindern Näschereien zugesteckt.
Penible Kunden, die bis in die späten Abendstunden wählten und feilschten, ließen manchmal einer Knopf- oder Futterhandlung sagen, sie möge offenhalten, es werde noch ein Käufer kommen. Der Bote war ich, oft holte ich sogar diese Nebenwaren selbst ein.
Drüben im Haus „Zu den fünf Kronen" – Witzbolde nannten es „Zu zwei Gulden fünfzig", was fünf Kronen der neuen Währung entsprach – hatten die drei alten Schwestern Iserstein ihre Wohnung und ihr Knopfgeschäft. Ihr Untermieter war ein Redakteur, wie die ganze Gasse wußte, denn er versorgte die Schwestern Iserstein mit Freikarten ins „Theater Variété". Der Redakteur war Inseratenagent bei einem in deutschen Familien vielgelesenen Wochenblatt.
Gerne hätte ich diesem Redakteur meine Gedichte vorgelegt, und deshalb führten mich alle Botengänge in Knopfangelegenheiten zu den Isersteins. Sogar Ösen und Schnallen kaufte ich dort, obwohl ich wußte, daß sie das nicht auf Lager hatten und es erst vom Haftelmacher Benedikt Bär holen mußten, der den Istersteins freilich Provision gab.
Kurz vor Weihnachten 1899 hatte ich für einen Schneider aus der Garnison Theresienstadt zehn Gros Infanterieknöpfe und sechs Dutzend Artillerieknöpfe zu besorgen. Ein großer Posten fürwahr, und in seinem Schutz warf ich, so leichthin, wie ich's vermochte, der diensthabenden Iserstein die Frage hin, ob sie dem Herrn Redakteur meine Gedichte zeigen könnte.
Mit einem Paket von zehnmal zwölf Dutzend Infanterieknöpfen und einem halben Gros Artillerieknöpfen ging ich davon, um mit einem Paket „Gedichte von E. Kisch" wiederzukehren. Den vollen Namen „Egon" wagte ich wegen der strengen Schulvorschrift nicht hinzusetzen, und um ein Pseudonym zu wählen, dazu war ich wohl zu stolz auf meine Werke. Ich unterschrieb „E. Kisch" – so konnte ich

dort, wo ich wollte, mich der Autorschaft berühmen und sie dort, wo es nötig war, abstreiten.

Bebend vor Erwartung, schlug ich die Weihnachtsnummer auf. Nichts war darin. Am darauffolgenden Sonntag jedoch erschien eines von den Gedichten. Es stand in der unteren Ecke auf der ersten Seite. Wie mußte es dem Redakteur gefallen haben, da er es auf der ersten Seite druckte! Daß der Abdruck mit den zehn Gros Infanterieknöpfen und den sechs Dutzend Artillerieknöpfen in Zusammenhang stehen könnte, fiel mir nicht ein.

Dichter pflegen ihre Vornamen nicht abzukürzen. Deshalb hatte der Redakteur den Punkt nach dem E weggenommen und den Namen ergänzt. „Von Erwin Kisch" stand unter dem Titel des Gedichts. Weiß Gott, wie er darauf kam, ich hatte niemals Erwin geheißen.

Zeitig bin ich am Dienstag nach den Weihnachtsferien, dem ersten Schultag des neuen Jahrhunderts, in der Klasse, um allen Mitschülern unter dem Siegel der Verschwiegenheit meinen Eintritt in die Unsterblichkeit zu zeigen. Einige haben das Gedicht bereits gelesen und trotz des falschen Vornamens die Klaue dessen erkannt, der die Fußballzeitung redigiert.

Es gibt zwei Kategorien von Lehrern: die „anständigen Kerle" und die „gemeinen Hunde". Garzaroni, unser Chemielehrer, gehört unbestritten in die zweite Kategorie. Wir fürchten ihn, wozu sein grauviolett geflecktes Gesicht beträchtlich beiträgt. Eine Säure muß sich einmal racheschäumend gegen seine Wangen und seine Stirn geworfen haben; ob sie auch das Kinn erwischt hat, ist unter seinem Spitzbart nicht zu sehen. Dagegen kann man erkennen, daß sich die aufbrausende Flüssigkeit am Haaransatz festkrallte, denn seine borstigen Haare stehen längs grauvioletten Zakken. So unheimlich wie er selbst ist das Thema seines Kurses, den er an der Universität abhält: „Feststellung von Vergiftungen am Leichnam der Opfer".

Wir nennen ihn „Karzeroni", er hat sich diesen Spitznamen um manchen von uns verdient. Ich allerdings verdanke meinen letzten Karzer nicht ihm, sondern dem Lehrer der Heimatkunde, aber auch Karzeroni „sitzt mir auf", das heißt: er kann mich nicht leiden, und meine chemische Prüfung ergibt zumeist ein negatives Resultat ohne Rückstand.

An jenem Dienstagmorgen nach meiner literarischen Defloration, während ich noch mit meinen Mitschülern darüber streite, ob mein Gedicht ein Mist oder ein Meisterwerk sei, tritt Karzeroni ins Klassenzimmer, wie immer ein Tablett mit Eprouvetten und Retorten vor sich her tragend.
Kaum hat er das Katheder bestiegen, da ruft er meinen Namen. Das ist auffallend, beunruhigend. Um so auffallender, um so beunruhigender, als Karzeroni in der letzten Stunde keineswegs beim Schüler Kinzl zu prüfen aufgehört hat und ich erst kürzlich geprüft worden bin.
Ganz nah tritt er auf mich zu und schaut mich an wie ein Ungeheuer den armen Zwerg, der in Gefangenschaft geraten ist. Mit einem Ruck stößt er mir eine Eprouvette vor die Nase: „Was ist hier drin?"
Hilfesuchend wende ich mich zur Klasse.
„Drehen Sie sich zum Fenster", sagt Karzeroni. „Was ist in der Eprouvette?"
Gift ist darin, denke ich bei mir, in meinem Leichnam wird man es feststellen. Ich sage nichts. Draußen schneit es.
„Also Sie wissen es nicht." Mit weithin sichtbarem Schwung trägt er ins Klassenbuch eine große Fünf ein. „Nicht genügend." Dazu sagt er: „Ich habe in der letzten Zeit Gedichte von einem Kisch gelesen. Sind das etwa Sie?"
Alle halten den Atem an. Weiß er? In einer Sekunde muß sich entscheiden, ob die Klasse einen Mitschüler verlieren wird, den linken Außenstürmer der geheimen Fußballmannschaft und Redakteur ihres Sportblattes.
Für mich bedeutet die Frage mehr. Weiß er? Ich bin blaß. Ich zittere. In einer Sekunde muß sich mein Schicksal entscheiden.
„Nein", antworte ich. Ganz zu verleugnen vermag ich meine Literatur aber nicht und füge hinzu: „Die Gedichte sind von meinem Bruder."
So still ist es im Klassenzimmer, daß man die Schneeflocken fallen hört. Weiß er? Karzeronis nächster Satz kann die schreiende Lüge schreiend als solche brandmarken und die Enthüllung bringen, daß die Wahrheit festgestellt und der Anklagezustand gegen mich erhoben sei.
„Ihr Bruder scheint ja den Grips für die ganze Familie abbekommen zu haben", sagt Karzeroni.
Diese Bemerkung löst die Spannung der Klasse in Geläch-

ter auf, und die Freude, den linken Flügel der Fußballmannschaft nicht zu verlieren, lacht schallend mit. Das ist nicht das Gewieher, in das Schüler beim Witz eines Lehrers auszubrechen pflegen, durch Übertriebenheit ihre Ironie zum Ausdruck bringend; übrigens ist in Karzeronis Stunde selbst ein solches Pflicht- und Parodielachen bisher nie vorgekommen, weil er niemals Witze machte. Es ist dieses Mal zum erstenmal, daß die Schüler in seiner Stunde lachen.
Und – Karzeroni lacht mit, mitgerissen von der unverkennbar echten Wirkung seines Witzes, überwunden von seinem unüberwindlichen Humor. „Ja, ja", stöhnt er in das schon verebbende Lachen hinein, „manchmal findet sich in der gleichen Familie ein gescheiter Mensch und ein kompletter Trottel."
Neuerlich steigt der gelachte Orkan an, wer würde sich nicht über den Hereinfall eines Lehrers freuen, noch dazu eines so verhaßten! Karzeronis grauviolettes Säuregesicht strahlt bis zum gezackten Haaransatz hinauf. Draußen wirbeln die Flocken so dicht, als schüttle sich selbst der Himmel.
Zweieinhalb weitere Jahre hatte ich Karzeroni als Lehrer. In Quarta, in Quinta und in Sexta ließ er mich im ersten Semester durchfallen, und ich mußte deshalb das Abitur auch aus anorganischer und organischer Chemie ablegen, die normalerweise kein Prüfungsgegenstand waren.
Aber ich grolle ihm nicht, denn zweieinhalb Jahre lang ließ er keine Gelegenheit vorübergehen, ohne seinen Humor an mir zu erproben, indem er die jeweilige literarische Leistung des begabten Erwin über den grünen Klee lobte, um den unbegabten Egon herabzusetzen, den „ungleichen Zwilling". Hab Dank, du mein erster Kritiker. Friede deinem Leichnam, Gott schütze ihn vor „Feststellung von Vergiftungen".
Alljährlich vor Schulschluß wurden die Absolventen der Realschule nach ihrem künftigen Lebensberuf befragt. Lächerlicherweise gab es nur sechs Berufe, aus denen man zu wählen hatte: Bauingenieurwesen, Architektur, Maschinenbau, Chemie oder Militärwissenschaft. Für den Kaufmannsberuf prangte im gedruckten Jahresprogramm das stolze Wort „Handelswissenschaft".
Als ich 1902 gefragt wurde, antwortete ich: „Journalistik."

„Ich verbitte mir Ihre albernen Scherze", herrschte mich der Klassenlehrer an.
„Ich will wirklich Journalist werden", sagte ich.
„Natürlich, Sie müssen immer eine Extrawurst haben! So etwas kann ich nicht eintragen." Nach einer Pause des Unwillens: „Das muß ich der Lehrerkonferenz zur Entscheidung vorlegen."
Die Lehrerkonferenz beschloß, daß mein Lebensberuf „Publizistik" zu sein habe.
Vor ein paar Jahren kam mir der alte „Jahresbericht der k. k. Ersten Deutschen Staatsrealschule in Prag" zur Hand, und ich las, wie viele meines Jahrgangs Militärwissenschaft als Beruf angegeben. Sie hatten gehofft, dadurch bei der Matura weniger streng geprüft zu werden – was schadet es einem Leutnant, wenn er die Eigenschaften des Ameisenbären nicht kennt, und was nützt es einem General, wenn er weiß, wann Goethe die „Iphigenie" vollendete. Ernsthaft hatte kaum einer daran gedacht, sich der Militärwissenschaft zu widmen, und erst der Weltkrieg hat alle gleichermaßen, die seinerzeit zukünftigen Militärwissenschaftler ebenso wie die Prätendenten des Ingenieurwesens und der Handelswissenschaft, zu Soldaten gemacht, zu Kriegskrüppeln oder Heldenleichen.
Von den Überlebenden habe ich einige wiedergetroffen. Als ich Sing Sing besuchte, war unter meinen zwei internierten Landsleuten, die Warden Lawes mir vorführte, ein Mitschüler; vor der Matura hatte er angegeben, Chemie studieren zu wollen, aber nachher war daraus Alkoholschmuggel geworden mit Todesschuß gegen einen Polizisten. In Berlin begegnete ich einem, der 1902 die Frage nach der künftigen Profession mit Architektur beantwortet und wirklich von Wolkenkratzern und Akropolen geträumt hatte; statt sie zu bauen, leitet er die Sargfabrik des Beerdigungsinstituts Grieneisen. Einen dritten – Berufsangabe: Maschinenbau – traf ich als „letzten Mann" des Kasinos von Monte Carlo, und er enthüllte mir die Geheimnisse des Roulettes. Ein vierter, mein sommersprossiger Nebensitzer, war zukünftiger „Handelswissenschaftler" gewesen, aber er erfand das abstrakte und schriftlose Plakat und wartet seither im Pariser Café du Dôme auf Aufträge.
Eigentlich war es voreilig von mir, die Tatsache, daß die

Realschulleitung nur sechs Berufe zur Auswahl freistellte, als lächerlich zu bezeichnen. Sollen etwa im offiziellen Schulprogramm Berufe wie Alkoholschmuggler, Leichenbestatter, Abortwächter oder Surrealist prangen?
Auch hatte 1902 keiner von den vieren, die ich erwähnt, an solche Zukunft gedacht. Keiner segelte aus nach diesen Häfen, es waren die widrigen Winde der Zeit, durch die sie strandeten.
Bismarck hat einst die Journalisten als Leute abgetan, die ihren Beruf verfehlt haben. Im Falle unserer Schulklasse stimmt es gerade umgekehrt; nur der eine, der Journalistik beziehungsweise die akademischer klingende Publizistik gewählt hatte, hat diesen Beruf nicht verfehlt.
Jedoch nicht gleich nach Absolvierung der Realschule strafte ich Bismarck Lügen. Zuerst inskribierte ich an der Technischen Hochschule. Hätte dort das Studium mit Materialkunde und Technologie samt Exkursionen begonnen, wäre ich vielleicht dabeigeblieben. Es begann mit Integral- und Infinitesimalrechnung (oder wie immer man es ausspricht), und in solchen Fächern stand ich schon als Realschüler kläglich da. So schwänzte ich Collegia. Unser geheimer Fußballklub „Sturm" war jetzt, da einige seiner Mitglieder zu akademischen Bürgern aufgestiegen waren, ein öffentlicher, registrierter Verein und gab mir viel zu tun. Immerhin blieb mir Zeit, mich in der Literarischen Sektion des Studentenverbandes „Lesehalle" zu betätigen und – was, reicht denn mein Leben bis ins Mittelalter zurück! – drei Duelle, eines auf Pistolen und zwei auf Säbel auszutragen, an die ich mich nur erinnere, wenn ich im Spiegel meine abgeschlagene und schlecht angenähte Nasenspitze erblicke.
Nach einem Jahr des Nichtstudiums trat ich meinen Militärdienst an; doch nicht den papageigrünen Einundneunzigern wurde ich zugeteilt, zu denen ich von Kindheit an gewollt, sondern den milchgrauen Elfern, einer in Prag garnisonierenden Truppe, die Wallenstein im Dreißigjährigen Krieg aus den Insassen der böhmischen und mährischen Zuchthäuser formiert hatte. Jetzt hieß sie „k. u. k. Infanterieregiment Johann Georg Prinz von Sachsen Nr. 11", ein langatmiger, schwieriger Name, den sich die Böhmerwäldner Holzfällerburschen nur in der Form „Hans Sachs Nummer elf" merken konnten.

Ein neunzehnjähriger unbekümmerter Studiosus, der sich literarisch betätigt und Ehrenhändel ausgefochten hatte, machte ich mich auf Kasernenhofhumor gefaßt. Bald aber lernte ich, daß man beim Militär unbekümmerte Studiosi, und insbesondere solche, die sich literarisch betätigt und Ehrenhändel ausgefochten hatten, durchaus nicht leiden mochte und daß man in Kasernenhöfen jedes Humors, einschließlich des Kasernenhofhumors, bar war.
Wer eine Strafe entgegenzunehmen, wer eine Strafe anzutreten oder wer eine Strafe verbüßt hatte, wurde zum Tagesrapport befohlen und hatte an dessen linkem Flügel strammzustehen. Wie in den vorhergegangenen Jahren beim Fußballspiel und in den nachfolgenden Jahren anderer Betätigungen, stand ich auch hier am linken Flügel. Und wurde verurteilt zu vierzehn oder zu einundzwanzig Tagen verschärften Arrests, je nachdem. Nach dem Dienst führte mich der Korporal vom Tage in das Arrestgebäude an der Ecke des Kasernenhofs. Dort habe ich von den dreihundertfünfundsechzig Abenden und Nächten meines Dienstjahrs nicht weniger als hundertsiebenundvierzig verbracht, die Sonn- und Feiertage ganz. Dieses mein erstes Gefängnis war kein fideles. Dunkel die Einzelzelle, ungehobelt die Pritsche, ungenießbar das Essen, schmutzig das Trinkgerät, durchlöchert die Waschschüssel, gefährlich die Latrine.
Theoretisch war ich infolge meiner Schulbildung ein Offiziersanwärter, und wenn ich auch praktisch wegen meiner Strafen diese Anwartschaft verloren hatte, galt für mich noch immer eine Reihe ebenso ehrender wie peinlicher Vorschriften. So durfte ich die Zelle nicht mit gewöhnlichen Mannschaftspersonen teilen und saß deshalb in Einzelhaft. So durfte ich – damit niemand einen künftigen Offizier als Häftling sähe – nicht an dem morgendlichen Ringelspaziergang im Hof teilnehmen, sondern mußte im finsteren Staub bleiben. So durfte ich, mich nicht an der Reinigung des Hauses beteiligen wie die Häftlinge aus dem Mannschaftsstand, die sich, Bürste, Eimer und Lappen in Händen, auf den Korridoren und in der Wachstube unterhalten konnten, sogar abends und nachts. Von solch entwürdigenden Arbeiten befreit, sollte ich allein in meinem dunklen Loch stecken.
Zum Glück lag das Arrestgebäude so, daß der davorste-

hende Posten das Herannahen des Inspektionsoffiziers von ferne sehen und den Wachkorporal rechtzeitig benachrichtigen konnte. Darum riskierte es dieser gegen ein Trinkgeld, den Nobelhäftling Licht und Leben der Wachstube atmen und die Gemeinschaft mit den anderen Arrestanten genießen zu lassen, bis lange über die Mitternachtsstunde hinaus.

Unter den Häftlingen gab es Kriminelle, die erst nach Verbüßung von Zivilstrafen zum Militärdienst eingezogen worden waren und nun als Soldaten neuerdings Eigentumsdelikte begangen hatten. Andere saßen Disziplinarstrafen wegen Wirtshausraufereien und Gewalttätigkeiten ab oder weil sie, um der Liebe und des Suffs willen, eine ordnungswidrige Entfernung aus dem Kasernenbereich dem ordnungsmäßigen Verbleiben im Kasernenbereich vorgezogen hatten.

Neugierig und fasziniert hörte ich die Gespräche aus Regionen, von denen ich bisher nur in der Zeitung gelesen. Meine Mitgefangenen erklärten einander verschiedenartige Praktiken beim Gebrauch des Dietrichs, sie unterhielten sich über Leben und Treiben in den Spelunken, über ein Zuhälterkonsortium und den Handel mit Jungfrauenschaft und über die Möglichkeit von Fluchtversuchen aus Inquisitionsspital und Garnisonsgericht. Das war eine andere Welt als die, in der ich bisher gelebt, da gab's manches zu lernen, manches zu verlernen. Ich, der ich nicht einmal mit einem meiner Brüder aus der gleichen Kaffeetasse getrunken hätte, trank jetzt aus der Schnapsflasche, die reihum ging. Ich sog an dem gemeinsamen Zigarrenstummel. Ich ließ mich tätowieren, um zu beweisen, daß ich mich weder fürchte noch ekle vor der rostigen Nadel und dem schmutzigen Lappen, mit dem das ausströmende Blut und die einströmende Farbe auf der durchlöcherten Haut verrieben wurden.

Morgens wurde ich aus meiner Zelle zur Einjährigenkompanie hinübergeführt und machte Dienst wie meine Kollegen, die die Nacht fern von Pritsche, Arrestanten und Tätowierung zugebracht und in ihren Betten berechtigterweise davon geträumt hatten, in Kürze Reservefähnriche oder Reserveleutnants zu werden. Ich war via facti von solcher Zukunft ausgeschlossen. Alsbald bekam ich es auch schriftlich.

Das geschah im Unterricht Militärgeschäftsstil, einer ganzen Wissenschaft über Zusammenfalten des Papierbogens, über Respektdistanz von vier beziehungsweise sechs Fingern Breite, über Anredefloskeln und dergleichen. Wir hatten als Prüfungsarbeit ein Gesuch abzufassen, mit dem wir uns dereinst, nach allfälliger Erlangung einer geachteten Existenz, um den Rang eines Reserve-Offiziersstellvertreters bewerben konnten.
Auf feinstem Ministerpapier, mit reichlicher Anwendung von Kalligraphie und Geometrie berief ich mich in der utopischen Eingabe auf einen utopischen Beruf: „Diensthöflichst Unterfertigter, Redaktionsmitglied der Tageszeitung ‚Die Zeit‘, mit einem Monatsgehalt von zweihundert Kronen österreichischer Währung, stellt hiermit alleruntertänigst das Ansuchen ..."
Unser Lehrer, der siebzigjährige Hauptmann-Truppenrechnungsführer Bjehauneck, strich das Gesuch durch und schrieb darunter: „Kann infolge krasser Unkenntnis des Militärgeschäftsstils niemals einer Zulassung zum Ehrenkleide des Offiziers gewürdigt werden, kann aber gleichermaßen ebensowenig Redaktionsmitglied einer Tageszeitung sein, sintemalen jedes Mitglied einer P. T. Druckerei ein derartiges Manuskript, wie es das vorliegende darstellt, dem Schreiber um die Ohren hauen würde."
Wie mag sich wohl der Lehrer des Militärgeschäftsstils ein Zeitungsmanuskript vorgestellt haben?

Das tätowierte Porträt

Am Abend, wenn die Luft rein, das heißt, wenn ein Auftauchen des Inspektionsoffiziers nicht mehr zu befürchten war, konnte ich meine Einzelzelle verlassen, wenn auch nicht das Arrestgebäude. Mein Weg endete in der Wachstube, wo sich die Häftlinge aus den Zellen zusammenfanden, um nach einem zwischen Mauer, Holz und Eisen verbrachten Tag Menschen zu sehen und zu hören, zu erzählen und Karten zu spielen.
Mit dem Lithographen der Regimentskanzlei, einem Gefreiten, der als Arrestant eingeliefert wurde, kam ein neuer

Ton in die Bude. Er schimpfte auf das „alte Rüsselschwein", das „wegen so einer Lappalie" die Strafanzeige erstattet habe.
Unter „so einer Lappalie" verstand der neue Arrestant die Tatsache, daß er in dem von ihm lithographierten Regimentskommandobefehl eigenmächtig einen Korporal zum Feldwebel gemacht hatte. „Dabei wäre mein Freund, den ich da ernannt habe", sagte er, „ein zehnmal besserer Feldwebel als alle, die der Oberst ernennt, dieses alte Rüsselschwein."
Der Lithograph tobte nicht nur über die Ungerechtigkeit, sondern auch über den Undank des Obersten: „Dabei habe ich diesem Rüsselschwein soviel Gefälligkeiten erwiesen."
„*Du* hast dem Obersten Gefälligkeiten erwiesen?"
„Seine Wohnung hab ich ausgemalt, Tischkarten gezeichnet und seiner Frau die Photographie ihres Vaters vergrößert. Die hängt jetzt gerahmt im Schlafzimmer, und ich sitze hier im Arrest – eine schöne Pietät! Wenn ich aber wieder in Zivil bin, werde ich ihm das schon einsalzen, diesem Rüsselschwein."
Die Arrestanten freuten sich über diese Ausbrüche, denn es war ein Vorgesetzter, der da beschimpft oder bedroht wurde. Ich hatte ihn einmal bei unserer Vereidigung gesehen. Ein anderes Mal war er, als ich im Kasernentor Wache schob, mit einem verächtlichen Blick vorbeigeschritten, ohne mir und meinem präsentierten Gewehr zu danken. War ich doch nur ein Einjährig-Freiwilliger, und ein solcher stand für die Berufsoffiziere auf der niedrigsten Stufe der Zoologie.
Wie wir in der ersten Instruktionsstunde gelernt, hatte unser Oberst von der Pike auf gedient. Unter Feldmarschall Radetzky hatte der damals achtzehnjährige Korporal Ferdinand Knopp in der krainischen Stadt Unterhausen mit seiner Korporalschaft eine italienische Kavallerie-Patrouille zusammengeschossen. Dafür war ihm die Kaiser-Ferdinand-Medaille verliehen worden, zwar nicht die höchste, aber bei weitem die größte Auszeichnung. Wegen dieser Größe – etwa der eines Topfdeckels – wurde sie später nicht mehr verliehen. Als Ferdinand Knopp den Adel und den Namen jenes Schlachtenorts als Prädikat bekam, lag die

Heldentat fast vierzig Jahre zurück, und er war bereits Oberst. Ein Oberst Knopp von Unterhausen kann von seinen Soldaten gar nicht anders genannt werden als der „oberste Knopf von Unterhosen".
Er war grotesk genug. Schmückte ihn schon als einzigen der außer Kurs gesetzte Orden, die Kochtopfdeckelmedaille, so war auch die ganze Uniform anachronistisch. Die niedrige Kappe trug er nach der Adjustierungsvorschrift von anno Radetzky, dergestalt, daß sie einerseits die Augenbrauen verdeckte und andererseits unmittelbar an der Schädeldecke aufhörte. Unter dieser Kappe sah der Kopf wie skalpiert aus. Dazu kam, daß der Oberst überwältigend dick und vollkommen halslos war. Auf Treppenstufen stieg sein Kinn bis zur Brust hinab, und die Brust setzte sich ohne Übergang bis zum Bauch fort, dessen Umfang kein oberster Knopf von Unterhosen auch nur um einen Millimeter zu vermindern vermochte. Am auffallendsten aber war seine Nase, eigentlich nicht die Nase selbst, denn diese sah man nicht unter der faustgroßen, schwabbelnden Wucherung, hinter der sie in Deckung lag. Sie bestand aus lauter rötlich-violetten Beeren, und so war der Ausdruck Rüsselschwein, den unser neuer Mithäftling immerfort durch die Zähne zischte, keineswegs präzis.
Dieser unser neuer Mithäftling wurde nicht müde, auf das Rüsselschwein zu schimpfen, während er Karten spielte oder die Kunst des Tätowierens ausübte. In dieser Kunst war er bemerkenswert. Mit schnellem Bleistift warf er zuerst Zeichnungen aufs Papier, einen Adler, ein Paar gekreuzter Hanteln, eine Jungfrau mit realistischen Details, eine sich ringelnde und züngelnde Schlange, Inschriften, Embleme und hinweisende Pfeile zu einem oder dem anderen Körperteil. Das von der Kundschaft ausgewählte Muster stach er mit einer Schusterahle in die Haut, als Farbe benützte er die kaum noch flüssige Tinte aus der Wachstube. Das Blut, das aus den Stichwunden spritzte, die Tinte, soweit sie nicht in diese Wunden sickerte, und den Schweiß, der aus den Poren drang, wischte er in kurzen Intervallen mit einem unbeschreiblichen Schmutzlappen ab.
Wir Häftlinge umstanden den Meister und seine lebendigen Staffeleien und machten Bemerkungen zu jeder Linie,

die vor unseren Augen entstand. Er war ein Graphiker von hohen Graden. Mich allerdings ekelte der von Schmutz, Blut und Tinte starrende Lappen. Ob ich mich schüttelte, weiß ich nicht, aber einer aus der Zuschauerschar rief: „Schaut den Einjährigen an, wie der zittert!" Ob ich blaß war, weiß ich nicht, aber ein anderer aus der Zuschauerschar fügte hinzu: „Wie blaß der ist, der Einjährige."
Alle wandten sich von dem entstehenden Kunstwerk ab und mir zu, höhnisch, mitleidig, überlegen. Ich mußte etwas tun zur Rettung meiner Ehre, der Ehre des Einjährigenstandes und der Ehre aller Intellektuellen überhaupt. „Blödsinn", sagte ich, „ich zittere gar nicht und bin auch nicht blaß. Ich laß mich gleich selber tätowieren."
Teils Beifall, teils Zweifel. „Große Schnauze. Werden sehen, ob er Mut dazu hat."
Ein Soldat, der sich gerade tätowieren ließ, rief selbstbewußt herüber: „Bis zum Schluß hält's der gewiß nicht aus. Es tut verdammt weh."
„Dafür hast du's für ewig", sagte ein anderer.
„Wollen Sie sich wirklich tätowieren lassen?" fragte mich der Lithograph. „Natürlich – ich hab's doch schon gesagt", mußte ich antworten. „Gut."
Er schlug mir vor, einen ziselierten Ring auf meinen linken Mittelfinger oder ein Uhrenarmband auf mein Handgelenk zu tätowieren. Ich wollte aber nichts so allgemein Sichtbares.
„Gut, ich setz Ihnen was auf die Brust", sagte er, „... oder, noch besser: auf den Rücken." Bei diesem Nachsatz schien ein infernalischer Einfall in seinem Blick aufzuleuchten. Weil aber auf dem Rücken wirklich kein Unbefugter die Tätowierung sehen kann, erklärte ich mich einverstanden. Wir einigten uns auf ein harmloses Stilleben.
Und er begann seine Arbeit an mir. Nicht oben bei Schulter und Schlüsselbein fing er an, sondern tiefer, was mich wunderte.
„Damit man es auch dann nicht sieht, wenn Sie Schwimmhosen anhaben."
„Für einen Grund ist es ein Grund", sagte ich und gab mich zufrieden.
Es schmerzte. Es schmerzte jeder Stich. Ich biß die Zähne zusammen und wiederholte mir: dafür hast du's für ewig.

Schlimmer als die Stiche war es, wenn der schmutztriefende Lappen meine Wunden rieb. Jedoch auch meinen Ekel ließ ich mir nicht anmerken, denn das ganze Korps der Arrestanten umstand uns.
„Lassen Sie die Hosen etwas hinunter", sagte der Meister.
„Warum?"
„Ich habe die Früchte gezeichnet, und jetzt kommt die Schüssel, in der sie liegen."
Die Zuschauer lachten. Ich verstand nicht, was an einem Stilleben so lächerlich sein konnte.
„Ach, der Apfel ist so gut gelungen, direkt zum Hineinbeißen", und von neuem lachte der ganze Chor.
„Noch etwas tiefer die Hosen", verfügte der Meister.
„Warum?"
„Weil die Weintrauben über den Rand der Fruchtschüssel hängen."
So tief?"
„Ich hab nämlich die Schüssel zu breit angelegt. Deshalb muß ich mehr Obst nehmen und die Trauben überhängen lassen."
Ich schob die Hose bis zu den Knien hinab, spürte, wie kalte Nadel und warmer Wischer arbeiteten, und hörte, wie bald der, bald jener aus der Zuschauerschaft losprustete und schließlich alle grölten.
Endlich war's zu Ende, ich zog das Hemd an, blieb noch eine Anstandspause lang in der Wachstube und ging dann in meine Einzelzelle hinauf. An Schlaf war nicht zu denken, es schmerzte bestialisch, ich konnte weder liegen noch sitzen. Meine Achseldrüsen schwollen an, ich fieberte. Dafür hast du's für ewig, versuchte ich mich zu trösten.
Am Morgen mußte ich mich zur Marodenvisite melden. Im Sanitätszimmer der Kaserne versah Oberarzt Doktor Böhm den Dienst, ein alter Bummelkumpan. Er erzählte mir, heute nacht hätten sich die Mädchen aus dem Café Mikado erkundigt, wann ich denn wiederkäme. Dann fragte er mich, was mir fehle.
„Recht geschieht dir!" lachte er, als er es erfuhr, „jetzt wirst du mindestens eine Woche lang verfluchte Schmerzen haben. Und wenn du Alkohol trinkst, noch verfluchtere. Na, zeig mal her." Ich zeigte her.

„Sie Schweinehund!" donnerte Oberarzt Böhm aus heiterem Himmel. „Sie Schweinehund!", wobei das Wort „Schweinehund" bei weitem nicht so schlimm war wie das Wörtchen „Sie", weil es dienstlich war.
„Feldwebel!" rief er ins Nebenzimmer, „schreiben Sie sofort eine Strafanzeige gegen den Einjährig-Freiwilligen Kisch."
Betroffen, verständnislos wagte ich einzuwenden, eben habe doch Herr Oberarzt darüber gelacht, weil ich tätowiert wurde.
„Halten Sie mich für einen Trottel? Haben Sie geglaubt, ich werde nicht erkennen, was die Tätowierung vorstellt? Soll ich vielleicht Ihretwegen meine militärische Laufbahn ruinieren, mich zu Ihrem Mitschuldigen machen an einem Verbrechen im Sinne des Militärstrafgesetzes?!"
Vergeblich beteuerte ich, daß ich keine Ahnung habe, was hinter meinem Rücken geschehen sei. Oberarzt Doktor Böhm diktierte die Strafanzeige, und so erfuhr ich, wessen ich beschuldigt wurde.
Der Lithograph, dieser Schurke! Jetzt verstand ich, welche Idee ihn durchzuckt hatte, als er vorschlug, mir die Tätowierung auf den Rücken zu setzen – dort wollte er seine Rache ungestört befriedigen. Seine Rache an unserem Obersten. Statt des vereinbarten Stillebens hatte er mir hinterlistig und hinterrücks die bösartigste Karikatur, nämlich das Porträt des Obersten, eingestochen: den durch die Kappe abgeschnittenen Schädel, den halslosen dicken Körper mit der Kochtopfdeckelmedaille und die wabbelnde, aus rotvioletten Beeren bestehende Nase.
Das alles wäre noch kein Verbrechen im Sinne des Militärstrafgesetzes gewesen. Das Verbrechen im Sinne des Militärstrafgesetzes bestand darin, daß das Porträt verkehrt gemalt war. Der Kopf war auf den Kopf gestellt, und aus dem Mund hing übertrieben lang die Zunge heraus über Hügel und Tal, wo sie im Dunkel verschwand. Diese Zunge also war die „überhängende Weintraube" gewesen, um derentwillen ich meine Hose hinunterlassen gemußt. Deshalb hatten die Kunstbetrachter so dröhnend gelacht, deshalb hatte sich Oberarzt Doktor Böhm vor Mitschuld an einem Verbrechen im Sinne des Militärstrafgesetzes gefürchtet und Anzeige gegen mich erstattet. Subordinationsverletzung,

Verhöhnung eines hohen Vorgesetzten, des Regimentskommandeurs, wenn nicht gar Meuterei.
Schon am Nachmittag wurde ich ins Justizzimmer der Kaserne geführt. Die Kommission zur Feststellung des Sachverhalts bestand aus drei Offizieren. Der eine, Leutnant meiner Kompanie, war ein junger und sympathischer Mensch, leider aber auch aufrichtig und naiv. Kaum hatte er einen Blick auf meine Tätowierung geworfen, rief er aus, sie stelle unverkennbar den Herrn Obersten dar, unverkennbar. Sogar das Bild Kaiser Ferdinands auf der Kriegsmedaille sei absolut ähnlich. Nachdem er solcherart sein Gutachten wahrheitsgetreu abgegeben hatte, trat er befriedigt beiseite.
Nun besichtigte mich das nächste Kommissionsmitglied, der Jurist, ein Hauptmannauditor. Das war ein schlauer Mann, denn er hütete sich, in einer abstoßenden Karikatur eine Ähnlichkeit mit seinem Vorgesetzten zu erkennen. „Überhaupt keine Ähnlichkeit", sagte er, „es wäre eine Beleidigung des Herrn Obersten, so etwas zu behaupten."
Der Leutnant, der eben so etwas behauptet hatte, wurde leichenblaß.
„Und in diesem albernen Gesicht auf der Medaille das weise Antlitz Sr. Majestät weiland Kaiser Ferdinands erkennen zu wollen, ist geradezu ein Crimen lasae majestatis."
Angstschlotternd hörte solches der arme Leutnant. Er merkte nicht die Ironie, mit der der Auditor vom weisen Antlitz Kaiser Ferdinands sprach; Kaiser Ferdinand war notorisch schwachsinnig gewesen und hatte demgemäß genauso ausgesehen wie auf dem tätowierten Abbild der Medaille.
Der Major, welcher als dritter zur Abgabe des Gutachtens schritt, war von Natur aus vielleicht nicht sehr schlau. So schlau aber war er doch, um zu begreifen, warum der Auditor die Ähnlichkeit zwischen Original und Konterfei bestritten hatte. Bevor er noch seinen Kneifer aufsetzte, stellte er bereits fest: „Keine Spur von Ähnlichkeit. Es ist eine Frechheit, eine Insubordination, hier von Ähnlichkeit zu sprechen."
Der Leutnant stand an der Wand wie vor einem Hinrichtungspeloton.
„Diese Fresse da", rief der Major aus, „diese scheußliche

Fresse mit unserem Herrn Obersten zu vergleichen! Unerhört! Unser Herr Oberst ist doch ein stattlicher Mann, ein schöner Mensch." Und weil dem Sprecher diese Lüge selbst etwas zu dick aufgetragen schien, spiegelte er vor, seine Erkenntnis aus der näheren, aus der nächsten Betrachtung zu schöpfen. Er beugte sich so tief gegen die Tätowierung vor, daß ich seinen Atem spürte. „Unser Herr Oberst...", begann er wieder.
Da öffnete sich die Tür sperrangelweit, und in ihr erschien kein Geringerer als das Modell des eben diskutierten Stichs. Breit und mächtig trat Oberst Knopp von Unterhausen ein. Seine Augen blitzten durch das Mützenschild hindurch. Alles sprang in Positur, jedoch der Oberst nahm sich kaum Zeit, zu danken. „Wo ist der Kerl mit der Tätowierung?" fragte er.
„Herr Oberst", sagte der Major, „darf ich gehorsamst bemerken, daß überhaupt keine Ähnlichkeit besteht. Nur böser Wille oder Dummheit..."
Der Oberst winkte ihm ab. „Wo dieser Kerl ist, will ich wissen."
Dieser Kerl stand marmorn da, männliches Gegenstück zur Venus von Milo. Aber statt des Kleides, das sie hochzuraffen versucht, versucht er das mit den herabgelassenen Hosen.
„Kehrt euch", kommandierte der Oberst, und in dem Augenblick, da meine Wendung vollzogen war, brauste es wie Donnerhall, wie Schwertgeklirr und Wogenprall durch den Kasernenbereich: „Das bin ich! Auf Ehrenwort, das bin ich! So eine Schweinerei!"
Lange Pause. Nur das Schnaufen eines verwundeten Tigers war zu hören, ein Fauchen von Wut und Schmerz. Dann legte er los gegen den ungeheuerlichen Vorwurf der Zeichnung.
„Ich habe unter Sr. Exzellenz Feldmarschall Graf von Radetzky gedient", begann er mit Stolz und Pathos, um im gleichen Satz mit Stolz und Pathos hinzuzufügen, daß er an Sr. Exzellenz Feldmarschall Graf von Radetzky niemals das ausgeübt, wessen ihn die Zeichnung zeihe.
„Ich habe unter Sr. Exzellenz dem Generalstabschef, Freiherr von Benedek gedient", fuhr der Oberst fort und versicherte, er habe diesen auch nicht... So ließ er seine Vorge-

setzten Revue passieren, streng nach dem Rang einen nach dem andern, bis er zur Konklusion kam: „Und ich werde auch einen Einjäh..."
Mitten im Wort stockte er. Der Gedanke, sich mit einem Einjährig-Freiwilligen irgendwie in Zusammenhang zu bringen, war für ihn so ekelerregend, daß seine Stimme sich wehrte. Aber er begann von neuem: „Und ich werde auch einen Einjährig-Freiwilligen nicht am A..."
Damit war das Wort zu Ende, der Satz und die Lebenskraft des Obersten. Er fiel um und japste nur: „A... A...,"
Alle stürzten auf ihn zu, alle riefen nach dem Regimentsarzt, nach Ordonnanzen, die einen Arzt suchen sollten, Eis aus der Offiziersmesse holen und ein Kissen.
Ich wollte auch etwas holen, aber der Hauptmannauditor, der noch vor wenigen Minuten ein für mich günstiges Gutachten abgegeben hatte und nun von seinen Bemühungen um den vom Herzschlag getroffenen Obersten ausgefüllt schien, ließ mich nicht aus den Augen. Scharf befahl er: „Sie bleiben hier!"
Jetzt sah nämlich mein Fall ganz anders aus. Der Oberst hatte entschieden, daß die Karikatur ihn vorstelle, und nach einem Blick auf den röchelnd Daliegenden konnte kein Zweifel bestehen, daß zu den Verbrechen, deren ich beschuldigt war, alsbald der Vermerk hinzukommen werde: „Mit tödlichem Ausgang."
In das Sanitätsgebäude am Westflügel der Kaserne wurde der sterbende Oberst transportiert, in das Arrestgebäude am Ostflügel der Einjährig-Freiwillige, dem sein todbringender Zorn gegolten. Der Oberst entschlief am selben Abend, versehen mit den Tröstungen des Regimentsgeistlichen; der Einjährig-Freiwillige, der jeder Tröstung ermangelte, konnte nicht entschlafen. Zum Takt der Worte „mit tödlichem Ausgang" ging ich in meiner Zelle auf und ab.
Nach dem Tätowierer, dem Lithographen, hatte die Justizabteilung bereits gesucht, aber er war schon am Morgen zu einer höheren Instanz eskortiert worden. Sein Delikt war Urkundenfälschung, nicht etwa, weil die Tätowierung den Obersten fälschlich einer erniedrigenden Tätigkeit bezichtigte, sondern wegen der eigenmächtig vorgenommenen Ernennung eines Korporals zum Feldwebel.

Des Lithographen Nachfolger trat das Amt mit der Vervielfältigung einer Einladungskarte an: „Wer von den Herren Offizieren das tiefe Herzensbedürfnis fühlt, unseres teuren Verblichenen im engen Kameradschaftskreise zu gedenken, wird hiermit zu der übermorgen (Dienstag) um sechs Uhr nachmittags in der Offiziersmesse stattfindenden Gedenkfeier für Herrn Oberst Knopp von Unterhausen höflichst eingeladen." Für jene aber, die allenfalls das tiefe Herzensbedürfnis nicht fühlen sollten, trug die höfliche Einladung den Vermerk: „Ausreden werden nicht entgegengenommen!"
Der Einjährig-Freiwillige Kysela, der im Zivilberuf Maler war, bekam den Auftrag, für diese Feier den dahingeschiedenen Obersten in Lebensgröße zu porträtieren.
„Ich habe den Herrn Oberst nie gesehen", sagte Kysela. „Bei unserer Eidesleistung stand ich ganz hinten in der sechzehnten Kompanie, im zweiten Glied. Ich habe keine Ahnung, wie er ausgesehen hat."
Er verlangte eine Photographie, aber es gab keine. Wer ein Rhinophym im Gesicht trägt, läßt sich nicht gerne photographieren.
Dem Regimentsadjutanten blieb nichts übrig, als Kysela auf meine Tätowierung hinzuweisen. Ich wurde ins Wachzimmer gerufen, dorthin, wo die Skizze zu dem künftigen Porträt vorgestern abend entstanden war.
„O weh", rief Kysela mit gespieltem Entsetzen aus, als er die Tätowierung sah, „die Graphik ist ja verkehrt gehängt. Wie soll ich sie da abzeichnen?"
Der Adjutant befahl mir, mich bäuchlings auf den Tisch zu legen, aber Kysela sagte, das sei nichts. Höchstens, wenn ich Handstand machen würde, wäre es möglich, die Skizze zu kopieren. Aber eine Stunde lang kann niemand auf den Händen stehen.
„Ließe sich nicht durch Spiegelreflex das Bild in die gewünschte Lage bringen?" fragte der Adjutant.
Davon verstehe er nichts, antwortete Kysela, nur in seinem Atelier könnte er eine Kopie in Farben machen.
So mußte man mir trotz des Verdachts, ein militärstrafrechtliches Verbrechen mit tödlichem Ausgang begangen zu haben, der Mörder des Regimentskommandeurs oder zumindest der Schuldtragende an seinem Tode zu sein, so mußte

man mir, sage ich, das Verlassen der Kerkerzelle, ja des Kasernenbereichs gestatten. Ich bekam einen Urlaubsschein für vierundzwanzig Stunden!
Das waren vierundzwanzig Stunden! Normalerweise durfte sich kein Soldat nach dem Zapfenstreich auf der Straße oder in einem Lokal sehen lassen, es sei denn, daß er „Überzeit" hatte, Ausgangserlaubnis bis zu einer bestimmten Stunde. Kysela aber und ich waren unbeschränkt. Der Warnung zum Trotz, daß Alkohol den Tätowierungsschmerz verschlimmere, trank ich in mich hinein, was das Zeug hielt. Zum Kranksein würde ich im Arrest genug Zeit und Muße haben.
Als wir am Morgen dem Hause zutorkelten, in dem Kysela sein Atelier hatte, erschraken wir. Vor dem Haustor standen zwei Soldaten. Verhaftung? Bewachung? Keines von beiden. Der Regimentsadjutant hatte gestern die Uniform des verstorbenen Obersten geschickt, damit der Maler sie für das Gemälde verwerte, und die beiden Soldaten sollten sie persönlich übergeben. Da Kysela nicht zu Hause war, hatten sie die ganze Nacht gewartet.
Auf diese Weise wurde Kysela daran erinnert, daß er noch heute ein lebensgroßes Porträt zu malen habe. Die Uniform war wenigstens etwas; Kysela konnte sie abmalen. Für das Porträt des Waffenrocks verbrauchte er drei Tuben Preußischblau. Mindestens eine Tube mehr wäre erforderlich gewesen, hätte Kysela nicht den großen Kreis für die Medaille ausgespart, in den er Messingfarbe auftrug. Solchermaßen füllte der Rumpf bereits drei Viertel der Leinwand aus. Vorteilhaft war auch die Kappe, denn sie verdeckte fast das ganze Gesicht, das der Maler nicht kannte.
Für das Gesicht hatte Kysela nur meine Tätowierung als Vorbild. Aber so frech er sonst war, er wagte es nicht, ihre krasse Realität in Öl und Lebensgröße zu übertragen. Nur ganz leicht deutete Kysela das Rotviolett der Nase an, und so war das Gemälde auf seiner Leinwand bei weitem nicht so lebenswahr wie die Graphik auf meiner Haut.
Noch frisch und feucht wurde das Bild in die Kaserne gebracht, und damit war der Urlaub zu Ende. Ich kehrte in meine Zelle zurück, meldete mich mit hohem Fieber krank und bekam Diät vorgeschrieben.
In Gold gerahmt und im Offizierskasino aufgehängt, fand

das Ölgemälde bei der Trauerfeier gebührend Bewunderung. Die Witwe des Obersten ließ den Künstler rufen.
„Das Bild ist ausgezeichnet. Sie haben meinen Mann sicherlich sehr gut gekannt", sagte sie huldvoll zu ihm.
Kysela entgegnete, er habe den Herrn Oberst nie gesehen.
„Nie gesehen? Wie konnten Sie ihn dann so ähnlich malen? Es gibt ja kein Photo von ihm."
Kysela erwiderte, er habe es von einer Tätowierung abgezeichnet.
„Was? Von einer Tätowierung? Wer hat sich denn ein Porträt meines Mannes tätowieren lassen?"
Kysela antwortete, ein Einjährig-Freiwilliger namens Kisch.
„Ach, ist das rührend!" Die Frau Oberst wandte sich an die Stabsoffiziere, die sie umstanden. „Ist das nicht wirklich schön, meine Herren, daß ein Soldat sich das Bild des Regimentskommandanten tätowieren läßt, um es immer vor Augen zu haben? Soviel Liebe und Dankbarkeit für seinen Vorgesetzten!"
Die Stabsoffiziere nickten und bemerkten, das beweise in der Tat eine seltene Liebe und Dankbarkeit zum Vorgesetzten.
„Ich möchte gerne die Tätowierung sehen. Bitte, lassen Sie den Freiwilligen rufen. Ich will ihm danken, daß er Herrn Kysela das Vorbild für dieses schöne Gemälde geliefert hat."
Bei diesem Wunsch der Frau Oberst hörte das zustimmende Nicken der Stabsoffiziere auf. Sie traten nervös von einem Fuß auf den anderen und glaubten sich erst gerettet, als der Regimentsarzt meldete, der Einjährige Kisch sei leider sehr krank, 41 Grad Fieber, er könne unmöglich gerufen werden.
„Dann führen Sie mich zu ihm", rief Frau Oberst entschlossen aus, „es ist ohnehin richtiger, daß ich zu ihm gehe, wenn ich mich bedanken will. Wo liegt er, im Sanitätsgebäude?"
Nein, der Mann liege im Arrestgebäude.
„Im Arrestgebäude? Nun gut. Herr Major und Herr Hauptmann werden die Freundlichkeit haben, mich hinüberzubegleiten."

So geschah es, daß sich plötzlich die Tür der Zelle öffnete, in der ich fieberd auf dem Bauche lag, und herein kamen der Major-Kasernenkommandant, der Hauptmann-Regimentsadjutant und zwischen ihnen eine schwarzverschleierte Dame.
Sie trat auf mich zu. „Ich bin Frau Oberst von Knopp. Ich will Ihnen dafür danken, daß Sie sich das Bild meines Mannes tätowieren ließen."
„O bitte, Frau Oberst", sagte ich verwirrt, „nichts zu danken, geschah ... ich wußte gar nicht ..."
„Ich möchte die Tätowierung gerne sehen."
Hier sprangen Major und Hauptmann dazwischen: das sei nicht möglich.
„Warum sollte das nicht möglich sein, wenn ich es ausdrücklich wünsche?" Die Stimme der Frau Oberst klang gereizt, als sie dieses fragte, sie klang drohend.
„Verzeihung, Frau Oberst", stotterte der Major, „ich bitte um Verzeihung, aber die Tätowierung ist an einer sehr delikaten Stelle."
„Ach Unsinn, ich bin eine verheiratete Frau!" Sie wandte sich an mich, und in einem Befehlston, an dem das Wort „bitte" nichts änderte, sagte sie: „Bitte, zeigen Sie mir Ihre Tätowierung."
Ich zeigte meine Tätowierung. Sie hatte durch Alkohol und Fieber die Farben blühenden Lebens bekommen, aber das allein erklärt nicht, was jetzt geschah. Wer hätte voraussehen können, daß die rauhe Begebenheit mit der Tätowierung plötzlich eine Wendung ins Lyrische nehmen werde und mit den zarten Tönen der Liebe und Rührung ende.
„Ferdinand!" flüsterte die Frau Oberst bewegt, als sie ihren Mann vor sich sah, „mein Ferdl", hauchte sie hingebungsvoll und beugte sich nieder, um ihn mit Küssen zu bedecken.

Vorträge und Theater

Den erfolgreichen Erwin ließ Egon am Leben, auch als letzterer des ersteren nicht mehr bedurfte. Beide Namen standen auf der Buchausgabe der Gedichte, die ich zwi-

schen meinem fünfzehnten und achtzehnten Lebensjahr gereimt hatte: „Vom Blütenzweig der Jugend", Verlag E. Pierson in Dresden, 1904.
Der Tonfall der Verse war von Heinrich Heine entlehnt, das Stoffliche von den „Elf Scharfrichtern", einer Münchner Künstlergruppe. Heine ist ein Meister des Verses, und die „Elf Scharfrichter" besaßen eine kühne Thematik, aber in den Gedichten desjenigen, der sie plünderte, findet sich von diesen Vorzügen nichts. Wenn man Erstlingswerken symptomatische Bedeutung beimißt, mußte man den Schluß ziehen, daß ein solcher Blütenzweig in der Zeit der Reife ungenießbare Früchte tragen werde.
Der Verlag E. Pierson war ein Druckkostenverlag, jedermann konnte, sofern er zweihundert Mark bezahlte, dort sein Werk erscheinen lassen. So erschien auch meines. Unter meinen Freunden aber sprengte ich aus, diesen Betrag als Honorar erhalten zu haben. Ja ich erhöhte ihn sogar um hundert Mark. Wenn ein Verleger mich mit so hohem Geldeswert einschätzte, konnten kritische Einwände meiner Freunde nur geringe Beweiskraft haben. Man bedenke: dreihundert Mark!
Leider verstand meine Mutter nichts von Literatentricks, nicht einmal von denen eines Anfängers. In der Meinung, etwas, wofür zweihundert Mark ausgegeben worden seien, müsse sein Geld wert sein, hielt sie mit der Wahrheit nicht hinterm Berg, die Herausgabe des Buches finanziert zu haben. Und weil etwas, das noch mehr kostet, auch noch mehr wert sein müsse, erzählte sie überall, im Glauben, mein Ansehen zu steigern, sie hätte dreihundert Mark dafür bezahlt.
Schon frühzeitig habe ich mich der Gedichte geschämt und schäme mich ihrer noch heute. Schon frühzeitig habe ich mich geschämt, die Druckkosten bezahlt zu haben, aber ich schäme mich nicht mehr dafür. Je mehr meine Kenntnis der Literatur wuchs, desto weniger hätte ich gewagt, ein Buch zu veröffentlichen. Nur der Wunsch, das klägliche Debüt wettzumachen, ermutigte mich, ein zweites Buch zu veröffentlichen. Diesmal war es eine Novellensammlung „Der freche Franz", und der Verlag Hugo Steinitz, Berlin, gab sie heraus; nach einem Jahr verkaufte er das Verlagsrecht an eine Eisenbahn-Leihbücherei weiter, die mir auf meine An-

frage mitteilte, daß sie dafür zweitausend Mark bezahlt hatte. Mir sollte laut Vereinbarung mit Steinitz eine jährliche Abrechnung Honorar bringen, aber ich bekam weder Abrechnung noch Honorar.
Nach meinem Militärdienstjahr bot ich mich dem „Prager Tagblatt", das eine Kurzgeschichte von mir veröffentlicht hatte, als Volontär an. Der Feuilletonchef, der mich empfing, trug lange, wenn auch schüttere Künstlerlocken, eine Samtjacke und eine großgetupfte Lavallière-Krawatte. Er hieß Neuhof oder Altberg, oder vielleicht hieß er Althof oder Neuberg, oder vielleicht hieß er auch ganz anders, ich habe es vergessen, wahrscheinlich, weil er sich nur „Herr Feuilletonchef" nennen ließ. Auch an der Tür seines Büros stand: „Feuilletonchef des Prager Tagblatt".
Seines Amtes war es vor allem, aus der hauptstädtischen Presse Kulturnachrichten auszuwählen, und wenn das Idealprodukt der Journalistik, die „Frankfurter Zeitung", eine Wiener Notiz abdruckte, die auch er für sein Blatt ausgeschnitten hatte, dann strich er stolzgebläht seine Locken. Aus den einlangenden Manuskripten suchte er täglich eines aus, das er als Feuilleton in Satz gab, und schrieb biographische Notizen über Schriftsteller und Künstler, die starben oder sonstwie aktuell wurden. Am nächsten Tag fragte er alle Kollegen, ob sie seine Notiz gelesen hätten, und nahm selbstzufrieden ihr Lob entgegen. Nur darunter litt er, daß nicht er, sondern der Chefredakteur Heinrich Teweles die Theaterkritiken schrieb.
Nachdem der Feuilletonchef mich reichlich geprüft hatte, übertrug er mir die Berichte über die allwöchentlichen Vorträge von vier Bildungsvereinen: der naturwissenschaftlichen Gesellschaft „Lotos", des Vereins zur Verbreitung gemeinnütziger Kenntnisse, des Bundes „Frauenfortschritt" und der studentischen „Lesehalle".
„Die Rezension der ‚Concordia'-Vorträge behalte ich natürlich mir selbst vor", sagte er und fuhr sich schwungvoll durchs Haar. Die „Concordia" war der Schriftstellerverband.
So ward ich denn kritische Instanz für Vorträge über Ruinenfunde bei Edschmiadsin (mit Lichtbilder-Projektion), über Pflege des Kindes vor der Geburt (weibliche Gäste willkommen), über Metaphern im Codex Argenteus des Bi-

schofs Ulfilas (anschließend Aussprache), über die Entdeckung der Fingerabdrücke durch Goethes Freund Purkynje (nur für Mitglieder), über die Assimilation der Kohlensäure durch das Chlorophyll der Tropenpflanzen (mit Experimenten) und über ähnliche weder miteinander noch mit mir in Zusammenhang stehende Themen.
Wagte ich es, meinen Berichten einige Glanzlichter aufzusetzen, dann verlöschte der Feuilletonchef, an dessen Namen ich mich nicht mehr erinnere, sie erbarmungslos mit seinem Blaustift. Zweifellos strich er meine Manuskripte deshalb zusammen, weil nur in seinen Referaten Brillanten blitzen sollten, er behauptete jedoch, es geschah meiner Langatmigkeit wegen. „Kürzer, junger Mann, kürzer."
Deshalb, und nicht etwa, weil ich von dem Thema kein Wort verstand, beschränkte ich mich darauf, über einen Vortrag des Zivilrechtlers Josef Kohler aus Berlin zwanzig Zeilen zu schreiben. Am nächsten Tag sagte der Chefredakteur Teweles böse zu mir: „Es ist ein Zeichen von Unbildung, Geheimrat Kohler mit zwanzig Zeilen abzutun."
In der studentischen „Lesehalle" las ein Raimund Schwarr, dessen Roman „Der Ungebärdige" kurz vorher im „Prager Tagblatt" als epochal gepriesen worden war, aus neuen Werken, und zwar stundenlang mit Pathos und bei rot abgedämpftem Licht. Ohne Rücksicht auf das begeisterte Attest in unserem Blatt und ohne Rücksicht auf die Tatsache, daß der Bruder des Dichters Generaldirektor des Böhmischen Bankverbandes war, überschüttete ich ihn mit Hohn.
Tags darauf empfing mich der Feuilletonchef, an dessen Namen ich mich nicht mehr erinnere, mit einem Gesicht, als habe er eine Spinne gefrühstückt. „Sie sollen zum Chefredakteur kommen." Von dem bekam ich eine Philippika zu hören, die noch gehässiger war als meine Kritik über Raimund Schwarr. Chefredakteur Teweles schloß mit der Lehre: „Einen solchen Ton schlägt man nur gegen die Roten an, merken Sie sich das."
Die Roten waren die Sozialdemokraten. Von den tschechischen Parteien waren sie die einzige, die gegen die antideutschen und antijüdischen Straßendemonstrationen, gegen die Dreyfus-Hetze und gegen die Hilsner-Hetze aufgetreten war. Demnach hätte sie dem „Prager Tagblatt"

sympathischer sein müssen als die anderen Parteien.
Warum sollte man also einen solchen Ton nur gegen die
Roten anschlagen? Warum sollte ich mir das merken?
Ich begriff nur, daß meine Position in der Redaktion nicht
sehr stark sei, etwas Lobendes hatte mir Chefredakteur Teweles noch nie gesagt, getadelt hatte er mich wiederholt.
Teweles war Anhänger des humanistischen Gymnasiums
und hielt alle für ungebildet, die nicht acht Jahre lang Latein und Griechisch gelernt hatten. Den Begabtesten unserer Redaktion, den jungen Karl Tschuppik, verletzte er regelmäßig mit den Worten: „Als Gewerbeschüler können Sie
das natürlich nicht wissen." Den Gerichtssaalberichterstatter Urban, der inmitten des Hilsner-Prozesses vom antisemitischen „Wiener Volksblatt" zum liberalen „Prager Tagblatt" herübergewechselt war, nannte Teweles nur „den
Maurer" – allerdings nie in Urbans Anwesenheit, was die
Sage bestätigte, Urban sei ihm einmal mit proletarischen
Fäusten gekommen. Einen, der absolvierter Handelsakademiker war und bei Teweles „der dumme Kohn" hieß, verjagte er aus der Redaktion in die Administration, von wo
aus „der dumme Kohn" sehr bald die Herrschaft über die
ganze Zeitung und sich den Namen „der schlaue Kohn" eroberte.
Ich, der Benjamin, hatte nur Realschulstudium und war
außerdem ein leidenschaftlicher Fußballer, was nicht allein
dem Chefredakteur, sondern selbst den nicht humanistisch
gebildeten Kollegen als der Gipfel von Unseriosität erschien. Wer da öffentlich schreibt, muß privat Würde an
den Tag legen, das galt als die Vorbedingung von Erfolg
und Anerkennung. Ich habe die Würde nie erlernt, das
schadete mir zeitlebens, und oft erwog ich, ob ich nicht in
einem Buch „Die Rolle von Vollbart und Bauch in der Gesellschaft" gegen die Würde polemisieren sollte.
Unser Chefredakteur trug übrigens weder Bauch noch Bart,
er bezog seine Würde vom humanistischen Gymnasium her
– auch der flachste seiner Artikel barg ein kostbares lateinisches oder gar (an Sonntagen) griechisches Zitat. Alle in der
Redaktion bewunderten die Schnelligkeit seines Schreibens. „Bevor die Tinte des Titels trocken ist", rühmten sie,
„setzt er schon den Schlußpunkt hin."
Außer seiner redaktionellen Tätigkeit entfaltete Teweles

auch eine dramaturgische. Unter anderem hatte er das Drama seines Freundes Theodor Herzl „Das neue Getto" für die Prager Uraufführung bearbeitet, und Theodor Herzl nahm einige Tewelessche Feuilletons für die Wiener „Neue Freie Presse" an. Allerdings mußten sie mit einem Pseudonym gezeichnet sein, da der Zionistenführer Herzl einen so jüdischen Namen wie Teweles in dem liberalen deutschen Blatt nicht drucken durfte. Für Reclams Universalbibliothek vollendete Teweles das Schillersche „Demetrius"-Fragment. Dem Theater diente er mit noch größerer Leidenschaft als der Zeitung. „Ich bin bei Angelo Neumann zu erreichen", sagte er allabendlich, wenn er die Redaktion verließ.
In der Tat war Teweles der Freund Angelo Neumanns, der seinerseits der Freund Richard Wagners gewesen war. In Prag sprach das mehr für Richard Wagner als für Angelo Neumann. Angelo Neumanns Amt, sein Äußeres und vor allem seine Ehe machten ihn zu einer mythischen Gestalt. Er war Direktor der beiden deutschen Theater Prags, die in der europäischen Bühnenwelt hohes Ansehen genossen, die besten Schauspieler und Sänger deutscher Zunge waren von ihm entdeckt und gefördert worden und viele Kapellmeister und Komponisten, einschließlich Richard Wagner und Gustav Mahler.
Angelo Neumanns Direktionsloge war eine Bühne für sich. Punkt sieben Uhr abends erschien er dort, ein père noble, mit pechschwarz gefärbtem Haar und Schnurrbart, schwarzem Anzug und schwarzer Krawatte, maß aufrecht stehend, mit lang anhaltendem Blick den Zuschauerraum vom Parkett bis zur Galerie, und dann erst gab er das Zeichen, nein, die Erlaubnis zum Beginn der Vorstellung. Neben ihm saß sein Stiefsohn, ein schöner Knabe, in der Kadettenuniform der Adelsakademie, der wohl kaum ahnte, daß die auf die Loge gerichteten Operngläser ihm galten und warum sie ihm galten. Bei Neuinszenierungen hatte Angelo Neumann außerdem den Chefredakteur Teweles an seiner Seite, bei den Opern den Prager Abt P. Alban Schachleitner und dessen Koadjutor Graf Galen.
Pater Alban Schachleitner führte später in Deutschland den nazifreundlichen Flügel der Katholiken und wurde deshalb nach seinem Tod in München von Hitler mit königlichen Ehren bestattet. Aber damals, als er zur Rechten des Juden

Angelo Neumann sitzen durfte, durfte er es, weil er ein Musikmäzen war; in der Politik bekämpfte er damals vehement die antiliberale und antiklerikale Partei Georg von Schönerers, mit dessen Programm Adolf Hitler viele Jahre hernach zur Macht kam.

Der Geistliche neben Alban Schachleitner hatte eine interessantere Gegenwart und charaktervollere Zukunft. Graf Galen waltete als Beichtiger auf Schloß Konopischt. In Graf Galens Ohr gingen die ehrgeizigen Pläne des Erzherzogs Franz Ferdinand, und Graf Galens Lippen hielten sie verschlossen. Dieser junge Mann in der Loge kannte Europas Zukunft und seine eigene Zukunft, denn menschlichem Ermessen nach mußte das Beichtkind bald Kaiser von Österreich und der Beichtvater Erzbischof von Wien werden.

Es kam anders. Nach dem Zusammenbruch Österreichs verließ Graf Galen die Prager Diözese und wurde Bischof von Münster. Ich sah ihn nicht mehr wieder, aber ich denke dankbar an ihn. Als ich 1933 seit der Nacht des Berliner Reichstagsbrandes im Spandauer Zuchthaus saß, empfing ich eines Tages meinen ersten und einzigen Besuch. Es war mein Anwalt, der mir von Bemühungen Außenstehender zu meiner Freilassung berichtete. Unter anderem habe der Bischof von Münster in einem Brief an das Polizeipräsidium erklärt, daß er mich aus seinem früheren Amtsbereich kenne und mich einer feigen Brandstiftung für unfähig halte. Das konnte Naivität sein – kam es denn den Nazis auf Schuld oder Unschuld an? –, aber Graf Galen zeigte bald offener, daß er nicht naiv, sondern ein bewußter Gegner des Regimes sei. Er wandte sich zunächst gegen den Nazitheoretiker Alfred Rosenberg, später in einem Hirtenbrief gegen Hitler selbst und wurde als verhaftet erklärt. Da er sich weigerte, sein Bischofsgewand abzulegen, wagte die Polizei nicht, ihn aus dem Bischofspalast abzuführen. So unterblieb die Verhaftung, aber ein Staatsbegräbnis, wie es seinem einstigen Chef Alban Schachleitner inszeniert wurde, kann er von Hitler nicht erwarten.

Seit dem Selbstmord des Kronprinzen Rudolf war Erzherzog Franz Ferdinand österreichischer Thronfolger, aber auch Angelo Neumann war Nachfolger des Kronprinzen Rudolf, und zwar durch seine Frau, die verwitwete Gräfin

Török. Sie hieß auf dem Theaterzettel „Johanna Buska" und im Privatleben „Frau Gräfin", jedoch niemals, niemals „Frau Neumann". Man erzählte sich, ein neuer Bühnenarbeiter sei einmal zu Angelo Neumann mit der Mitteilung gekommen: „Herr Direktor, Ihre Frau Gemahlin erwartet Sie." – „Sie haben zu sagen: die Frau Gräfin", korrigierte ihn Angelo Neumann, „verstehen Sie?" – „Jawohl, Herr Graf", antwortete der eingeschüchterte Mann.

Bevor Johanna Buska Frau Gräfin oder gar die Gattin Angelo Neumanns wurde, hatte sie zum Ensemble des Wiener Burgtheaters gehört, und Kronprinz Rudolf begann sich für die gertenschlanke Schauspielerin mit den wunderbar langen Augenwimpern und dem wunderbar langen Haar auffallend zu interessieren. Kaiser Franz Joseph, selbst mit einer Kollegin der Buska, der Hofschauspielerin Katharina Schratt, liiert, duldete so etwas nicht. Sein Sohn mußte Wien für einige Zeit verlassen, und der kaiserliche Obersthofmeister Fürst Montenuovo übermittelte dem altersschwachen ungarischen Feldmarschalleutnant Graf Török den Allerhöchsten Befehl, Fräulein Buska zu heiraten. Knapp nach der Hochzeit und noch knapper vor seinem Tode schenkte die junge Gräfin ihrem Gatten einen männlichen Leibeserben.

Jener Fürst Montenuovo, der sich mit der Liquidierung dieser und anderer Liebesaffären der Habsburgerfamilie zu befassen hatte, war ein Enkel von Marie-Louise, Kaiserin der Franzosen, aus ihrer zweiten Ehe. Als Marie-Louise an der Seite Napoleons auf dem Herrscherthron Europas saß, ahnte sie nicht, daß es dereinst das Amt ihres Enkels sein werde, Bettgeschichten von österreichischen Erzherzogen und Erzherzoginnen zu bereinigen. Noch weniger aber konnte sie voraussehen, daß sich ihr Enkel ihres Gatten schämen würde, sich schämen Napoleons!

Mit dem Fürsten Montenuovo (Montenuovo ist die Italisierung des Namens Neipperg) hatte ich als Journalist wiederholt zu tun. Vor allen Besuchen des Kaisers Franz Joseph in Böhmen fuhr der Obersthofmeister voraus, um die Räume zu inspizieren und das Zeremoniell vorzubereiten, und empfing einzelne Vertreter der loyalen, das heißt der deutschen Presse, denen er über die Arrangements Auskunft gab. Bei einem meiner Interviews mit ihm schien er über

meine unverfrorenen Fragen besonders belustigt zu sein, so daß ich die Frage wagte, ob in seiner Familie unbekannte Andenken an Napoleon vorhanden seien. Augenblicklich wurde sein Gesicht abweisend.
„Wir Montenuovos haben mit Bonaparte nichts zu schaffen", sagte er langsam und in einem Ton, der ergänzend ausdrückte, daß die Montenuovos ein Fürstengeschlecht seien und Bonaparte nur ein Bürgerlicher war, weshalb er eben nichts mit ihm zu schaffen haben könne.
Unleugbar zu schaffen gehabt hat Fürst Montenuovo mit der obenerwähnten Liebesgeschichte des Kronprinzen Rudolf, und er hat sie auf wohlfeile Weise bereinigt, denn Frau Buska und ihr Sohn erbten die Generalspension, die nicht aus der Privatschatulle der Habsburger, sondern vom Militärärar ausbezahlt wurde. Johanna Buska durfte sich Frau Gräfin nennen, auch nachdem sie Angelo Neumann geheiratet. Ihr Sohn war Graf. Und wenn sich im Prager Theater alle Operngucker in die Direktionsloge bohrten, so geschah es immer wieder um der Feststellung willen, der Junge sei dem Kronprinzen Rudolf wie aus dem Gesicht geschnitten.
Bei der Mutter des Knaben hingegen wollte man Ähnlichkeiten mit der Baronesse Vetsera entdecken, die ihre Nachfolgerin im Herzen des Kronprinzen geworden und mit ihm in den Tod gegangen war. Wie weinten die Fenster, wenn der blinde Methodius in unserem Hof von der Tragödie auf Schloß Mayerling sang!
Johanna Buskas Bühnenehrgeiz war durch ihre Romanze mit dem jungen Kronprinzen nicht erloschen. Auch nicht durch ihre Ehe mit dem alten Feldmarschalleutnant, die allen Tempelhüterinnen Thalias in deutschen Landen als Gipfel der Karriere erschien und sogar von Theodor Fontane in diesem Sinne behandelt wurde. Die verwitwete Gräfin heiratete den Bühnenprinzipal Angelo Neumann, um Diva zu werden, und spielte ihrem wachsenden Alter zum Trotz Mädchenrollen. Sie kopierte die Sarah Bernhardt; im „Hamlet" trat sie jedoch nicht als Hamlet, sondern als Ophelia auf, weil sie in der Wahnsinnsszene ihr langes Haar aufgelöst und mit Blumen geschmückt zeigen konnte. In einer Pantomime „Rund um Wien", die ihretwegen nie aus dem Repertoire verschwand, stellte sie ein Mädchen

dar, das aus der Donau gefischt wird und dessen Haar bei Rettern und Neugierigen Bewunderung erweckt.

Das Theater und alles, was dazu gehört, war in jener Zeit, da es keinen Film, kein Radio, kein Auto, keinen Massensport, keine Weekendausflüge gab, Monopol und Gipfel des gesellschaftlichen Lebens. Deshalb versuchten die Zeitungen vor allem durch die Theaterkritik einander zu übertreffen, nicht nur was die Qualität, sondern auch was die Quantität anlangt. Langstreckenmeister der Kritik war Professor Alfred Klar, dessen Rezension über einen neueinstudierten „Don Carlos" drei Tage lang in Fortsetzungen die Spalten der Zeitung füllte; auf Grund dieses Rekords wurde Professor Klar an die „Vossische Zeitung" nach Berlin berufen.

Eine so heilige Sache wie die Unabhängigkeit der Theaterkritik konnte keineswegs als gewahrt gelten, wenn der Kritiker des „Prager Tagblatts" gleichzeitig der Freund des Theaterdirektors war. „Ich danke Gott, daß ich nicht bin wie jener", beteuerte der Kritiker des Konkurrenzblattes „Bohemia" und Nachfolger des Professors Alfred Klar, Herr Doktor Dykschy, indem er seine Meinungsfreiheit durch schärfsten Tadel der Vorstellungen und insbesondere der Johanna Buska kundtat. Anläßlich einer Aufführung von „Minna von Barnhelm", des hundertfünfzig Jahre alten Lustspiels, leistete er sich den „Witz", Frau Buska habe die Titelrolle schon bei der Uraufführung gespielt.

Heinrich Teweles ließ sich nicht beirren. Nach wie vor zeigte er sich in der Direktionsloge, lobte unentwegt Repertoire und Aufführung, insbesondere Frau Buska. Nach Angelo Neumanns Tod übernahm er selbst für einige Zeit die Theaterdirektion und wurde später wieder Freund seines Nachfolgers und wieder Kritiker und hob wieder alles in den Himmel. Nur als 1924 meine Komödie „Die gestohlene Stadt" gespielt wurde, griff er sie, die doch ein heimisches Thema und einen heimischen Autor hatte, in einem Ton an ... just in dem Ton, den er mir achtzehn Jahre vorher nur gegen die Roten bewilligt hatte.

Sein Tadel von 1906 hatte mich schwerer getroffen, mich nahe an den Entschluß getrieben, das Schreiben an den Nagel zu hängen. Auf jeden Fall wollte ich das „Prager Tagblatt" verlassen, wo meine beiden Vorgesetzten, der Chefredakteur Teweles und der Feuilletonchef, an dessen Namen ich mich nicht mehr erinnere, mir offenkundig nicht wohlgesinnt waren. Ich bewarb mich bei der „Bohemia" um eine Stellung, bekam aber keine Antwort.

Allnachmittäglich saß ich mit der Prager Literatur im Café Central. Hätte ich damals unseren Stammtisch als die Prager Literatur bezeichnet, so wäre ich schön verlacht worden. Anerkannt als die Prager Literatur waren jene Dichter, die niemals in einem zweisprachigen Café verkehrten, sondern nur im deutschen Café Continental oder im Deutschen Kasino und für die der langhaarige Frauenarzt Dr. Hugo Salus der Dichterfürst war.

Die Ablehnung des nationalen Sektierertums und der führenden Künstlerclique einte die junge Generation, so uneinig sie auch in ihren literarischen Richtungen war, der satirische Dämoniker Paul Leppin, der katholische Neoromantiker René (später Rainer) Maria Rilke, der ethische Erotiker Max Brod, der mystische Realist Franz Kafka, der philosophische Bibliothekar Hugo Bergmann. Gegen Hugo Salus hatte einer von uns den Zweizeiler verfaßt:

Hugo Salus ist ein Gebu-
Rts-Helfer und Poet dazu.

Eines Nachmittags war die literarische Debatte im Café Central besonders heiß.

Es ging um die Poesie. Rilke sprach wie immer erregt auf uns ein; seine langen Hände flatterten wie Tauben auf uns zu. „Ich habe die Formel gefunden: Poesie ist Liebe, und Liebe ist Gottesglaube."

Ärgerlich stülpte der halb taubstumme tschechische Essayist Antonin Macek seine Hand, die bisher wie ein Hörrohr sein Ohr verlängert hatte, als Sprachrohr auf den Mund und schrie unartikuliert: „Welcher Gottesglaube? Sie als Katholik können doch nicht das Heidentum der griechischen Tragiker, den Mohammedanismus von ‚Tausendundeiner Nacht', den Protestantismus der deutschen und englischen Dichter... Sie dürfen das doch nicht Gottesglaube nennen, Sie nicht, René!"

Ich warf die Namen Oscar Wilde und Anatole France, die uns damals Ideale waren, als Beispiele ungläubiger Dichter ins Gespräch.

Rilkes Tauben hoben sich hoch, um auf uns herabzufliegen, aber ehe ihre Botschaft uns erreichte, klopfte mir jemand auf die Schulter. Es war ein alter Redakteur der „Bohemia", bei Gästen und Kellnern des Cafés Central unbeliebt, weil er aus den aufliegenden Zeitungen Notizen ausschnitt oder gar Seiten herausriß.
Ich stand auf und wandte mich zu dem Redakteur. Er habe mir zu bestellen, daß ab Anfang April eine Stellung in der Redaktion frei sei.
„Das ist sehr schön", antwortete ich, „ich nehme sie an."
„Nicht so stürmisch, junger Mann, Sie wissen ja noch gar nicht, um welche Art von Arbeit es sich handelt. Es ist die Stelle des Herrn Melzer, unseres Spezialisten in Mordfällen . . ."
Hinter mir flatterten Rilkes Tauben mit der Botschaft, daß aus dem Haß niemals Poesie entströmen kann und daß der Katholizismus alles umfaßt, was andere Religionen an Liebe enthalten.
„Ich könnte den Posten sofort antreten", sagte ich zu dem Redakteur.
Er schien das nicht erwartet zu haben. „Herr Melzer war unser Lokalreporter, wissen Sie das?"
Der halb taubstumme Antonin Macek stöhnte: „Shakespeare sprüht überall Haß, und die Bibel ist ein Buch der Rache, wissen Sie das, René?"
„Ja", antwortete ich dem Redakteur, „ich weiß das. Ich komme noch heute in die Redaktion, um mich vorzustellen."
Sicherlich hätte ich auch angenommen, wenn man mir eine Stellung in der Handelsrubrik oder im Sportteil, als Leitartikler oder als Kunstkritiker angeboten hätte. Wäre dann mein Leben anders verlaufen?
Nun, wohin immer mich der Zufall hingesetzt, der Sitz wäre jedenfalls sehr bald ein Auslug geworden, dafür hätte die heftigste meiner Eigenschaften gesorgt: die Neugierde. Wie andere Menschen bei etwas Bedrohlichem aus dem Traum aufschrecken, so erwache ich, weil ich nicht weiß, wer jene Person im Hintergrund des Traumes ist. Ich kann in keiner Straßenbahn fahren, ohne herauskriegen zu wollen, welches Buch der Herr in der entgegengesetzten Ecke liest. Ich verfolge ein Paar durch mehrere Straßen, um zu

erfahren, welche Sprache sie sprechen. Ich gaffe in fremde Fenster, ich lese alle Wohnungsschilder in dem Haus, in dem ich zu Besuch bin, ich durchforsche Friedhöfe nach vertrauten Namen. Gleichgültige Menschen frage ich über ihr Leben aus. Ungewöhnliche Straßenbezeichnungen zwingen mich, zu ergründen, warum sie so lauten. Jede Rumpelkammer und jeden Stoß alter Papiere möchte ich durchsuchen, jedes „Eintritt verboten" lockt mich zum Eintritt, jede Geheimhaltung zur Nachforschung.

Diese Kuriosität ist nicht nur kurios, sondern auch beschämend, und ich würde mich wohl kaum so unverblümt zu ihr bekennen, wenn sie mir nicht dazu verholfen hätte, sie auch bei Dante zu entdecken.

Dantes Neugierde ist stärker als sein Grauen darüber, daß er vorbeiziehen muß an allem, was, vom Plusquamperfekt bis zum Präsens der Menschheit, je gelebt und gesündigt hat oder als lebendig und sündig gedacht war, an den Monstren der Mythologie, der Theologie und der Geschichte und an allen unausdenkbaren Arten der Marter.

Fleht er etwa seinen Geleitsmann an, in der Durchwanderung und Erörterung innezuhalten? Nichts davon findet sich in den Gesängen der „Göttlichen Komödie", und ebensowenig steht geschrieben, daß er eine solche Bitte unterläßt. Deshalb ist den Forschern, die sich nur an das Geschriebene halten und das Fehlende übersehen, deshalb, sage ich, ist ihnen entgangen, daß Dante den Gang durch die Hölle nicht unausgesetzt als Höllenqual empfindet und daß seine Neugierde das Maß seines Mitleidens übersteigt. Wo Vergil ihm ein Detail ersparen, wo Vergil an einem Verdammten wortlos vorübereilen, wo Vergil ermüden will – Dante will kein Detail erspart haben, Dante will nirgends wortlos verübereilen, Dante will nie ermüdet sein.

Angesichts der schreienden Menge jener, die wegen ihrer Parteilosigkeit, ihrer Lauheit nicht einmal durchs Höllentor eingelassen werden, forscht Dante, wer sie seien, und gleich darauf erbittet er Auskunft über das Wer, Wie und Warum der Schatten am Acheron. Er möge sich nur gedulden, antwortet ihm sein Begleiter in solcher Weise, daß Dante eingestandenermaßen seine Blicke beschämt senkt und sich weiterer Worte enthalten will. Freilich wirkt sein Vorsatz nur bis zum Höllendistrikt der Seelen aus vorchrist-

licher Zeit. Vergil, der in diesen Bannkreis gehört, ist besonders erregt, aber Dante nimmt keine Rücksicht darauf und fragt ihn nach Strich und Faden aus.
Bei jeder Gelegenheit versucht er Interviews zu machen. „So wirksam war mein anteilvolles Rufen", rühmt er sich seiner Tüchtigkeit, daß ein Jüngling und eine Frau sich aus dem Wirbel einer schwarzen Windsbraut lösen, um ihm Rede zu stehen. Dante hat an ihrer Darstellung nicht genug, er unterbricht sie mit einer indiskreten erotischen Detailfrage. Nun erst läßt sich die Frau, Francesca da Rimini, mit dem ausdrücklichen Hinweis auf Dantes „so entschiedenes Verlangen", zu der Enthüllung herbei, wie ihr Ehebruch geschah, und gestaltet dadurch das Interview zum berühmtesten der Weltliteratur.
Manche der Verdammten verhalten sich so, wie Strafgefangene einem Berichterstatter gegenüber sich gewöhnlich verhalten: sie schließen eine knurrig-kurze Auskunft mit den Worten: „Mehr red ich nicht, noch geb ich weiter Antwort", oder sie versuchen, ihr Gesicht zu verbergen. Manche antworten barsch: „Was geht's dich an, wie ich heiße", manche fauchen: „Was bist du so neugierig..., wer heißt dich, so in uns dich zu bespiegeln!"
Das ficht Dante nicht an. Mit allen Mitteln entlockt er Informationen, manchen verspricht er, er werde für ihre Rechtfertigung eintreten, in der Oberwelt für sie Stimmung machen. Solche, die gerade das vermeiden wollen, läßt er in dem Glauben, auch er sei nur ein Schatten, der nicht auf die Erde zurückkehren könne. Ein andermal greift er zum Mittel des Nachrichtenaustauschs, erklärt sich bereit, von der Welt der Lebenden zu berichten, unter der Bedingung, daß die Höllengefangenen über sich aussagen. Nicht einmal davor schreckt er zurück, eine im See eingefrorene Gestalt an den Haaren zu packen, ihr ganze Büschel auszureißen und sie mit weiteren Gewalttaten zu bedrohen, falls sie ihm ihren Namen nicht nenne.
Noch mehr liegt ihm daran, Odysseus zum Sprechen zu bringen; dem fühlt er sich verwandt, „weil nichts vermochte, jenen Trieb in ihm zu dämpfen, der ihn die Welt, die Tugenden und Laster der Menschen stets weiter zu erkunden hieß..." Aber Dante ist nicht konsequent: Gegen Eva zeigt er sich gehässig, weil sie, kaum geschaffen, es

nicht ertrug, daß ihr etwas verhüllt bleibe. Er fühlt nicht, wie sehr er ihr Enkel ist. Er fühlt nur seine Pflicht und Neigung als Korrespondent: „Bedenkst du, Leser, welch peinliches Begehren mehr zu vernehmen du empfändest, bräch ich hier plötzlich ab, was ich begonnen habe, so wirst du selbst erkennen, welch Verlangen ich zu erfahren trug, wer diese seien, seit offenbar sie meinem Blick geworden."
Auf Lokalnachrichten aus Florenz ist Dante besonders scharf. Allenorts erkundigt er sich, ob Landsleute da seien, und fragt sie nach ihrem Kriminalfall aus. Die Prominentenliste, das „Unter den Anwesenden bemerkte man", scheint in Dante ihren Urheber zu haben: „Sag mir, ob unter denen, die dort wandeln, du welche siehst, die des Bemerkens wert sind, denn darauf nur ist jetzt mein Sinn gerichtet." Einige Insassen von Plutos Kerkerparzelle kommen dem Dante – zumindest behauptet er das – bekannt vor, aber der Führer weist Dantes Irrtum brüsk zurück: hier seien alle so verwandelt, daß jegliches Erkennen unmöglich wäre. An den Grüften erlaubt Vergil dem Dante nur unter der Bedingung, daß er sich kurz fasse, mit einem Begrabenen zu reden: „Gezählt sei'n deine Worte!"
Was, von einem anderen ausgesprochen, wie ein Sakrileg an Dante gelten würde, Dante selbst gibt es ungeniert zu: daß er den Wunsch habe, einer Peinigung beizuwohnen:

> Ich sagte: Meister, sehr wär ich begierig,
> Zu sehn, wie man ihn taucht in diese Brühe ...

Wohl verdient der in die Brühe zu Tauchende diese Mitleidslosigkeit ganz besonders, und Vergil ist mit ihr einverstanden; dennoch klingt in seiner Antwort Ironie mit:

> ... Noch eh die andere Küste
> Sich dir gezeigt, wirst du befriedigt werden.
> Die Lust, die du begehrst, sollst du genießen!

Einmal reißt dem Vergil die Geduld, und er beschuldigt Dante niedriger Gesinnung, weil er sich von dem Gezänke zweier Verräter nicht loszureißen vermag.
Aber kehren wir auf die Erde zurück. Uns kommt es nicht darauf an, Dante die Neugierde eines Reporters zu unter-

schieben, sondern darauf, daß ein Reporter durch den Hinweis auf Dantes Neugierde den Mut findet, sich zu der seinen zu bekennen.
Ohne Zweifel bot die Lokalrubrik meiner Neugierde einen Tummelplatz, wenngleich keine Befriedigung auf Lebensdauer. Dagegen ist mein Nachfolger im Vortragsreferat bis heute auf dem Posten geblieben.
Dieser mein Nachfolger war ein junger Mann, der bis dahin für eine Pilsner Zeitung „Prager Briefe" schrieb und gleich mir die Vorträge besuchte. Wiederholt waren wir beide fast das einzige Publikum im Saal, saßen immer nebeneinander, diskutierten den Vortrag, halfen einander mit unseren Notizen aus. Er war der Sohn eines Pilsner Beamten, hatte klassische Philologie studiert, aber das Gebiet schien ihm zu eng, er wollte über alles schreiben, was Menschen bereits durchdacht hatten. Nur eine einzige Reise wollte er machen: zu der Stätte, wo Karthago einst gestanden. Wenn ich ihn in seinem Zimmerchen auf dem Franzenskai besuchte und die Aussicht pries, sagte er: „Ich sehe nur Karthago."
Die Vortragsreferate füllten seine „Prager Briefe" nach Pilsen aus, er war glücklich, darüber berichten zu können, was ein Fachmann dem Auditorium unterbreitet hatte. An ihn, den Vortragenden, waren seine „Prager Briefe" eigentlich gerichtet, und es schmerzte ihn, daß sie den Adressaten und dessen Fachkollegen fast nie erreichten. Ich hingegen schien ihm beneidenswert, denn ich schrieb für ein großes Blatt der Hauptstadt, wenn diese auch nur eine Provinzhauptstadt war. Da wir Freunde waren, vermieden wir es, über die ungerechte Verteilung der journalistischen Wirkungsbereiche viel zu sprechen, wir sprachen lieber von anderem.
So sehr schwärmte mein Freund von Karthago, daß ich ihm vorschlug, unsere Urlaubsreise dorthin zu machen. Er lachte nur. „Fahr nicht hin, du würdest schön enttäuscht sein. Nichts ist dort als Schutt und Geröll."
„Weshalb also willst du hinfahren?"
„Eben weil dort gar nichts zu sehen ist. Nichts wird mich stören, wenn ich der Dido begegne, wie sie mit dem Riemen aus einer Ochsenhaut den Bezirk umspannt. Ungestört werde ich zusehen, wie Baal Kinder verschlingt. Nichts wird mich abhalten, an Hannibal heranzutreten und an seine pu-

nischen Krieger mitsamt den Kriegselefanten, und an Scipio Africanus, der die Stadt in Stücke schlägt. Weil dort alles öde und leer ist, kann ich die ganze Herrlichkeit genießen."
Als ich den Posten bei der „Bohemia" annahm, war mein Freund der erste, dem ich das anvertraute. Er konnte es nicht fassen, daß ich das Vortragsreferat gegen das Niederschreiben von Lokalnotizen eintauschen wolle. Noch erstaunter aber war er, als ich ihm riet, sich um meine Stellung beim „Prager Tagblatt" zu bewerben.
„Nein", sagte er, „wozu sich in Hoffnungen wiegen und hinterher durch die Ablehnung enttäuscht werden?" Ich entwickelte ihm einen Plan: Ich würde einen Demissionsbrief abschicken, und er möge am gleichen Tage beim „Prager Tagblatt" wie zufällig nach einer Arbeit fragen. Mein Brief würde psychologisch vorbereiten, daß ein gutgezogener junger Mann aus altösterreichischer Beamtenfamilie wohl aufgenommen werde.
Er schwieg lange und sah mich dankbar an. „Sollte ich die Stellung wirklich bekommen", sagte er schließlich, „so würde ich mich nur als deinen Platzhalter betrachten."
Drei Tage später erschien mein Freund bei Chefredakteur Teweles, und dieser, der die klassischen Philologen liebte, engagierte ihn, die Vorträge zu besprechen.
Er bespricht sie noch heute, wohnt im gleichen Zimmer am Franzenskai und träumt von einer zukünftigen Karthagoreise. Wann immer und wo immer ich in den letzten dreißig Jahren nach Prag kam, besuchte ich ihn. Seine erste Frage war immer, ob ich gekommen sei, um meine alte Stellung anzutreten. Erst wenn ich ihn darüber beruhigt hatte, gab er sich uneingeschränkt seiner Freude des Wiedersehens hin. Stundenlang gingen wir einst durch die Nacht, und er erzählte begeistert von der bunten Vielfalt der Vortragsthemen, über die er in der Zeit meiner Abwesenheit berichtet. Manchmal unterbrach er sich erschreckt: „Um Gottes willen, mach ich dir nicht Lust zur Rückkehr?"

Deutsche und Tschechen

Mein Vorgänger, Herr Melzer, war es gewesen, der mich einst so beeindruckt hatte, als er den Einbruch beim Juwelier Rummel beschrieben. Noch eine andere Kindheitserinnerung knüpft sich für mich an den Namen Melzer. Sein Vater war der Zuckerbäcker in der Heinrichsgasse, in dessen Schaufenster ein himmelblaues Wappenschild mit drei goldenen Lilien prangte und der Aufschrift „Lieferant des Königs von Frankreich". Die Melzerschen Nußbeugel waren das Lieblingsgebäck König Karls des Zehnten. „Sind die Nußbeugel nicht hart geworden, ehe sie nach Frankreich kamen?" fragte ich als Kind und wurde belehrt, daß das französische Volk den König abgesetzt habe und er nachher mit seinem Enkel in Prag lebte. „Der kleine Bub mag sicherlich nicht mehr nach Frankreich zurück", sagte ich. (Der „kleine Bub", seither zum alten Baron von Frohsdorf, dem Gesellschaftslöwen der österreichischen Aristokratie geworden, hatte kurz vorher die ihm von der Regierung Mac-Mahon angebotene französische Königskrone abgelehnt.) „Warum glaubst du denn, daß er nicht nach Frankreich zurück will?" fragten mich die Erwachsenen. „Weil er dort keine Melzerschen Nußbeugel bekommt."

Herr Melzer junior hatte einen anderen Ehrgeiz, als Nußbeugel umzubiegen. Er war Journalist geworden, ein guter Journalist, aber nur Quartalsarbeiter. Sogar Morde, seine Spezialität, vernachlässigte er, wenn sie außerhalb seiner Arbeitsperiode fielen. Dadurch unterschied er sich von seinem tschechischen Rivalen Wenzel Vilde, der seine angeborene Faulheit schnell überwand, wenn ein großer Fall der Behandlung harrte. Seine Frau konnte ihn nur aus dem Bett bringen mit dem Ausruf: „Wenzel, schnell, ein Raubmord!"

Was Herrn Melzer anbelangt, war er mit seinem Chefredakteur in stetem Konflikt. Deshalb entschloß er sich nach jahrzehntelanger Reporterlaufbahn, selbst Chefredakteur zu werden, und zwar in der kleinen Stadt Gablonz. Dort vertrug die journalistische Arbeit einige Atempausen, wie der Vermerk beweist, der eines Tages an der Spitze des Gablonzer Blattes erschien: „Auf Wunsch zahlreicher Leser veröffentlichen wir unseren gestrigen Leitartikel heute noch einmal." Wohlgemerkt, nicht etwa den vorgestrigen oder sonst einen, den die zahlreichen Leser schon weggeworfen haben konnten, sondern den, den sie eben vor sich hatten, als sie der Redaktion den Wunsch kundtaten, ihn morgen wieder im Blatt zu finden.

Nach Herrn Melzers Abgang wurde in seinem alten Amtsbereich, der jetzt der meine war, noch lange debattiert, ob es eine Degradierung sei, sich mit tausend Lesern zu begnügen, wenn man für vierzehntausend schreiben könne. Ich war zu neu, um mich an diesen Gesprächen beteiligen zu dürfen, aber mir schien, daß nicht die Zahl der Leser den Wert eines Journalisten bestimme. Sonst hätten ja meine neuen Kollegen auf die Redakteure des mehrverbreiteten „Prager Tagblatts" mit Respekt blicken müssen. Das taten sie jedoch nicht, vielmehr verachteten sie die „Kommis von Mercy".

Das „Prager Tagblatt" war in der Tat ein Geschäftsunternehmen. Gegründet von der Hugenottenfamilie Mercy als ausschließliches Inseratenblatt, fügte es erst nach und nach redaktionellen Text hinzu, den es infolge der Monopolstellung seiner „Kleinen Anzeigen" (Stellungs-, Tausch-, Altverkaufs- und Heiratsangebote) mit großen Mitteln ausbauen konnte. In diesem Textteil nahmen Nachrichten über den Kleinhandel den größten Raum ein; die Zahlungsschwierigkeiten oder der Konkurs eines Krawattengeschäftes, Warenkurse und Preise von Gänsefedern und Schweineborsten wurden mit minutiöser Gewissenhaftigkeit verzeichnet. Als Gesamttitel stand über der Rubrik „Nationalökonomisches", was jeden Händler mit Gänsefedern und Schweineborsten zum Glauben legitimierte, er sei ein Nationalökonom. Und seine Frau dünkte sich gebildet, wenn sie die mit lateinischen Zitaten geschmückten Artikel von Heinrich Teweles las.

Langten spätabends noch Inserate ein, dann fielen ganze Seiten redaktionellen Textes weg oder, wie man euphemistisch sagte, „in den Übersatz". Wenn sich der Verfasser eines geopferten Artikels darüber beschwerte, konnte er vom Administrationschef die Sentenz hören: „Unsere Abonnenten lesen tausendmal lieber Inserate als eure Weisheiten."

Selbstverständlich gab es auch Ereignisse, die vor solcher Gefahr gefeit waren und für die man Raum und Geld opferte. Während des Hilsner-Prozesses im Städtchen Pisek hatte das „Prager Tagblatt" die Weltpresse mittels der allerneuesten Erfindung überholt. Alle Korrespondenten mußten auf das Freiwerden des einzigen Telefondrahts warten, nur die des „Prager Tagblatts" jagten in einem Automobil – sie rühmten sich mit zwanzig Kilometer Stundengeschwindigkeit – nach Prag und schrieben dort ihren Bericht.
Bei der „Bohemia" dagegen herrschten patriarchalische Verhältnisse. Sie war achtzig Jahre alt und ein vornehmlich politisches Blatt. Ihre Stellungnahme galt als die aller Deutschen in Böhmen, wurde von den Provinzzeitungen nachgedruckt und an ausländische Zeitungen telefoniert. Der Prager Korrespondent der allmächtigen Wiener „Neuen Freien Presse", Herr Hermann Katz, war gleichzeitig Redakteur der „Bohemia", auch die Prager Korrespondenten anderer Wiener und Berliner Zeitungen saßen in unserer Redaktion.
Die Innenpolitik war ein Seilziehen darum, ob die Deutschen oder die Tschechen von seiten der österreichischen Regierung benachteiligt seien, ob der neue Postbote der Landgemeinde Melnik ein Tscheche oder ein Deutscher sein müsse, ob auf den Wegweisern im Böhmerwald die tschechischen Ortsnamen oberhalb oder unterhalb der deutschen stehen sollten. Von einer wissenschaftlichen Behandlung des Nationalitätenproblems, um das sich in jener Zeit die sozialistischen Theoretiker, insbesondere Otto Bauer und der eigens nach Österreich gekommene Kaukasier Josef Stalin, ernsthaft bemühten, war keine Rede. Nur mit einigen sich immerfort wiederholenden Zitaten versuchte die „Bohemia" der sterilen Polemik einen gebildeten Anstrich zu geben, mit einer Äußerung Mommsens über die böhmische Schädelform oder mit dem Vers von Friedrich Hebbel:

Auch die Bedientenvölker rütteln
Am Bau, den jeder tot geglaubt,
Die Tschechen und Polaken schütteln
Ihr strupp'ges Karyatidenhaupt.

Als Beweis für die Bedeutungslosigkeit und Unbekanntheit der Tschechen wurde immer wieder angeführt, daß Shakespeare im „Wintermärchen" das Land Böhmen an die Meeresküste verlegt. Bei jeder Gelegenheit wurde die Fälschung der Königinhofer Handschrift aufs Tapet gebracht; ein Chefredakteur der „Bohemia", Josef Willomitzer, hatte eine Parodie der Handschrift in Buchform veröffentlicht, der Journalist Friedrich Mauthner einen satirischen Roman, „Die Böhmische Handschrift".
Willomitzer und Mauthner gehörten übrigens nicht mehr zur journalistischen Gilde, als ich in sie eintrat. Willomitzer war gestorben und Mauthner im Ausland der große Sprachphilosoph geworden, zu dessen siebzigster Geburtstagsfeier sich die Akademien und gelehrten Gesellschaften rüsteten. Aus diesem Anlaß interviewte ich seine Schwester, eine hochbetagte Arztgattin, über seine Jugendzeit. „Ja, ja", sagte mir die alte Dame, in Erinnerungen versunken, „der Fritz, das war ein begabter Junge." Aber plötzlich wurden ihre Züge ganz streng: „Der hätte ganz gut sein Doktorat machen können!"
Aus diesen Worten sprach das deutsche Prag. Wer keinen Titel hatte und nicht reich war, gehörte nicht dazu. Das deutsche Prag! Das waren fast ausschließlich Großbürger, Besitzer der Braunkohlengruben, Verwaltungsräte der Montanunternehmungen und der Skodaschen Waffenfabrik, Hopfenhändler, die zwischen Saaz und Nordamerika hin- und herfuhren, Zucker-, Textil- und Papierfabrikanten sowie Bankdirektoren; in ihrem Kreis verkehrten Professoren, höhere Offiziere und Staatsbeamte. Ein deutsches Proletariat gab es nicht. Die fünfundzwanzigtausend Deutschen, nur fünf Prozent der Bewohnerschaft Prags, besaßen zwei prunkvolle Theater, ein riesiges Konzertgebäude, zwei Hochschulen, fünf Gymnasien und vier Oberrealschulen, zwei Tageszeitungen, die morgens und abends erschienen, große Vereinsgebäude und ein reges Gesellschaftsleben.
Mit der halben Million Tschechen der Stadt pflog der Deutsche keinen außergeschäftlichen Verkehr. Niemals zündete er sich mit einem Streichholz des Tschechischen Schulengründungs-Vereins seine Zigarre an, ebensowenig ein Tscheche die seinige mit einem Streichholz aus einem Schächtelchen des Deutschen Schulvereins. Kein Deutscher

erschien jemals im tschechischen Bürgerklub, kein Tscheche im Deutschen Kasino. Selbst die Instrumentalkonzerte waren einsprachig, einsprachig die Schwimmanstalten, die Parks, die Spielplätze, die meisten Restaurants, Kaffeehäuser und Geschäfte. Korso der Tschechen war die Ferdinandstraße, Korso der Deutschen der „Graben".
In der Hussitenzeit hatten die Kirchen Prags den Utraquismus durchgesetzt, indem sie das Abendmahl in beiderlei Gestalt verabreichten. Jetzt waren sie nicht einmal in sprachlicher Beziehung utraquistisch, die Deutschen hatten ihre Stammkirchen, die Tschechen die ihren.
Die deutsche und die tschechische Universität, die tschechische und die deutsche Technische Hochschule waren einander so fern, als wäre die eine am Nordpol, die andere am Südpol. Jeder von den hundert Lehrstühlen hatte sein Pendant auf der anderssprachigen Seite, aber es gab kein gemeinsames Gebäude, keine gemeinsame Klinik, kein gemeinsames Laboratorium, keine gemeinsame Sternwarte (die eine hatte die astronomischen Instrumente Tycho de Brahes, die andere die des Johannes Kepler geerbt), keine gemeinsame Fachbibliothek und keine gemeinsame Leichenkammer. Für den botanischen Garten der einen Universität wurde vom Südsee-Archipel eine Pflanze bestellt, die man im botanischen Garten der anderen Universität hätte blühen sehen können, wenn dies nicht eine Mauer verhindert hätte.
Was jedem Prager selbstverständlich war und jedem Nichtprager als unglaubwürdig erscheinen muß, um so mehr, wenn man die damalige Rolle des Theaterlebens in Betracht zieht, war dieses: Kein tschechischer Bürger besuchte jemals das deutsche Theater und vice versa. Gastierte im tschechischen Nationaltheater die Comédie-Française oder das Moskauer Künstlertheater oder ein berühmter Sänger, so nahm die deutsche Presse nicht die geringste Notiz davon, und die Kritiker, die tagtäglich die Namen Coquelin, Stanislawski oder Schaljapin jonglierten, verfielen gar nicht auf die Idee, einer solchen Vorstellung beizuwohnen. Andererseits vollzogen sich Gastspiele im Deutschen Theater, ob es nun solche des Wiener Burgtheater-Ensembles, von Adolf von Sonnenthal oder Enrico Caruso waren, ohne Kenntnisnahme durch die tschechische Öffentlichkeit.

Daß diese Barriere zwischen den beiden nationalen Gettos nimmermehr überschritten werde, darüber wachte auf deutscher Seite die „Bohemia" mit flammendem Schwert. Der Versuch einiger deutscher und tschechischer Schauspieler, sich an einem Stammtisch zusammenzufinden, wurde von ihr als nationaler Verrat gegeißelt, und in diese Geißelung fiel auch die tschechische Presse ein.

Gleich bei meinem Eintritt in die Redaktion schärfte man mir die goldenen Regeln ein: kein tschechisches Wort ohne deutsche Übersetzung, denn wir muten unseren Lesern nicht zu, Tschechisch zu verstehen. Bei Slava-Rufen muß in Klammern bemerkt werden, daß es sich um Hoch-Rufe handle, bei Hanba-Rufen, daß es „Nieder" bedeute. Der häufige tschechische Frauenname Blazena heißt bei uns Beatrice, Bozena bei uns Theodora (die Genannten hätten sich unter diesen Taufnamen selbst nicht erkannt). Die Brücke am Podskaler Kai, vom Stadtrat zu Ehren des großen Tschechen „Palacky-Brücke" benannt, bleibt für unsere Leser die Podskaler Brücke. Der „Sokol", eine nach Hunderttausenden zählende Organisation, heißt „Tschechische Turnervereinigung Falke".

Als Kaiser Franz Joseph nach Prag kam, um die tschechische Jubiläumsausstellung zu besuchen, wurden Empfang, Dekorationen, Ovationen und jede Drehung der Hofkaleschenräder spaltenlang beschrieben – doch unvermittelt brach die Schilderung mit dem Satz ab: „Hierauf betrat Seine Majestät das Ausstellungsgelände." Denn die Ausstellung wurde von deutscher Seite totgeschwiegen. Nur über eine mißglückte Ballonfahrt in der Ausstellung wurde berichtet, natürlich mit Spott. Aber die Tschechen spotteten selbst darüber, und der blinde Methodius sang: „Schiffe niemals in die Luft / Daß dir nicht die Luft verpufft."

Die „Deutsche Fortschrittspartei" war bestenfalls in der Judenfrage fortschrittlich, in nationaler und sozialer Beziehung war sie so unduldsam wie möglich – getreues Abbild der Wiener Liberalen. Selbst in Kunstfragen erwies sich die liberale Wiener und Prager Presse als konservativ, oft als reaktionär. Gegen Richard Wagner veröffentlichte sie seine „Briefe an die Putzmacherin", Oscar Wilde warf sie Homosexualität vor und Rodin Effekthascherei.

Wenn oben gesagt wurde, daß sich die jungen Schriftsteller

und Künstler von den offiziellen Kreisen fernhielten und ostentativ im zweisprachigen Café Central verkehrten, so muß hinzugefügt werden, daß diese Fortschrittspartei sich gar nicht um sie bemühte. Die intellektuelle Jugend lehnte auch das Treiben der farbentragenden, mensurenschlagenden und kneipenden Studentenkorporationen ab. Deren Mitglieder waren „Deutschböhmen" oder „Südmährer" (den Begriff „Sudetendeutsche" gab es damals noch nicht) und der Mehrheit nach Anhänger des Abgeordneten Georg Ritter von Schönerer. Dieser Ritter Georg wollte das Schicksal aller deutschsprachigen Gaue auf Gedeih und Verderb mit dem der Hohenzollern verknüpfen. Er hatte einen Überfall auf die Redaktion des „Neuen Wiener Tagblatts" geleitet, weil dieses durch eine falsche Nachricht vom Tode Kaiser Wilhelms „eine Majestätsbeleidigung an unserem angestammten Herrn" begangen habe.

In den Wahlbezirken der Schönerer-Partei blühte der Tschechenhaß, lange bevor man der Welt melden konnte, daß die Sudetendeutschen durch den tschechoslowakischen Staat politisch unterdrückt und durch die Prager Machthaber wirtschaftlich vernichtet würden. Damals gab es keinen tschechoslowakischen Staat, und die Machthaber saßen in Wien und waren Deutsche.

Gegen die tschechischen Sportvereine bestand ein Boykott, verhängt nach der Dezemberrevolte des Jahres 1897, von der ich als Kind am verdunkelten Fenster einen flatternden Ausläufer gesehen hatte. In jener turbulenten Woche war das Klubhaus des deutschen Ruder- und Fußballklubs „Regatta" auf der Kaiserwiese in Brand gesteckt worden von Demonstranten, die angeblich der Kapitän des tschechischen Sportklubs „Slavia", Herr Freya, anführte. Deshalb Spielverbot. Nicht nur gegen die „Slavia", sondern gegen alle tschechischen Sportvereine. Ein Vierteljahrhundert lang, über den Weltkrieg hinaus, dauerte dieser Boykott. Der Deutsche Fußballklub, abgekürzt DFC, spielte nicht gegen die Tschechen, aber es geschah, daß diese in Berlin oder Wien oder Budapest sich mit einer Mannschaft maßen, die eine Woche darauf gegen den DFC antrat. Dadurch entstand eine mathematische Wissenschaft, genannt die „Papierform"; sie suchte mit Hilfe von Goal- und Eckenzahlen zu errechnen, ob DFC, ob „Slavia" besser sei.

Nur ein einziger deutscher Klub beteiligte sich nicht an diesem Boykott, der Fußballklub „Sturm", dessen linker Außenstürmer ich war.
Einmal traten wir zu einem Ligaspiel gegen die „Slavia" an, die uns überlegen, weit überlegen war. Wir waren entschlossen, das Spiel abzubrechen, wenn sich irgendein Anlaß dazu bieten sollte. Zwar würde uns dann das Match als verlorenes gerechnet werden, aber wir würden mit einer geringeren Zahl von erlittenen Goals in die Schlußrunde kommen. Die erhoffte Gelegenheit ergab sich, als ich der Länge nach hinsauste, weil mir ein kleiner Halfback der „Slavia" namens Beneš ein Bein gestellt hatte. Vielleicht auch hatte er mir kein Bein gestellt. Jedenfalls trat er sofort, als wir ihn anschuldigen wollten, vom Spielfeld ab, um nicht uns den Anlaß zum Abtreten zu geben, ein Schachzug, den er später, als er Präsident der Tschechoslowakischen Republik geworden war, leider wiederholte.
So unüberwindlich auch der Abgrund zwischen der deutschen und der tschechischen Presse klaffte, es gab dennoch geheime Brücken. Vor unserem Redaktionsgebäude sprach mich eines Tages ein tschechischer Abgeordneter an, der Präsident der Böhmischen Landes-Findelanstalt. Er wolle mir, wenn ich ihm das Redaktionsgeheimnis zusichere, eine wichtige Information geben. In einer einsamen Weinstube zeigte er mir das Verzeichnis der öffentlichen Schulen, denen die Pfleglinge der Findelanstalt zugeteilt wurden. Es waren durchweg tschechische Schulen. Demnach wurden die Findelkinder aus den deutschen Gebieten Böhmens (dreißig Prozent) ihrer Nation entfremdet, slawisiert.
Ich übergab das Verzeichnis unserer politischen Redaktion, die Zeter und Mordio schrieb. Daraufhin verteidigte die tschechische Presse das Vorgehen ihrer Findelanstalt. Der Präsident der Anstalt antwortete auch selbst „auf den niederträchtigen Angriff aus dem deutschen Lager" und druckte den Jahresbericht der Wiener Landes-Findelanstalt ab, aus dem hervorging, daß die es mit den slawischen Kindern ebenso mache. Dies aber und nur dies sei verwerflich, weil Wien seine Stellung als Reichshauptstadt zur Germanisierung von Kindern aus nichtdeutschen Kronländern mißbrauche.
Immer schärfer ging die Polemik hin und her, beschäftigte

Landtag und Reichstag, Verwaltungsgericht und Obersten Gerichtshof und zog sich bis zum Amtsablauf des Präsidenten hin. Vor Beginn der Affäre hatten seine Konnationalen aus verschiedenen Gründen beschlossen, ihn nicht mehr zu kandidieren. Nunmehr wurde er einstimmig wiedergewählt – unmöglich konnte man einen Mann fallenlassen, der mitten im Kampf gegen den nationalen Feind stand.
Ich selbst schrieb keine Politik, die nationalen Streitereien gefielen mir nicht. Meine Fußballvereinigung „Sturm", gegen die die „Bohemia" die heftigsten Notizen geschleudert hatte, bevor ich in die Redaktion eintrat, spielte weiter mit tschechischen Mannschaften. Von den Telefonistinnen des Postamts verlangte ich die Verbindung tschechisch und telefonierte aus der Redaktion mit tschechischen Beamten in ihrer Sprache. Meine Kollegen knurrten: „Wie können wir verlangen, daß man auf den Ämtern deutsch sprechen soll, wenn unsere eigenen Herren tschechisch sprechen!"
Nun wird vielleicht der Leser fragen, wieso ein journalistischer Anfänger sich solche Abweichungen von der Haltung seiner Zeitung leisten könne. Wird denn nicht selbst ein erfahrener Redakteur, der die Richtung seiner Zeitung zu bestimmen glaubt, weit mehr von ihr bestimmt?
Ja, das ist so. Aber ich hatte eine Sonderstellung. Ich verdankte sie nur der Tatsache, daß ich jung war. Die Redaktion war überaltert, und die alten Herren ließen den gewähren, der ihnen Arbeit abnahm.

Die alten Herren

Nach dem italienischen Krieg von 1859 und nach dem preußischen von 1866 hatte die in ihren Fundamenten erschütterte österreichische Monarchie ihren Völkern einige Freiheiten gewähren müssen; Parteien und Vereine entstanden und mit ihnen eine Flut von Zeitungen und Zeitschriften. Ein zweiter Aufschwung der Presse erfolgte durch die Aufhebung des Zeitungsstempels.
Die jungen Journalisten von Anno Königgrätz und die von Anno Zeitungsstempel waren inzwischen zu Greisen herangewachsen, sie hatten ein halbes Jahrhundert in Druck

befördert und waren blasiert. Mochte auch die originellste Nachricht eintreffen, so erinnerten sie daran, daß sich die gleiche Sache schon vor soundsoviel Jahren ereignete, und damals weit sensationeller. „Es ist schon alles, alles einmal dagewesen", mit dieser Weisheit – fürwahr keiner Weisheit, die einem Journalisten ansteht – redigierten sie in den Weltkrieg hinein. Als einmal jemand kreidebleich auf einen der Alten zustürmte: „Kaiser Franz Joseph ist gestorben!", zuckte der Angesprochene nur gleichmütig die Achseln: „Na und? Das war doch zu erwarten bei einem so alten Mann."
Unsere Lokalrubrik hieß „Local- und Provincial-Nachrichten", obwohl sich längst kein Lokal mit einem c und keine Provinz ohne ein z schrieb. Ich schlug vor, die beiden Buchstaben zu ändern, worauf ich die sarkastische Antwort bekam: „Warum nicht! Wir können ja ‚Lozal- und Provinkial-Nachrichten' schreiben."
Unser Nachtredakteur war in seiner Jugend auf dem böhmischen Schloß Königswart Hilfssekretär des Exkanzlers Metternich gewesen. Wahrscheinlich dachte man in der Redaktion, er habe seinem bisherigen Chef staatsmännische Weisheit abgeguckt. Aber diese beschränkte sich auf den Satz: „Seine Durchlaucht Fürst Metternich hätte das ganz anders gemacht." Sein Ressort war außer dem Nachtdienst die Abfassung von Nekrologen. Als der Erbprinz eines deutschen Großherzogtums vom Pferde stürzte und einen Schädelbruch erlitt, ließ unser Nachtredakteur einen Nachruf aussetzen und wartete auf die Todesnachricht. Der Verunglückte erholte sich jedoch, heiratete, bestieg den Thron, bekam Kinder und Enkel, erlebte Krieg und Gefangennahme, Vertreibung und Wiedereinsetzung – und jede dieser Phasen wurde von unserem Nachtredakteur seinem vorbereiteten Nachruf sorgfältig angefügt. Bis schließlich die Todesnachricht kam. Ich sehe ihn noch vor mir, wie er frohlockend in den Setzersaal eilt, das in verschiedenen Abtönungen vergilbte Manuskript zwischen Daumen und Mittelfinger schwingend: Der Schmetterling, dem er ein ganzes Leben lang nachgejagt, war ihm nun endlich ins Netz gegangen.
Damit machte er die Schlappe wett, die er kurz vorher erlitten, als er eine telefonische Mitteilung über die Aufführung

von Tolstois „Macht der Finsternis" aufnahm. Ob es seinem mangelhaft gewordenen Gehör, seiner mangelhaft gewordenen Bildung oder ob es der undeutlichen Telefonverbindung zuzuschreiben war – jedenfalls erschien im Blatt die Notiz über ein Drama „Maxl Winternitz".

Ein anderer Kollege, Prager Korrespondent eines Wiener deutschnationalen Blattes, telefonierte diesem mindestens zweimal im Monat die politische Lage und immer in der gleichen Form: „Die Nachricht von ... hat in den deutschen Kreisen Böhmens eine tiefgehende und nur allzu berechtigte Empörung hervorgerufen. Man muß sich fragen, wie lange es die Regierung wagen wird, die durch die letzten Maßnahmen erbitterte deutsche Bevölkerung noch weiterhin zu reizen. Wie Ihrem Korrespondenten aus maßgebenden politischen Kreisen versichert wird, wird dieser neuerliche, gegen alle nationalen Empfindungen gerichtete Streich eine Interpellation im Abgeordnetenhaus und die Veranstaltung nachdrücklichster Protestkundgebungen zur Folge haben. Caveant consules!"

Wenn dieser Kollege abends aus dem Büro ging, so hinterließ er dem Nachtredakteur sein schon hundertmal verwendetes Exposé: „Falls etwas kommt, so füllen Sie das hier aus und blasen Sie's nach Wien."

Die anachronistischste Figur in unserer Redaktion war ohne Zweifel Herr Lobing. Mehr als vierzig Jahre lang war er Leitartikler gewesen, das heißt, er hatte an mehr als vierzigmal dreihundertfünfundsechzig Abenden eine Nachricht oder einen Standpunkt oder eine Forderung mit Empörung, Belehrung oder Verehrung behandelt, bis alles zusammen genau zwei Spalten à hundert Zeilen lang war und sich an der Spitze des Blattes sehen lassen konnte.

Von der neunten bis zur zwölften Nachtstunde saß Lobing an seinem Leitartikel. Niemand durfte es wagen, auch nur ein Wort an ihn zu richten, denn er schrie jeden Störer mit Stentorstimme an: „Zur Erregung brauche ich Ruhe!"

Selbst Nachrichten, die sich auf das Thema des in Entstehung begriffenen Artikels bezogen, nahm er während des Schöpfungsaktes nur im äußersten Notfall entgegen. Telegraf und Telefon waren für ihn Büttel Luzifers, ausgesandt, um die schönstgeschliffenen Prämissen ins Gegenteil zu verkehren und die eben gezogenen Folgerungen „zur Situa-

tion", ja die Situation selbst aufzuheben. Aber jenen Neuerungen gegenüber, von denen dem Leitartikel keine direkte Gefahr zu drohen schien, zeigte sich Lobing modern, sogar die Erfindung des Automobils erweckte sein Wohlwollen, wenngleich er seinem Lob die Einschränkung hinzufügte: „Ein Verkehrsmittel wird es allerdings niemals werden."
Was er noch mehr haßte als Telefon und Telegraf, war das „Klavier des Teufels". In der Ära des Handsatzes war der gänzliche Umbau eines Leitartikels unmöglich gewesen, der Setzer brauchte genausoviel Zeit zum Setzen, wie Lobing zum Dichten brauchte. Als das Klavier des Teufels, die erste Setzmaschine, aufgestellt wurde, barg jede noch so spät einlaufende Nachricht die Gefahr, in einen Leitartikel umgemünzt zu werden. Allerdings nicht von Lobing selbst. Ihm, der vierzig Jahre lang allmitternächtlich das Büro in der Gewißheit verlassen hatte, der Welt die richtige staatsmännische Beurteilung „zur Situation" geliefert zu haben, ihm widerfuhr es nun wiederholt, daß er morgens an der Spitze des Blattes etwas las, was mit dem gestern abend von ihm Verfaßten in keiner Weise identisch war.
Dem senil werdenden Lobing war ein anderer Leitartikler zur Seite gesetzt worden, nach einiger Zeit wurde Lobing überhaupt nicht mehr herangezogen, und als er in den Ruhestand versetzt wurde, vergaß der Herausgeber, ihm davon Mitteilung zu machen. So wußte Lobing nicht, daß er kein Redakteur mehr, sondern nur ein pensionierter Redakteur war, und nahm an jedem Monatsersten seine Pension in Empfang, die er für das Gehalt hielt. Die Bürostunden verbrachte er nach wie vor in der Redaktion, würdig und allzeit leitartikelbereit die Räume durchmessend.
Während des Weltkrieges und auch nachher machten sich die Kollegen oft das Gaudium, den alten Lobing, der die Zeitung nicht einmal mehr las, nach seiner Ansicht über aktuelle Ereignisse zu fragen, und ergötzten sich an seiner ahnungslosen, gespreizten Antwort. Allmählich hörte dieser Spaß auf, ein Spaß zu sein, und man ließ den Alten in Frieden und Feierlichkeit durch die Redaktionszimmer wandeln. An einem Sommertag des Jahres 1923 sprach ich ihn an: „Was sagen Sie dazu, Herr Lobing, daß das Parlament die Abschaffung der Todesstrafe beschlossen hat?"
Er hielt inne in seinem Löwenkäfigsgang und hob beleh-

rend den Finger: „Wobei füglich zu bedenken ist, daß jede beschlossene Änderung der Verfassung oder der Gesetze zuvörderst der Approbation des Kaisers bedarf."
„Welches Kaisers?" fragte ich verblüfft.
Den Namen des Kaisers vorsichtig vermeidend, antwortete er: „Seiner Apostolischen Majestät des Kaisers von Österreich, Königs von Ungarn, Königs von Böhmen..."
Sicherlich hätte er den ganzen großen Titel zu Ende deklamiert, wenn ich ihn nicht unterbrochen hätte: „Wir haben doch keinen Kaiser mehr, Herr Lobing."
„Höre ich recht? Keinen Kaiser mehr? Was haben wir denn, mit Verlaub zu fragen?"
„Eine Republik."
Ganz fest sah er mich an. „Seit welchem Zeitraum soll denn diese von Ihnen behauptete Staatsform der römischen res publica hierzulande Kraft und Geltung haben?"
„Seit fünf Jahren schon, Herr Lobing."
Er zuckte zusammen. „Seltsam und befremdlich!" Dann wandte er sich brüsk um und nahm mit erregten Schritten seinen Aufundabgang wieder auf.
Ich schaute dem Alten nach, der einst alles Geschehen der Zeit ausführlich und kategorisch beurteilt hatte und nun vom Ausgang des Weltkrieges, vom Umsturz, von der Schaffung des tschechoslowakischen Staats keine Kenntnis mehr besaß. Vielleicht habe ich ihm diese Tatsachen zu rücksichtslos beigebracht, ihn dadurch gekränkt, daß er vor mir eine beschämende Lücke bloßlegen mußte. Ich eilte ihm ins andere Zimmer nach, um mich zu entschuldigen: „Aber, Herr Lobing, Sie wußten natürlich, daß wir eine Republik haben, Sie wollten doch nur einen Spaß..."
„Nein", fiel mir Lobing ins Wort, elementar brach ein jahrzehntealter Groll gegen seine Hintansetzung hervor, Verbitterung und Beschwerde, „nein, ich hab das natürlich nicht gewußt. Ich bin ja in dieser Redaktion das fünfte Rad am Wagen. Mir sagt man doch nichts."
Und dieses schreiend, ballte er die Fäuste gegen einen Feind, der ihm die wichtigsten Ereignisse verheimlichte. –
Es gehörte zur Tradition, daß die polemische Glosse, die neben dem Leitartikel der Zeitung den politischen Charakter gab, vom Chefredakteur selbst geschrieben wurde. Die-

ser hatte sich, als er noch Provinzadvokat war, um ein Reichstagsmandat beworben, wozu ihn sein mächtiger holzfarbener Backenbart, der nahe den Brustwarzen in Spitzen auslief, wohl prädestinierte. Aber kurz vor der Wahl bot ihm sein millionenschwerer Gegenkandidat die Chefredaktion der „Bohemia" an, wenn er von der Kandidatur zurücktrete. Das Geschäft war ein sicheres und dauerndes, wogegen die Wahlaussichten schwankten und ein Abgeordnetenmandat nach sechs Jahren ablief. So nahm er den Handel an, wurde Chefredakteur, bekleidete wichtige Funktionen in der Fortschrittspartei und im Deutschen Volksrat für Böhmen und schrieb tagtäglich die Polemik gegen die tschechische Presse, obwohl er kein Wort Tschechisch verstand. Er ließ sich einfach erzählen, welche „Perfidie" oder welche „Ignoranz" sich eines der „Tschechenblättchen" heute geleistet habe, strich entschlossen die hölzernen Flügel seines Gesichts bis zu den Brustwarzen hinab und bestieg dann seinen Chefredakteursfauteuil, um die kühne Attacke zu reiten. Niemals ließ er sich die gegnerische Replik übersetzen. „Was können die schon darauf antworten!" meinte er.

Einer seiner Witze bestand darin, in die Polemik Bemerkungen, wie „die neu frisierte falsche Behauptung des Herrn Palacky", einzufügen. Mit der „frisierten falschen Behauptung" war die Perücke des vor einem Menschenalter gestorbenen Professors Palacky gemeint. Diese Anspielung konnte niemand mehr verstehen, und das war dem Chefredakteur eben recht. Er wollte dartun, wie wenig er sich um die Vorgänge im tschechischen Lager kümmere, obwohl er gegen sie aufzutreten genötigt sei.

Besonders hochmütig schauten er und die anderen Herren der Redaktion auf die Angriffe der Zeitung „Union" herab. Die „Union" war eine gemeinsame Gründung der alttschechischen Bürgerpartei und des tschechischen Großgrundbesitzes. Die Idee war, durch ein deutsch geschriebenes Blatt die tschechischen Auffassungen den deutschen Lesern, vor allem den Wiener Staatsmännern und den Politikern anderer Provinzen, direkt zu vermitteln.

Aber die Durchführung der Idee mißlang. Wer tschechisch gesinnt war, las tschechische Blätter, wer deutsch gesinnt war, las deutsche, und für ein paar Berufspolitiker und

Pflichtabonnenten ließ sich keine anständige Tageszeitung machen. Die Redakteure, meistens ehemalige Gutsbeamte, beschränkten sich darauf, tschechische Reden, Beschlüsse und Blätterstimmen zu übersetzen. Das Feuilleton war einer Dame anvertraut, die mit Vorliebe deutsche Klassiker zitierte, obwohl sie sie jedenfalls nur in tschechischer Ausgabe besaß. So mußte sie rückübersetzen: „In betreff des jetzt doch eingefundenen Frühlings möchten wir mit dem Titelhelden des ausgezeichneten Theaterstücks Friedrich von Schillers, ‚Waldstein‘, ausrufen: ‚Sie treffen zwar spät ein, Herr Graf Isolani, aber es ist schön von Ihnen, daß Sie wenigstens eintreffen.‘" Im Original sagt Wallenstein kürzer: „Spät kommt Ihr, doch Ihr kommt."

Nur ein einziger Redakteur, Maurus Bloch, fiel aus dem Rahmen der „Union". Seine Leitartikel hatten eine sehr persönliche Note. Von dem jeweiligen Anlaß offenkundig tief bewegt, rief der Verfasser den Leser an, selbst zu entscheiden. In den polemischen Notizen fühlte sich Maurus Bloch derart in den Angegriffenen ein, daß es fast wie ein Mangel an eigener Persönlichkeit anmutete. Schlug er dann auf den Gegner ein, so war es, als ob er sich selbst geißelte. Maurus Blochs stilistische Wandlungsfähigkeit verblüffte mich immer wieder, und um ihretwillen habe ich jahrelang täglich die „Union" gelesen.

Nachdem das Blatt eingegangen war, bekam Maurus Bloch, schon ein fünfzigjähriger Herr, durch Vermittlung der tschechischen Politiker einen hohen Posten beim österreichischen Ministerratspräsidium in Wien und, als auch Österreich einging, einen noch höheren in der neuen Tschechoslowakei.

Als Pressechef der Regierung saß er nun auf der Prager Burg. Sein Amtszimmer war der sechsfenstrige Tiziansaal; darin pflegte sich einst Kaiser Rudolf II. mit den Frauenbildnissen Tizians tagelang einzuschließen, des Völkerlärms nicht achtend, der den Beginn des Dreißigjährigen Krieges ankündigte. Jetzt hingen keine Tizians mehr an den Wänden, nur ein Venezianer Spiegel, dessen Spiegelfläche durch ein vergrößertes Photo Masaryks ersetzt war.

Wie es vorkommt, beruhte meine Sympathie für die Artikel Maurus Blochs auf Gegenseitigkeit. Sooft ich ihn auch besuchte, immer redete er stundenlang mit mir von den vergangenen Zeiten der Prager Journalistik. Mit ausländischen Korrespondenten könne er das nicht, die seien ortsfremd, und mit seinem Stab erst recht nicht, das seien geborene officiosi, Protektionskinder, aber keine Journalisten, und das „Fieber bei Blattschluß" hätten sie nie mitgemacht. Was wissen die!

Bei einem meiner Besuche fand ich ihn augenkrank. Die sechs Fenster des Tiziansaals standen offen, aber die Jalousien waren herabgelassen, so daß es stockdunkel war. In dieser Finsternis tobte Maurus Bloch gegen seine Krankheit und gegen seinen Posten. Bald tobte er von rechts, bald von links, ich hätte kaum gewußt, auf welcher Seite des Saals er war, wenn nicht von Zeit zu Zeit ein Windhauch die Jalousien bewegt und einen Lichtstrahl auf Blochs schwarze Brillengläser geworfen hätte. Manchmal sprang auch auf Masaryks spiegelnden Rahmen ein kurzfristiger Sonnenstrahl.

„Was hat das alles für einen Sinn!" brummte es bald vom Schreibtisch, bald von der Tür her. „Gegen wen soll ich denn Polemiken führen von der Höhe der Burg herab? Heute hat man mir einen Artikel aus der ungarischen Presse vorgelesen, auf den ich verdammt gern geantwortet hätte. Der Budapester Herr hat zwei Jahre lang von uns Subvention bezogen und das Gegenteil geschrieben von dem, was er jetzt verzapft. Aber das darf ich nicht sagen. Gar nichts darf ich sagen. Farbloses Zeug muß ich schmieren für die Staatskorrespondenz, diplomatische Noten stilisieren und Regierungserklärungen..."

„Verfassen Sie auch Reden für Präsident Masaryk, Herr Bloch?" fragte ich in die Richtung, aus der sein Schelten kam.

Ein Lachen war die Antwort. „Sie glauben wohl, ich kann Amtsgeheimnisse verraten, weil man hier nichts sieht? Ein Amtsgeheimnis gilt mindestens ebensoviel wie ein Redaktionsgeheimnis!"

„Das ist eine bejahende Antwort, Herr Bloch."

„Lieber Freund, versuchen Sie nicht, allzu schlau zu sein! Aber ich kann Ihnen ruhig die Wahrheit sagen. Ich schreibe wirklich für den Herrn Präsidenten: jede Ansprache, jeden Dank auf eine Begrüßung, jede Antwort auf eine Delegation."

„Also war ich doch nicht allzu schlau, Herr Bloch."

„Doch, Sie waren allzu schlau. Der Herr Präsident besteht darauf, daß ich die Sachen abliefere, aber, zum Teufel, er verwendet sie nicht. Nicht ein einziges Wort, nicht einen einzigen Gedanken, nicht die Linie des Ganzen! Er liest mein Manuskript, legt es neben sich und schreibt etwas total anderes. Vielleicht ist es besser als meines, ich muß sagen, es *ist* besser als meines... Aber ich liebe das nicht. Das ist mir selbst in Wien nie passiert, da hat man mir nicht einmal..."
Er brach den Satz ab.
Ich wußte, was ihm durch den Kopf ging. Zu genau hatte ich seinerzeit den Stil von Maurus Bloch studiert, um ihn nicht auch dann zu erkennen, wenn er sich unter einem nom de guerre versteckte. Ich hatte diesen Stil in dem berühmten Manifest erkannt, das Kaiser Franz Joseph gleichzeitig mit der Kriegserklärung „An meine Völker" gerichtet hatte. Daß der Kaiser sich darin nicht „Wir, von Gottes Gnaden" nannte, sondern in Ich-Form sprach, daß in seinen Worten das Herz eines Landesvaters pochte und daß das Vorgefühl seines baldigen Todes rührend hindurchschimmerte, daß er darin seine Landeskinder mit zitternden Händen beschwor, ihm zu glauben, wie sehr er sich gegen den Krieg gesträubt – das alles konnte mich nicht täuschen. Dieses Ich war nicht das des alten Kaisers, es war, wie das pochende Herz und die zitternden Hände, das Ich des Herrn Maurus Bloch.
Hundertmal war während des Krieges diese Proklamation zitiert worden, in jeder Ansprache an die Truppen, in jeder Feldpredigt, in jedem Armeebefehl, in jedem Artikel kehrten ihre Worte wieder. Und je öfter sie wiederholt wurden, desto mehr festigte sich meine Überzeugung, daß sie von Maurus Bloch stammten.
„... nicht einmal das Manifest des Kaisers korrigiert", vollendete ich seinen Satz.
„Wie? Wovon sprechen Sie? Phantasieren Sie?"
Ich zuckte die Achseln, aber das konnte er nicht sehen. Er konnte nur hören, daß ich keine Antwort gab.
„Welches Manifest meinen Sie?"
„Das Manifest bei der Kriegserklärung trägt Ihre Handschrift, Herr Bloch."
Es war windstill draußen und stockdunkel drinnen, denn

die Jalousien bewegten sich nicht. Aber ich wußte, daß Maurus Bloch unmittelbar vor mir stand, ich spürte seinen Atem. Was ich da rede, sei Unsinn. Niemand habe bisher eine solche Vermutung geäußert. „Von wem haben Sie das gehört?"
Darauf sagte ich, es sei ganz und gar unvorstellbar, daß einer von den kaiserlich-königlichen Pressebeamten, die in den offiziösen Organen ihre Apologien ablagerten, eines solchen Stils fähig gewesen wäre.
„Fanden Sie denn die Proklamation wirklich so gut?"
„Ich fand sie meisterhaft. Ich fand sie menschlich. Sie konnte nicht wirkungsvoller sein. Bedenken Sie, Herr Bloch: der unpersönliche Kaiser wurde plötzlich persönlich, ein unzugänglicher Greis wendet sich an seine Familie, um ihr seinen Schmerz zu klagen."
Die Stimme von Maurus Bloch lächelte. „Nun, nun! Sie sind ja ganz begeistert. Eine solche Kritik habe ich noch nie gehört ... also gut." Er gestand mir die Autorschaft ein. Aber ich möge darüber schweigen, solange er lebe. „Sehen Sie", sagte er, „die österreichischen Republikaner würden mir übelnehmen, daß ich für den Kaiser geschrieben habe, die tschechoslowakischen Republikaner würden mir übelnehmen, daß ich für den österreichischen Kaiser geschrieben habe. Dabei dankt mir die Tschechoslowakei ihre Existenz. Im letzten Manifest Kaiser Karls habe ich eine Reorganisation im Sinne der nationalen Selbstbestimmung versprochen. Auf Grund dieser Selbstbestimmung zerfiel die achthundertjährige Monarchie binnen vierundzwanzig Stunden."
Er war stehengeblieben, während er das sagte, ich wußte nicht, nach welcher Seite des Dunkels ich meine Antwort richten sollte: „Alle Achtung, Herr Bloch! Noch nie hat ein Journalist unter so klingenden Pseudonymen geschrieben wie Sie. Ghostwriter von zwei Kaisern ...!"
„Zwei Kaisern?" unterbrach er mich. „Ich werde Ihnen etwas zeigen." Er zog eine der Jalousien hoch, ging zur Zimmertür und versperrte sie. Dann holte er aus einem Schreibtisch eine groß gedruckte Proklamation in Plakatform hervor, an deren Rand mit Bleistift und Tinte Korrekturen gemacht waren. „An meine geliebten Völker", lautete die Aufschrift, „Franz III., Kaiser von Österreich, König von

Ungarn, König von Böhmen, etc.", lautete die Unterschrift.
Niemals hatte es einen Kaiser Franz III. von Österreich gegeben. Was bedeutete dieses Manifest, von wem ist es? fragte mein Blick die schwarzen Brillengläser Maurus Blochs.
„Sie wissen nicht, was das ist?"
Ich schüttelte den Kopf.
„Raten Sie."
„Ich habe nicht die leiseste Ahnung."
„Das ist die Proklamation für die Thronbesteigung des Erzherzogs Franz Ferdinand. Ich hatte sie jahrelang vorbereitet, Kaiser Franz Joseph konnte doch jeden Tag sterben. Wiederholt hat man sie mir geändert, die Korrekturen mit Tinte sind vom Kabinettchef Graf Bardolf, die mit Bleistift vom Thronfolger selbst. Daß der vor dem alten Kaiser sterben wird, haben wir alle drei nicht erwartet."
Maurus Bloch schloß die nie erschienene Kaiserproklamation in das Schubfach und ließ die Jalousien herab. „Ja, ja", klagte er dabei, „so bleiben mir die besten Sachen im Übersatz."
Er war wieder im Dunkel verschwunden, aber er hatte Licht geleckt und erzählte weiter von seinen pseudonymen Arbeiten. Nachdem 1917 der französische Ministerpräsident Georges Clemenceau das private und geheime Separatfriedensangebot Kaiser Karls, den sogenannten Sixtus-Brief, der Öffentlichkeit preisgegeben hatte, mußte Kaiser Karl dazu Stellung nehmen. So schrieb Maurus Bloch, Clemenceau habe einen Satz unterschlagen, in welchem ich (Kaiser Karl) die französischen Ansprüche auf Elsaß-Lothringen als unberechtigt bezeichnete.
„Wissen Sie, das war mir vorgeschrieben worden. Gewöhnlich aber bekam ich nicht einmal eine Andeutung über das, was ich schreiben sollte. Eines Abends rief mich Minister Geßmann an, ich solle ihm die Grabrede für den eben verstorbenen Wiener Bürgermeister Karl Lueger aufsetzen. Sie erinnern sich sicherlich noch an das Aufsehen, das diese Rede machte. Geßmann kündigte mit ihr eine Schwenkung der christlich-sozialen Politik in liberalere Bahnen an. Am meisten erstaunt war wohl Geßmann selbst über seine Worte. Immerhin – er hat diese Worte erfüllt."
So behaglich sich Maurus Bloch, geschützt durch die Dun-

kelheit des Raumes, in die Erinnerung an die Zeit vertiefte, da er Kaisern und Staatsmännern bei deren denkwürdigen Kundgebungen die Feder geführt, Weltpolitik und Weltgeschichte gemacht hatte, weit stolzer schien er auf die Projektile der Polemik zu sein, die er einstmals in der „Union" gegen die deutschen Journalisten Prags abgeschossen. Er wollte genau wissen, was man in unserer Redaktion zu diesen Angriffen gesagt hatte. Unmöglich konnte ich ihm antworten, daß außer mir bei uns niemand die „Union" zu lesen pflegte. So stotterte ich etwas, jedoch er merkte meine Verlegenheit gar nicht. „Ja, ja", kicherte er aus einer Ecke des finsteren Zimmers, „euch wird nicht sehr wohl zumute gewesen sein."

Kämpfe um die Lokalnotiz, speziell um Selbstmorde

Was ausländische Meldungen anbelangt, waren die sechzehn Prager Tageszeitungen auf eine einzige Nachrichtenagentur beschränkt, die amtliche. Die Informationen aus dem böhmischen Landtag und von den politischen Parteien besorgten sich die Zeitungen selbst, aber das stellte beileibe keinen Lesestoff dar.
Wollte man Originalnachrichten fürs Publikum haben, mußte man sie aus dem Strom des lokalen Lebens angeln. Dennoch hatte jede Zeitung nicht mehr als einen Reporter, und auch der stand nicht hoch im Rang. Er war der Taglöhner der Journalistik, le journalier, bezog meist nur ein Zeilenhonorar, bangte darum, es täglich zu verdienen, bangte darum, es stündlich zu verlieren.
„Bin ich ein Vogel, daß ich an zwei Stellen zugleich sein kann?" mochte er grollen wie der Barbier im Börsenwitz. Nein, auch der Lokalreporter hat nicht die Fähigkeit, an zwei Stellen zugleich zu sein, obwohl ihm das, als er noch ganz allein und nur für sich auf Nachrichten ausflog, besonders nötig gewesen wäre. Während er einen Mord recherchierte, konnte anderswo ein Gebäude zu Schutt und Asche verbrennen.

Zum Glück fand er den Ausweg, den schon die Urgesellschaft betreten hatte: den Tauschweg. „Gib mir deine Beute", sagte der Jäger zum Fischer der benachbarten Sippe, „und ich gebe dir dafür meine." Es entstand ein Markt, auf dem jeder seine Produkte anbot, und weitere Teilung der Arbeitsprozesse.
Anfangs trafen sich Notizenjäger und Notizenfischer aller Zeitungen jeden Abend in einem Absteighotel auf dem Wenzelsplatz. Diese Zusammenkünfte wurden von ihren Teilnehmern „Börse der Nachrichten" genannt. Da man aber nicht auf Grund von Warenproben oder gar mit unsichtbaren Werten handelte, vielmehr die Ware greifbar vorlag, war diese Börse in volkswirtschaftlichem Sinne eigentlich keine Börse, sondern ein Markt. Andererseits stellten die Waren nur Papierwerte dar, Börsenmeldungen notierten oder wurden notiert, und von einer Barzahlung war keine Rede. Also war es eigentlich doch eine Börse und kein Markt. Übrigens ist das ganz egal, denn von der Börse stand niemals ein Wort in den Zeitungen, obwohl sie nur für diese ihre Tätigkeit entfaltete.
Als sich die Leserkreise einiger Zeitungen zu überschneiden begannen, wollte jede mehr Nachrichten bringen als die Konkurrenz, jede wollte der anderen zuvorkommen, womöglich einen „scoop" haben, wie man in Amerika sagt, einen „Solokarpfen", wie man in Prag sagte.
So spaltete sich die Einheitsbörse. Es gab nun zwei. Die eine tagte im Restaurant Chodiera in der Ferdinandstraße, mit Ausnahme eines kurzen Interims, in dem das Restaurant polizeilich geschlossen war, weil eine Gruppe tschechischer Stammgäste die im Stiegenhaus aufgestellte Kaiserbüste kurz und klein geschlagen hatte. Die andere Börse tätigte in einem Hinterzimmer des Restaurants Brejschka von sechs bis acht Uhr abends ihre Geschäfte.
Innerhalb jeder der beiden Börsen waren die Aufgabenkreise verteilt. Ein Reporter hatte täglich das Krankenhaus zu besuchen und die eingelieferten Fälle von Distinktion zu notieren, ein anderer das Rathaus, um die Maßnahmen der Kommunalverwaltung festzustellen, ein dritter hielt die Verbindung mit der Feuerwehr, ein vierter die mit dem Gendarmeriekommando aufrecht.
Die Polizei war dreißig Jahre lang von Herrn Melzer be-

sorgt worden, und ich war auf der Brejschka-Börse sein Nachfahr, sieben Jahre lang. Wenn von der Polizei eine Nachricht offiziös ausgegeben wurde oder ein großer Vorfall die Beamten in Bewegung hielt, so hatte ich davon alle Börsenkollegen zu informieren. Erfuhr ich eine Nachricht privat, die nicht im Bereich der Gefahr lag, auch von der Konkurrenzbörse ergattert zu werden, durfte ich sie für meine Zeitung allein behalten oder – natürlich nur an ein Mitglied unserer Börse – gegen eine andere Spezialnachricht austauschen.

Für das Restaurant Chodiera ging zur Polizei der „bleiche Schnüffeles", der gleichfalls eine deutsche Zeitung vertrat, das „Prager Tagblatt". Wie man sieht, schwieg in Börsensachen der nationale Boykott, den die Presse in ihren Spalten predigte.

Mehr Nachrichten zu erjagen als die andere Börse war auf beiden Seiten ein Sport, der manchmal in persönliche Kämpfe ausartete. Einer der heftigsten entbrannte wegen einiger Menschenknochen, die kurz vor meinem Amtsantritt auf dem Dorfplatz des Vorortes Krtsch gefunden wurden und auf denen ein Zettel lag mit der Aufschrift: „Die da wurde im Keller erschlagen."

Die Brejschka-Mannschaft hatte allein von dem Fund erfahren mitsamt dem Detail, daß die Knochen verletzt seien und nicht von *einer* Person, sondern von einem Mann und einer Frau stammten. Das schien Grund genug, die Nachricht als „geheimnisvollen Doppelmord in Krtsch" groß aufzumachen.

Die andere Börse, solcherart ins Hintertreffen geraten, versuchte die Bedeutung des Fundes abzuschwächen. Allen Anzeichen nach habe ein makabrer Witzbold die Gebeine in einem Friedhof ausgegraben, und die, die auf Grund des Zettels an einen Mord glaubten, stünden nun da „blamiert bis auf die Knochen". Wie im Pathologischen Institut festgestellt worden sei, rühre die Knochenspaltung mitnichten von gewaltsamen Verletzungen her, sondern Adipocire, eine Seifenbildung bei Leichen, habe das Platzen der Knochen verursacht.

Die zeitunglesende Bevölkerung war in erregte Lager geteilt; das eine schäumte: Mord, das andere: Seife, als aus dem Keller einer Krtscher Villa zwei Leichen ans Tageslicht stiegen und ein wüstes Spiel von Geldgier und Sexualgier enthüllten. Drei Jahre vorher hatten die Gärtnersleute dieser Villa, ein gewisser Vales mit Frau und Stieftochter, ein ungarisches Liebespaar, das in der Villa den Winter verbrachte, durch Beilhiebe ermordet und beraubt. Hernach hatten sie die Kleider der Toten mit Stroh ausgestopft und diese Puppen in der Dämmerung mit einem Wagen weggefahren, damit die Nachbarschaft die Abreise der beiden Fremden sehe.

Verscharrt im Keller, lagen die Leichen in Totenruhe bis zu dem Tage, da es dem fast siebzigjährigen Vales zu bunt wurde, daß sich seine Stieftochter – sie war über fünfzig – seinen Liebeswerbungen hartnäckig entzog und bei jedem gegebenen Anlaß ihre Mutter zu Hilfe rief. „Wenn ihr euch weiter widersetzt, bringe ich euch und mich an den Galgen", drohte Vales. Sie widersetzten sich weiter, auch nachdem Vales mit der öffentlichen Preisgabe der Knochen bewiesen hatte, wie ernst es ihm mit seinen Worten war.

Erst als eine Polizeikommission in Krtsch von Haus zu Haus ging und Vales schwor, er werde sie mit dem Eingeständnis des Mordes empfangen, erlaubte Frau Vales ihrem Mann, sich mit ihrer Tochter im Zimmer einzuschließen. Schon näherte sich die Kommission dem Garten, Frau Vales trommelte an die Tür: „Rasch, macht rasch, sie kommen!"

Glückselig lächelnd, ist er doch am Ziel jahrelanger Wünsche, öffnet Vales die Liebeskammer im gleichen Augenblick, da die Beamten eintreten. Die merken Erregung und beginnen eine genaue Untersuchung des Hauses. In einer Ecke des Kellers sind Geräte und Möbel aufgestapelt, unter ihnen finden sich Spuren einer frischen Grabung, ein süßlicher Geruch ist spürbar – man exhumiert zwei Leichen.

Fürwahr, das ist ein „geheimnisvoller Doppelmord", fürwahr, das ist keine Adipocire! Die Reporter von Chodiera, die dieses Wort den bei Brejschka versammelten Konkurrenten eine Woche lang höhnisch zugerufen, müssen sich nun selbst mit „Adipocire" verspotten lassen.

Solche Sensationen bildeten selbstverständlich nur die Ausnahme, die tägliche Nahrung der Börsenmitglieder bestand nicht aus großen Solokarpfen, sondern aus kleinen Fischen,

und davon konnten jene Reporter, die von der Zeile in den Mund lebten, nicht satt werden.
Oft brachte ich derart winzige Fische, daß meine Kollegen sie ins Wasser zurückwarfen. Gleich zu Beginn kam ich mit der Meldung, fünfzehn Mitglieder einer Damenkapelle. seien aus Portugal nach Prag abgeschoben und heute von der Prager Polizei nach ihrer Heimatgemeinde Nechanitz weitertransportiert worden.
Diese Nachricht wollte niemand, weil, wie mir erläutert wurde, sie sich mindestens sechsmal im Jahr wiederhole. Wann immer ein Musiklokal Bankrott mache oder ein Impresario durchbrenne, würden die Mädchen, mittellos und zumeist geschwängert, nach Nechanitz zurückexpediert. (Alle Damenkapellen stammen aus Nechanitz.) Für meine Kollegen war das eine abgestandene Sache, mir war es neu und schien mir mit einer Bühnenaktualität verknüpfbar.

Ungefähr ein Jahr vorher hatte der Schriftsteller Hans Müller die Liebesgeschichte einer solchen Wandermusikerin novellistisch behandelt, und der Komponist Oscar Straus fragte an, zu welchen Bedingungen er diese Geschichte zu einer Operette verwenden könne. Hans Müller hielt eine magere Abfindung in der Hand für besser als eine fette Tantieme auf dem Dach und verkaufte seine Autorenrechte für hundert Kronen. Einige Monate später wäre ihm eine tausendfach größere Tantieme zugefallen, und dabei stand der „Walzertraum" erst am Anfang seines Millionenerfolgs.
Ich leitete meine Notiz über die heute abgeschobene Damenkapelle mit einem Hinweis auf die Operette ein. Man findet das Ende im „Walzertraum" zu sentimental, schrieb ich, will sich nicht damit abfinden, daß die Heldin auf ihr Glück verzichtet, resigniert den Fiedelbogen streicht und von dannen zieht. Aber der Prager Polizei sind weit tragischere Schicksale von Wandermusikerinnen bekannt... Und so.
Erstaunlicherweise gab das Korrespondenzbüro die Notiz im Wortlaut aus, und die obige Einleitung wurde von den Wiener Zeitungen als ästhetische Erkenntnis und als Gefühlsausbruch der Prager Bevölkerung aufgefaßt. „Prag zweifelt an der Richtigkeit des ‚Walzertraums'! Aber die Polizei bestätigt sie." Unter solchen Titeln stand, von Sper-

rungen und Fettdruck unterbrochen, mein harmloser Exkurs: „Man findet, wie aus Prag *telegrafiert* wird, dort das Ende der Operette ‚Der Walzertraum' *zu sentimental.* Wie die ‚Bohemia' meldet, *will man sich in Prag nicht damit abfinden,* daß die Heldin auf ihr Glück verzichtet, resigniert den Fiedelbogen streicht und von dannen zieht. Dieser ablehnenden Auffassung über das Ende der Operette steht aber, *wie das genannte Blatt selbst zugeben muß,* die Tatsache entgegen, daß *der Prager Polizei weit tragischere Schicksale* von Wandermusikerinnen bekannt sind ..."

Manche Börsentage waren so flau, daß eine Meldung von der Abschiebung einer Damenkapelle auch meinen Kollegen ein willkommener Happen gewesen wäre. Müßig saß man herum und fluchte um die Wette.

Allein der fromme Herr Adalbert Betzek von der „Volksgemeinde", dem Tagesblatt der klerikalen Partei, fluchte niemals, er wehklagte nur. Er nannte sechs Kinder sein eigen, und die „Volksgemeinde", von deren Zeilenhonorar die Familie ernährt werden sollte, verschwieg – wie übrigens damals alle katholischen Zeitungen der Welt – jede Mitteilung über Selbstmorde, weil man einem von der Religion verbotenen Akt keine Verbreitung geben, nicht zu seiner Nachahmung verlocken wollte.

So führte die Zentrumspartei im Ruhrgebiet nach dem Tode des Kanonenkönigs Friedrich Alfred Krupp eine Kampagne gegen die Sozialdemokratie. Krupp hatte sich umgebracht, als er von sozialistischer Seite beschuldigt wurde, in Capri homosexuelle Orgien zu feiern. In einem erbarmungslos naturalistischen Sonderbericht aus Capri schilderte die katholische „Germania" das Sterbezimmer Krupps: der Revolver lag neben dem Stuhl, Blut bedeckte die Diele, die Augen des Toten waren entsetzt aufgerissen – der Leser mußte glauben, die Sozialdemokratie habe Krupp erschossen, denn die Tatsache des Selbstmordes war nicht einmal angedeutet.

Über die Tragödie auf Schloß Mayerling soll der Pariser „Gaulois", um das vatikanische Selbstmord-Nachrichtenverbot nicht zu verletzen, berichtet haben, daß man aus dem Schlafzimmer zwei Detonationen gehört und beim Eindringen den Kronprinzen Rudolf von Habsburg und die Baronesse Vetsera vom Herzschlag getötet aufgefunden habe.

Hingegen verschwieg die klerikale Presse Nachrichten über Diebstahl, Raub, Meineid, Mord aus Rache oder Totschlag am Ehebrecher nicht, obwohl auch Eigentumsverbrechen, falsche Zeugenaussage, Mord und Ehebruch in den Zehn Geboten untersagt sind und gleichfalls zur Nachahmung verlocken könnten. All das druckte sie mit der gleichen Ausführlichkeit wie die profanen Zeitungen.
Deshalb lag der fromme Herr Adalbert Betzek Tag für Tag, ehe er zur Nachrichtenbörse ging, in der Maria-Schnee-Kirche auf den Knien und betete zur Mutter Gottes, sie möge eine ausgiebige Bluttat geschehen lassen oder eine Katastrophe mit vielen Todesopfern, amen.
Aber der fromme Herr Adalbert Betzek war nicht nur fromm, er war auch zynisch, er verließ sich nicht allein auf die Hilfe der Madonna. Seine Kenntnisse vom Privatleben einiger kirchlicher Würdenträger benutzte er, um sich von ihnen Nachrichten zu beschaffen. Auch Gerüchte von bevorstehenden Veränderungen im Klerus, vom An- und Verkauf von Kirchengrund und so weiter, die sein Blatt nicht bringen konnte, erfuhr er auf diese Weise und machte anderweitige Geschäfte damit. Auf der Börse wurde der fromme Herr Adalbert Betzek oft geneckt, daß er mit solchen Praktiken nicht in den Himmel kommen werde. Er lächelte überlegen. „Gewiß, Sankt Petrus hätte die Macht, mich abzuweisen, er hat ja eine Vertrauensstellung. Aber ist er wirklich so vertrauenswürdig? Er glaubt sicherlich, es sei schon vergessen, daß er der Peter war, der seinen Herrn dreimal verriet..." – „Was kann Ihnen das nützen, Herr Betzek?" – „Wenn mich der heilige Petrus zweimal abgewiesen hat, werde ich draußen krähen. Dann macht er sofort auf – an alte Geschichten sind die hohen Herrschaften nicht gerne erinnert."
Immer wenn auf der Börse Selbstmorde oder Selbstmordversuche notiert wurden, an denen der fromme Herr Adalbert Betzek nicht teilhaben durfte, jammerte er über die Kleinmütigkeit der Generation: „Die jungen Menschen von heutzutage haben keinen Glauben mehr, deshalb legen sie Hand an ihr Leben, was Christus verboten hat in seinem Testament. Hat einer kein Geld – Selbstmord; ist einer eifersüchtig – Selbstmord. Gibt es denn keine Panzerkassen mehr, die man aufbrechen kann, keine Unterschriften, die

sich nachahmen lassen, kein Vitriol, um die Nebenbuhlerin beiseite zu schaffen? Ich bin gewiß der letzte, der das gutheißt..."
„Na, na, Herr Betzek!"
„... immerhin ist es doch besser, als sich umzubringen. Aber statt ein paar Monate Haft zu riskieren, ziehen es die Leute vor, für immer tot zu sein. Sie fürchten die Polizei mehr als die Strafe Gottes."
Der fromme Herr Adalbert Betzek drehte mit seinen Fingerspitzen den Rosenkranz in seiner Westentasche und klagte dem Himmel und allen heiligen Seelen den Verfall der Zeitläufte: „Das ist keine Kunst, sich selbst totzuschlagen, da gibt's ja keine Gegenwehr. Früher haben die Menschenkinder mutigere Auswege aus ihrer Not gesucht, ohne gleich an Selbstmord zu denken. Nehmen Sie zum Beispiel die beiden Jünglinge, die die Juwelierin Gollerstepper am hellichten Tage erschlagen und den Laden seelenruhig ausgeräumt haben. Sechshundert Zeilen habe ich über sie geschrieben."
Zärtlich streichelten seine Finger die Rosenkranzperlen. „Oder diese drei Trainsoldaten – wie hießen sie denn nur? Da hat ihnen ein Hotelier aus der Provinz unchristliche Anträge gemacht, noch dazu an einem Karfreitag, so sind sie denn mit ihm auf die Schanzen gegangen und haben ihm dort das Faschinenmesser irgendwohin hinten hineingestoßen, bis er selig im Herrn entschlafen ist. Herrgott, waren das Burschen, groß und schlank wie Zedern auf dem Libanon. Im Garnisongefängnis hat man sie gehängt, nachdem ihnen der hochwürdige Herr Divisionspfarrer Hummelhans das heilige Abendmahl gegeben, und dann wurden sie in geweihter Erde bestattet, nicht wie die Äser von Selbstmördern. Der Herr der Heerscharen schenke ihnen Gnade am Tage des Jüngsten Gerichts, den drei armen Schächern, hundertzwanzig Zeilen Borgis hat man mir allein über die Hinrichtung abgedruckt."
Er hatte den Rosenkranz aus der Tasche gezogen und ließ ihn sanft über dem Gefild der Erinnerung baumeln. „Wie haben die drei nur geheißen?" fragte der fromme Herr Adalbert Betzek die Tafelrunde.
„Cucko, Velek und Otterstatt", antwortete ich, „und der Ermordete hieß Gustav Wolf."

Alle schauten auf. „Wieso wissen Sie das? Das war doch lange vor Ihrer Zeit. Haben Sie sich etwa auf Ihren Beruf vorbereitet? Sie glaubten wohl, Sie müssen bei uns eine Aufnahmeprüfung aus alten Lokalnotizen machen?"
Man lachte.
In der Tat, ein Hofmeister hatte mich eingepaukt. Mir klingt es noch heute im Ohr, was der blinde Methodius über den ermordeten Hotelier Wolf aus Franzensbad sang, der sich nur mit Männern unterhielt, „aus Schüchternheit" die Gesellschaft von Frauen mied. Seine drei Mörder aber sind Trainsoldaten:

> Zufällig ohne Chargengrad,
> Cucko, Velek, Otterstatt,
> Lotterhaft
> Ham sie den Wolf erschlagen.

Und nicht nur die Moritat an Hotelier Wolf kannte ich besser als jene, die sie seinerzeit recherchiert und beschrieben hatten, ich kannte auch andere causes célèbres. Zum Beispiel die vom Vorstadtschneider Slanecek; Frau und Söhne hatten ihn bestialisch raubgemordet und wurden nachher auf dem gleichen Galgen gehängt. Das gab dem Textlieferanten des blinden Methodius Anlaß zu herzzerreißendem Lamento, und mit den Worten „So mußte eine geachtete Familie enden" endete sein Lied.
Auch den Fall der Sankt-Wenzels-Vorschußkasse wußte ich in Versen auswendig. Die war ein klerikales Unternehmen, das infolge von Millionenunterschlagungen Bankrott machte. Die Schuld traf den Bankpräsidenten, einen lebenslustigen Monsignore Drossel, und zwei andere geistliche Aufsichtsräte namens Hahn und Schwalbe, weshalb das Spottlied alle Witze herbeizog, die irgendwie mit Vögeln in Zusammenhang zu bringen waren. An diese Affäre erinnerte sich der fromme Herr Adalbert Betzek, Redaktionsmitglied einer klerikalen Zeitung, freilich nicht gerne.
Aus der Reminiszenz an goldene Zeiten zur rauhen Gegenwart erwacht, den leeren Notizblock vor sich, Rosenkranz und Fingerspitzen wieder in der Westentasche versenkt, schielte er dem Kollegen Wenzel Vilde über die Schulter, als ob er die Formulare nicht gekannt hätte, die Kollege

Wenzel Vilde für jede Kategorie von Vorfällen in Bereitschaft hatte.

Kollege Wenzel Vilde war Vertreter der „Volkspolitik", die zweimal täglich in einer Auflage von mehr als hunderttausend Exemplaren erschien und ihrem Namen zum Trotz auf Politik keinen Wert legte, um so mehr aber auf ausführlich Behandlung jedes Lokalereignisses.

Trüben Auges mußte der fromme Herr Adalbert Betzek zusehen, wie Kollege Wenzel Vilde mit gelangweiltem Gesicht einen „Schimmel" nach dem andern ausfüllte, kaum zwei Worte und zwei Ziffern einzufügen hatte und schon mit achtzehn Zeilen fertig war.

„PHOSPHORVERGIFTUNG. Gestern hat die im Haus Nr. ... der ... Straße angestellte ... Jahre alte Dienstmagd ...ova in selbstmörderischer Absicht von mehreren Schachteln Streichhölzern den Phosphor abgekratzt, diesen in einem Glas Wasser aufgelöst und dieses ausgetrunken. Alsbald wurde das bedauernswerte Mädchen von großen Schmerzen gepackt und begann um Hilfe zu rufen. Die Rettungsstation erschien mit dem Chefarzt MUDr. Vladimir Kotab sofort an Ort und Stelle und veranlaßte nach erster Hilfeleistung die Überführung der Lebensmüden mittels Ambulanzwagens in das Allgemeine Krankenhaus. Das Motiv der Tat ist in unglücklicher Liebe zu suchen, die sich das besonders empfindliche Mädchen sehr zu Herzen genommen hat."

Kamen mehrere solcher Vergiftungen am gleichen Tage vor, so blieb der Schluß vom „besonders empfindlichen Mädchen" nur in einer Notiz stehen, aus den anderen Formularen mußte er weggestrichen werden, was Kollege Wenzel Vilde immer sehr unwillig tat, denn er haßte jede Arbeit, wenn es sich nicht um einen Raubmord handelte.

Der fromme Herr Adalbert Betzek hatte nichts auszufüllen oder zu streichen, er schlug seinen Rosenkranz auf den Tisch. „Der Staat ist der Massenmörder! Warum verbietet er nicht einfach den Verkauf von Phosphorstreichhölzern? Um des Profits willen läßt er seine Bewohner sich umbringen."

Er war dagegen. Er war gegen vieles, auch gegen die Brükken. Dieser ungeschützte Brückenrand sei geradezu eine Aufforderung an den Passanten, sich darüberzuschwingen, ins Wasser hinein. Warum legt man keine Drahtnetze an? Warum sperrt man nicht abends von der Gasanstalt aus alle Gasleitungen ab? Hunderte von Mädchen könnte man dadurch am Selbstmord verhindern. Gifte und Revolver sollte man nur an Leute abgeben, die von ihren Familien oder von ihrer Firma eine Bestätigung vorweisen, daß sie weder an unglücklicher Liebe leiden noch Geld unterschlagen haben.

„Wäre es denn nicht besser, Waffen- und Giftverkauf überhaupt zu verbieten, Herr Betzek? Man kann doch nicht den Waffenverkauf nur auf Mörder beschränken?"

„Mord und Totschlag kommen sogar im Evangelium vor", antwortete er, „dagegen kann man nichts machen." Der fromme Herr Adalbert Betzek war nur gegen Selbstmorde, weil durch sie andere Taten, gute Lokalfälle, unterblieben.

Übrigens war es ihm einmal gelungen, einen Selbstmord so zu regulieren, daß er in seinem Blatt erwähnt werden mußte. Als die Nachrichtenbörse noch in dem Stundenhotel tagte, trat ein verstörter junger Mann aus einem Zimmer und bat um Tinte und Schreibpapier. Es war klar, daß es sich um einen Lebensmüden handelte, der Abschiedsbriefe schreiben wollte. Der fromme Herr Adalbert Betzek ließ sich den Grund auseinandersetzen und sagte: „Sie haben zwar recht, aber..." – „... aber?" In dem jungen Mann blinkte ein Hoffnungsstrahl auf. „Sie müssen den Selbstmord so verüben, daß Ihre Geliebte sich sagt: Das ist ein Kerl! Wenn Sie sich einfach erschießen, wird das auf das Mädchen gar keinen Eindruck machen." Der Lebensmüde fragte mit gebrochener Stimme, wie er es also tun solle. „Gift schlucken, sich auf dem Fensterbrett erschießen und auf die Straße – nicht in den Hof – fallen lassen." Der fromme Herr Adalbert Betzek erbot sich, das Gift aus der nächsten Apotheke zu holen. Zurückgekehrt, übergab er dem jungen Mann das Pülverchen und schärfte ihm ein, die Verpackung nach verübter Tat sichtbar auf dem Tisch liegenzulassen. Dann segnete er ihn und verließ ihn mit den Worten: „Requiescat in pace."

Der Lebensmüde schrieb, schluckte, schoß und sprang, und der fromme Herr Adalbert Betzek verfaßte eine Notiz. Sie hieß selbstverständlich nicht „Dreifacher Selbstmordver-

such" wie bei den anderen, sondern „Aufsehenerregender Vorfall auf dem Wenzelsplatz" und beschrieb nur, daß der junge Mann XY in angeschossenem und vergiftetem Zustand vom Fenster des Hotels auf die Straße gefallen sei, die Aufregung der Passanten und was mit dem Verletzten geschah.
„Was geschah denn mit dem Verletzten, Herr Betzek?"
„Der Trottel wurde gerettet, Gott sei gelobt und gepriesen. Nicht einmal zielen konnte er, kaum seine Schulter hat er getroffen. Und er sprang aus dem ersten Stock, so daß er sich nur die Beine verstauchte... Nun, ich will nicht undankbar sein, meine dreißig Zeilen Petit habe ich in der Tasche gehabt und dem heiligen Adalbert drei Gesetze Rosenkranz gebetet – wissen Sie, für Petit-Notizen danke ich immer nur meinem Namenspatron und nicht dem Heiland."
„Aber das Gift, Herr Betzek?"
„Was für Gift? Bin ich denn von allen Heiligen und Aposteln verlassen, daß ich für teures Geld Gift kaufe und mir noch Ungelegenheiten mache? Ein Brausepulver habe ich ihm gebracht."
Diese Episode gab der fromme Herr Adalbert Betzek selbst oft zum besten. Dagegen bestritt er entrüstet, daß er allabendlich nur deshalb zu Fuß in seine Vorstadtwohnung zurückkehre, um unterwegs Kinder zum Herunterspringen aus dem Fenster zu verlocken. „Niemals würde ich mich so versündigen", beteuerte der fromme Herr Adalbert Betzek, „ich gehe zu Fuß, weil ich das Fahrgeld sparen will. Nur durch Gottes Fügung wurde ich zweimal Augenzeuge, wie Kinder aus dem Fenster fielen. Über den einen Sturz habe ich nicht mehr als zehn Zeilen geschrieben: über den anderen allerdings fünfundfünfzig, weil es das Töchterchen eines bischöflichen Domänenrats war und sich erschlagen hatte. Die Wege des Herrn sind wunderbar."

Vom großen Zorn
dieser Reporter

Nicht jeder hatte das Glück des frommen Herrn Adalbert Betzek, dem die Kinder wie gebratene Tauben in den Mund flogen. Zumeist war es schwer, eine Nachricht heimzubringen; man durcheilte „der Straßen lange Zeile" und erntete nur eine kurze Zeile, wenn man nicht gar erfuhr, daß überhaupt nichts passiert, das Gerücht nur ein Gerücht gewesen war. Das muß man in Betracht ziehen, um die Zornausbrüche der Lokalreporter zu begreifen.
Beim Ritter Wuk von Rosenberg, dem Reporter des Bauernblattes „Das flache Land", kam noch ein cholerisches Temperament dazu. Dieser Sproß aus ältestem Landadel hatte nichts an sich, was hergebrachten Begriffen von Aristokratie entsprach, nie schien ihm ein Rasiermesser Wangen und Kinn entweiht zu haben, seinen Schlapphut und seinen Havelock hatte wohl schon einer von Karl Moors Räubern in den böhmischen Wäldern getragen. Ohn Unterlaß fluchte der Ritter Wuk von Rosenberg und spuckte dazu, und Dantes unflätig trompetende Teufel hätten von ihm noch etliche Akkorde profitieren können.
Frauen verachtete er aus vollster Speicheldrüse, und ich, der ich ihn für einen ewigen Junggesellen hielt, war erstaunt, als er eines Abends, in weitem Bogen ausspuckend, von seiner gewesenen Frau sprach: „Die Giftkröte ist von mir fortgelaufen, weil ich trinke. Weshalb sollte ich denn Zeilen schinden, wenn ich das Geld nicht für Weichselschnaps brauchen würde?" Er spuckte aus, in noch weiterem Bogen als das erstemal.
„Als ich heiratete", vertraute er mir an, „habe ich eine Notiz darüber in mein Blatt gegeben; für den Schwiegervater habe ich mir den längsten Taufnamen ausgedacht, einen ebenso langen Mädchennamen für die Brautmutter. Als Heimat meiner Frau habe ich aus dem Verzeichnis der Gemeinden den längsten Dorfnamen herausgesucht und noch die Bezirkshauptmannschaft angegeben, zu der das Nest gehörte. Das Honorar für diese acht Zeilen war das einzige, was ich

von meiner Ehe gehabt habe." Und er spuckte in einem noch weiteren Bogen als das zweitemal.

War es schon nicht standesgemäß, daß einer aus dem Geschlecht der Wuk von Rosenberg Notizen über plebejisches Leben schreiben mußte, noch weniger standesgemäß war es, auf den Tod eines Verunglückten, eines Mordopfers oder eines Prominenten lauern zu müssen. Jedoch gerade das war des Ritters Wuk von Rosenberg Obliegenheit.

In der Vorstadt Holleschowitz rang Svatopluk Czech, der Klassiker des tschechischen Volkes, seit Wochen mit dem Tode. Allabendlich hatte Ritter Wuk von Rosenberg in die Wohnung des Sterbenden hinauszugehen, um die Todesnachricht rechtzeitig zu erfahren. An einem Tag, an dem die Ärzte das Ableben als eine Frage von Stunden bezeichnet hatten, kam er um neun Uhr abends. Die Schwester des Kranken öffnete ihm die Tür. „Es geht etwas besser", sagte sie.

„Verfluchte Sauerei", schrie Ritter Wuk von Rosenberg, „da muß ich heute nacht noch einmal herausrennen!" Wütend spuckte er an der entsetzten Dame vorbei auf die Tür, hinter der der Sänger der „Sklavenlieder" sich mit schwindenden Kräften gegen den Tod wehrte, der seine große Seele wollte.

Weiß Gott, Wuk von Rosenberg, dieser Ritter, hatte vor nichts Respekt, weder vor der Majestät des Todes noch vor der des Lebens. Beim Besuch des Kaisers Franz Joseph, 1908, waren wir Journalisten im Burghof des Hradschin gruppiert, um den Einzug zu beschreiben. Hart neben uns hatte die Generalität Böhmens in voller Kriegsbemalung zum Empfang ihres Allerhöchsten Kriegsherrn Posto gefaßt: golden funkelten Militärmedaillen und Feldbinden auf den schneeweißen Waffenröcken, golden flossen Lampassen die zinnoberroten Hosen entlang, golden schaukelten Portepees auf den spiegelnden Säbelscheiden, golden schimmerte das gestickte Laub des Kragenspiegels.

Diesem Glanz paßte die Nachbarschaft des schäbigen Zivils der goldlosen Journalisten keineswegs. Wir sahen, wie die Adjutanten mit dem Polizeidirektor verhandelten. Sie wiesen auf uns. Polizeidirektor Krikava zuckte sorgenvoll die Achseln, für ihn war es ebenso peinlich, sich's mit der Presse zu verderben wie mit der Generalität.

Da trat Feldzeugmeister von Cibulka ärgerlich gestikulierend auf ihn zu. Cibulka ist ein tschechisches Wort und bedeutet „Zwiebelchen". Das Diminutiv paßte, denn Cibulka war von winziger Statur. Dessenungeachtet war er der Chef der Garnison, Korpskommandant, Nachfolger des Grafen Grünne.

„Er sagt immerfort ‚Federfuchser', was ist das?" fragte ein tschechischer Kollege.

Unschlüssig näherte sich uns der Polizeidirektor. Aber er hatte noch nicht den Mund aufgemacht, als ihm Ritter Wuk von Rosenberg schon die Antwort entgegendonnerte, so wuchtig, daß Generäle und Würdenträger baß erschauderten.

„Wir können ja nach Hause gehen und auf den Kaiser scheißen, wenn Sie es befehlen."

„Um Gottes willen, meine Herren, davon ist doch keine Rede, es handelt sich nur darum, daß die Herren Generäle..."

„Ich stelle fest, daß dieser Tornisteradel da", Ritter Wuk von Rosenberg stieß seinen Zeigefinger unmißverständlich in die Richtung der Generalität, „daß dieser poplige Tornisteradel von uns verlangt, wir sollen auf den Kaiser..."

Nein, nein, um Gottes willen, niemand habe das Verlangen nach solch einem Crimen lasae majestatis auch nur angedeutet.

Schon reitet die Arcierenleibgarde auf ihren Lipizzaner Apfelschimmeln ein, sie führt den prunkvollen Zug. Schon rollen die Equipagen mit den höchsten Herren des Hofs über die Rampe. Schon ist der Ruf des Schnarrpostens verhallt und die Wache ins Gewehr getreten. Schon intonieren die Musikkapellen die Hymne. Schon schmettern Fanfaren von allen hundert Türmen den Generalmarsch darein. Schon singen die Schulkinder vor dem Burgtor das „Gott erhalte". Und Ritter Wuk von Rosenberg brüllt noch immer: „Diese plebejische Soldateska da verlangt von uns, wir sollen auf den Kaiser..."

„...Gott beschütze unsern Kaiser...", singen die Kinder mit Recht.

Auf Rädern aus purem Gold rollt die Kaiserkarosse durch das Gittertor. Franz Joseph I. steigt aus, „elastischen Schrittes", wie wir nachher schreiben werden, um auf die Emp-

fangsbereiten zuzutreten, da, da erblickt er plötzlich einen bärtigen, wutgeschüttelten Mann, der unflätige Rufe ausstößt. Der Kaiser erschrickt und wendet sich zum Wagen zurück, zum Glück umringen ihn aber bereits die Würdenträger, und hinter ihrem Wall fühlt sich der Monarch geschützt vor jener furchteinflößenden Erscheinung. Nur von Zeit zu Zeit wirft er einen scheuen Blick herüber.
Wer Journalisten kennt, weiß, wie wir uns an Cibulka rächten. „Seine Majestät entstieg elastischen Schrittes dem Wagen, trat auf die Divisionäre Conte Corti a la Catene und Baron Georgi zu und unterhielt sich huldvollst mit ihnen; hierauf zog er die Brigadekommandanten Ritter von Schreitter, Makowitschka von Mohnfeld, Haluska und Graf Deym in längere, angeregte Gespräche..." Korpskommandant Cibulka wurde nicht erwähnt.
Ohne daß wir geradezu gelogen hatten, stand er tränenerregend und klein wie ein Zwiebelchen vor der Öffentlichkeit, umschwelt vom beizenden Geruch der kaiserlichen Ungnade. Aber das Schicksal strafte ihn außerdem – vielleicht auch war die Vorahnung dieses Schicksals der Grund seines Ausbruchs gegen die Federfuchser. Sein einziger Sohn wurde nämlich Schriftsteller, und zwar einer, der beim besten Willen nicht anders denn als Federfuchser bezeichnet werden kann und der seinen tschechischen Namen dadurch wettmacht, daß er ein Nazischreiber nach dem Herzen der Reichsschrifttumskammer ist.

Ein gemeinsamer Haß verband die Reporter alle, der Haß gegen die Nachtredakteure. Diese entschieden über das Schicksal des Arbeitsprodukts. Je nach Laune strichen sie es zusammen oder warfen es ganz weg, und gegen ihre Urteilsbegründung „Platzmangel" gab es keine Berufung.
Selbst in der „Nationalzeitung" geschah das, obwohl sie das Format der „New York Herald", aber zum Unterschied von „New York Herald" keine Berichterstatter in aller Welt und keine ausländischen Originalnachrichten hatte. Wäre sie das Blatt gewesen, dem der Kriegskorrespondent Henry Stanley die Bibel telegrafierte, um seinen Rivalen den Draht zu verlegen, sie hätte genug Raum gehabt, die Bibel abzudrucken.
Deshalb konnte Papa Vejvara, ihr Vertreter auf der Nach-

richtenbörse, die „Wichtigtuerei mit den X-Strahlen" jahrelang nicht verwinden. Unmittelbar nachdem die Nachricht von der in Deutschland erfolgten Erfindung der X-Strahlen durch Professor Konrad Röntgen bekannt wurde, setzte der Physiker der Prager Technischen Hochschule, Professor Puluj, einen Experimentalvortrag darüber an. Auch Puluj hatte nämlich die Strahlen entdeckt und mit ihnen zwanzig Jahre lang experimentiert, ohne in die Öffentlichkeit zu treten. Nun führte er die von ihm konstruierten Apparate vor, durchleuchtete auf dem Podium einen Eisenschrank, eine Dogge, einen Mann und sogar eine (allerdings maskierte) Frau. Zum erstenmal sah man den Inhalt verschlossener Behälter, zum erstenmal lebende, sich bewegende Skelette in lebenden, sich bewegenden Menschen.
Seitenlang berichtete darüber die Presse, am weitläufigsten die „Nationalzeitung", letztere auf Kosten von Papa Vejvara, dem man die Lokalnotizen dieses Tages bis zur Unkenntlichkeit zusammenstrich. „Idiotenbande!" wütete er, „über die Wichtigtuerei mit den X-Strahlen lassen sie ganze Kolonnen zusammenschmieren, aber für einen Mordversuch mittels Schleuder haben sie nur zehn Zeilen Platz!"
Beträchtlich im Vorteil mit dem Zeilenhonorar war der ehemalige Oberleutnant Bacula, der für die Zeitung „Union" den lokalen Teil besorgte. Sein Blatt, von den Konservativen gefördert, hielt auf Angabe genauer Titulatur. Wenn die anderen schrieben: „Minister Foscht traf gestern abend aus Wien ein", verdiente Oberleutnant Bacula das Vierfache, denn bei ihm war es kein kürzerer als „Seine Exzellenz der kaiserliche und königliche Minister für Handel und Gewerbe, Herr Doktor Emanuel Foscht, welcher gestern abend in einem Salonwagen des Wiener Schnellzugs auf dem Kaiser-Franz-Josephs-Bahnhof einzutreffen geruhte."
An Oberleutnant Bacula war alles hellblond, einschließlich der Hände, der Augen, des Benehmens und der Handschrift. Um so unverständlicher war es, daß er es den brünetten Schmöcken gleichtun wollte, den berühmten Prager Schmöcken, deren einen Gustav Freytag als Urbild aller im Lustspiel „Die Journalisten" verewigt hatte und die Prag den Beinamen „das Schmockkästchen der Monarchie" eintrugen.
Nur der Ehrgeiz des hellblonden Oberleutnants Bacula war

düster: Er wollte sich in seinen Lokalnotizen als Dichter zeigen. Über jedem Ertrinkungstod badete Luna ihr perlmuttnes Antlitz in den Wogen des Moldaustroms, und jedes gestürzte Pferd schaute mit anklagenden Augen in die erbarmungslose Menschenwelt. Manchmal hatten die Stilblüten, die seinen Berichten entsprossen, einen zweideutigen Duft: „Durch eine Explosion wurde die ganze Garderobe des Herrn Kommerzialrats B. vernichtet oder beschädigt, so daß nur die Hosen, die er eben anhatte, als voll gelten können."
Bei einer Zirkusprobe hatten sich drei Löwen auf den Dompteur Kratky Bey gestürzt und „ihn zerfleischt". Die Presse brachte Interviews mit Augenzeugen und Angriffe gegen Tierquälerei, begangen an Löwen. Es wurde sogar das Gerücht verzeichnet, Kratky Bey sei bereits tot und insgeheim begraben worden. Um dem ein Ende zu machen, setzte der Zirkusprinzipal eine Pressevorführung mit dem verwundeten Dompteur an.
„Als Herr Löwenbändiger Kratky Bey", schrieb Oberleutnant Bacula, „Kopf und Arm in der Binde, hinkend, aber mit den männlichen Gesten eines Helden dem Zwinger zuschritt und sich vor den Vertretern der Prager Zeitungen ritterlich verneigte, begrüßten ihn die Bestien mit lautem Gebrüll." Am Abend darauf erschien Oberleutnant Bacula in Uniform auf der Börse und erklärte, daß er mit dem Wort „Bestien" selbstverständlich nicht die Herren Kollegen gemeint habe, die mißverstehbare Wendung bedaure und zurückziehe.
Mitglied unserer Börse war auch Regierungsrat Krizanek. Dieser Regierungsrat – möcht wissen, was er der Regierung geraten hat – war Lokalreporter des offiziösen „Prager Abendblatts", das allgemein der „Kreuzerfrosch" hieß, weil es einschließlich Postzustellung einen Kreuzer kostete. Selbst in der Zeit des Zeitungsstempels, der allein einen Kreuzer pro Exemplar ausmachte, hatte es nicht mehr gekostet, es war also unentgeltlich. Sein Wert überstieg diesen Preis nicht. Die Deutschböhmen lasen täglich neunzigtausend Exemplare dieses Regierungsblattes und wählten einhellig regierungsfeindliche Abgeordnete.
Der Chefredakteur des „Prager Abendblatts" – er war Hofrat, und ich möcht wissen, was er dem Hof geraten hat –

warf dem Regierungsrat Krizanek die Wüstentrockenheit seiner Notizen vor, insbesondere, daß er immerfort die gleichen drei Überschriften verwende: „Entmenschte Jugend", „Der Gattin in den Tod gefolgt" und „Ein tragischer Vorfall".
Eines Tages ereignete sich auf dem Karlsplatz eine besonders komplizierte Begebenheit: Der Balkon eines Hauses brach ab, zwei Personen stürzten auf die Straße, infolgedessen scheute ein Gespann und überfuhr eine schwangere Frau. Wie angegossen hätte hier der altbewährte Titel „Ein tragischer Vorfall" gepaßt, aber Regierungsrat Krizanek, der sich die Vorwürfe seines Chefredakteurs zu Herzen genommen hatte, wollte diesmal eine besonders originelle Schlagzeile finden. Lange ging er nachdenklich auf und ab. Plötzlich hellte sich sein Gesicht auf, er rieb sich befriedigt die Hände, setzte sich hin und schrieb den Titel: „Unfall".
So tief die Lokalreporter auf der Rangliste des Journalismus figurierten, noch unter ihnen standen die Melder, die mit mündlichen Mitteilungen oder mit amtlichen Verzeichnissen auf die Börse kamen; einer mit den Resultaten der Lotto-Ziehungen, ein anderer mit Besitzwechseln, den Käufen und Verkäufen, die im Grundbuch eingetragen wurden, ein dritter – als „Redakteur der Toten" bekannt – mit den beim Sterbeamt und der Beerdigungsbrüderschaft gemeldeten Namen der Verstorbenen. Stellungslose Journalisten brachten Nachrichten, die sie zufällig erfuhren.
Einer von ihnen war Jaroslav Hašek, später Autor des tschechischen Don Quijote, des Romans „Der brave Soldat Schwejk". Jaroslav Hašek erzählte uns erfundene Humoresken und wollte sie als Nachrichten geglaubt wissen. Jaroslav Hašek zufolge war heute nachmittags in der Moldau ein Menschenhai aufgetaucht und hatte durch Schläge seiner Schwanzflosse ein Fischerboot umgeworfen. Jaroslav Hašek zufolge hatten gestern nachts in einem Tanzlokal nahe dem Pathologischen Institut zwei betrunkene Leichenträger, weil kein Mädchen mit ihnen tanzen wollte, eine Frauenleiche von der Bahre genommen und mit ihr bis zum Morgengrauen Walzer getanzt. Jaroslav Hašek zufolge kam heute um vier Uhr morgens eine in der Korngasse wohnende Gemüsehändlerin neben ihrem Haus an einem nackten, am Unterleib verletzten Mann vorüber, der an einen Kandelaber gefesselt war; sie eilte, einen Mantel zu holen. Als sie

zurückkehrte, war der Unbekannte verschwunden. Jaroslav Hašek zufolge hatte heute ein fünfjähriger Knabe einem anderen die Nase abgebissen und verschluckt; der Vater des Opfers sei auf der Suche nach seines Sohnes Nase. Jaroslav Hašek zufolge war dem Gastwirt des Dorfes Sazavice ein Knabe mit einem vier Zentimeter langen Schnurrbart geboren worden, Mutter und Kind befinden sich wohl.
Vier Glas Pilsner Bier verlangte Jaroslav Hašek für jede seiner Informationen. Wollte sie niemand haben, so ging er mit dem Preis herunter, lehnte man sie auch dann ab, hielt er Vorträge, in denen er parallele Ereignisse aus der Weltgeschichte produzierte, um die Glaubhaftigkeit seiner Nachricht zu unterbauen.
Dabei trank er mindestens fünf Glas Pilsner, die selbstverständlich wir zu bezahlen hatten.

Sonnenthal im letzten seiner Tode

Eines Sonntagnachmittags sah ich den alten Doktor Alfons Pollak, wie er aus seinem Hause rannte, sichtlich zu einem besonders dringenden Fall gerufen. Als ich ihm fragend in den Weg trat, stutzte er, überlegte, flüsterte: „Blauer Stern" und lief weiter.
Im Hotel „Blauer Stern" herrschte heillose Aufregung. Weit offen standen im ersten Stock die Türen des großen Appartements, Hotelpersonal lief mit Eimern, Medikamenten und Eisbeuteln ein und aus, niemand schenkte mir Beachtung, als ich unmittelbar hinter Doktor Pollak eintrat.
Auf dem Sofa, das quer am Fußende des Bettes stand, lag und verröchelte ein Mensch.
Es war Sonnenthal.
Nur wenige, die diesen Namen hier lesen, können sich vorstellen, was er bedeutet hat.
Seit einem halben Jahrhundert übte Adolf Sonnenthal als König des Burgtheaters zugleich auch das Königtum über alle Bühnen aus, soweit in diesen auch nur ein Fünkchen von der heiligen Flamme der Klassik gehütet ward.

Demgemäß sah das Publikum in ihm den Gipfel des Erhabenen. Jede Gestalt, die er verkörperte, verkörperte das Edle, selbst um den sinnesverwirrten Kopf des verjagten Lear, selbst um den gehörnten Fuhrmannsschädel Henschels, selbst über dem zum Verräter werdenden Wallenstein strahlte die Gloriole.

Zweimal im Jahr gastierte Sonnenthal je eine Woche lang in Prag, und wir, die Jugend, verbrachten die Abende dieser vierzehn Tage auf der Galerie. Wir kannten jede seiner Gesten. Wir freuten uns schon im voraus darauf, wie er einem der widerspenstigen Pappenheimschen Kürassiere den Uniformrock straff ziehen werde. Wir wußten, daß er als sterbender, verstummter Attinghausen die Hände ballen würde, um noch als Leichnam den Schweizern zu sagen, sie mögen einig, einig, einig bleiben. Wir erwarteten fiebernd den Moment, da er als Verrina, dem die Tochter ihre Vergewaltigung berichtet, die Unterlippe herabstoßen und die Zähne blitzen lassen werde, seine berühmten, von Jugend auf unversehrt gebliebenen Zähne. Wir kannten die Monologe auswendig und kopierten die Töne der Biederkeit, bewunderten sogar, daß er den Buchstaben M in ein B verwandelte: „Bleib bei bir, Bax! Wie ist es böglich, daß bich bein Bax verlassen bag."

Wie oft hatten wir den, der jetzt auf dem Sofa vor mir starb, wie oft hatten wir ihn sterben gesehen, und unser Knabenherz hatte dabei gehämmert und in unser Knabenaug die Träne sich gedrängt. Wir weinten, weil er sterben mußte, er jedoch weinte niemals darüber, er hatte von seinem ersten Auftritt an abgeschlossen mit allem irdischen Gelüst; er war schon als Lebender ein milder Bewohner des Jenseits.

Aber das Jahrhundert ging zu Ende, das in der Erziehung des Menschengeschlechts durch die „Schaubühne als moralische Anstalt betrachtet" das Hauptmittel zur Rettung von allem Übel sah. Das neue Jahrhundert, das mit neuen Ideen herankam, war zugleich die Zeit, da wir den Knabenschuhen entwuchsen. Mit ihnen wechselten wir unsere Götter. Ibsens „Volksfeind", Zolas „Totschläger", Gerhart Hauptmanns „Weber" und vor allem Maxim Gorkis „Nachtasyl" waren von jetzt ab unsere Dramen, und unsere Schauspieler waren die der Freien Bühnen von Otto Brahm, Stanislawski und Antoine.

Sonnenthal wurde in den Orkus geschleudert. So kritiklos unsere Hingabe an ihn gewesen war, so kritisch wurde unsere Gegnerschaft. Nun fanden wir seine Auffassung des Heldischen kleinbürgerlich, seine Herzenstöne schmalzig, sein Pathos rhetorisch, seine Gesten mätzchenhaft und seine Güte unrealistisch und unwahrscheinlich.
Der alte Sonnenthal spielte Väterrollen. Wir aber mochten die Väter nicht. Wir glaubten nicht an ihren Edelmut und auch nicht an den von Großvätern und Ahnen, die in der Stunde des letzten Schattens keinen Wunsch des Lebens mehr hegten, sondern nur goldene Worte von sich gaben und die Augen friedlich schlossen.
Und nun stirbt er, der den Tod so oft wie keiner geprobt, stirbt er den wirklichen Tod. In den Armen einer jungen Schauspielerin, die heute abend mit ihm in Prag gastieren sollte, mitten im Akt hat ihn ein Schlaganfall getroffen.
Die Partnerin steht mit aufgelösten Haaren in der Zimmermitte, sie hat einen himmelblauen Schlafrock um sich geworfen, die Strümpfe hängen ihr um die Knöchel, verstört stützt sie die Hand auf die Tischplatte und weiß nicht, wie sie sich benehmen soll und was mit ihr geschehen wird. Ihr unbekannter Name erhob sich heute auf dem Theaterzettel, fettgedruckt und mit dem Vermerk „als Gast" versehen, gleich jenem, der neben dem ihren stand und der klingendste im Bereich ihrer Kunst war. Sie hatte gehofft, die Tournee in den Ruhm fortsetzen zu können, waren doch Riffe und Wogen des Widerstands verbannt durch den allmächtigen Magier. Seine Zuneigung war das sichere Geleit für eine Tochter Thalias. So übersah sie willig, daß er ein Greis war, und ließ es geschehen, als er sie zärtlich an sich zog.
Wann? Wann war das alles? Wie lange ist es her, seit das Gastspiel mit ihm bevorstand, seit die Überfahrt zur blauen Küste des Ruhms gesichert war, seit des Meisters zärtlichem Begehr? Unvorstellbar viel Zeit ist seither vergangen – schon eine Viertelstunde.
Dort auf dem Sofa schaukelt ein Wrack, sinkt in die Wellen, hebt sich ächzend wieder empor und muß doch untergehen.
Zwei Dinge liegen unbeachtet auf dem Boden, noch hat sie niemand aufgehoben, der Todesbote hat sie dem Angefallenen vom Kopf und aus dem Mund geschlagen. Und Son-

nenthal braucht sie auch nicht mehr, diese beiden Garderobenstücke für sein Leben außerhalb der Bühne: die Perücke und das Gebiß.
Er ist nicht mehr Herr seiner Rolle und seiner Maske. Dennoch heften sich Blicke auf ihn, so unabwendbar, wie er sie erzogen hat, sich auf ihn zu heften.
Aber jetzt will er das vielleicht nicht mehr. Starr und vorwurfsvoll ruft das mit dem Tode ringende Auge. Was hast du, Lästerer, hier zu suchen? fragt es mich, suchst du etwa den Beweis, daß der Tod anders erfolgt, als ich ihn zu spielen pflegte?
Dem Sterbenden entringt sich ein langer Schrei, der immer neue Töne bringt, aber keiner von ihnen erinnert an jene, mit denen dieser Schauspieler Empfindungen ausdrückte und Menschenherzen rührte, es ist überhaupt kein menschlicher Ton in dieser Skala.
Jäh verstummt der Schrei, als habe eine Axt ihn entzweigehackt. Und noch größer, noch starrer, noch vorwurfsvoller wird das Auge.
Gleich wird Sonnenthal aufspringen, Perücke und Gebiß anlegen, sich Mund und Kinn abtrocknen, den Anzug richten und donnern: „So sähe ein realistischer Tod aus, wie ihr ihn von mir verlangt, ihr törichten Jünglinge."
Ich warte. Aber Sonnenthal springt nicht auf, stumm spielt er den realistischen Tod weiter und bewegt sich nicht, als Doktor Pollak den Herzstich macht.

Debüt beim Mühlenfeuer

Es ist zum erstenmal, daß ich meine Memoiren schreibe, mir mangelt die Übung, und ich weiß nicht, ob ich's richtig mache. Immer wenn ich eine Begegnung oder eine Begebenheit erwähne, greife ich nicht nur zurück, sondern auch vor. So kennt mich der Leser bereits in Situationen, die mir noch nicht zukommen. Bin ich doch erst am Beginn meiner Reportertätigkeit.
Auf der Börse war man unzufrieden, weil meine Zeitung als Nachfolger des Herrn Melzer, der mit den rangältesten Polizeibeamten die Schulbank gedrückt hatte, einen so jun-

gen Hund wie mich entsandte. In der Redaktion war ich nur ein Reporter.
Und die Tatsache, daß meinen Anfängen ein sogenannter Erfolg beschieden war, vollzog sich unter Umständen, welche die anderen Redakteure der „Bohemia" nicht für mich einnehmen konnten. Meine erste Notiz schilderte meinen Besuch am Krankenbett eines Freundes, der vor Jahresfrist in einem Duell einen Studenten getötet hatte und selbst lebensgefährlich verletzt worden war. Neben ihm im Spital lag ein Akrobat, der, gleichfalls lange vor meinem Berufsantritt, vom fliegenden Trapez ins Publikum gestürzt war. Der andere Bettnachbar, ein Knabe, war am Weihnachtsabend vor der Villa des ehemaligen Bürgermeisters Bielsky von dessen Wachhunden überfallen und gebissen worden.
Jede dieser drei Begebenheiten war zu ihrer Zeit journalistisch zu Tode gehetzt worden, und es waren demnach „olle Kamellen", die ich zu einer Notiz zusammenschweißte. Aber die „Frankfurter Zeitung" druckte sie nach.
Seit langem war es das erstemal, daß etwas aus einem Prager Blatt Gnade fand vor der Schere des allwissenden und unfehlbaren Fedor Mamroth in Frankfurt. („Mamroths Schere reimt sich auf Ehre", pflegte der Feuilletonchef des „Prager Tagblatts" selbstgefällig zu reimen, wenn die „Frankfurter Zeitung" einmal das gleiche ausgeschnitten hatte wie er.)
Die Zitierung unserer Zeitung hätte demnach so empfunden werden müssen, als sei der ganze Redaktionsstab im Tagesbefehl zitiert. Wenn nur die dekorierte Leistung nicht gerade vom jüngsten jungen Mann, dem Lokalreporter, vollbracht worden wäre und dieser Lobspruch nicht wie ein Tadel für die übrigen geklungen hätte. „In der Prager ‚Bohemia'", so leitete der Oberste Richter in Frankfurt den Abdruck ein, „findet sich nachstehende, ungewöhnlich gut geschriebene Notiz..."
Mein neuer Beruf schien mir kinderleicht zu sein. Ich hatte auf der Polizei und auf unserer Börse Nachrichten zu holen und sie zu stilisieren. Je mehr ich sie durch plaudernde Wendungen ausschmückte, desto mehr hatten sie Anspruch, als Schmucknotizen gewertet zu werden, die man zwar Schmocknotizen nannte, aber immerhin – wie man gesehen hat – eher einen anerkennenden Nachdruck fanden als ein simpel berichtetes Faktum.

So machte ich meine Arbeit bis zu der Nacht, in der ich mich zum erstenmal an einem Schauplatz erproben sollte. Die Schittkauer Mühlen standen in Flammen. Ich rannte hin. Das Feuer war im Begriff, den ganzen Komplex der Mühlen, ein Wahrzeichen der Stadt seit urdenklichen Zeiten, in Schutt und Asche zu verwandeln. Und was weit schlimmer war, die anderen Reporter waren schon da und mitten in der eifrigsten Arbeit.
Auf einem Hydrantenwagen unter einer Laterne, alles überblickend und allen sichtbar, saß Papa Vejvara. Er schrieb und schrieb. Polizei- und Feuerwehrbeamte liefen auf ihn zu, gaben ihm Informationen und eilten wieder davon. Von Zeit zu Zeit erschienen Boten seiner Redaktion auf Fahrrädern. Papa Vejvara reichte ihnen Manuskriptblätter und schrieb weiter.
Ich aber, ich wußte nichts zu schreiben. Keine Zeile verstand ich von dieser Wagenburg der Dampfspritzen, von diesem Kreuzfeuer aus Wasserstrahlen, von diesem Manövrieren der Feuerwehr. Ich drängte mich durch den Kordon, es dauerte eine halbe Stunde, bevor ich den ganzen Bezirk der brennenden Mühlen abgegangen hatte, um irgendwie irgendwo irgend etwas zu eruieren. Kein Wort eruierte ich.
Mir blieb nichts übrig, als, ein demütiger Bittsteller, mich den Stufen des bronzenen Thrones zu nahen, auf dem Papa Vejvara waltete. Er neigte sich zu mir herab, ich reckte mich hoch, spitzte Zehen und Ohren, um keinen Ton von der Sensation zu verlieren, die er mir anvertrauen wollte. Aber was er mir zuflüsterte, war dieses: „Es brennt."
Meine Verzweiflung zwang mich, den Hohn zu überhören. Ich bat ihn, mir doch ein paar Details zu geben. Er wies auf die Flammen: sähe ich da nicht Details genug?
Nein, ich sah keine Details. Ich sah nur die Flammen, die beschäftigte Feuerwehr und meine noch beschäftigteren Kollegen. Wie ein Spritzenschlauch schlängelte sich der bleiche Schnüffeles zwischen den Löschapparaten und Wasserstrahlen, überall war er gleichzeitig. Er maß mich mit Siegermiene. „Nun, Sie Schönschwätzer, zeigen Sie jetzt, was Sie können."
Am Fuß der Feuerleiter traf sich die Chodiera-Börse und tauschte Informationen aus. Ich pürschte mich heran, etwas

zu erlauschen. Sie bemerkten mich und verstummten, einige lachten. Der bleiche Schnüffeles bekam geradezu Lachkrämpfe.
Sie konnten lachen, ich konnte weinen.
Entschlossen arbeitete ich mich zum Feuerwehrkommandanten durch. Aber als ich vor ihm stand, fiel mir ein: ich weiß nicht einmal, was ich ihn fragen soll. Schöner Reporter, der nicht einmal weiß, was er fragen soll.
Ich fragte nach der Ursache des Feuers.
„Noch nichts festgestellt."
So wie bei mir. Nichts hatte ich festgestellt, leer war mein Notizblock. Tränen vermochten meine Beschämung nicht zu löschen. Selbst wenn Dampfspritzen in meinen Augen aufgefahren wären, hätten sie nicht vermocht, meine Beschämung zu löschen. Nie, nie hätte ich mir eine derartige Unfähigkeit zugemutet. Schluß mit meinem Versuch, das Mühlenfeuer zu beschreiben! Schluß mit der Reportage!
Erhaben, auf strahlendem bronzenem Siegeswagen, umgeben von behelmten Mannen, fährt der Berufene in die Ruhmeshalle der Journalistik ein ... und unten schleicht geduckt und gedemütigt einer davon, der vieles unternehmen wollte und nichts gekonnt.
Durch die Masse der Neugierigen, finstere, nächtliche Gestalten, zwängte ich mich immer weiter nach hinten. Nur weg von hier!
Wohin? Auf keinen Fall in die Redaktion zurück. Wozu mir dort das Toben anhören, weil ich nichts bringe, wozu mich noch beschimpfen lassen, bevor ich entlassen werde?
Allerdings, fair ist es nicht, die Redaktion einfach sitzenzulassen. Mutiger wär's, hinzugehen und mein Fiasko einzugestehen.
Langsam ging ich durch die Straßen. Was wird man auf der Börse sagen? Mir fielen die Anekdoten ein, mit denen man sich dort selbstgefällig unterhielt, die Anekdoten von unfähigen Reportern.
Ein aus der Provinz engagierter Journalist war zur Erhebung eines Vorfalls an die Peripherie der Stadt geschickt worden. Er recherchierte alles genau – aber er fand nicht in die Redaktion zurück, dieser findige Reporter. Hahaha!
Einer wurde zur Hochzeit des berühmten Schauspielers M. entsandt. Er kam zurück und schrieb nichts. „Wo ist der Be-

richt über die Hochzeit?" fragte man ihn. „Es gibt keinen. Der Bräutigam kam nicht, die Gäste warteten vergebens, die Hochzeit fand nicht statt. Also kann ich doch nichts schreiben." Hahahaha!
Das ist noch gar nichts! Beim größten Brand unserer Zeit, als die Schittkauer Mühlen niederbrannten, war ein Reporter dabei – Kisch hieß er –, der wußte nicht eine Zeile zu berichten. Hahahahaha!
So geht mein Name in die Geschichte der Reportage ein!
„Gott sei Dank, daß Sie endlich kommen", empfing mich der Nachtredakteur schon auf dem Treppenflur, „ich habe Ihnen anderthalb Spalten reserviert. Schreiben Sie schnell, damit wir recht viel davon noch in die Postauflage bekommen!" Und so rasch, wie es ihm seine siebzig Jahre erlaubten, humpelte er in den Setzersaal.
Anderthalb Spalten – das waren hundertfünfzig Zeilen! Ich hatte nicht einmal eine. Oder doch, eine hatte ich: den Titel. „Brand der Schittkauer Mühlen." Der stand fest. Unter ihm klaffte leere Öde ... hundertfünfzig Zeilen tief.
Da gab's keine Wahl, ich mußte mich hinablassen in die öde Leere. Ich schrieb ... schrieb von den Flammen und wieder von den Flammen ... ich ließ sie lodern, leuchten, züngeln, prasseln, aufflackern ... das Gebälk ließ ich knistern, krachen, bersten ... die Mehlsäcke ließ ich glimmen und platzen und qualmen und dampfen und rauchen ... die Wasserstrahlen ließ ich stechen wie Dolche und niedersausen wie Säbelhiebe ... und all das zusammen, all das zusammen ergab erst zwanzig Zeilen.
Der Metteur en page riß sie mir aus der Hand. „Schnell, schnell das Weitere", schärfte er mir ein und war verschwunden.
Das Weitere! Das Weitere gab's nicht, obwohl noch hundertdreißig Zeilen dafür frei gehalten waren, der Metteur, der Setzer, der Nachtredakteur auf sie warteten.
Ich lutschte an meinem Bleistift. Entlutschte ihm, daß das Städtische Nachtasyl in der Nähe der Schittkauer Mühlen lag. Mein Bleistift trieb eine Gruppe von Obdachlosen zum Brandplatz. Mein Bleistift sah, wie sie fasziniert sich gegen den Feuerherd vorschoben, mein Bleistift half ihnen, sich dem Kordon der Polizisten zu nähern, denen sie sonst eilig und in weitem Bogen auszuweichen pflegen. Die Polizei,

von dichtem Dunkel umgeben, sah nicht, was mein Bleistift sah, sah nicht, welcher Art die sich heranwälzende Menge war. Nur wenn eine Feuergarbe ihr grelles Licht anstatt zum Himmel aufwärts seitlich warf, wurden die Gestalten sichtbar, die der Unterwelt entstiegen schienen, aber in Wirklichkeit meinem Bleistift entstiegen: Landstreicher mit gegerbten Gesichtern, wirren Bärten, struppigen Haaren und starr auf das Feuertheater gerichteten Augen.

Mein Bleistift – weit stärker beobachtend als sein Herr – beobachtete in einem solchen Moment flammender Beleuchtung, wie ein Polizist und ein vierschrötiger Riese einander gegenüberstanden. Wahrscheinlich kennt der Polizist den Mann, vielleicht ist es ein Gewalttäter, der ihm bei der Verhaftung Widerstand geleistet hat und entkommen war. Oder vielleicht war der Gewalttäter nicht entkommen und hat dem Polizisten Rache geschworen, der jetzt in seiner Reichweite steht. Gleich wird der Flammenkegel wieder dem Dunkel Platz machen, einem undurchdringlichen Dunkel gefährlicher Gelegenheit. Solcherlei schrieb und beschrieb mein Bleistift, bis ihn die hundertfünfzigste Zeile stoppte.

Sonst pflegte ich, wenn ich eine größere Notiz geschrieben hatte, in die Setzerei hinüberzugehen, um dort angeblich den Bürstenabzug zu korrigieren, eigentlich aber, um von den Setzern ein Urteil über mein Produkt zu hören.

Diesmal verließ ich die Redaktion ohne das. Nichts wollte ich wissen, am meisten befürchtete ich, man könnte mein Verlegenheitsgefasel loben. Daß ich einen „Bericht" zusammengebracht, änderte kein Jota daran, daß er nicht einmal enthielt, wie der Brand verlaufen war und was sich an Zwischenfällen zugetragen. Wahrscheinlich hatte es sogar Tote und Verletzte gegeben.

Der Entschluß, meine Demission zu geben, war ebenso wie die Möglichkeit, entlassen zu werden, noch da.

Am nächsten Morgen sah ich in unsrem Blatt meine Phantasien noch vergröbert. Der Nachtredakteur hatte meinen Titel geändert. Mit Riesenbuchstaben, die mir wie brennende Balken vorkamen, spannten sich die Worte „Ansturm von Obdachlosen bei einer Feuersbrunst" über die Spalten.

Was die anderen Reporter gestern auf dem Brandplatz er-

fahren hatten, erfuhr ich heute aus ihren Blättern. Sie hatten alle Details erhoben, die mir verschlossen geblieben waren. Zumeist allerdings waren diese Details von der Art, die man in der Zunft als „interessant, aber langweilig" charakterisierte: Nach einigen Berichten war das Feuer um acht Uhr sechzehn abends von einer in der Nähe wohnenden Metzgersgattin bemerkt worden, nach anderen Berichten Schlag neun Uhr von einem zufällig des Weges kommenden Bauern aus Südböhmen. Laut „Nationalzeitung" war es die Löschmannschaft der Vorstadt Karolinenthal, die mit dem Spritzenmeister Soundso und zwei dreispännigen Dampfspritzen zuerst an der Brandstelle eintraf; der „Volksgemeinschaft" zufolge aber war die Feuerwache Sokolstraße mit der neuen automatischen Feuerleiter als erste zur Stelle gewesen. Übereinstimmend war nur die Feststellung, daß in kurzen Intervallen alle Feuerwehrstationen auf der Brandstätte eintrafen. In den meisten Blättern stand, der Brand sei auf dem ebenerdigen Schüttboden ausgebrochen, der bleiche Schnüffeles vom „Prager Tagblatt" hatte jedoch erhoben, daß das Feuer im ersten Stockwerk mehr als eine Stunde lang gewütet und erst nachher die Räume im Parterre ergriffen habe.
Als ich in die Redaktion kam, standen im Vorzimmer, das in der Frühstücksstunde eine Art Klubraum war, einige Redakteure beisammen.
„Dieses Gedränge der Obdachlosen", sprach mich der Kunstkritiker an, „das muß ja wie ein Gemälde von Breughel gewesen sein. Ich habe Ihren Bericht interessiert gelesen."
„Er hat ja nichts weiter aufgeschrieben, als was er gesehen hat", sagte Doktor Dykschy.
Vielleicht um den geringschätzigen Ton Doktor Dykschys abzuschwächen, wandte der Kunstkritiker ein, ich hätte immerhin gut beobachtet.
„Eben nur beobachtet. Was hätte ein Dichter daraus gemacht! Eine Elendenkirchweih im Feuerschein! Heilige Hermandad und Briganten stehen einander unvermutet gegenüber! Aber dieser junge Mann merkte gar nicht, daß er eine Dramenszene in Händen hielt. Nun, schließlich ist das auch nicht seines Amtes."
Ich hatte gute Lust, ihm zu enthüllen, daß ich den Stoff

sehr wohl zu würdigen wisse, denn er entstamme meiner Phantasie. Jedoch dann hätte Doktor Dykschy nur wiederholt, und die anderen hätten ihm beigestimmt, daß das nicht meines Amtes sei.
Ehe der Tag zu Ende ging, an dem mich Doktor Dykschy den Unwert der Wahrheit fühlen ließ, bekam ich eine Lektion über den Wert der Unwahrheit.
„Ich habe Ihnen anzukündigen, daß Sie aus der Börse ausgeschlossen werden, wenn Sie noch einmal in dieser Art schreiben", empfing mich Papa Vejvara, als ich abends auf die Börse kam.
„In welcher Art habe ich denn geschrieben?"
„In der Art eines Lügners", brach er los. „Lauter unverschämte Lügen! Sie werden eine gesalzene Berichtigung vom Städtischen Nachtasyl bekommen – bei Nacht kann niemand aus dem Gebäude, weil es abgesperrt ist und jeder beim Eintritt seine Kleider abgeben muß."
„Ich habe nicht geschrieben, daß es die Insassen des Städtischen Asyls waren. Ich habe nur von Obdachlosen im allgemeinen gesprochen, die Nähe des Asyls habe ich erwähnt, zu sagen, daß die Leute von dort kamen."
Über diesen Trick wurde Papa Vejvara noch wilder. Er hatte nämlich von der Asylleitung ein Dementi meines Berichts verlangt, aber den Bescheid erhalten, daß infolge der Stilisierung nichts gegen meinen Bericht unternommen werden könne. Warum hatte Papa Vejvara das getan? Er verheimlichte es nicht.
„Mit Ihren Lügen bringen Sie uns um die Existenz. Heute morgen schnauzt mich der Chefredakteur an, wieso ich die Obdachloseninvasion auf der Brandstätte nicht einmal mit einem einzigen Wort erwähnt habe."
„Sie konnten ihm doch sagen, Herr Vejvara, daß das erfunden ist."
„Ich verbitte mir Ihre Ratschläge."
Kollege Wenzel Vilde mischte sich ein: „Wenn man diesen Klebstoffjournalisten sagt, daß ein Konkurrent lügt, so glauben sie, das sei eine Ausrede."
Papa Vejvara bestätigte das, indem er beide Fäuste auf den Tisch schlug; sein Chefredakteur habe ihm wörtlich gesagt: „Komisch, daß sich die anderen immer die interessantesten Lügen ausdenken und Sie immer nur die langweiligste

Wahrheit wissen." Papa Vejvara fiel aus der Höhe der Wut in die Tiefe der Bitterkeit: „Das muß ich mir sagen lassen im dreißigsten Jahr meiner Tätigkeit."
„Wegen eines solchen Rotzbengels", sagte Ritter Wuk von Rosenberg, nur um nicht unhöflich zu erscheinen.
„Was sollte ich denn machen?" wandte ich ein, „ich hatte doch überhaupt keine Details. Als ich Sie bat, Herr Vejvara, mir etwas zu sagen, haben Sie geantwortet: Es brennt." Diese höhnische Antwort von Papa Vejvara wurde stillschweigend mißbilligt.
Fromm und milde riet mir Herr Adalbert Betzek, mich immerdar nach der Religion zu richten: „Du sollst nicht lügen, steht in den Zehn Geboten, und wenn Sie sich schon so eine faustdicke Lüge ausdenken, so müssen Sie sie uns telefonieren, damit wir sie auch bringen können und nicht dastehen wie die törichten Jungfrauen."
Auf der Chodiera-Börse erschien an diesem Abend Herr Tschuppik statt des „bleichen Schnüffeles", der vom „Prager Tagblatt" seines Postens enthoben worden war.
Was war das alles?
Solange ich Vortragsreferate und Schmucknotizen verfaßte, war ich nie ratlos gewesen, hatte nie, selbst wenn ich vom Thema wenig verstand, einen Bericht aus der Luft gegriffen und nie die Stellung eines Kollegen gefährdet.
Offenbar ist die direkte Beschreibung der Wirklichkeit weit schwieriger. Kein Kritiker wird bei der Besprechung eines Buches, einer Aufführung oder einer Ausstellung jemals von solch einem Gefühl beruflicher Ohnmacht befallen werden wie ich gestern im Schein des Mühlenfeuers. Und dennoch behandeln die Redakteure der Kulturrubriken den Reporter als etwas Untergeordnetes, wie einen, der in den Beinen haben muß, was er nicht im Kopf hat.
Ein paar Tage vorher war ich dem künstlerlockigen Feuilletonchef, an dessen Namen ich mich nicht mehr erinnere, in den Weg gelaufen. Er sprach mir sein Mißfallen darüber aus, daß ich Reporter geworden. „Ich hatte anderes mit Ihnen im Sinn", sagte er, „ich wollte Ihnen einen Namen machen."
Auch Doktor Dykschy fand das verächtlich, was meines Amtes war. Gewiß, er war konsequent. In seinen Literaturkritiken anerkannte er als Kunst nur das Übersprudelnd-

Launische, das Traumhaft-Zerfließende, das Ungebunden-Absurde, das Sprunghaft-Unlogische oder das Irrational-Mystische. Streng lehnte er den „phantasielosen Rationalismus und öden Materialismus der schnell veralteten französischen Schule" ab, worunter er Balzac, Flaubert und vollends Zola verstand. Dem Doktor Dykschy, der meinem unseligen Lyrikband seinerzeit eine kritische Ermunterung gegeben, konnte die Obdachlosenszene nicht gefallen, weil er sie für Realität hielt.

Aber Chefredakteure, Journalisten an verantwortlicher Stelle, mußten sie nicht Realität schätzen? So wirkungsvoll formuliert die Antithese war, die der Chef des Papa Vejvara gebraucht – durfte er eine Lüge fordern, weil sie interessant war? Durfte er sie einer Wahrheit vorziehen, und wäre es der sterbenslangweiligsten?

Diese Fragen waren beileibe keine rhetorischen, es gab Antworten auf sie.

Manche Herausgeber, der große Gordon Bennett zum Beispiel, haben eingestanden, daß Zeitungen, ob sie nun dem Geschäft oder der Verbreitung einer Gesinnung dienen, eine ihre Ziele begünstigende Unwahrheit vorziehen müssen einer Wahrheit, die ihren Zielen zuwiderläuft. Ein Zyniker tat gar den Ausspruch: „Eine falsche Nachricht ist mir die liebste, denn erstens hat man sie allein, und zweitens bekommt man eine Berichtigung, die man wieder allein hat."

Die Begründung ist falsch, denn nichts wird so prompt, so gründlich und so energisch dementiert wie gerade die Wahrheit. Um so mehr kann diesen Grundsatz des Zynikers auch ein Zeitungsherausgeber akzeptieren, der keine Berichtigungen wünscht.

Und der Leser? Welche Wichtigkeit hat es für ihn, zu erfahren, ob der zweite oder erst der vierte Schuß des Mörders tödlich war? Daß beim Sturm auf Port Arthur nicht fünftausend, sondern nur fünfhundert Japaner fielen? Daß sich das Feuer in den Schittkauer Mühlen nicht auf dem Schüttboden ausbreitete, sondern zunächst im ersten Stock?

Der Stein der Wahrheit, der nur um hohen Preis zu erwerben ist, ist von seiner billigen Imitation nicht zu unterscheiden. Kein Leser hatte in meiner Erzählung vom lokalen und öffentlichen Ereignis des Mühlenbrands gemerkt, daß ihr nichts zugrunde lag. Wie sollte bei einem weniger er-

hellten Tatbestand, wie erst bei einem auswärtigen Vorfall die Phantasie von der Realität unterschieden werden? Wenn man gar das Gebot des frommen Herrn Adalbert Betzek befolgte, jede Erfindung den Kollegen weiterzugeben, fiele auch die letzte Entlarvungsmöglichkeit weg.
Ich definierte mir, was der Bericht überhaupt darstellt. Er ist eine Form der Äußerung, vielleicht sogar eine Kunstform, obschon nur eine kleine wie die Bänkel des blinden Methodius oder die Tätowierungen im Arrestgebäude.
Spezifisch ist dem Bericht, daß ein wirklicher Vorfall sein Thema bildet. Könnte nicht bloß vorgespiegelt werden, daß der Vorfall sich ereignet hat? Nein. Wenn die Begebenheit erfunden ist, mag es der Leser merken oder nicht, ist ihre Darstellung kein Bericht. Romanschriftsteller, Novellisten und Anekdotenerzähler behaupten oft, daß ein von ihnen geschildertes Ereignis sich tatsächlich abgespielt habe. Es schädigt den Dichter nicht, es erhebt ihn sogar, wenn der Leser diese Behauptung nicht glaubt. Aber ein Chronist, der lügt, ist erledigt.
Die Behandlung des Sujets birgt allerdings eine Alternative: Entweder man nimmt das Ereignis zum Ausgangspunkt für ein Phantasieprodukt (was ich gestern beim Mühlenbrand getan), oder man bemüht sich, die Zusammenhänge und Details so zu ermitteln, daß das Ergebnis mindestens in gleichem Maße interessant ist wie das Phantasieprodukt. (Ich hätte die Obdachlosenszene entdecken müssen, nicht sie erfinden dürfen.)
Zum obigen Entweder hatte ich mein Geschick, zum obigen Oder mein Ungeschick bewiesen, aber ich mußte den zweiten Teil der Alternative wählen.
Oh, nicht etwa aus moralischen Gründen! Da war jene Dantesche Neugier. Von Kindheit an brachte ich infolge dieser Neugier von jedem Weg zum Kaufmann oder zum Postschalter eine solche Fülle von Erzählenswertem heim, daß man es zumindest für Übertreibung hielt. Mich verdroß diese Verdächtigung, weil ich es nicht nötig hatte zu erfinden, sah und hörte ich doch überall so viel Unglaubhaftes, das dennoch Wahrheit war. Wie konnte es sein, daß die mir selbstverständlichen Erlebnisse den anderen unmöglich schienen?
Gestern hatte ich zum erstenmal etwas erfunden, und alle

hatten es geglaubt ... Sollte ich also bei der Lüge bleiben? Nein.
Gerade weil mir bei der ersten Jagd nach der Wahrheit die Wahrheit entgangen war, wollte ich ihr fürderhin nachspüren. Es war ein sportlicher Entschluß.

Weihnachtsbescherung

„Umherzuschauen bestellt", so erklärt Faust der schönen Helena die Aufgabe seines Türmers, „scharf zu überspähn, was etwa da und dort sich melden mag." Meine Aufgabe war die gleiche.
Mochte sich da und dort nur melden, was kaum eine kurze Notiz ergeben hätte, dann machte ich lange Berichte daraus, indem ich es mit Schilderungen des polizeilichen Alltagslebens auffüllte. Einen Raufhandel unter Prostituierten spannte ich in den Rahmen des Sittenpolizeibetriebs, anläßlich der Einlieferung eines Taschendiebs schilderte ich die anthropometrische und daktyloskopische Kartothek sowie das Verbrecheralbum, aus dem Blutfleck auf einer gefundenen Jacke ergab sich das Kriminologische Laboratorium und aus dem Abtransport von Bettlern der Fahrplan und die Reisevorschriften des Gefangenenwagens.
Sogar die Redaktion des „Polizei-Anzeigers der k. k. Polizeidirektion Prag" versuchte ich zu beschreiben. Ich sage „sogar" und „versuchte", weil diese Zeitung unbeschreiblich war, nämlich unbeschreiblich langweilig – der Tatsache zum Trotz, daß sie einen beneidenswert ausgedehnten Telegrammdienst hatte, der sich auf Verbrechen und Vergehen bezog. Aber die Nachrichten bestanden nur aus Aufzählungen, Namen, Abkürzungen und Nummern; im Inlandsteil standen die Verzeichnisse verlorener und gestohlener Gegenstände und die Personalbeschreibungen von Landstreichern, Geflügeldieben und dergleichen, im Auslandsteil die Steckbriefe, die mittels Zirkulartelegramm automatisch von allen Polizeibehörden Europas einlangten.
Ein einziges Mal hatte auch dieses Wochenblatt eine große Originalnachricht enthalten, eine internationale Sensation, aber Herausgeber und Redakteur waren nichts weniger als

erfreut darüber. Hätte ich diesen Vorfall erzählen dürfen, dann hätte das für einen Artikel über die Polizeiredaktion genügt. Das durfte ich jedoch damals nicht, denn es handelte sich um folgenden Steckbrief:

Nr. 1120. KAISER Wilhelm (Sohn des in Charlottenburg bei Berlin verstorbenen KAISER Friedrich), 41 Jahre alt, bislang in der Irrenanstalt von Professor Bülow interniert, ist vor einigen Wochen von dort entwichen und in Marienburg unter Anfällen von Redewut gesehen worden. Besondere Kennzeichen: verkürzter rechter Arm, hochgekämmtes Haar, aufwärts gedrehter Schnurrbart und schnarrende Stimme. Nach demselben, der äußerst gemeingefährlich ist, ist eifrig zu fahnden und ein positives Resultat anher bekanntzugeben.

Pol.-Dir. Prag

In der Tat wurde nun „eifrig gefahndet", wenn auch nicht nach dem sub Nr. 1120 steckbrieflich Verfolgten, sondern nach dem Unbekannten, der den Fahndungsbefehl Nr. 1120 eingeschmuggelt hatte. Denn die deutsche Reichsregierung – von sämtlichen Polizeibehörden dienstbeflissen aufmerksam gemacht – verlangte eilige Aufklärung und strengste Bestrafung dieser Majestätsbeleidigung. Es war mehr als eine Majestätsbeleidigung, es war ein politischer Protest gegen den Bruch einer Vereinbarung. Nach dem Flotteninterview, das Kaiser Wilhelm II. der „Daily Mail" gegeben und das im deutschen Reichstag einen Sturm mit beinahe antimonarchistischer Tendenz hervorgerufen hatte, verpflichtete sich Kaiser Wilhelm, fürderhin mit keiner Kundgebung hervorzutreten, die nicht vom Reichskanzler Fürst Bernhard von Bülow gegengezeichnet sei. Und dennoch hatte er nun auf dem Schloß des Deutschen Ritterordens in Marienburg eine säbelrasselnde Rede gehalten.
So „eifrig gefahndet" auch wurde, ein „positives Resultat" wurde nicht bekanntgegeben, wenigstens nicht, soweit es die Person des Mystifikators betraf. Der Prager Polizeidirektor wurde in die Wüste geschickt und der Redakteur des „Polizei-Anzeigers" ins Gefangenenhaus – er konnte von Glück sagen, daß er nur als Verwalter hinkam und nicht als Häftling. An seine Stelle trat ein junger Pedant, der beim

Einlauf von Manuskripten scharf aufpaßte, und besonders auf solche mit dem Anfangsbuchstaben K.
Er vermochte mir nichts zu raten, was ich zum Anlaß einer Schilderung seiner „Zeitung" nehmen könnte, versprach mir jedoch, darüber nachzudenken.
Ohne Zweifel, die anderen Departements waren ergiebiger. Reichten die Erklärungen der Beamten nicht aus, so konnte ich in kriminalogischen Büchern Ergänzungen finden. Ich begann diese Art von Büchern zu sammeln und blieb ihnen fast dreißig Jahre lang treu – viertausend Werke über historisch gewordene Verbrechen, Prozesse, Kerker, Hinrichtungen enthielt meine Bibliothek und sollte dereinst als Symptomatologie und Typologie zur wissenschaftlichen Bekämpfung des Verbrechens beitragen; 1933 aber ist sie den Verbrechern selbst in die Hände gefallen und kann ihnen nun als Lehrbehelf dienen.
Wochentags ging ich nur einmal täglich zur Polizei, umherzuschauen, scharf zu überspähn, was etwa da und dort sich melden mag, am Sonnabend jedoch erschien ich zweimal und überspähte noch schärfer, denn es war Ehrensache, am Sonntag einen Solokarpfen im Topf zu haben.
Begreiflicherweise wollte ich einen besonders fetten in der Weihnachtsausgabe auftischen, aber keiner ließ sich angeln, so nahe auch das Fest heranrückte. Alle Abteilungen der Polizei hatte ich bereits überspäht, vergeblich. Mehr aus Verzweiflung denn aus Hoffnung kehrte ich in der langweiligen Redaktion des langweiligen „Polizei-Anzeigers" ein.
„Nichts Neues", sagte der Kommissar-Redakteur, und ich wollte eben gehen, als ihm ein Telegramm gebracht wurde.
Das ist meine Weihnachtssensation, durchzuckte es mich. Es konnte mich leicht durchzucken, da ich nichts anderes gefunden, was mich hätte durchzucken können. Ich fragte nach dem Inhalt der Depesche. Der Kommissar reichte sie mir mit boshafter Bereitwilligkeit, denn es war nur eine jener zahllosen Zirkulardepeschen, die selbst der emsigste Reporter verschmäht. Sie lautete: „nachtrag zu sechzehn doppelpunkt körpergröße wolodarski nicht ungefähr hundertsechzig sondern hundertsiebzig polizeidirektion przemyśl."
Dennoch verlangte ich den Fahndungsbefehl sechzehn zu

sehen, den das Telegramm richtigstellte, und fand ihn seltsamerweise nicht unter dem Schlagwort „Wolodarski", sondern unter dem Schlagwort „Wasinski" in einer vierzehn Tage alten Nummer des „Polizei-Anzeigers". Der Fahndungsbefehl begann mit folgenden Daten: 16. September: E., Steueramt Przemyśl; 4. Oktober: E., Stadtkasse Kaschau; 20. Oktober: E. mit Wg. (2 T.), Regierungsgebäude Teschen; 6. Dezember: E., Finanzamt Olmütz. („E." bedeutet Einbruchdiebstahl, „Wg." Waffengebrauch und „T." Totschlag.)
Unter diesen Angaben dehnte sich ein Tümpel von Ziffern und Buchstaben, auf dem wie Inseln einige Namen lagen. Die „Dechiffrierung" ergab, daß der fünfundzwanzig Jahre alte ehemalige Eisendreher Wassili Wasinski aus Przemyśl (besondere Kennzeichen: Daumen und Zeigefinger an der linken Hand fehlen) eine Einbrecherbande von sieben bis acht Männern befehligte: den ehemaligen Schmied und Wanderathleten Franz Adamski, geboren in Złoczew, dreißig Jahre alt, ein Meter zweiundneunzig groß, pockennarbig, Tätowierung auf dem rechten Oberarm, darstellend zwei Hanteln und ein Herz mit dem Namen „Wanda"; den etwa zweiundzwanzigjährigen Handelsangestellten Boris Brünner aus Lemberg, schwarzes oder dunkelbraunes Schnurrbärtchen, spricht polnisch, deutsch und russisch; den siebzehnjährigen Gelegenheitsarbeiter Paul Szafranski, hellrotes Haar, linkes Ohr verstümmelt; drei oder vier unbekannte Männer und jenen ungefähr hundertsechzig — nein, hundertsiebzig Zentimeter langen, achtundzwanzig Jahre alten Schlosser Wladimir Wolodarski aus Kolomea, dem die Nachtragsdepesche galt.
Die Einbrüche der Wasinski-Bande waren Ereignisse im fernen Osten der Monarchie, ich aber bedurfte eines Prager Lokalfalles und mußte daher die Verbrechergruppe auf irgendeine Weise mit Prag in Zusammenhang bringen, wenigstens in der Form, daß die Prager Polizei vor ihr gewarnt worden sei. (Daß die Warnung an alle Polizeibehörden Europas ging, brauchte ich ja nicht zu erwähnen.)
Die Nummern der Przemyśler, Kaschauer, Teschener und Olmützer Zeitungen, in denen über die Amtseinbrüche berichtet wurde, waren leicht beschafft, und ich studierte sie. In jeder Stadt hatte sich mein dortiger Kollege selbstver-

ständlich nur mit dem dortigen Ereignis befaßt. Der Przemyśler Reporter hatte noch nicht gewußt, daß der Einbruch im Steueramt von der Wasinski-Bande verübt wurde, hingegen verfügte er über eine Personenbeschreibung von zweien der Täter. Genauere Angaben brachte die Kaschauer Zeitung; sie stammten von einem Bürger, dessen Mieter, Polen, plötzlich verschwunden waren, unmittelbar nach dem Raub in der Stadtkasse. In Teschen war die Kolonne im Regierungsgebäude überrascht worden, konnte aber entkommen, nachdem sie zwei ihrer Verfolger durch Kopfschüsse getötet und die anderen eingeschüchtert hatte. Vor dem Gebäude des Olmützer Finanzamts war am Tage des Einbruchs ein etwa sechzehnjähriger Bursche mit Pelzmütze aufgefallen, der dort mehrere Stunden lang gewartet hatte.

Summiert ergaben der Steckbrief und die Zeitungsberichte aus den vier Städten ziemliche Klarheit über die Rollenverteilung und die Taktik der Einbrecher. Sie hatten zum erstenmal ihre Tätigkeit aus Galizien in ein Nachbarland verlegt; daß sie hier der Landessprache unkundig waren und deshalb auffallen mußten, schien ihnen kein so arger Nachteil wie der, daheim allzu polizeibekannt zu sein. Dieses Prinzip bauten sie aus: Nach der ungarischen Stadt Kaschau wählten sie, anstatt irgendeinen nahen Ort in Ungarn heimzusuchen, das schlesische Teschen zum Arbeitsgebiet und nachher das mährische Olmütz, um nicht wieder in dem Land aufzutreten, in dem ihr letztes Verbrechen die Behörden und Zeitungen noch beschäftigte. Nie kehrten sie in einem Hotel ein, sondern mieteten eine oder zwei private Wohnungen unter den Namen Kriwow, Elsnerowicz, Dembitzky und Radowicz, auf welche ihre Papiere lauteten. Mit den Vorarbeiten zum Einbruch begannen sie an Samstagabenden, um zur eigentlichen Ausplünderung die sonntägliche Amtsruhe zu benützen.

Mein Artikel gipfelte in dem Schluß, der Trupp, von Przemyśl über Kaschau nach Teschen und Olmütz kommend, könne als nächste Station nur Prag gewählt haben. „Da Wasinski und seine Leute", so schloß ich, „mit Vorliebe am Samstag und Sonntag arbeiten, werden sie gewiß die Stille des Heiligen Abends zur Vorbereitung eines großen Coups benutzen und gegebenenfalls vor einer Bluttat nicht zu-

rückschrecken, so daß die Prager Detektive diesmal keine Weihnachtsruhe werden halten können."
Es ist wahr, diese Folgerung war eigentlich die Voraussetzung meines Artikels. Ohne sie hätte ich mir nicht die Mühe gemacht, ihn zu schreiben, hätte irgendeinen Bericht über irgendeinen Vorfall aus irgendeinem ausländischen Blatt ausschneiden können. Nur durch diese Konklusion war der Artikel zu einem lokalen gestempelt, erst durch sie war seine Ausführlichkeit begründet.
Aber so apodiktisch wurde ich nur, weil sich, während ich schrieb, die Glieder der Verbrechenreihe lückenlos ineinanderfügten und die logische Folge sich mit solcher Selbstverständlichkeit ergab, daß ich schließlich überzeugt war, die galizischen Einbrecher seien bereits in Prag und mitten in ihrer Arbeit. Zum erstenmal erlebte ich das Phänomen, durch schriftliche Festlegung eines Sachverhalts, durch graphische Deduktion zu einer Lösung des Problems zu gelangen.
Am Weihnachtsabend wird in allen Zeitungsdruckereien die Festnummer um sechs Uhr abends fertiggestellt, und Arbeiter und Angestellte verlassen den Betrieb, um im Kreise der Ihren an der Bescherung teilzunehmen. Ich aber ging, sosehr ich mich über mich lustig machte, zur Kleinseite hinüber, dem Stadtteil der Ämter, in der Hoffnung, einer Gruppe polnisch sprechender Männer zu begegnen oder vor der Staatskasse einen jungen Mann, die Pelzmütze über ein beschädigtes Ohr und rotes Haar gestülpt, Schmiere stehen zu sehen. Selbstverständlich traf ich, so scharf ich auch den wirbelnden Schnee durchspähte, nichts dergleichen an. Nur eilende Menschen mit Geschenken und die letzten Spielzeugverkäufer sah ich und den Abtransport unverkaufter Tannenbäumchen.
Am nächsten Morgen erschien die Weihnachtsnummer der „Bohemia", Leser und Leserinnen lasen meine Prophezeiung für den gestrigen Abend, als sie durch den Ruf „Extra-Ausgabe" unterbrochen wurden . . .
In der stillen Heiligen Nacht hatte sich nämlich folgendes begeben: In einem Hause nahe dem Hauptpostamt ging gegen acht Uhr abends eine Köchin in den Keller, um Wein zu holen. Unten vernahm sie Axtschläge, die ihr am Weihnachtsabend besonders verdächtig vorkamen, und sie alar-

mierte die Nachbarn. Als diese in den Keller hinabsteigen wollten, knallten ihnen Schüsse entgegen. Erschreckt liefen die Hausbewohner, darunter zwei als Weihnachtsmänner verkleidete Familienväter, auf die Straße. Sie sahen zu ihrem Staunen einige Männer aus dem – Nachbarhaus herausstürzen und eilten ihnen nach. Die Flüchtigen schossen und verletzten vier ihrer Verfolger.
Zufällig kam der Gefängnisaufseher des Strafgerichts, Kautsky (ein Vetter des sozialistischen Theoretikers Karl Kautsky), des Weges; mit beruflichem Griff packte er einen der Fliehenden an der Schulter, aber dieser feuerte eine Revolverkugel auf Kautsky ab, riß sich los und verschwand im Neubau eines Eckhauses. Ein anderer, ein Hüne, stolperte und stürzte zu Boden. Bevor er sich aufzurichten vermochte, umklammerten Passanten seine Arme und Beine und hielten ihn fest, bis die Polizei ihm Handschellen anlegte. Die übrigen entkamen.
Auf dem Bürgersteig vor dem Neubau lag röchelnd Gefängnisaufseher Kautsky und starrte auf die beiden über ihn gebeugten Greise mit Bärten aus Schnee und sternbesäten Mänteln. Ein Arzt stellte fest, daß für Kautsky keine Hilfe mehr möglich sei, und wandte sich den anderen vier Verletzten zu. Aus allen Fenstern schauten Menschen auf die Straße hinab, und hinter ihnen glitzerte der Glasschmuck der Weihnachtsbäume.
In dem Neubau, in dem der Mörder Kautskys verschwunden war, suchten Polizeimänner und Polizeihunde die Gerüste ab, die Materialaufzüge, die Ziegel- und Bretterhaufen. Ebenso wurde das Haus durchforscht, in dessen Keller die Männer überrascht worden waren; sie hatten die Wände zu den Kellern der beiden Nachbarhäuser durchbrochen, um im Falle einer Entdeckung nach verschiedenen Seiten flüchten zu können. Aus dem an die Hauptpost grenzenden Privathaus war ein Weg zum Kassenraum der Post freigelegt. Dort, wo viermal hunderttausend Kronen in bar und Postwertzeichen für etwa eine halbe Million Kronen lagen, hatten die Einbrecher während der Feiertage ihr Werk tun wollen.
Der gestolperte und festgenommene Mann war auf die Polizeiwachstube gebracht worden. Als ich dort ankam, hörte ich, wie man in allen Sprachen auf ihn einredete, denn aus

einigen unverständlichen Worten, die die Fliehenden einander zugerufen, schloß man, daß es sich um Ausländer handle. Aber der flachstirnige Riese reagierte auf keines der englischen, italienischen und französischen Worte, teilnahmslos schaute er ins Leere. Neben einem verlöschten Christbaum saß er, den Rücken an die Stuhllehne gepreßt, den Kopf steif hochgereckt, die Beine gefesselt, die Hände mit Handschellen vor dem Bauch aneinandergeschlossen. Er sah aus wie ein Entfesselungskünstler bei Beginn der Vorstellung, und das Wort „Wanderathlet" fiel mir ein, das ich heute in meinem Artikel verwendet hatte.
Hinter dem Weihnachtsbaum stehend, rief ich: „Adamski."
Im gleichen Augenblick vernahm man das Klirren aneinanderschlagenden Metalls. Polizisten sprangen auf den Verhafteten zu und packten ihn an den Armen, denn sie dachten nichts anderes, als daß er seine Fesseln gesprengt habe. Aber er hatte sich nur jäh umgewandt.
Was also hatte so unheimlich geklirrt? Man tastete ihn nun gründlich ab und entdeckte sechs je einen Meter lange Eisenstäbe, die er auf den Rücken geschnallt trug, und eine Stahlschere. Die Stöcke ließen sich ineinanderschrauben, so daß die Hebellänge der Schere sechs Meter betrug. Eine Maulstange von dieser Länge, deren Handhabung mehrere Männer erforderte, war noch niemals bei Geldschrankknackern gefunden worden, selbst Papacosta, der Bahnbrecher der modernen Einbruchstechnik, hatte mit einer Maulstange von nur zweieinhalb Metern gearbeitet.
Während der Besichtigung dieses erstaunlichen Instruments wandte sich Regierungsrat Olitsch an mich: „Was haben Sie denn gerufen?"
„Ich habe seinen Namen genannt."
„Seinen Namen? Welchen Namen? Wieso wissen Sie seinen Namen?"
„Der Mann heißt Franz Adamski, ist ein Meter zweiundneunzig groß, dreißig Jahre alt, gewesener Schmied und Wanderathlet aus Złoczew und gehört der Einbrecherbande Wasinski an."
Regierungsrat Olitsch fragte den Gefesselten: „Franz Adamski?" Der Riese hatte seinen Blick ins Leere wiedergefunden. „Tlupa Wasinski?" Er blieb stumm.

Ich ging an ihn heran und wies auf seinen Oberarm. „Wanda?" Aus pockennarbigem Gesicht richteten sich fassungslose, drohende Augen gegen mich. Man löste die Handschellen (an ihre Stelle traten mindestens zwölf Polizistenhände) und entblößte seinen Arm: zwei gekreuzte Hanteln und ein flammendes Herz mit dem Namen „Wanda".
„Der von uns angekündigte Amtseinbruch in der Weihnachtsnacht – die Bluttat Wasinski wirklich verübt", stand großspurig als Überschrift auf der Extra-Ausgabe, die wir am Weihnachtsmorgen herausbrachten. Als Motto war der Schluß meines getrigen Artikels gewählt, und der Bericht begann so: „Diese Worte haben wir gestern geschrieben. Unsere Voraussage hat sich wörtlich erfüllt. Die Prager Detektive konnten keine Weihnachtsruhe halten. Sie forschen nach der Bande Wasinskis, die den von uns angekündigten ‚großen Coup' am Heiligen Abend mitsamt der von uns prophezeiten Bluttat in Prag verübte..."
Das Meldeamt war noch in der Nacht nach den Namen, die ich den galizischen, schlesischen und mährischen Zeitungen entnommen hatte, ohne Ergebnis durchforscht worden. Am frühen Morgen jedoch erschien bei der Polizei ein Hausbesitzer, der von dem Verbrechen noch nichts wußte, aber im Bericht der „Bohemia" den Namen Elsnerowicz gelesen hatte; er meldete, daß in sein Haus vor ein paar Tagen ein Ingenieur Elsnerowicz mit seinen Brüdern eingezogen sei. Eilig fuhren Polizeibeamte zur Wohnung. Die Mieter waren verschwunden. Man durchsuchte die Räume und verhörte den Hausbesorger.
Inzwischen standen wir Journalisten auf dem Korridor, umgeben von den Hausbewohnern, die sich als Nachbarn von solch wichtigen Verbrechern sehr wichtig vorkamen. Sie bemühten sich, uns ihre Beobachtungen zu vermitteln, zum Beispiel, diese Kerle hätten jeden Tag ein ganzes Kilo Schinken zum Frühstück verzehrt! Aufgeregt stieß der Friseur, der im Haus seinen Laden hatte, auf uns zu, um die Öffentlichkeit darüber aufzuklären, daß er einen von diesen Kerls vorgestern rasierte, und der habe es abgelehnt, sich nachher das Gesicht mit Alkohol abreiben und pudern zu lassen!
Schon das Kilo Schinken bot für die Ausforschung der Täter wenig Anhaltspunkte, wenn man es auch allenfalls in

einen Zeitungsbericht einfügen konnte, aber mit dem Verzicht auf Puder und Alkohol ließ sich gar nichts anfangen.
Ein Mieter, er betonte, Oberbuchhalter zu sein, wollte es unbedingt gedruckt sehen, daß ihm die Kerle gleich nicht gefallen hätten; er könne für sein diesbezügliches Urteil eine Reihe von Zeugen anführen, seine Frau zum Beispiel. Eine Mutter stellte uns ihr dreizehnjähriges Töchterchen vor, das vorgestern zu spät zum Mittagessen gekommen war, weil es einen von diesen Kerlen zum Postamt auf dem Comeniusplatz führte. Ein anderer Hausbewohner hatte einem dieser Kerle das nächste Wäschegeschäft gezeigt, wo er ...
Der Oberbuchhalter unterbrach ihn mit der Frage an uns, ob er seine Bemerkung, daß ihm die Kerle gleich nicht gefallen hätten, den Herren von der Polizei melden solle; er habe Zeugen, seine Frau zum Beispiel erinnere sich ganz genau.
Die Mutter des dreizehnjährigen Mädchens schrie über ihn hinweg, ihr Kind sei eine volle Stunde zu spät zum Essen gekommen, wie leicht hätte der Kerl es in dieser Zeit umbringen können.
„Man müßte alle Ausländer aufhängen", schlug eine korpulente Dame vor, „dann werden die Verbrechen in der ganzen Welt gleich aufhören. Schreiben Sie in die Zeitung, meine Herren, man soll einfach alle Ausländer aufhängen!"
Ich wandte mich an das kleine Mädchen: „Sag mal, warum hast du den Mann nicht zum Postamt in der Tylstraße geführt? Das ist doch näher."
„Dorthin sind wir zuerst gegangen, aber dort sagten sie ihm, man kann von dort nicht telegrafieren. So habe ich ihn zur Post auf dem Comeniusplatz geführt."
„Die Suppe war eiskalt geworden", rief die Mutter, „eine Stunde wegzubleiben! Na, ich hab's ihr aber gegeben."
Ein Telegramm? Das könnte eine Spur sein. Aber würde ein Einbrecher den Anhaltspunkt zu solcher Spur in das Haus legen, das bald alarmiert sein mußte?
„Hat er dich hier im Haus angesprochen?" fragte ich das Kind.
„Nein, in der Prokopstraße, ich ging aus der Schule."

Das Telegramm war eine Spur. Auf dem Postamt Comeniusplatz eruierte die Polizei das vorgestern mittags aufgegebene Telegramm. Es war an einen Villenbesitzer in Czernowitz (Bukowina) gerichtet, und der Absender Fritz kündigte an, er werde nach den Feiertagen mit Frau und Kind zu Besuch kommen.

Die Czernowitzer Polizei wurde verständigt, sie drang durch Tür und Fenster in die Villa ein und überwältigte Wasinski und seine Leute trotz ihrer und ihrer Revolver Gegenwehr. Einer von den beiden, die in diesem Kampf erschossen wurden, war mein Wolodarski. Er starb, ohne zu wissen, daß er den ersten Anlaß zu dem Debakel gegeben hatte, weil er zehn Zentimeter länger war, als ein Fahndungsbefehl angab.

So episch auch der Wasinski-Fall war, so elegisch sang ihn nach entsprechendem Zeitablauf der blinde Methodius in unserem Hof. Diese Transponierung ins Sentimentale war einem Schmachtfetzen zu danken, der damals durch die Welt tremolierte: „Zu jener Zeit, wie liebt ich dich, mein Leben / Ich hätt geküßt die Spur von deinem Tritt / Hätt gerne alles für dich hingegeben / Und dennoch: du, du hast mich nie geliebt..." Den Erfolg des Liedes hatte der Verfasser des Bänkels in seinen Dienst gestellt, indem er den Text umdichtete.

Die Familie des braven Kerkermeisters Kautsky harrt am Heiligen Abend ihres Ernährers, ohne zu ahnen, daß dieser zur gleichen Stunde mit dem bösesten Feind der Menschheit ringt, mit Wasinski. Während die Kinder beschenkt werden, verblutet der Vater auf dem kalten Pflaster der Heinrichsgasse.

Fehl wäre es, zu glauben, eine so triste Moritat habe kein Anrecht auf ein ebenso häppisches Happy-End wie ein Rührfilm. Zwar hat der Himmel die Familie Kautsky gestraft (wofür?), aber gleichzeitig ist der Himmel voller Barmherzigkeit und verwandelt das Unglück in Glück, denn am gleichen Tage avanciert der Bruder des Getöteten zum Wachinspektor, so daß er nunmehr die verwitwete Schwägerin und die verwaisten Neffen unterstützen kann.

Für mich hatte der Wasinski-Fall nicht einmal einen so bescheidenen glücklichen Ausgang. Meine Ankündigung des Verbrechens gab dem Sicherheitsbüro nur Anlaß zu Miß-

trauen gegen mich, man glaubte mir nicht, daß ein großer Zufall und eine kleine Kombination die Grundlage der Voraussage waren, am unglaubhaftesten aber schien meine Behauptung, ich hätte den „Polizei-Anzeiger" gelesen.
„Gehört etwa auch das Telefonbuch zu Ihrer Lektüre?" fragte mich Regierungsrat Olitsch sarkastisch.
Eher vermutete er, daß ich überirdische oder unterirdische Beziehungen unterhalte, als daß ich meine Weisheit aus dem amtlichen Blättchen geschöpft.
Die Beamten verhielten sich von nun an reserviert gegen mich. Selbst irgendeine gewöhnliche Ergänzung zu irgendeinem gewöhnlichen Steckbrief zeigte man mir nie wieder.

Die unabsehbaren Konsequenzen

Da war eine sommersprossige kleine Beamtin aus dem Städtchen Podiebrad zum Wochenende nach Prag gekommen, um sich einmal unkontrolliert von den Bewohnern Podiebrads zu amüsieren.
Solches Amüsement fand sie im „Hippodrom", einer Reitschule, die sich allabendlich zu einem Nachtlokal billiger Art verwandelte. Für zwanzig Heller konnte man zehn Runden reiten, drei Ritte kosteten fünfzig Heller, und ein „Quartett", aus drei Musikanten bestehend, spielte auf. Die weiblichen Gäste, meist junge Mädchen, saßen im Herrensattel, rissen am Zaumzeug und versuchten durch Schnalzen und Hüpfen die apathischen Gäule zu kühnem Galopp aufzustacheln und sich selbst als Amazonen zu fühlen. Von den sechs Pferden stand eines hoch im Kurs, die „Bella", ein einäugiger Brauner mit einem weißen Fleck auf der Stirn und zweien auf der Kruppe, was wie eine Entblößung aussah und zu Witzen Anlaß gab. Rings um die Arena saßen die männlichen Gäste beim Bier und ließen die Damen und deren hochrutschende Röcke Revue passieren.
In diesem berittenen Nachtlokal fand das sommersprossige Kind Podiebrads Gefallen vor den Augen eines meiner Freun-

de, mit dem ich gerade einkehrte. Als er sich für ein paar Stunden entfernen mußte, sollte ich mich mit der Kleinen beschäftigen, damit nicht ein anderer sie ihm entführe.
Es war nicht sehr unterhaltend, denn erstens war ich nur Aufsichtsperson, statt Interessent zu sein, und zweitens gab's mit ihr nicht viel zu reden. Dennoch mußte ich mit ihr reden, sonst wäre sie immerfort geritten, und das hätte Geld gekostet, zwanzig Heller pro Ritt.
Sie merkte wohl, daß sie langweile, und bemühte sich, mein Interesse zu wecken. Aber ihre Enthüllung, daß sie beim Postamt in Podiebrad angestellt sei, reichte nicht aus, um eben großen Eindruck zu machen. So fuhr sie mit vermeintlich gröberem Geschütz auf: Sie verstehe auch etwas Deutsch. Höflicherweise machte ich ein Gesicht, in dem Bewunderung und Zweifel sich mengten.
Jawohl, bekräftigte sie ihre Aussage und wiederholte nochmals, daß sie etwas Deutsch verstehe, jawohl, das brauche sie auch, „für unseren Herrn Fürsten Hohenlohe kommen doch öfters Telegramme in deutscher Sprache, jawohl, zum Beispiel vorgestern kam an ihn ein Telegramm vom Kaiser in Deutschland, vierundneunzig Worte."
„Wirklich?" fragte ich. „Was stand denn drin in dem Telegramm?"
„Ich habe es selbst aufgenommen, jawohl", sagte sie, teils stolz darauf, daß sie mich endlich doch zu interessieren verstand, teils stolz darauf, daß sie das kaiserliche Telegramm selbst aufgenommen hat. Das hält sie für das wichtigere Detail.
„Was stand denn drin in dem Telegramm?"
„Es war in deutscher Sprache, jawohl. Über die Prager Relaisstation ist es gekommen. Vierundneunzig Worte, die Adresse nicht mitgerechnet, alles deutsch, und ich habe keinen einzigen Fehler beim Aufnehmen gemacht, jawohl, das hat sogar der Herr Postmeister gesagt, und der lobt selten, sehr selten. Kennen Sie den Herrn Postmeister Beranek in Podiebrad? Nein? Das ist ein schöner Brummbär, an allem hat er etwas auszusetzen."
„Was stand denn drin in dem Telegramm?"
„Ausgeschimpft hat der Kaiser unsern Herrn Fürsten. Wahrscheinlich ist der Kaiser auch so ein Brummbär wie der Herr Postmeister Beranek."

„Weshalb hat denn der Kaiser euren Herrn Fürsten ausgeschimpft?"
„Das weiß ich nicht. Wahrscheinlich weiß er es selbst nicht. Der Herr Postmeister Beranek schimpft ja auch manchmal den ganzen Vormittag und weiß selbst nicht, warum. Jetzt möchte ich gerne wieder reiten, bitte schön."
Ich bewilligte ihr drei Ritte. Durch Protektion beim Stallmeister verschaffe ich ihr sogar das besondere Reiterglück, die kaffeebraune, einäugige, hinternnackte Bella besteigen zu dürfen. Auch für mich nehme ich drei Tickets. Vielleicht kann ich, dieweil ich wie ein Knappe ihr zur Seite dahinsprenge, doch etwas über das Telegramm erfahren.
Wir stehen in der Manege, um unsere Rosse zu besteigen.
„Wie war das Telegramm unterzeichnet?" frage ich.
Sie hat ihren rechten Fuß in Bellas Steigbügel gehoben. Das ist ein von den Zuschauern besonders erwarteter Moment. Im gegebenen Fall offenbart sich weit und breit ein blaßrotes Barchenthöschen mit weißen Rüschen. Wie aus Gefälligkeit für das Publikum zuckt Bella ein wenig, und ihre Begleiterin muß ihr auf dem linken Bein nachhüpfen, das rechte hängt hoch und sichtbarlich in der Luft.
Mich aber darf das nicht ablenken, und ich wiederhole meine Frage, wie die Depesche unterzeichnet war. Während sie die andere Hälfte der rosaroten Hose mitsamt den weißen Rüschen emporschwingt, um sich im Herrensitz zu placieren, antwortet sie: „Wilhelm Komma Imperator."
Ihre Antwort beseitigt meinen Verdacht, daß die Geschichte vom kaiserlichen Telegramm nur erfunden sei, um mir zu imponieren. Diesen Titel hat sie kaum jemals gehört, bevor sie ihn im Telegrammtext fand, und kann auch nicht wissen, daß zwischen Wilhelm und Imperator ein Komma gehört.
Das „Quartett" der drei Blechmusikanten spielt wie immer das Pikkolo-Lied aus der „Walzertraum"-Operette. Einem Jockei gleich schlage ich die Fersen in die Weichen meines apoplektischen Gauls, auf daß er mit der temperamentvollen Bella gleiches Tempo halte. Es gelingt nicht. Deshalb gehe ich zu der Taktik über, die der Swinegel gegenüber dem Hasen anwendet, ich bringe mein Pferd zum Stehen. Nach jeder Runde muß Bella an mir vorbei, ich kann ein

paar Schritte neben ihr machen und ihre Reiterin über das Telegramm ausfragen. Sie hat sich nur gemerkt, daß die Worte „unabsehbare Konsequenzen" darin standen, jawohl, keine andere Beamtin hätte das so fehlerlos aufnehmen können wie sie, das sind keine leichten Worte, nicht wahr?
Allerdings, „unabsehbare Konsequenzen", dem Mund eines Kaisers entflossen, sind keine leichten Worte.
„Pikkolo, Pikkolo, tsin, tsin, tsin", arbeitet die Musikkapelle, „da liegt alle Weisheit drin", und die kaffeebraune, einäugige, vorn und hinten gefleckte Bella ist weit weg von mir.
„Worauf hat sich das Telegramm bezogen?" fragte ich, da wir wieder an einem Tisch beieinander sitzen. Das wisse sie nicht genau. Als sie es dem Herrn Postmeister vorlegte, habe er den Kopf geschüttelt und gebrummt: „Weiß Gott, was das für eine Geschichte ist! Sicher hat unser Fürst dem Kaiser Geld geborgt und will es jetzt zurückhaben. Und deshalb schimpft der Kaiser wie ein Rohrspatz. Man soll eben niemandem Geld pumpen."
Jedes Wort des Telegramms wäre mir wichtig, statt dessen wiederholt das Mädchen, vierundneunzig Worte habe das Telegramm enthalten, womit ich weder positiv noch negativ etwas anfangen kann. Auch aus der Hypothese des Herrn Postmeisters Beranek, daß es sich wohl um geborgtes Geld handle, läßt sich nichts machen.
Wo wäre mehr über die Sache zu erfahren? Einen Mann, der die Depesche verschaffen konnte, wußte ich: den Vizepräsidenten der Prager Postdirektion. Er hatte den Ehrgeiz, Minister zu werden, entweder postalischer Fachminister von strengster nationaler Überparteilichkeit oder aber deutscher Landsmann-Minister mit strengster Wahrung deutscher Belange gegenüber allen anderen Nationen.
Zu diesen Behufen hielt er einerseits fachliche Vorträge über Reformen des Postwesens, andererseits heftige Brandreden gegen die Bevorzugung tschechischer Beamten im Postdienst und brachte unserem Chefredakteur jedesmal den Wortlaut dieser Reden mit eingeklammerten Bemerkungen wie „Lebhafter Beifall", „Zustimmung" oder dergleichen. Vor unserem Chefredakteur scharwenzelte er, weil dieser als Mitglied des Deutschen Volksrats politischen

Einfluß besaß, mit den anderen Redakteuren sprach er nie, dankte kaum für ihren Gruß.
Ich erzählte unserem Chefredakteur von dem Telegramm. Er lächelte nachsichtig über meinen Eifer. Seinen holzfarbenen Bart bis zu den Brustwarzen streichend, fragte er mich, ob ich denn im Ernst glaube, ein Kaiser werde Staatsangelegenheiten in offenen Telegrammen behandeln. „Entweder etwas ist für die Öffentlichkeit bestimmt, dann wird es offiziell verlautbart, oder etwas ist nicht für die Öffentlichkeit bestimmt, dann wird es nicht offen telegrafiert."
„Aber wenn der Kaiser von ‚unabsehbaren Konsequenzen' telegrafiert, so muß es doch wichtig sein", wandte ich ein.
„Gewiß ist es wichtig", sagte er, „eine Familiensache oder eine Vermögensangelegenheit, die niemanden etwas angeht."
Darauf konnte ich nur beschämt verstummen.
„Eines müssen Sie sich für Ihr ganzes Leben merken, junger Freund, hohe Politik wird *nicht* so gemacht, wie sich's der kleine Moritz vorstellt."
Der Chefredakteur äußerte das mit Nachdruck, seinen ganzen Eichenbart entlang, und ich habe mir seinen Lehrsatz gemerkt, wenn auch mit einer kleinen Variante, die ich schon nach wenigen Stunden machte, mit der Variante, das Wörtchen „nicht" aus dieser Maxime fortzulassen. Denn in diesen wenigen Stunden hatte ich erfahren, daß sich das Telegramm weder auf eine Familiensache noch auf eine Vermögensangelegenheit bezog, sondern auf hohe, ja allerhöchste Politik.
Ich hatte dem Chefredakteur schließlich doch die Erlaubnis abgerungen, in seinem Namen den Postvizepräsidenten um das Telegramm anzugehen.
„Nur damit Sie erkennen, was für ein Kindskopf Sie in der Politik sind", sagte er. „Aber vergessen Sie nicht, dem Herrn Vizepräsidenten zu bestellen, daß ich persönlich nicht an die politische Wichtigkeit des Telegramms glaube. Ich möchte nicht auch als politischer Kindskopf dastehen."
Ich vergaß zwar diese Bestellung, ersetzte sie jedoch durch eine andere: der Herr Chefredakteur lege den denkbar größten Wert auf das Telegramm, und der Herr Vizepräsi-

dent würde sich ihn zu besonderem Dank verpflichten, wenn etc. etc.

Zunächst verhörte mich der Postvizepräsident, ob außer dem Chefredakteur jemand von meinem Besuch bei ihm wisse und ob ich im Gebäude von jemandem gesehen worden sei. Erst nachdem er darüber beruhigt war, verabredete er sich mit mir für zwei Uhr in seiner Wohnung. Dort diktierte er mir folgenden knappen Satz: „Kaiser Wilhelm hat beim Fürsten Hohenlohe in Podiebrad eine ohne seine Erlaubnis in den Journalen erfolgte Veröffentlichung telegrafisch protestiert und sie als grobe Taktlosigkeit bezeichnet."

Wo die grobe Taktlosigkeit verübt wurde, war dem Telegramm nicht zu entnehmen gewesen; weil aber Veröffentlichungen gewöhnlich durch die Presse erfolgen, hatte der Postvizepräsident, wie sich bald herausstellte, die Worte „in den Journalen" hinzugefügt.

Es handelte sich keineswegs um einen Zeitungsartikel, sondern um eine auf dem Büchermarkt angekündigte Aktenpublikation, die politische Hinterlassenschaft des verstorbenen Reichskanzlers Chlodwig zu Hohenlohe-Schillingsfürst; die Dokumente waren vom jüngeren Sohn des Kanzlers, dem Prinzen Alexander Hohenlohe, in Gemeinschaft mit dem Straßburger Historiker Friedrich Curtius für den Druck bearbeitet worden. Diese Publikation war es, die den Grimm Wilhelms II. erregte und ihn beim Chef des Hohenloheschen Hauses so heftige Klage führen ließ.

Ich aber wußte noch mehr, ich wußte, daß das Telegramm auch von „unabsehbaren Konsequenzen" gesprochen hatte, und fügte sie der Nachricht an, die in unserem Abendblatt vom 8. Oktober 1906 erschien.

Was für Konsequenzen konnten das sein, die der geschworene Gottesstreiter gegen alle Schwarzseher als unabsehbar bezeichnete? Auf diese Frage versuchten am Tag, nach dem das sommersprossige Mädchen aus Podiebrad mir diese beiden schwierigen Worte vom Rücken Bellas zugerufen hatte, die Regierungen und Zeitungen von London, St. Petersburg und Paris eine Antwort zu finden.

Ursprünglich hatte die Deutsche Verlags-Anstalt Stuttgart für die Hohenloheschen Memoiren eine Auflage von tausend Exemplaren vorgesehen. Auf Grund unserer Veröf-

fentlichung kamen Bestellungen aus aller Welt, ein amerikanischer Buchhandlungskonzern kabelte um zweitausend Exemplare. Drei Druckereien waren beschäftigt, der beispiellosen Nachfrage gerecht zu werden, ganze Kapitel wurden an die Auslandspresse telegrafiert. Schwarz auf weiß erfuhr die Welt, welche Gefahr Kaiser Wilhelm für den Weltfrieden darstellte, wie schnell und restlos er die Bismarcksche Annäherung an das Zarenreich zu liquidieren beabsichtige. Ein Krieg schien unvermeidlich.
In der französischen Kammer forderte der Abgeordnete Clemenceau die sofortige Erhöhung des Heeresbudgets mit dem Ausruf: „Contre les unabsehbare Konsequenzen!" Das House of Commons verlangte, gegen den Dreibund einen Gegendreibund zu schließen, die Stunde sei gekommen, die vieldiskutierte Tripelallianz endlich wahr zu machen. Von der Regierung des Zaren wurde die englische Firma Armstrong mit der Lieferung von Panzerplatten für vier moderne Schlachtschiffe betraut; in der Dumasitzung schwangen Abgeordnete den Union Jack und die französische Trikolore: „Dasdrastwujet Antant-Kordial" – es lebe die Entente Cordiale!
Ich begegnete meinem Freund, für den ich im „Hippodrom" den Platzhalter gemacht. Er entschuldigte sich, mir die Kleine aufgehalst zu haben. „Du mußt dich ja schön gelangweilt haben. Ich wußte nicht, was für eine dumme Gans das ist."
Dumme Gans? Die Außenministerien der Großmächte urteilten ganz anders. Downing Street hielt sie für einen Diplomaten von pazifistischer Prägung. Der Quai d'Orsay zählte sie zu jenen Schichten der preußischen Beamtenaristokratie, die treu zur Bismarckschen Politik stehen. Näher der Wahrheit kam der Wiener Ballhausplatz: er vermutete eine Indiskretion aus tschechischen Beamtenkreisen. Aber wenn das „Fremdenblatt", Organ des österreichischen Außenministeriums, eine Reinigung der böhmischen Behörden forderte, so hatte es schwerlich die Podiebrader Post im Auge, und wenn es die Aufdeckung der Angelegenheit mit allen Dessous verlangte, so ahnte es nicht, daß dabei nur ein blaßrotes Barchenthöschen mit weißen Rüschen aufgedeckt werden könnte.
Die internationale Aufregung mußte entspannt werden.

Deshalb erklärte die deutsche Reichsregierung in der „Norddeutschen Allgemeinen Zeitung", das Telegramm Seiner Majestät an den Fürsten Philipp zu Hohenlohe-Schillingsfürst sei ein reines Privattelegramm. Nur die unbefugte Veröffentlichung und tendenziöse Wiedergabe durch die „Bohemia" habe zu falschen Folgerungen im Auslande geführt. Hiermit werde, um allen Weiterungen die Spitze abzubrechen, der Wortlaut mitgeteilt: „Ich lese soeben mit Erstaunen und Entrüstung die Veröffentlichung der intimsten Privatgespräche zwischen Deinem Vater und Mir, den Abgang des Fürsten Bismarck betreffend. Wie konnte es zugehen, daß dergleichen Material der Öffentlichkeit übergeben wurde, ohne zuvor Meine Erlaubnis einzuholen? Ich muß dieses Vorgehen als im höchsten Grade taktlos, indiskret und völlig inopportun bezeichnen, da es unerhört ist, daß Vorgänge, die einen zur Zeit regierenden Souverän betreffen, ohne dessen Genehmigung veröffentlicht werden."
„Haben Sie den offiziellen Wortlaut gesehen?" fragte mich der Chefredakteur scharf.
„Nein", antwortete ich, denn der politische Redakteur hatte die amtliche Erklärung soeben in Satz gegeben, ohne mir etwas davon zu sagen. Was ging das auch den Lokalreporter an?
„Nichts ist darin von Ihren unabsehbaren Konsequenzen, die die ganze Welt aufregen", wütete der Chefredakteur. „Schön stehn wir jetzt da!"
Ich hole mir den amtlichen Wortlaut aus der Setzerei. Kein Journalist und kein Leser hätte in der Textierung etwas Auffallendes bemerken, keiner an der Richtigkeit des Wortlauts zweifeln können.
Mir aber mußte etwas auffallen, ein Zweifel auftauchen, denn...
...denn so töricht auch die Behauptung des Herrn Postmeisters Beranek aus Podiebrad gewesen war, daß es sich um geliehenes Geld handle, er würde sie nicht gemacht haben, wenn das Telegramm die Stelle enthalten hätte: „den Abgang des Fürsten Bismarck betreffend".
Als mir das Podiebrader Mädchen das Geschwätz ihres Herrn Postmeisters wiederholt hatte, war mir das herzlich belanglos vorgekommen. Und nun entdeckte ich dadurch eine von der deutschen Reichsregierung vorgenommene

Einfügung. Warum sollte sich nicht auch die andere, mir unwichtig erschienene Mitteilung der Kleinen als wichtig erweisen, ihre Angabe über die Zahl der Worte? Ich zählte und verglich und schrieb: „Der für die Öffentlichkeit bestimmte Wortlaut enthält einschließlich der neueingefügten, einschränkenden Wendung, ‚den Abgang des Fürsten Bismarck betreffend‘, nur zweiundachtzig Worte und Interpunktionen. Dagegen bestand jene Depesche, von der wir berichteten, aus vierundneunzig Worten und Satzzeichen, ausschließlich der Adresse, einschließlich der entscheidenden und nun eliminierten Bemerkung über die ‚unabsehbaren Konsequenzen‘ und" – hier blitzte das rosarote Höschen mit den weißen Rüschen in mein Manuskript – „der Unterschrift ‚Wilhelm Komma Imperator‘."
Meine Glosse entfachte ein neuerliches Furioso. „Aufgedeckte Fälschung!" schallte es aus allen Blätterwäldern, „Official Forgery!" – „Falsification commise par le gouvernement du Kaiser."
Die deutsche Regierungspresse antwortete mit Angriffen gegen ausländische Kriegshetzer. Im Leitartikel der „Norddeutschen Allgemeinen" stand: „Die anonyme Gestalt an der Moldau schürt unter rosenroter, gegen den Krieg gerichteter Tendenz selber den Krieg, den Krieg der anderen. Bella gerant alii. Vermummt reitet sie gegen Deutschland zu Felde, aber durch den Schlitz des Visiers erkennt man das Auge des Staatsfeindes."
Dies lesend, pfiff ich durch die Zähne. Kannten Kaiserhof und Reichsregierung die Dessous meiner Nachricht? Warum hätten sie sonst als Farbe der Tendenz gerade die Farbe der Höschen gewählt, die meine Informatorin im „Hippodrom" geoffenbart? Warum gebrauchen sie statt des deutschen Wortes „Krieg" das lateinische „Bella", den Namen des Pferdchens im „Hippodrom"? Warum sprechen sie davon, daß die Gestalt reite, warum erwähnen sie den Schlitz?
Aber diese Terminologie schien nur Zufall zu sein.
Parlamente und Leitartikel mußten weiter raten, wer der Urheber der Veröffentlichung und was seine Absicht gewesen sein mochte. Sie rieten noch immer, als bereits eine neue, eine lustige Sensation die Welt beschäftigte. Ein Berliner Schuster namens Voigt hatte in Hauptmannsuniform

eine Truppenabteilung auf der Straße angehalten, sie bis in das Rathaus der Vorstadt Köpenick geführt und sich vom Bürgermeister die Stadtkasse aushändigen lassen. Hierauf verschwand er mit dem Geld.

> Der Kaiser depeschiert,
> Der Schuster kommandiert,
> Und ganz Deutschland marschiert,

singt in unserem Hof der blinde Methodius, der sonst nur Prager Lokalfälle besingt. Dieses Lied ertönt überall, in allen Sprachen.
Vom Gelächter des Auslands aufgestachelt, entwickelte die deutsche Polizei eine wahre Kriegsstrategie, um des Hauptmanns von Köpenick habhaft zu werden. Dabei wurden aber die Nachforschungen nach dem Veröffentlicher der Kaiserdepesche mitnichten außer acht gelassen. Auf Wunsch des deutschen Konsulats nahm die Prager Polizei in unserer Redaktion eine Hausdurchsuchung vor; einige Manuskripte von meiner Hand wurden konfisziert und lagern wohl noch im Hohenzollernschen Hausarchiv zu Potsdam mitsamt dem Protokoll, in dem der verantwortliche Redakteur und ich, mit Berufung auf das Redaktionsgeheimnis, jede Aussage über die Quelle der Information verweigerten.
Unter denen, die herausfinden wollten, wer uns den Inhalt der Kaiserdepesche mitgeteilt, befand sich der Postvizepräsident, der uns den Inhalt der Kaiserdepesche mitgeteilt. Er war überzeugt, wir hätten sie bereits in Händen gehabt, als wir sie von ihm verlangten. Wieso hätten wir sonst von den „unabsehbaren Konsequenzen" gewußt, wieso von der Unterschrift „Wilhelm Komma Imperator", wieso die Zahl der Wörter und wieso, daß der Passus über Bismarck nicht im Original enthalten war? Er befürchtete, es sei ihm eine Falle gestellt worden, um die Spur vom wahren Informator abzulenken.
Aber nicht das war es, was seiner Karriere ein Ende bereiten sollte. Durch den Einfluß unseres Chefredakteurs war er als Kandidat für die Reichsratswahl aufgestellt worden. Als jedoch die Gegenpartei enthüllte, daß er einer Tafelrunde „Die Mormonen" angehöre, deren Mitglieder ihre

Ehefrauen nächteweise austauschen, trat er von der Kandidatur zurück und ging in den Ruhestand. Ich habe ihn nicht wiedergesehen und auch die Podiebrader Postbeamtin mit ihren Sommersprossen, blaßroten Barchenthöschen und weißen Rüschen nie mehr.
Wiedergesehen habe ich aber Bella, das kaffeebraune, einäugige, vorne und hinten helle Pferd aus dem „Hippodrom". Die unabsehbaren Konsequenzen waren eingetreten, der Weltkrieg im Gange. Bella diente bei unserer Maschinengewehrabteilung. Als ich sie erkannte, weidete sie gerade in der Nähe des Kompaniekommandos.
„Bella!" rief ich. Mit einem Ruck wandte sie den Kopf und schaute mich mit einem großen Auge und einer leeren Augenhöhle an. Erwartete sie, ich würde auf ihr in jene Zeit zurückreiten, in der sie eine lebensfrohe Last als Patronenbeschläge auf ihrem Rücken trug und die Musik zu anderem Zwecke aufspielte als zum Sturm in den Tod?
Ach, Bella, die glücklichen Nächte sind vorbei, ich kann nichts für dich tun, ich kann dir nur das alte Lied vorpfeifen.
Ich pfiff, und Bella setzte sich in Trab, zum Takt des „Pikkolo, Pikkolo, tsin, tsin, tsin" lief sie im Kreis herum, wie sie es getan, als da noch alle Weisheit drinlag.

Die Mutter des Mörders

Um fünf Uhr nachmittags war Frau Bergmann ermordet und beraubt in ihrer Wohnung aufgefunden worden; der Verdacht lenkte sich sofort auf den Geliebten des Dienstmädchens (die Hausbesorgerin hatte ihn um drei Uhr das Haus verlassen sehen), und um sechs Uhr waren sowohl das Mädchen wie auch Franz Polanski verhaftet und dem Sicherheitsdepartement eingeliefert.
Anstatt dort die Beendigung des Verhörs abzuwarten, das bei Raubmorden stundenlang zu dauern pflegt, eilte ich in die Wohnung des Festgenommenen. Polizeibeamte waren bereits dort gewesen, hatten den Schrank Franz Polanskis durchsucht und sich bemüht, seine Mutter einzuvernehmen. Aber diese verlor bei der Nachricht jede Zurech-

nungsfähigkeit, so daß sich die Beamten damit begnügten, sie für den nächsten Tag zur Polizei vorzuladen.
Als ich an die Wohnungstür klopfte, antwortete mir niemand. Frau Polanski, die allein in ihrer Stube saß, beachtete mein Eintreten und meinen Gruß nicht. Ihre Augen waren trübe, dennoch weinte sie nicht. Weshalb hätte sie denn weinen sollen? Sie verstand ja noch gar nichts, es war ein gräßliches Unglück geschehen, ihr einziger Sohn hatte ... So etwas versteht man nicht gleich. Ich fragte sie etwas, erhielt jedoch keine Antwort.
„Verzeihen Sie, Frau Polanski, ich bin nämlich von der Zeitung."
Da löst sich ihr Krampf, löst sich in einem Aufschrei. Sie begreift die Öffentlichkeit ihrer Schande. „Von der Zeitung!" wiederholt sie entsetzt und schluchzt Worte, eine Zusammenfassung ihres Lebens, die in eine Bitte mündet.
„In der Zeitung wird es stehen! Um Gottes willen, mein ehrlicher Name! Mein Seliger – achtzehn Jahre ist er schon tot, mein Seliger – in seinem ganzen Leben hat er nie etwas mit der Polizei zu tun gehabt. Und ich, mein Gott, ich und die Polizei! Ich bin eine arme Waschfrau, seit fünfundzwanzig Jahren wasche ich für fremde Herrschaften, und noch nicht eine einzige Windel hat gefehlt, noch kein Paar Strümpfe habe ich vertauscht, und ich achte immer darauf, daß die Manschetten nicht zerfransen, und auf einmal soll ich in der Zeitung stehn, alle Leute werden es lesen! Geben Sie's nicht in die Zeitung, junger Herr!"
Ich verfluche meinen Einfall, diese alte Frau aufgesucht zu haben, die nichts mit dem Mord zu tun hat, nichts von der Welt weiß und nun noch vollends um den Verstand gekommen ist und mich anfleht: „Geben Sie's nicht in die Zeitung, junger Herr, um Gottes Barmherzigkeit willen, tun Sie mir und meinem toten Mann nicht eine solche Schande an, bitte, bitte, nicht in die Zeitung."
Ich versuche ihr zu erklären, daß das nicht in meiner Macht steht, derartige Angelegenheiten ließen sich ja nicht verschweigen, über einen Raubmord müsse doch berichtet werden.
Das Wort „Raubmord" schmettert die Frau nieder. Sie sieht die Sinnlosigkeit ihrer Bitte ein und starrt von neuem aus

verhängten Pupillen in die Ecke der Stube. Zu sich selbst spricht sie jetzt, ohne daß ihre Lippen sich bewegen: „Ein Raubmord. Daran hab ich noch gar nicht gedacht – das heißt ja Raubmord, und mein Franz ist ein Raubmörder. Der Franz Polanski, wird in der Zeitung stehn, der Sohn von Frau Anna Polanski, Wäscherin, Brückengasse 4, das ist ein böser Raubmörder. Und ich bin die Mutter eines bösen Raubmörders, weiter gar nichts. Mein ganzes Leben lang bin ich fleißig und ehrlich gewesen, und niemand hat mir auch nur soviel nachsagen können, und jetzt wird die ganze Gasse mit Fingern auf mich zeigen."
Auf irgendeine Weise möchte ich die Unglückliche trösten, mein plumper Ausdruck hat ihr den Rest gegeben. „Niemand wird Ihnen die Schuld geben, Frau Polanski, alle wissen, daß Sie eine brave Frau sind", sage ich, aber sie hört gar nicht zu.
„Raubmord", wiederholt sie tonlos, „Raubmörder."
Vielleicht können direkte Fragen sie ablenken. „Wie lange hat denn Ihr Sohn schon die Bekanntschaft mit dem Dienstmädchen von Frau Bergmann? Wie lange ist Ihr Sohn schon ohne Arbeit?"
„Raubmord! Raubmörder! Der Franz Polanski, der Sohn von der Frau..."
Nichts zu machen. Ich verabschiede mich mit der Phrase, ich hätte sie nicht belästigen wollen, hätte nur gedacht, sie könnte ihrem Sohn vielleicht helfen, wenn sie mir einige Auskünfte gäbe.
Da schreit sie wieder auf: „Helfen! Ich will ihm nicht helfen! Ein Raubmörder ist er, er hat die Frau Bergmann erschlagen, um ihr den Schmuck wegzunehmen. Wissen Sie, wie man das nennt, mein Herr? Das nennt man Raubmord, und das kommt in die Zeitung, mein Herr. Niemand kann ihm da helfen. Ich möchte ihm ja helfen, meinem Franz, er ist doch mein Junge, mein einziger Junge – aber wie kann ich ihm denn helfen? Ich bin nur eine arme Wäscherin. Ich werde zu einem Rechtsanwalt gehn, ich werde schon das Geld dafür aufbringen. Sie haben doch gesagt, ich kann meinem Franzl vielleicht helfen. Wie denn? Sagen Sie's mir, junger Herr, bitte, sagen Sie's mir!"
Ich erkläre ihr, daß es für alles mildernde Umstände gäbe. Große Not, zum Beispiel, entschuldige vieles, oder viel-

leicht ist der Franz nicht ganz in Ordnung, leidet an krankhaften Anfällen oder so etwas. Auch Vererbung gelte vor Gericht, wenn er zum Beispiel vom Vater oder von der Mutter her ein jähzorniges Wesen hat.
„Vererbung? Wenn er etwas herhat vom Vater oder von der Mutter?"
Was habe ich da wieder angerichtet! Das Andenken ihres Mannes verdächtigt, ihren guten Ruf angetastet, den einzigen Besitz dieser Unglücklichen. „Sie dürfen mich nicht mißverstehen, Frau Polanski, ich weiß, daß Sie eine brave Frau sind."
„Vererbung heißt das, wenn man etwas herhat von der Mutter? – Es ist Vererbung! Von mir hat er's her, der Franz."
„Frau Polanski, ich wollte Sie wirklich nicht beleidigen, ich habe bloß gemeint . . ."
„Er kann nichts dafür, der arme Franz, von mir hat er's geerbt, von mir!"
Ach so, jetzt will diese Mutter alles auf sich nehmen, womöglich sich als eine Borgia hinstellen, weil sie glaubt, ihrem Sohn damit zu helfen.
„Ja, ja, ganz recht, ich will ihm helfen. Sie verstehen mich ganz richtig, aber Sie glauben es mir nicht, daß das in mir war, mein ganzes Leben lang, dieses Morden. Noch keinem Menschen habe ich es gesagt, nicht einmal gebeichtet hab ich es, sooft ich auch zur Beichte gehe, aber Ihnen werde ich es erzählen, damit Sie es in die Zeitungen hineindrukken. Sollen Sie mich nur holen kommen, die Polizisten! Soll man auch mit Fingern auf mich zeigen, das ist mir gleichgültig! Lange genug habe ich mich verstellt, jetzt pfeife ich auf alles! Meinem Jungen will ich helfen! Warum soll er um meinetwillen leiden – Vererbung ist das, weiter gar nichts – ich werde Ihnen die Wahrheit sagen: Ich bin eine Mörderin!"
Ich wünsche mich weit weg von hier. Nun wird sie anfangen, ihre armseligen Sünden auszukramen. Das reicht bestenfalls für eine Notiz: Die Mutter des Unholds, eine brave Wäscherin, beschuldigt sich kleiner Vergehen, damit ihm eine vererbte Anlage als mildernder Umstand angerechnet werde.
„Ja, ich bin eine Mörderin, ich! Mein Junge hat nur mehr Kraft gehabt als ich, der hat es ganz durchgeführt."

„Nun ja, so durch den Kopf geht einem vieles."
„Nein, nein, das ist mir nicht bloß so durch den Kopf gegangen; da sehen Sie..."
Frau Polanski hat ihr Tuch vom Kopf gerissen, ihr Haar flieht wirr von Stirn und Schläfen. Sie eilt zum Tisch. Eine junge Frau ist sie jetzt, wie sie das Schubfach aufzerrt und ein Küchenmesser herausnimmt.
„Da sehen Sie dieses Messer, mit dem habe ich einen erstechen wollen. Das ist schon fast dreißig Jahre her, als ich Stubenmädchen war beim Finanzrat Martin in der Marienstraße, ein ganz junges Mädel war ich noch, eben vom Lande gekommen."
„Wen wollten Sie denn damals erstechen?"
„Wen ich erstechen wollte? Den ersten Menschen, der lieb zu mir war in meinem Leben. Niemand war vorher lieb zu mir gewesen, in meinem Elternhaus waren wir acht Kinder und haben nie ein gutes Wort bekommen. Und dann kommt einer und sagt mir: ‚Sie sind hübsch, Fräulein' und streichelt mich, küßt mich, verführt mich."
„Und heiratet Sie dann nicht. Das alte Lied."
„Ach, daran hab ich nie gedacht. Er war ja der Bruder von meiner Gnädigen. Mit seinen Schmeicheleien hat er mich eingeweicht wie in Seifenwasser. Wenn die Wäsche einmal drinliegt in dem Trog da, dann kann man alles mit ihr machen, man muß sie nur zwischen die Finger nehmen, und alles geht weg – freilich, wenn man zu heftig anpackt, auch die Farbe und die Fasern."
Ganz gut gesagt, denke ich, ich nehme den Notizblock aus der Tasche und schreibe mir auf: „Vergleiche einer Wäscherin" oder „Die Philosophie am Waschtrog". Das kann man als Titel geben, zweispaltig.
„Ich bin zu ihm in die Wohnung gekommen, und ein paar Wochen lang war ich glücklich. Dann aber hat er mich nicht mehr aufgefordert, zu ihm zu kommen."
„Wollten Sie ihn deshalb umbringen?"
„O nein, ich war ja ein solches Gänschen und hab alles genommen, wie es gekommen ist, und hab geglaubt, es muß so sein. Aber dann ist etwas geschehen, wo ich gewußt hab, es muß nicht so sein, es kann so nicht in Ordnung sein. Er hat mir gesagt, ich soll die blaue Bluse anziehen, die er mir geschenkt hat, und abends zu ihm kom-

men, er gibt ein kleines Fest. Also habe ich mir Ausgang genommen, bin hingegangen. Es waren noch zwei Freunde von ihm da, zwischen die er mich gesetzt hat, und eine Dame, die hat neben ihm gesessen – ‚eine Dame' –, ich hab bald gesehen, was das für eine Dame war. Sie hat zu ihm gepaßt, das Weibsbild!"
„Ich kann mir schon denken", nicke ich.
„Wir haben belegte Brötchen gegessen und Wein getrunken, und dann haben sie Halbdunkel gemacht. Nur eine Tischlampe mit rotem Seidenschirm hat gebrannt. Seine beiden Freunderln sind zudringlich geworden, sie haben mir zugesetzt, mehr zu trinken, und er hat mir gesagt, ich soll mich nicht zieren, wir sind hier nicht bei der Dorfmusik. Ich war so unsicher, ich bitte Sie, ein Gänschen vom Land, ich hab nicht recht gewußt, was ich machen soll, und erzürnen wollte ich ihn auch nicht – da hab ich mir genug gefallen lassen. Plötzlich sagt einer: ‚Die Damen sollen sich ausziehn.' Die andere war gleich dabei, aber ich wollte nichts davon wissen. Da hat er mich beiseite genommen und hat mir einen Krach gemacht, er müsse sich für mich schämen, ich sei doch sonst nicht so zimperlich gewesen – wenn ich Geschichten machen will, ist's aus mit uns – oder ob ich nicht doch lieber sein nettes Annerl bleiben wolle? Ich wollte unbedingt weg."
„Sind Sie weggegangen?"
„Er hat die Tür abgesperrt, und da hab ich Schnaps und Wein in mich hineingeschüttet, um mir Mut zu machen, und die Schweinekerle haben mich ausgezogen. Die andere hat das alleine besorgt, sie hat eins – zwei den Rock und die Bluse unten gehabt, na ja, die wollte sich zeigen, weil sie Batistwäsche angehabt hat mit Spitzen, und ich hab mich geschämt für meine langen Barchenthosen, aber die geilen Kerle haben nicht Ruhe gegeben, ehe sie mich ganz ausgezogen hatten bis auf die Strümpfe – die hätte ich mir aber nicht runterziehen lassen, um nichts in der Welt – und jetzt hab ich doch besser ausgesehen als die andere!"
Vor wenigen Minuten war ich in einer Stube voll Seifengeruch mit einer weinenden alten Wäscherin, einem Waschtrog und einem Küchenherd, und an der Wand hingen zwei Heiligenbilder. Das alles ist jetzt verschwunden. Um mich ist das rot abgedämpfte Licht eines Junggesellenzimmers

und vor mir ein junges Mädchen, das man zwingt, sich zu entkleiden.
Warum hat sich die Alte in ihre Jugend verwandelt? Warum holt sie vergangene Sünden hervor? Bringt die Verzweiflung sie auf den Gedanken, daß es ihr nichts genützt hat, als anständige Frau zu gelten, daß es sie nicht davor bewahrt hat, zur Mutter eines Raubmörders zu werden? Warum rühmt sie sich ihres einstmals schönen Körpers? Berauscht sie sich an dieser Erinnerung? Warum erzählt sie:
„Und dann haben sie ganz dunkel gemacht. Am Morgen haben mich meine beiden neuen Liebhaber in einer Droschke nach Hause gebracht, ich habe gespien und nichts von mir gewußt. In der Küche konnte ich kaum stehen, Fieber hab ich gehabt, und die Gnädige hat gefeixt: ‚Freilich, bummeln gehn, lauter Vergnügungen und Genüsse, dann kann man natürlich nicht arbeiten!‘ Am Ersten soll ich meine Sachen packen und gehn. Ich habe sie gehaßt für jedes Wort, das sie gesprochen hat. ‚Lauter Vergnügungen, lauter Genüsse‘ hat sie mir vorgeworfen – das Kotzen war noch in meinem Mund und das Heulen in meinen Augen, wenn ich an die ‚Genüsse‘ gedacht habe. Und die Gnädige kanzelt mich ab, genau wie ihr Herr Bruder gestern nacht, als ich seine Vergnügungen und Genüsse nicht mitmachen wollte. Da ist etwas in mir hochgestiegen, ich weiß nicht, ob es der Satan war, ich hab mich nicht dagegen wehren können. Am Abend, wie der Bruder der Gnädigen zum Essen gekommen ist, war ich schon ganz verrückt, ich habe das Küchenmesser genommen, dieses Küchenmesser da, und bin auf ihn zugerannt und hab auf ihn eingestochen."
Jetzt sieht sie in der Tat wie Lucrezia Borgia aus. Unheimlich, wie sie das Messer schwingt. Man versteht den Sohn, der mordet. Sicherlich war sie eine Mörderin, damals, als sie so alt war, wie ihr Sohn heute ist. Ohne Zweifel liegt erbliche Belastung vor.
„Ins Herz hab ich ihn treffen wollen – aber vielleicht ist er ausgewichen, oder vielleicht ist die Klinge abgerutscht von der Brieftasche, ich weiß es nicht, mein Messer ist ihm in den Arm gegangen, und das Blut hat nur so gespritzt."
„Hat man die Polizei geholt?"
„Die haben sich schön gehütet! Die ganze Familie hat sich auf mich gestürzt, alle haben mich festgehalten, ich bin aber

ohnmächtig zusammengebrochen, und sie mußten mich auf mein Bett tragen. Am nächsten Tag hab ich meine Siebensachen ins Holzköfferchen gepackt, so krank ich war, und bin gegangen. Das Küchenmesser habe ich mitgenommen, zum Andenken. Dafür hab ich meinem Herrn Liebhaber die blaue Bluse dortgelassen, die er mir geschenkt hat."
Eine Liebesgeschichte also wie viele andere, weder Polizei noch Gericht haben sich damit befaßt, davon nimmt die Zeitung nicht Notiz. Da hat nun diese Frau ihr Innerstes entblößt, ihre Lebenslüge eingestanden, und es ist unmöglich, damit ihrem Sohn zu helfen.
„Ja, schreiben Sie nur alles auf, junger Herr, geben Sie das ruhig in die Zeitung; die Frau Polanski ist gar keine anständige Frau, müssen Sie hineinschreiben", mit ihrem Zeigefinger diktiert sie, „sie ist eine böse Mörderin, sie hat nur nicht die Kraft gehabt, ihre Morde ganz auszuführen, aber ihr Sohn, der hat die Kraft gehabt; der Franz Polanski ist ein ganz unschuldiger Mensch, müssen Sie hineinschreiben, er ist nur ein Opfer von der, alles hat er nur geerbt von der, von dieser Frau Anna Polanski und von ihren Morden – so schreiben Sie doch!"
„Morden? Haben Sie denn noch ein zweites Mal so etwas gemacht?"
„Gemacht! Mein Sohn hat einen Mord gemacht und ist unschuldig, und ich bin schuldig, schuldig an den Morden, zu denen ich keine Kraft und keine Zeit gehabt habe. Da drinnen, in dem Waschtrog da, da drinnen liegt meine Kraft begraben und meine Zeit." Sie trommelt auf den Waschtrog. „Das ist meine Wiege und mein Bett und mein Sarg, das sag ich immer. Da drinnen stecke ich mein Leben lang und wasche Batist und Seide und zartes Leinen, die nicht mir gehören, und ich habe die Frauen beneidet, die das getragen haben, auch ich war jung und hübsch."
Mit jugendlichem Haß schlägt sie auf den Rand des Trogs. Auch sie sei hübsch und jung gewesen, wiederholt sie, „ob Sie mir's glauben oder nicht, und gerne hätte ich die feine Wäsche getragen. Aber ich habe die Fäuste geballt...", und jetzt lacht sie konvulsivisch, „... mit den geballten Fäusten hab ich die Wäsche gerieben, bis sie sauber war, blitzsauber. Alles für die anderen."
Manchmal freilich habe auch sie sich schöngemacht und

habe ein Paar fremde Ajour-Strümpfe angezogen und ein Hemd aus Batist, das sei aber schon ewig her, ihre Jugend und ihre Schönheit und all ihre Hoffnungen seien ertrunken in dem Seifenwasser, und ausgeschüttet habe sie alles. Längst sei es vorbei, daß Männer ihr nachstellten.
„Mein Geliebter war Polizist", erzählt sie, „hu, war der eifersüchtig, nicht einmal tanzen hab ich mit einem anderen dürfen. Aber wie ich schwanger geworden bin, hat er mir lang und breit auseinandergesetzt, daß er nur provisorisch angestellt ist, ans Heiraten darf er gar nicht denken, und ich muß mir das Kind nehmen lassen. Ich hab Glühwein getrunken mit Gewürznelken, wie es mir die Freundinnen geraten haben, das hat aber nichts genützt. Da hat er mir zugeredet, ich soll einmal mit dem Polanski schlafen, damit ich dem das Kind aufbinden kann."
Soll auch der tote Gatte einbezogen werden in diese zwecklosen Selbstbeschuldigungen der verwirrten Frau?
„Nein, bleiben Sie, junger Herr, jetzt kommt eine Mordgeschichte für die Zeitung. Mein Herr Polizist hat also wollen, ich soll mit dem Polanski gehn, damit er das Kind auf ihn schieben kann. Vorher hat er sich über den Polanski lustig gemacht, einen soliden Geschäftsdiener aus unserer Straße, der mir immer Blumen gebracht hat und rot geworden ist, wenn er mich gesehen hat. Ich wollte nichts davon wissen, den armen Menschen so hereinzulegen, aber mein sauberer Freund hat so lange auf mich eingeredet, bis ich vom Tanzsaal mit dem Polanski nach Hause gegangen bin. Mein Freund ist uns nachgeschlichen bis an die Haustür, er wollte verhindern, daß ich mir's noch überlege. Mir hat es den Hals zugeschnürt wie damals nach jener ekelhaften Nacht beim Bruder der Gnädigen, und wieder hat mich der Haß gepackt, und am Abend hab ich das Messer mitgenommen zum Stelldichein mit meinem Herrn Polizisten. Damals habe ich es mir klar und kalt überlegt und hab gewußt, dieser Stich wird nicht danebengehn." – „Haben Sie ihn wirklich . . .?"
„Ich hab ihn nicht erstechen können, er ist nicht gekommen. Er hatte mich ja verkuppelt und keine Verpflichtungen mehr gehabt. Ein Ehrenmann! – Lange hab ich nicht den Mut gefunden, dem Polanski zu sagen: Ich bin schwanger. Erst wie man mir's schon angesehen hat, bin ich damit

herausgerückt. Der arme Narr hat sich so gefreut, gejubelt hat er vor Freude, daß er Vater wird und daß wir gleich Hochzeit machen müssen. Da hat mir der Gefoppte so leid getan, und ich wollte das Kind nicht austragen, um keinen Preis der Welt, auch wenn es mein Leben kosten sollte. Aber keine Hebamme hat es machen wollen, ich war schon im siebenten Monat. Wieder hab ich Glühwein getrunken, zwanzigmal bin ich vom Tisch gesprungen, vor der Mutter Gottes hab ich gekniet und gebetet und gebeichtet und gefastet und Gelübde getan; nichts hat geholfen. An diese Teufelswand von dem Waschtrog da, hier in der Mitte, wo ich immer stehe, hierher hab ich meinen Bauch gedrückt und hab gewaschen mit zusammengepreßten Fäusten, die Frauenhemden, die blutig waren; nur ich hab kein Blut gehabt. Da hab ich mein altes Messer genommen und hab es mir in den Bauch gestoßen, damit Blut kommt, damit das Kind krepiert und ich mit ihm..."

„Haben Sie sich schwer verletzt?"

„Man hat mich ins Spital gebracht, zwölf Tage habe ich dort im Fieber gelegen. Wie ich wieder zu mir gekommen bin, hat man mir mein Kind gezeigt, den Franzl. Ich hatte ihn nicht getroffen – vielleicht war es gut so; ich hab ihn liebgewonnen. Auch den Polanski hab ich liebgewonnen, der hat den ganzen Tag an meinem Bett gesessen und mich nachher geheiratet. Er hat nur eine Sorge gehabt, der arme Narr, ob der Bub nicht tuberkulös sein wird wie er. Ich hab eine andere Sorge gehabt: ob der Bub nichts erben wird von meinem Blut, das nicht hat fließen wollen ohne das Messer da. Aber ich werde ihnen das sagen, den Herren vom Gericht, ich werde mir kein Blatt vor den Mund nehmen bei der Verhandlung, ich werde denen schon sagen..."

Da wird die Tür aufgerissen. „Guten Abend, Mutter."

Frau Polanski schaut ihren Sohn an, der seine Mütze aufs Bett schleudert; sie ist ganz woanders, sie steht vor Gericht.

Wie kommt ihr Sohn in ihre Stube? Wie kommt die Stube hierher?

„Weißt du schon, daß man mich wegen Raubmord verhaftet hat? Was sagst du dazu, Mutter?" Er sieht die durchwühlten Schubfächer. „Aha, hier waren sie auch schon, die gescheiten Herren von der Polizei."

Frau Polanski schaut ihren Sohn groß an. Wo kommt er her, kommt er vom Galgen?
„Was schaust du so, Mutter? Hast du vielleicht auch geglaubt, daß ich der alten Bergmann den Schädel eingeschlagen hab?"
Ich trete auf ihn zu. „Verzeihen Sie, ich bin Berichterstatter. Wieso hat man Sie entlassen?"
Franz Polanski lacht. „Da wär ich ja beinahe in die Zeitung gekommen! Mutter, was sagst du, fast wäre ich berühmt geworden. Leider haben sie schon den Mörder, es ist der Sohn von der Hausbesorgerin. Aber ich hab seit Mittag nichts gegessen; Hunger hab ich, Mutter."
Sie steht noch immer da mit wirrem Haar und dem Blick einer aus der Vergangenheit hervorgeholten Jugend.
Sie schaut auf mich: Die Mutter eines Mörders hat die Dunkelheiten ihres Lebens einem Mann von der Zeitung enthüllt, und jetzt ist sie nicht mehr die Mutter eines Mörders, und der Mann von der Zeitung hat hier gar nichts zu suchen in dieser ehrlichen Stube. Sie hat sich vor ihm entblößt, weil sie gehofft hat – was hat sie nur gehofft?
„Hunger hab ich, Mutter, hörst du nicht? Seit Mittag hab ich keinen Bissen im Mund gehabt! Was starrst du denn so? Fressen will ich, wie oft soll ich es noch sagen?"
Da zuckt Frau Polanski zusammen, sie bindet ihr Kopftuch um, und gebückt, eine alte Wäscherin, stapft sie zum Herd.
„Na ja, na ja, ich geh ja schon."
Und ich verlasse die Wohnung, ohne eine Notiz, ohne auch nur eine Zeile zu haben.

Die Wasserkatastrophe von Konopischt

Auf die Nachricht von einer Überschwemmung bei Beneschau, die an einem Sonntag in Prag bekannt wurde, fuhr ich hin. Beneschau war wohl eine Reise wert, denn auf Schloß Konopischt bei Beneschau hatte der Erzherzog Franz Ferdinand seine, wie er dachte, provisorische Resi-

denz, dort wartete er mit unverhohlener Ungeduld auf seine Übersiedlung in die Hofburg. Aber in dieser Wiener Wohnung saß ein gar zäher Mieter und dachte nicht daran, sie zu räumen: Kaiser Franz Joseph I.
Als dessen Sohn Kronprinz Rudolf 1889 sich in Mayerling erschoß, wurde sein Vetter Franz Ferdinand Thronfolger von Österreich-Ungarn. Damals war Kaiser Franz Joseph sechzig Jahre alt und schwerkrank, und der neue Erbe machte sich bereit, binnen kurzem den Thron zu besteigen. Ein Jahr des Wartens verging, ein Jahrzehnt verging, zwei Jahrzehnte vergingen, ein Vierteljahrhundert, und als 1914 die Schüsse von Sarajevo den Wartenden töteten, lebte der Erblasser Franz Joseph immer noch.
Zur Zeit, da ich nach Konopischt fuhr, um über die Wasserkatastrophe zu berichten, hatte die Wartezeit Franz Ferdinands ihr achtzehntes Jahr erreicht. Um ihn und sein Schloß rankten sich vielerlei Gerüchte, und eben waren sie um eine mystische Note bereichert worden: Ein berühmter englischer Pflanzengenetiker war nach Konopischt berufen worden, um durch Kreuzung der Rosa canina mit der Rosa rugosa ein Geschlecht schwarzer Rosen zu züchten. Kaum drang von diesen Versuchen etwas in die Öffentlichkeit, wandten sich Kassandrarufer und Zeichendeuter in Briefen an den Editor der „Times": Wisse man nicht aus der Geschichte Englands, daß es eine Mordtat mit nachfolgendem Krieg bedeute, wenn die schwarze Rose blühe? Wie erst, wenn sie im Hause des Prinzen blühe, dessen Händen die Zukunft von Mitteleuropa anvertraut ist?
Zum Glück vermochte der Züchter des botanischen Unglücksraben die Zeitgenossen, die Timesgenossen zu beruhigen: Laut der Chromosomentheorie, die ihrerseits auf der Mendelschen Vererbungslehre fuße, geraten bei Kreuzungen eines wilden Rosenmännchens mit einem rauhen Rosenweibchen von je hundert Kindern fünfundzwanzig dem Vater nach und sind weiß wie dieser, und fünfundzwanzig sind rosarot, ganz die Mama. Von den übrigen fünfzig werden die fünfzehn brünettesten dem Geschlechtsverkehr mit Vater oder Mutter preisgegeben, hernach die fünfzehn dunkelsten dieser Blutschande neuerlich dem Verkehr mit ihren Erzeugern, und erst nach sieben Jahren könne eine völlig schwarz pigmentierte Generation geboren werden.

Bis zum Sommer 1914 sei demnach für jene, die an dergleichen Vorzeichen glauben, das Schicksal des österreichischen Thronfolgers wie das des Friedens gesichert.
Wahrscheinlich stand der Editor der „Times" vor diesem Brief wie der Esel Buridans oder, besser gesagt, Puritans. Einerseits konnte er die shocking Geschichte von Zucht und Inzucht, diese Anleitung zur Erzeugung von Negerbastarden, seinen Leserinnen nicht gut vorsetzen, andererseits aber war die Erklärung des Botanikers geeignet, der City und ihren Aktien ein Limit von sieben Jahren zu gewähren.
Wie immer fiel die Entscheidung zwischen Moral und Wirtschaft zugunsten der letzteren aus, die Öffentlichkeit wurde unterrichtet, daß die Chromosomen vorläufig weder Mordabsicht noch Kriegsabsicht im Busen hegten, und niemand konnte annehmen, daß die Wasserkatastrophe bei Konopischt ein Resultat des Rosenexperiments sei. Tatsächlich war sie auch im Vergleich zu jenen, die später folgten, kaum eine Katastrophe zu nennen, und wenn man sie dennoch so nannte, geschah es, weil man die Ausmaße der kommenden nicht kannte.
Der Eisenbahnzug, der mich spätabends an den Schauplatz brachte, war der letzte; kurz nachdem er angelangt war, stiegen längs der Strecke Wlaschin-Beneschau die Fluten zur Höhe des Bahndamms empor, schlugen über den Gleisen zusammen.
In Beneschau recherchierte ich, was zu recherchieren war. Aus den Garnisonen des weitesten Umkreises war auf des Erzherzogs telegrafischen Befehl Militär und Gendarmerie herantransportiert worden. Die Tätigkeit der Gendarmen bestand darin, die Fische zu konfiszieren, die aus dem erzherzoglichen Teich auf die Landstraße geschwemmt und von Landleuten aufgelesen worden waren. Die k. u. k. Pionierregimenter hatten einen Wall aufzuwerfen, um die Kellerräume des Schlosses vor dem Eindringen des Wassers zu schützen.
In der Wirtsstube des Hotels „Zum Löwen", wo ich die Ergebnisse meiner Nachforschungen notierte, saßen Menschen, deren Gesichter von Verzweiflung durchfurcht waren. Der Wirt flüsterte mir zu, daß jener Mann in der Ecke der Besitzer des überschwemmten Gutes Libesch sei. Die

stumm-verstörte Familie am Fenster sei die des Müllers aus dem Dorf Krupitschka, seine Mühle, die nicht versichert gewesen, brannte im vorigen Jahr ab, mit seinen letzten Ersparnissen baute er sie wieder auf, und jetzt habe das Wasser den Neubau vernichtet.
Von mißtrauischem Charakter, wie du bist, lieber Leser, wirst du fragen, wieso ich mir die Namen der böhmischen Dörfer Libesch und Krupitschka bis zum heutigen Tag gemerkt habe. In der Tat, hätte mir damals im Gastzimmer des Hotels „Zum Löwen" jemand geweissagt, ich würde nach mehr als einem Menschenalter aus dem Gedächtnis niederschreiben, daß jener Mann in der Ecke der Gutsbesitzer von Libesch und die Familie am Fenster die des Müllers aus Krupitschka sei, ich hätte einen solchen Propheten für einen Schwätzer gehalten.
Konnte ich denn ahnen, wie lückenlos die Chronik des blinden Methodius war? Noch Jahre später hörte ich ihn das Lied von der Wassersnot singen mit den Strophen vom Gutsbesitzer in Libesch und vom Müller aus Krupitschka, welch letzterer – hier hob sich die Stimme des blinden Methodius zur Wehklage eines Trauerchors – nicht versichert gewesen.
Wirt und Gäste des Hotels „Zum Löwen" erzählten schauerliche Szenen, die Überschwemmung war nachts gekommen, die Dorfbewohner rannten davon, ihnen nach setzten die Fluten, waren ihnen auf den Fersen. Über den Dächern der Ziegelhäuser schlugen die Wellen zusammen, ertränkten Menschen, Pferde und Kühe, Holzhäuser wurden weggeschwemmt, die Ernte vernichtet, die eingebrachte in den Scheunen ebenso wie die auf den Feldern.
„Und im Schloß?" fragte ich.
Im Schloß? Nun, selbstverständlich sei auch der Park überflutet und der Staudamm im Teich zerbrochen. Aber dem Schloßgebäude selbst sei nichts passiert. Der Herr Erzherzog sei die ganze Zeit dort geblieben.
Inzwischen war es Nacht geworden, und ich wollte in mein Zimmer hinaufgehen. Im Hausflur goß ein Gendarm mit grimmigem Gesicht sein Bier in sich, es war mein Instruktionskorporal vom 11. Regiment. Ich wollte ihn ausfragen, aber er kam mir zuvor: „Sagen Sie – als ein studierter Mensch werden Sie es wissen –: Weshalb müssen wir den

armen Leuten die krepierten Fische abnehmen und im Schloß abliefern? Sagen Sie mir, bitte, was macht der Herr Erzherzog mit den toten Fischen?"
Ich konnte keine Antwort auf die Frage geben, trank ein Bier mit meinem ehemaligen Lehrer des Exerzierdienstes und ging zu Bett.
Draußen donnerte und blitzte und goß es, der Wind wollte mit aller Gewalt den Balkon meines Zimmers abbrechen, während Regensträhnen die Fensterscheiben zu zerschlagen versuchten.
Da ich nicht einschlafen konnte, legte ich mir die Tatsachen zurecht, die ich bisher erhoben. Sie bezogen sich auf das Schicksal der Dörfler, die waren brotlos, obdachlos, mittellos geworden. Aber nicht um deren Katastrophe zu beschreiben, war ich hierher entsandt. Für die Zeitung war das kleine Ungemach eines kaiserlichen Prinzen von Wichtigkeit und nicht das große Ungemach von ein paar hundert Bauern.
Komische Frage, die des Gendarmen! Wozu braucht der Erzherzog wirklich die krepierten Fische? Ich mußte mich aber mit der Beantwortung nicht plagen, über den erzherzoglichen Befehl zum Einsammeln der Fische durfte ich ohnehin nichts schreiben, ebensowenig wie über die Einsetzung der Truppen zum Schutz des Weinkellers.
Ein so junger Journalist ich auch war, ich hatte schon eine ziemliche Anzahl von Dingen verschweigen müssen, und es sollte eine sehr große Anzahl werden, bevor ich ein alter Journalist wurde. Wenn Kollegen sich brüsten, sie seien nie in ihrem Leben im Schreiben beschränkt worden, nie würde ihnen ein Gedanke gestrichen, so ist das nur ein Beweis dafür, daß sie sich von selbst innerhalb der Zensurgrenzen bewegen, ihre Denkweise nirgends über die Hürden der vorgeschriebenen Ideologie hinausstrebt.
Vom weiten Ausmaß der Katastrophe blieb mir nur eine Parzelle zur Schilderung überlassen: nämlich der Herrensitz des künftigen Kaisers. Aber auch hierfür gab es eine Zensur, vor allem in Prag. Dort hatte sich der Thronfolger beträchtlichen Einfluß zu sichern gewußt: Der Chef der Politischen Polizei Bezirkshauptmann Chum, der Konopischter Beichtvater Graf Galen, der Abt von Emmaus Alban Schachleitner und der Generalstabschef Oberstleutnant Al-

fred Redl waren seine Vertrauensleute und machten katholische und großösterreichische Politik in seinem Sinn; auch der Führer der tschechischen nationalsozialistischen Partei, Dr. Karl Schwiha, stand im Sold des Erzherzogs, was allerdings damals noch geheim war, bald aber zu einem öffentlichen Skandal Anlaß geben sollte.
Was immer mit dem Thronfolger in Zusammenhang stand, ob es die ominösen schwarzen Rosen waren oder das gefälschte Sankt-Georgs-Relief, das ein Kunsthändler dem Erzherzog angehängt – die Auslandspresse, die Wiener und Budapester Zeitungen berichteten darüber spaltenlang, während einflußreiche „Freunde unseres Blattes" den Chefredakteur der „Bohemia" von der Unzweckmäßigkeit der Veröffentlichung überzeugten. Als die Verlobung des Thronfolgers mit der böhmischen Gräfin Sophie Chotek die Welt beschäftigte, durften wir kaum die Geschichte des Chotekschen Hauses bringen, weder das Echo des Auslands noch die Wiener Blätterstimmen registrieren.
Selbst der knappste Bericht, den ich aus dem Schloß heimbrächte, würde also noch zusammengestrichen werden. Aber ich mußte mein Bestes tun. Am Morgen mietete ich in Beneschau einen Zweispänner und einen Zylinder, um in Schloß zu fahren. Wie erwartet, ließen die am Gittertor postierten Gendarmen respektvoll den Herrn passieren, der mit arroganter Miene, Zylinder auf dem Kopf, seinem Wagen entstieg. Ungestört ging ich durch den Park.
Ein eigenes langgestrecktes Gebäude barg die Sankt-Georgs-Sammlung. Seit Jahren kaufte der Erzherzog Darstellungen des heiligen Georg zusammen, soweit er sie sich nicht schenken ließ, gotische Holzschnitzereien und billige Gipsfiguren, Renaissancegemälde und Öldrucke, Kunst und Kitsch.
Daß sich der Thronfolger mit dem Drachentöter identifizierte, schien klar, wen aber meinte er mit dem Lindwurm? Was war es, was dieser manische Jäger, der sich mit dem Abschuß von tausend Rehen und Hirschen nicht zufriedengab, als befriedigende Jagdbeute ersehnte?
Erst nach dem Tod der Doppelmonarchie erschienen des Thronfolgers Briefe, von denen die meisten mit der Floskel „Pardon den Bleistift" begannen, und man erfuhr, daß er unter dem Drachen alles mögliche subsumiert hatte. In cho-

lerischem Ton schreibt er von der Hofkamarilla um Franz Joseph, die sich seiner Ehe widersetzte, und von den unverschämten Politikern und Journalisten, die sich einmischten. Die ungarischen Beschränker der habsburgischen Hausmacht nennt er „Kossuthgesindel", die italienischen Irredentisten „Katzelmacher", die Serben „Ziegenschänder" und schimpft außerdem auf Freimaurer, Juden, Parlament und Sozialisten.
Ich lugte durchs Fenster in die merkwürdige Georgskapelle. Das Wasser hatte das aus den Drachenmäulern züngelnde Feuer nicht verlöscht, und nicht aus Angst vor den steigenden Fluten richteten sich die heiligen George in den Steigbügeln hoch. Nur wenn das Hochwasser noch höher steigen würde, so notierte ich mir mit journalistischem Konditional, könnten sie Roß und Reiter ersäufen. Dagegen war das Rosarium nicht einmal bedingungsweise gefährdet, das breite Holztor war geschlossen und durchaus geeignet, einem Wassersturm Trotz zu bieten, so daß die düstere Blume ruhig ihrer Entfaltung entgegenreifen konnte. Und auch die Schätze der berühmten Estensischen Waffensammlung in den oberen Stockwerken des Schlosses hatten nichts zu befürchten.
Forschenden Schrittes patrouillierte ich durch den nassen Park. Jenseits eines wappenförmigen Blumenbeets standen zwei Herren. In dem einen erkannte ich den Thronfolger, der andere kam auf mich zu und fragte, was ich hier tue. Ich erwiderte, daß ich Zeitungsberichterstatter aus Prag sei. Er eilte zum Thronfolger und kehrte, diesmal zur Energie versteift, zu mir zurück. In scharfem Ton, dessen Stimmlage er von seinem Herrn empfangen, erklärte er: „Über das Schloß darf kein Wort in die Presse. Verlassen Sie sofort die Domäne!"
Worauf ich denn sofort die Domäne verließ. Den ersten Teil des Befehls zu befolgen war nicht meine Sache, darum würden sich schon die Prager Vertrauensleute Franz Ferdinands bemühen.
Kaum hatte ich vom Beneschauer Postamt das letzte Wort meines mageren Berichts abdiktiert, erschien die Stimme des alten Herrn Katz in der Hörmuschel. Hermann Katz war Mitglied unserer Redaktion und gleichzeitig Prager Korrespondent der Wiener „Neuen Freien Presse". Er hatte

mir mitzuteilen, daß ich noch heute eine ganze Zeitungsseite über die Wirkung der Überschwemmung auf das Schloß direkt an die „Neue Freie Presse" telefonieren müsse, einen Originalbericht, verschieden von dem, den ich soeben nach Prag gegeben.
Bevor ich antworten konnte, eröffnete mir Hermann Katz mit geradezu feierlicher Betonung, Herr Benedikt habe sich erkundigt, wer von der „Bohemia" nach Konopischt gefahren sei, und wörtlich gesagt: „Sagen Sie Herrn Kisch, daß das mein persönlicher Auftrag ist."
De jure hatte Herr Benedikt mir gar keinen Auftrag zu geben. De jure hatte ich nichts mit der „Neuen Freien Presse" zu tun, deren Herausgeber Moriz Benedikt war. De facto aber lag die Sache anders. De facto gehörte es zu den Obliegenheiten unserer Redaktion, den leisesten Winken von Moriz Benedikt zu gehorchen, sonst konnte er seinen Prager Korrespondenten aus dem Redaktionsstab einer anderen Zeitung wählen. In diesem Falle wären uns jene politischen Informationen verlorengegangen, die Hermann Katz als Vertreter des einzigen österreichischen Weltblatts überall willfährig erhielt. Auch war es dem Ansehn der „Bohemia" förderlich, daß ihre politische Auffassung in den Berichten von Hermann Katz regelmäßig zitiert wurde.
Darüber hinaus aber war Moriz Benedikt ein Begriff, der Begriff von Einfluß und Macht, obwohl seine journalistische Alleinherrschaft zu bröckeln begann. Der Liberalismus und der österreichische Zentralismus, die Periode des Freihandels lagen in den letzten Zügen, das Wiener Kleinbürgertum hatte sich reaktionär, die Arbeiterschaft sozialistisch organisiert, die Nationen Österreichs machten den Deutschen Österreichs die Hegemonie streitig, und eine hauptsächlich gegen Moriz Benedikt gerichtete Zeitschrift, „Die Fackel" des Satirikers Karl Kraus, hatte eine fanatische Gemeinde von Tausenden.
Moriz Benedikt nahm all das nicht zur Kenntnis. Nach wie vor sollte seine Zeitung als Bibel und er selbst als Hoherpriester gelten. Als ihm einer seiner Parlamentsberichterstatter eine Nachricht mitteilte und hinzufügte, er habe sich unter Eid verpflichtet, sie vorläufig nicht zu veröffentlichen, erhob sich Moriz Benedikt, streckte priesterlich die

Arme aus und sprach: „Hiermit entbinde ich Sie Ihres Eides."
Unentwegt betrachteten die alten Abonnenten das Blatt so, wie dessen Herausgeber es betrachtet wissen wollte: Sie schworen auf jedes Wort. Der Schriftsteller Arthur Holitscher schilderte mir einmal, wie sich seine Familie von ihm lossagte, weil er, statt Kaufmann zu werden oder zu studieren, sich der Literatur zuwandte. Briefe an seine Mutter kamen uneröffnet zurück, seine Annäherungen an die Geschwister begegneten der beleidigendsten Ablehnung, auch als er schon mit Büchern und Dramen Erfolge hatte. Um so erstaunter war Arthur Holitscher, plötzlich von seiner Familie Briefe zu bekommen, die ihn geradezu um Verzeihung baten. Was war geschehen? Geschehen war, daß die „Neue Freie Presse" unter den prominenten Besuchern einer Veranstaltung seinen Namen genannt hatte.
Man erzählte sich in Wien, daß bei einer Audienz Kaiser Franz Joseph den Komponisten Anton Bruckner fragte, ob er einen Wunsch habe, worauf Bruckner tränenüberströmt ausrief: „Majestät, könnten S' nicht beim Herrn Hanslick ein Wörtl für mich einlegen, daß er mich nicht immer so tadeln tut?"
Nein, das konnte Majestät nicht, hier hatte der Kaiser sein Recht verloren. Und dabei war Eduard Hanslick in der „Neuen Freien Presse" nur der Musikkritiker!
Theodor Herzl, der alsbald angesichts einer staunenden Welt mit dem Kaiser von Deutschland vor den Toren Jerusalems das Projekt einer gesicherten jüdischen Heimstätte in Palästina diskutieren sollte, Theodor Herzl, der am Hof des Zaren in St. Petersburg die Regelung des Judenproblems verfocht, selbiger Theodor Herzl trug gewissenhaft in sein Tagebuch ein, wie ihm der Herausgeber der „Neuen Freien Presse" jeweils begegnete, glücklich, wenn dieser ihn eines Gesprächs würdigte, unglücklich, wenn er auf seinen Gruß nur kühl dankte.
Und nun bekam ich, ein junger Mann aus der Provinz, vom Pontifex maximus Benedictus einen persönlichen Auftrag, den Auftrag, eine ganze Seite zu füllen. Diese Seite würde der Zensur der Prager Erzherzogsclique nicht zum Opfer fallen, denn vor kurzem hatte sich zwischen Franz Ferdinand und Moriz Benedikt ein Kampf abgespielt, aus dem

der Thronfolger keineswegs als Sieger hervorgegangen war.

Moriz Benedikt hatte in der Verlobung Franz Ferdinands mit der Gräfin Chotek den Anlaß zu künftigen Komplikationen in der Thronfolge erblickt. Nur eine öffentliche und beschworene Verzichterklärung des Thronfolgers für Frau und Deszendenz könne Österreich vor einer Wiederholung der Maria-Theresianischen Erbfolgekriege bewahren. Selbstverständlich durfte ein solcher Standpunkt nicht offen ausgesprochen werden, aber Moriz Benedikt konnte ausländische Blätterstimmen und Parlamentsreden dieser Tendenz groß zitieren. Außerdem bestellte er bei berühmten Juristen und Historikern „allgemein gehaltene", „unaktuelle" Artikel über die Frage, ob die Gemahlin eines Kaisers, die gemäß den habsburgischen Erbfolgegesetzen nicht Kaiserin von Österreich sei, dennoch als Königin über Ungarn und Böhmen regieren dürfe und welche Folgen das mit sich brächte.

So gelehrt und zeitlos diese Frage behandelt wurde, so wütend und drohend antwortete das Organ Franz Ferdinands, die christlich-soziale Wiener „Reichspost", und ihre Experten, meist hohe Geistliche, griffen Moriz Benedikt persönlich mit ganz und gar unpriesterlicher Gehässigkeit an.

Der Erzherzog durfte die Gräfin Chotek wohl heiraten, aber er mußte vor der Trauung beschwören, daß er für seine Gattin auf den Titel einer Kaiserin und Königin und für seine zukünftigen Kinder auf die Thronfolge verzichte. Diesen Schwur konnte Moriz Benedikt als seinen Erfolg buchen, freilich als einen Erfolg, den ihm Franz Ferdinand nach der Machtübernahme bitter heimzahlen würde.

Vorläufig war es Moriz Benedikt, der an der Macht war, und ich war hier und heute an seiner Statt. Mit Zylinder und Zweispänner fuhr ich zum zweitenmal ins Schloß hinaus. Wiederum ließ die Wache mich passieren, was weniger überraschend war als das erstemal, denn jetzt spiegelte sich sicherlich in meinen Mienen der Stolz, Beauftragter eines Weltblatts zu sein.

Von den Bäumen tropfte der Regen auf meinen Zylinder, aus den Pfützen spritzte es meine Hosenbeine hinauf, ich jedoch achtete nicht darauf, ich war vollauf damit beschäftigt, Eindrücke zu hamstern. Mein Bericht sollte ein Bericht

werden, wie ihn nicht einmal die ältesten Abonnenten der „Neuen Freien Presse" je gelesen!
Das Ufer des angeschwollenen Fischteichs, das aufgehört hatte, ein Ufer zu sein, ging ich entlang, die Füße im Lehm, den Kopf im Parnaß. Ich dichtete für Moriz Benedikt, der auf meinen Bericht wartete, ich dichtete gegen Erzherzog Franz Ferdinand.
Dem vielfachen St. Georg will ich einheitliche Züge geben, seine Jünglingshaftigkeit schildern, seine schmale Gestalt und sein bartloses Gesicht, und sein Blick wird erkennen lassen, wie ihm der Wille, ein Tier zu töten, bisher ferngelegen ... kurzum, all das soll hervorgehoben sein, was den Unterschied zwischen dem Ritter Georg und dem dicken, schnauzbärtigen, jagdfanatischen Schloßherrn ausmacht. Boshaft schmunzelnd beschließe ich, von wohlgeformten Gipsfiguren und von besonders schönen Farbendrucken des heiligen Georg zu schreiben.
Diesmal war das breite Holztor des Rosariums geöffnet, zwei Handkarren voll mit toten Fischen fuhren eben ein.
„Für drinnen?" fragte ich einen Gärtnergehilfen.
„Ja, wir düngen immer mit Fischresten und gelegentlich auch mit toten Fischen. So teure aber und so viel auf einmal haben wir noch nie gehabt."
Würdiger Dünger, dachte ich bei mir, würdiger Dünger für die schwarze Rose: tote Fische, entrissen hungernden Menschen. Das darf ich freilich auch in Wien nicht aussprechen. Aber selbst ohne den Dünger wird in meinem Bericht die schwarze Rose aufblühen, inmitten fröhlicher und heller Blumen des Friedens und der Freude, das unheilverkündende Gewächs.
Ich betrete den Damm. Der ist in der Mitte geborsten, nur bis zu der etwa drei Meter breiten Bruchstelle kann ich vorwärts gehen. Zu meinen Füßen tobt ein Wirbel, als wollten flüssige Krallen den Rest des steinernen Hindernisses packen, um ihn abzureißen. Während ich mich umwende, mir panoramische Notizen mache, ist auf der anderen Seite der Bresche jemand erschienen. Der Erzherzog!
„Unerhört! Ich habe Ihnen doch sagen lassen: Ich dulde nicht, daß über das Schloß etwas in die Zeitung kommt", schreit er.
Aus seinen Pupillen blitzen Drohungen, die ihre Wirkung

gewohnt sind. Aber sie verfehlen ihre Wirkung auf mich, der ich von höherer Seite gesandt bin.
Über den klaffenden Abgrund hinweg schallt meine Antwort: „Kaiserliche Hoheit, was in der ‚Neuen Freien Presse' erscheint, bestimmt niemand anderer ..."
Bei dem Wort „Neue Freie Presse" wird sein Gesicht puterrot vor Wut, seine Finger krampfen sich zusammen, als wollten sie jemanden erwürgen.
„... bestimmt niemand anderer als Herr Moriz Benedikt."
Damit wende ich dem Erben des Weltreichs den Rücken zu und schreite über den ungeborstenen Teil des geborstenen Dammes in die Richtung zum Tor.

Zyankali gegen den Generalstab

Daß in der Kriminalgeschichte der Fall Hofrichter so und nicht anders heißt, gereicht mir nicht zur Ehre, denn ich habe in diesem Fall die Unschuld Hofrichters verfochten. Dieser Giftmordanschlag gegen eine ganze Berufsgruppe steht in der Kriminalistik ohne Parallele da, aber auch in der Geschichte der öffentlichen Meinung bildet das Kapitel Hofrichter die Ausnahme von der Regel. War doch hier das Für und Wider von verwirrenden Einflüssen bewegt: Die Verteidiger des mutmaßlichen Täters standen zumeist auf der linken Seite der politischen Arena, und die rechte applaudierte ihr, weil es um einen der Ihren ging.
Die Affäre begann mit dem Tod des Generalstabshauptmanns Mader in Wien. Am Abend des 17. November 1909, während Mader einen Brief an seine im Ausland weilende Freundin schrieb, schickte er seinen Diener Wurst und Brot holen. Als nach zehn Minuten der Offiziersdiener zurückkehrte, fand er seinen Herrn röchelnd und sich in Krämpfen windend auf dem Boden liegen. Der herbeigerufene Arzt konnte nur noch den Tod feststellen: Vergiftung durch Zyankali.
Eine militärische Untersuchungskommission fischte aus

Maders Papierkorb ein Schächtelchen, in dem anscheinend das Gift gewesen war. Sie entschied: Selbstmord aus unbekannter Ursache. Demgemäß berichteten die Zeitungen unter dem Titel „Selbstmord eines Generalstäblers während der Abfassung eines Briefes" über Maders Tod.

Aber ein Kamerad Maders brachte die Vergiftung in Zusammenhang mit einem Medikament, daß er am Tag vorher per Post erhalten hatte. Er nahm an, daß es auch anderen Generalstäblern zugekommen war, da auf dem Umschlag die Worte: „Hochwohlgeboren Herrn ..., k. u. k. Hauptmann im Generalstab" vervielfältigt, Name und Adresse jedoch handschriftlich ausgefüllt waren. Der Sendung lag ein in Blockbuchstaben hektographiertes Rundschreiben bei:

Charles Francis   Datum des Poststempels
Wien
VI/4 Postfach

    Diskret

Euer Hochwohlgeboren! Die vorzeitige Abnahme der Mannbarkeit ist eine Krankheit des neuen Jahrhunderts. Diese zu ergründen, Gegenmittel zu schaffen war eine notwendige Arbeit erster ärztlicher Kapazitäten. Auf Grund eingehender Versuche gelang es endlich, ein Mittel zu finden, welches, ohne der Gesundheit zu schaden, die männliche Potenz bedeutend erhöht. Wir erlauben uns, anbei eine Probe gratis beizulegen. Urteilen Sie selbst; dies wird unsere beste Reklame sein.

Gebrauchsanweisung: Schachtel vorsichtig öffnen (Papier abreißen), Pillen, ohne die Oblaten zu beschädigen, entnehmen, beide ca. eine halbe Stunde vor ... (hier war das Wort „Coitus" mit Handschrift eingefügt) rasch nacheinander mit kaltem Wasser schlucken. Pillen bald in Gebrauch nehmen, da ihr Inhalt an der Luft leicht verdirbt. Wirkung verblüffend!

Ihre gütige Bestellung erwartend – Adresse obenstehend, Zusendung diskret und raschest –

                              hochachtungsvoll ergebenst
                              Charles Francis.

Die chemische Untersuchung ergab, daß die Francisschen Pillen reines Zyankali waren. Es bestand also Vergiftungsgefahr für alle Empfänger. Deshalb veröffentlichte die Polizei eine Warnung, in der jedoch kein Wort davon gesagt wurde, daß das Francissche Mittel mit dem Tod des Hauptmanns Mader zusammenhing. Wenn man der Verlautbarung glauben wollte, hatten sich die Empfänger vorsichtig, geradezu wie Gelehrte benommen: „Offiziere, die solche Pillen erhielten, haben sie sogleich chemisch untersuchen lassen, wobei Giftgehalt festgestellt wurde. Die übrigen Offiziere seien jedenfalls eindringlich davor gewarnt, die ihnen von dem Unbekannten gesandten Pillen zu benützen."

So harmlos die Warnung abgefaßt schien, so enorm war das Aufsehen, das sie bewirkte. Ohnehin war es unglaubwürdig gewesen, daß jemand mitten im Schreiben eines gutgelaunten Liebesbriefes Selbstmord begangen habe. Nun wurde klar, daß Mader durch die Pillen ermordet worden war. Ein Gerücht wollte wissen, sie hätten noch viele andere Opfer gefunden. Ausländische Zeitungen sprachen von mindestens zehn Toten.

Was die Polizei herausbekam, war weniger als wenig. Weder gab es das angegebene Postfach noch einen Charles Francis. Am 14. November morgens waren die Sendungen im Bereich des Postamts Wien 99 aufgegeben worden, durchwegs an Generalstabshauptleute des jüngsten Jahrganges und einen Oberleutnant, der die Kriegsschule absolviert, jedoch keine Aufnahme in den Generalstab gefunden hatte.

Da die Adressaten im Alter von neunundzwanzig bis vierunddreißig Jahren standen, war bei ihnen allgemeine Impotenz nicht anzunehmen, und man wäre versucht, des Mörders Voraussetzung, sie würden von dem Präparat Gebrauch machen, herzlich dumm zu nennen. Aber der Gedanke war verflucht gescheit. Denn er zog einen übersteigerten Ehrgeiz ins Kalkül.

Um aus der Masse der „Troupiers" in die Kriegsakademie aufgenommen zu werden und hernach deren Lehrstoff zu bewältigen, bedurfte es eines asketischen Verzichts auf die Vorrechte und Vergnügungen der gewöhnlichen Offiziere. Mit Hilfe von Tonika und Injektionen hielten sich die künftigen Generalstäbler nächtelang wach, über Büchern und

Heften hockend, nur von dem Wunsch beseelt, sich über die Truppe zu erheben, rasch zu avancieren und reich zu heiraten. „Wodurch unterscheidet sich ein Generalstäbler von einem Militärarzt?" war eine Scherzfrage in Österreich. Antwort: „Ist *er* ein Jud, ist es ein Militärarzt, ist *sie* eine Jüdin, ist es ein Generalstäbler."
Daß so Zielstrebige auch in einer Liebesstunde mehr hergeben wollen, als normalen Kräften entspricht, mußte ein Kenner ihrer Psychologie voraussehen. Prompt war das „stärkende Mittel" verschlungen worden, und nur die Warnung verhinderte auch andere, am eigenen Leibe zu erfahren, was der Absender mit den Worten „Wirkung verblüffend" gemeint hatte.
Wo aber lag der Beweggrund dieses versuchten Massenmords? Wollte ein fremder Staat die wichtigsten Offiziere des zukünftigen Feindes erledigen? Für diese Annahme sprach, daß Generalstäbler des jüngsten Jahrgangs aufs Korn genommen worden waren, denn die kämen selbst dann an die Front, wenn sich der Ausbruch des Krieges noch jahrelang verzögern sollte. War es ein antimilitaristisches Attentat, war es ein Akt sadistischen Wahnsinns?
Möglicherweise sollte bloß ein einziger getötet werden, und das Gift wurde nur deshalb auch an andere gesandt, um die Spur des Täters zu verwischen. Nicht ausgeschlossen war ein als Mord getarnter Selbstmord, begangen aus Furcht vor postmortaler Entdeckung eines Verbrechens, vielleicht eines Verrats. Warum hatte Mader mitten im Schreiben eines zärtlichen Briefes das Mittel genommen? Warum den Diener weggeschickt? Stand Mader wirklich „eine halbe Stunde vor ...", wie Charles Francis den Zeitpunkt zum Einnehmen der Pillen vorschrieb? Dann wäre doch der Damenbesuch gekommen.
Am nächsten lag die Vermutung, daß jemand durch das Gift seine Vordermänner beseitigen wollte. Unter den Empfängern der giftigen Post befand sich, wie erwähnt, einer von jenen Oberleutnants, die trotz erfolgreicher Beendigung der Kriegsschule nicht in den Generalstab aufgenommen wurden, weil dieser komplett war. Gegen diesen Oberleutnant – er diente in Galizien – richteten sich die ersten Recherchen; aber auch jeder andere nicht in den Generalstab berufene Kriegsschüler schien seiner Umgebung verdächtig.

Einige Tage nach dem Tod Maders sandte ein Leutnant Waldherr aus Linz dem Kriegsministerium ein Schächtelchen mit der Anfrage zu, ob es der Verpackung der Pillen gleiche; in diesem Schächtelchen habe ihm der Oberleutnant Adolf Hofrichter, ein absolvierter Kriegsschüler, einige Stahlfedern geschickt. Waldherr meldete gleichzeitig, daß Hofrichter seinen Novemberurlaub auffallenderweise in Linz verbrachte statt, wie beabsichtigt, in Reichenau.

In der Tat sah das von Waldherr eingesandte Schächtelchen denen der Francisschen Sendung ähnlich, und ein Generalstabsoberst fuhr mit dem Chef der Wiener Sicherheitspolizei, Polizeirat Stuckart, nach Linz, wo Hofrichter im Korpskommando Dienst machte. Die beiden Herren beauftragten Hofrichter, nach Hause zu gehen und sie dort zu erwarten, da sie in einer Stunde eine Haussuchung vornehmen würden.

Während die Kommission den Leutnant Waldherr verhörte, erfuhr sie, daß Hofrichter das Korpsgebäude nicht verlassen habe und in seinem Zimmer dienstliche Angelegenheiten erledige. Befragt, warum er nicht nach Hause gegangen sei, erwiderte Hofrichter, er wolle seine Wohnung gleichzeitig mit der Kommission betreten, damit nicht die Vermutung auftauche, er hätte inzwischen etwas weggeschafft.

Nach erfolgter Haussuchung, bei der Hofrichter bereitwillig mithalf, eröffnete ihm die Kommission, es liege der Verdacht vor, daß er mit Charles Francis identisch sei. Gelassen erwiderte Hofrichter, er habe, Gott sei sein Zeuge, nichts mit diesem gräßlichen Verbrechen zu tun.

Der Generalstabsoberst verließ ihn mit dem Befehl, sich binnen einer Stunde zur Verhaftung zu stellen. Zwar konnte Hofrichter, wenn er der Täter war, innerhalb dieses Zeitraums Schuldbeweise beiseite schaffen, andererseits aber konnte er sich auch erschießen, und das war es, was die Militärkreise am liebsten gesehen hätten: Eingeständnis unritterlicher Handlungsweise durch ritterlichen Tod.

Hofrichter erschoß sich nicht und wurde ins Wiener Garnisonsgericht gebracht.

Gleichzeitig zog Polizeirat Stuckart, der wegen seiner Erfolglosigkeit in der Giftmordaffäre von der Militärkanzlei des Kaisers gerügt und von den Sozialdemokraten angegriffen worden war, in Wien ein. Die offiziöse Polizeikorrespondenz rührte die Reklametrommel für ihren Chef und streute ihm Weihrauch, indem sie ein triumphierendes Bulletin ausgab:

Vom Augenblick an, da man die Leiche des Hauptmanns Mader fand, hat die Polizei ihre Aufmerksamkeit auf den Oberleutnant Adolf Hofrichter in Linz gelenkt, der unter den ersten Anwärtern auf die Einberufung in den Generalstab figurierte, die Francis-Sendung aber nicht erhalten hatte. (In Wirklichkeit hatte die Polizei einen anderen, jenen galizischen Oberleutnant gerade deshalb verdächtigt, weil ihm die Pillen zugeschickt worden waren.)
Der Verdacht verdichtete sich dadurch, daß Hofrichter seine Ferien nicht in seiner Heimatstadt Reichenau in Böhmen, die er als Urlaubsziel angegeben hatte, sondern in Linz verbrachte, von wo er binnen wenigen Stunden nach Wien und zurück fahren konnte. Aus diesem Grunde wurde eine Untersuchungskommission nach Linz entsandt. Sie forschte dort den Lebenswandel des Verdächtigen aus und erfuhr durch Umfrage (sic!), daß Hofrichter einem Kameraden zum Namenstag eine mit Stahlfedern gefüllte Schachtel geschenkt hatte, die vollkommen jenen mit dem Giftpulver glich. (Wie konnten die in Linz „Umgefragten" das wissen, sie hatten ja die Giftschachteln nicht gesehen?) Der beschenkte Offizier wurde ausfindig gemacht (sic!), bestätigte den Erhalt des Geschenks und legte die Schachtel vor. Mit Erstaunen und Bestürzung stellte die Kommission fest, daß die Schachtel den zum Versand der Pulver verwendeten auf ein Haar glich.

Solcherart wurde das einzige Indiz, das eingesandte Schächtelchen, an das Ende einer Verdachtskette gesetzt wie ein abschließender Beweis. Polizeirat Stuckart glaubte, damit den endgültigen Sieg über alle Angreifer, hoch und gering, davongetragen zu haben.
Soweit aber war es nicht. Die sozialdemokratische „Arbeiter-Zeitung" deckte die Polizeitaktik auf, und ihr Lokalreporter Max Winter (der nachmalige Vizebürgermeister von Wien) bewies, daß die Polizei andere wichtige Spuren

außer acht lasse und sich nur auf die vage Annahme von Hofrichters Schuld beschränke.
Merkwürdigerweise fand der Pressefeldzug der Sozialdemokratie gerade in dem ihr feindlichen Lager den stärksten Widerhall. Konservative und patriotische Kreise hielten es mit der Ehre der Wehrmacht für unvereinbar, einen Offizier ehrloser Handlungen verdächtigt zu sehen, und stimmten den Angriffen gegen die Polizei begeistert zu. Die deutsch-nationalen Abgeordneten wandten sich gegen den militärischen Untersuchungsrichter, den Auditor Jaroslav Kunz, der im Verlauf der Ereignisse an die Seite Stuckarts trat; sie beschuldigten Jaroslav Kunz, der ein Tscheche war, daß er aus tschechisch-nationalem Interesse die österreichische Wehrmacht schädigen wolle. (Diesen Vorwurf wertete Jaroslav Kunz nach dem Umsturz von 1918, als er in den tschechoslowakischen Staatsdienst übernommen wurde, für sich aus, indem er sich rühmte, während seiner österreichischen Dienstzeit bewußt sabotiert zu haben.)
Kunz und Stuckart fütterten die Öffentlichkeit mit „Sensationen" über das Privatleben Hofrichters. Schon als Kadettenschüler sei er wegen Streberei und Bosheit verhaßt gewesen; als verheirateter Mann habe er mit einer Gouvernante in einem Hotel übernachtet; seinem Schwiegervater habe er sich verpflichtet, binnen drei Monaten in den Generalstab berufen zu werden. Und dergleichen mehr.
In Böhmen lebte weder der angebliche Täter noch einer der als Opfer Ausersehenen, und ich konnte vorerst nur einige Offiziere herausfinden, die in der Kadettenanstalt Mitschüler Adolf Hofrichters gewesen waren; sie bestritten einmütig, jemals Heimtücke oder Skrupellosigkeit an ihm bemerkt zu haben, die angeblichen Eigenschaften Hofrichters, mit denen die Wiener Polizeipresse unausgesetzt operierte.
Gravierend blieb nur die unterbliebene Urlaubsreise nach Reichenau. Ich fuhr nach Reichenau, um mit den Verwandten Hofrichters zu sprechen. Sie klärten mich darüber auf, daß Adolf um Urlaub für den Sommer angesucht habe, ihn aber erst für den November bewilligt erhielt. Daß er im Winter mit seiner schwangeren Frau die Reise hierher machen werde, hatten seine Verwandten keine Minute lang erwartet.
Mein Bericht aus Reichenau beschrieb das winterliche

Städtchen. Frost verbrannte Ohren und Nasen der Bewohner, die über die Schneehügel und die gletschergleichen Wege balancierten. Um vier Uhr nachmittags schon versank die Sonne hinter dem Fichtelgebirge, und nur der Schnee besorgte die Straßenbeleuchtung. Welch ein Einfall, jemanden des Mordes zu verdächtigen, weil er diese eisige Öde nicht zum Erholungsort für sich und seine im letzten Monat der Schwangerschaft befindliche Frau erkor!
Die Wiener Zeitungen, die bisher nur die Auffassung der Polizei vertreten hatten, fingen nun an, auch gegenteilige Meinungen zu zitieren. Hatten sie anfangs Hofrichter nur als „Giftmischer" und „Meuchelmörder" bezeichnet, so nannten sie ihn alsbald den „Täter" oder den „mutmaßlichen Täter", dann wurde „Hofrichter" daraus und „Oberleutnant Hofrichter", bis schließlich, und das war bereits demonstrativ, von „Herrn Oberleutnant Hofrichter" die Rede war. Selbst die lammfrommsten Leitartikel sprachen davon, daß das Ansehen der Wehrmacht durch Ehrgeiz und Ungeschicklichkeit von Bürokraten gefährdet sei.
In Reichenau hatte ich Hofrichters Bruder kennengelernt, von dem ich einige Tage später folgenden Brief erhielt:

Sehr geehrter Herr Kisch! Hiermit möchte ich Ihnen über die letztaufgetauchte Sensationsnachricht ausführliche Auskunft zugehen lassen, aus welcher Sie ersehen werden, daß hier wieder eine bodenlose, niederträchtige Lüge vorliegt, der Sie, geehrter Herr Kisch, unbedingt entgegentreten müssen.
Mein Verwandter schreibt mir folgendes: „Ich brauche als Gifthändler nicht Buch über den Einkauf und Verkauf von Giften der Gewichtsmenge nach zu führen (und niemand tut dies auch), so daß nie etwas fehlen oder überbleiben kann. Man schreibt bloß die Mengen ein, die gegen Bezugschein der Bezirkshauptmannschaft ausgefolgt werden. Den Verkauf an Gifthändler brauche ich überhaupt nicht einzuschreiben."
Das Stichhaltigste, woraus Sie, sehr geehrter Herr Kisch, ersehen können, daß der ganze Bericht über ein Manko nur wieder gemeine Sensationslüsternheit ist, ist die Tatsache, daß mein Verwandter, wie er mir vollkommen der Wahrheit gemäß berichtet, *seit dem Jahr 1905 überhaupt kein Zyankali*

mehr führt. Sein letzter Einkauf stammt aus dem Jahre 1901. Die letzten schwarzen und somit gänzlich verdorbenen Reste *wurden vor ca. 3 Jahren vernichtet.* Seit dieser Zeit hat mein Verwandter mit Zyankali nichts mehr zu tun gehabt.
Von der Wahrheit dieser Angaben hat sich eine Kommission Gewißheit verschafft. Indem ich Sie bitte, dies zu veröffentlichen, zeichne

Reichenau b. Gablonz   hochachtungsvollst
15. 1. 1910   Karl Hofrichter

NB Den Namen darf ich aus Geschäftsgründen nicht nennen, da mein Verwandter, wie er mir versichert, sonst zuviel Schaden hätte. Bitte dies aber nicht mit veröffentlichen zu wollen.

Wiederholt ergebenst
d. O.

Dieser Brief war mehr aufgeregt als verständlich. Er dementierte eine Nachricht, von der ich nicht wußte, was sie enthielt und wo sie erschienen war. Anscheinend lebte irgendwo irgendein irgendwie mit den Hofrichters verwandter Chemiker oder Chemikalienhändler oder etwas Ähnliches, irgendein Winkelblatt seiner Gegend, das von der Verwandtschaft wußte, hatte ihn beschuldigt, dem Oberleutnant Gift geliefert zu haben, und irgendeine Kommission hatte sich von der Haltlosigkeit dieser Beschuldigung überzeugt. Ebensowenig wie der Name, der Verwandtschaftsgrad, der Beruf oder der Wohnort des Verwandten war die Art der Kommission genannt. Also konnte ich aus dem Brief nicht mehr als eine Notiz machen, und diese wurde von den Prager ausländischen Korrespondenten an ihre Blätter telegrafiert, weil bei dem Aufsehen, das die Hofrichter-Affäre in der Welt hervorrief, überall auch das Belangloseste gedruckt wurde.
Aber die belanglose Meldung hatte ein unerwartetes Resultat. Denn zu dem matten Bildchen, das sie bot, wurde zu gleicher Stunde ein anderes Bildchen geliefert, und beide zusammen bildeten ein klares Diapositiv. Um alle Opposition und Diskussion mit einem Schlage zu beenden, hatte nämlich die Wiener Polizei tags vorher verlautbart, Hofrich-

ter habe aus seiner Zelle zwei Kassiber geschmuggelt, in denen die Abkürzung „O. W. Frdtal." vorkam. Die Polizei ermittelte, daß diese Buchstaben „Onkel Wilhelm in Friedenthal" bedeuten, und dieser Onkel sei Inhaber einer Drogerie. Sofort sei eine Kommission nach Friedenthal in Böhmen abgefertigt worden, und diese habe auf Grund der Geschäftsbücher Wilhelm Hofrichters das Fehlen eines Quantums von Zyankali festgestellt, das genau dem Gewicht des in den Pillensendungen enthaltenen Giftes entspreche.

Dies wäre allerdings ein schweres Beweismoment gewesen, wenn nicht eben mit zufälliger Gleichzeitigkeit meine Meldung eingelangt wäre, daß der Onkel überhaupt keine Geschäftsbücher führe und kein Zyankali besitze. An der Wahrheit seiner Erklärung war nicht zu zweifeln, denn wäre eine Lieferung an Adolf Hofrichter bewiesen worden, dann hätte gegen O. W. Frdtal. ein Verfahren wegen Mitwisserschaft oder gar Mitschuld eingeleitet werden müssen.

Die offiziöse Verlautbarung war, soweit sie von den Schmuggelbriefen sprach, eine flagrante Verletzung des militärgerichtlichen Dienstgeheimnisses; soweit sie die Feststellungen der Kommission betraf, war sie das auch, und außerdem eine Lüge.

„Was gedenkt die Regierung gegen eine solche Art von halbamtlichen Eingriffen in ein schwebendes Gerichtsverfahren zu unternehmen?" Vier Interpellationen von vier antagonistischen Parteien stellten im Parlament diese Frage. Es wurde gefordert, den Polizeirat Stuckart und den Auditor Jaroslav Kunz sofort und schonungslos zur Rechenschaft zu ziehen. Die Beseitigung der Maria-Theresianischen Militär-Prozeßordnung, die Abschaffung der Militärgerichte und Garnisonsgefängnisse und die Einsetzung einer parlamentarischen Untersuchungskommission im Fall Hofrichter wurden verlangt, was geradezu bedeutete, die Militärgerichtsbarkeit, wenn nicht gar die Armee der Volksvertretung zu unterstellen. „Gegen polizeiliche Willkür und militärische Feme", hießen die Parolen der sozialistischen Versammlungen. Die Grundfesten der Monarchie wankten. Der Staat mußte etwas unternehmen, um sich zu retten. Ein kluger Kriminalist, der in die Methoden der Verhöre

wohl eingeweiht war, machte zu mir die paradoxe Bemerkung: „Wenn Hofrichter morgen nicht gesteht, ist er schuldig."
Am nächsten Tage ging die amtliche Meldung durch die Presse: „Der wegen Verdachts des vollbrachten Giftmords und weiterer Giftmordversuche in Haft befindliche Oberleutnant Adolf Hofrichter hat heute in Gegenwart der versammelten militär-richterlichen Funktionäre ein unumwundenes Geständnis abgelegt und dieses schriftlich zu Protokoll gegeben." Damit waren alle Debatten zu Ende.
Mich hatte die Bemerkung des Kriminalisten darauf vorbereitet, daß die von der Entlassung bedrohten Beamten unter allen Umständen ein „Geständnis" herbeiführen würden. Um so weniger konnte ich an die Aufrichtigkeit dieses Geständnisses glauben, als ich mich im Verlauf der Affäre mit dem Militärstrafverfahren vertraut gemacht hatte. Es enthielt eine einzigartige Bestimmung: Kein Mörder, selbst wenn er lückenlos überführt, selbst wenn er beim Mord beobachtet oder auf frischer Tat betreten wird, kann zum Tod oder auch nur zu lebenslänglichem Kerker verurteilt werden, falls er die Tat leugnet. Dieser Paragraph stammte aus der Zeit der hochnotpeinlichen Halsgerichtsordnung, in der es Aufgabe der Folterknechte war, entweder ein Geständnis herbeizuführen oder den Inquisiten unter den Marterinstrumenten sterben zu lassen.
Längst aber brauchte ein vor dem Militärgericht angeklagter Mörder die Folter nicht mehr zu fürchten, er konnte sich durch einfaches Leugnen vor der Todesstrafe retten. Geständnis war Selbstmord.
Weshalb also hatte Aolf Hofrichter gestanden? Erst beim Prozeß, zu dem ausnahmsweise eine Art von Berichterstattung zugelassen wurde, erfuhr man, daß das „unumwundene und schriftlich zu Protokoll gegebene Geständnis" folgenden Wortlaut hatte: „Ich habe die Tat, deren ich beschuldigt werde, verübt. Ich habe in unzurechnungsfähigem Zustand gehandelt. Ich wußte nicht, was ich tat."
In der Gerichtsverhandlung jedoch erhob Hofrichter die Finger: „Ich schwöre vor Gott, dem Allmächtigen, daß meine Seele rein ist und daß ich nicht belastet bin mit dem Verbrechen, dessen ich beschuldigt werde."
Der Militärgerichtshof hätte auf Todesstrafe erkennen müs-

sen, wenn das seinerzeitige Geständnis als Geständnis angesehen worden wäre. Aber Hofrichter wurde nur zu zwanzig Jahren Kerker verurteilt.
Beim Umsturz 1918 saß Hofrichter in der Strafanstalt Möllersdorf. Er weigerte sich, sie zu verlassen, auch als die anderen sechshundert Häftlinge, dem Beispiel ihrer Wachmannschaft folgend, bereits in alle Winde zerstreut waren. Obwohl er den Entlassungsschein und sogar einen Auslandspaß besaß, wollte er auch den Bescheid seiner Begnadigung haben. Das Justizministerium der neuen österreichischen Republik beschied sein Gesuch abschlägig und verfügte, Hofrichter habe bis zum Abschluß der Strafzeit in Gewahrsam zu bleiben.
Bald aber wurde Hofrichter dennoch entlassen. Er wohnte in Wien und änderte seinen Namen. In einer Korrespondenz, die ich mit dem Freigelassenen führte, fragte ich ihn, wie sein seinerzeitiges Geständnis zustande gekommen war und welchen Ursprung des Giftes das Gericht angenommen hatte, und erhielt folgende Antwort:

Wien, am 26. März 1928

Hochgeehrter Herr!
Ihr gütiges Schreiben, das ich heute durch Herrn Dr. Krasznas Liebenswürdigkeit erhielt, erfüllt mich mit großer Freude. Innigen Dank!
Ihre frdl. Mitteilungen über das Buch Kunz' haben mich natürlich sehr interessiert. Wenn Sie bedenken, daß wir Offiziere, besonders die vom Stab, die Auditore stets als eine Gattung minderer Art behandelten, daß mir als Oberleutnant sogar ein gewisses Recht gegen Stabsauditore zustand, als ich beim Stab diente, und wenn Sie nun bedenken, daß mich ein solcher Mann in die uneingeschränkte Macht bekam, um sein Mütchen an mir zu kühlen, er, der Ultračeche, mir Urdeutschen gegenüber, so werden Sie so beiläufig ahnen, daß ich schon verurteilt war, bevor man mich nur verhörte.
Es ist ganz richtig, wenn Kunz sich nun als Určeche ausgibt. Er war kaisertreu, nur soweit die Gage reichte. Der beste Beweis, daß er beim Umsturz fluchtartig Wien verließ, denn am Tage meiner Freiheit, als ihn seine Opfer suchten, war er schon in Prag in Sicherheit. Wie der Mann vor mir

Furcht hatte, vor der Wahrheit, wie er noch bis zum letzten Augenblick mich unterdrückte, darüber habe ich interessante Dienstbriefe aus dem Akt Möllersdorf mir angeeignet, die alles dokumentarisch bestätigen.
Sie interessiert mein Geständnis. Es war ein Kuhhandel zwischen Kunz, den Psychiatern und mir, das zu schildern wie ein Ulk sich ausnehmen würde, und kam nach einer Nacht und einem Tag zustande, an dem ich sechzehn Stunden lang immerfort über das Gift verhört und bis zur Besinnungslosigkeit zermürbt war. Wie ich später erfuhr, war das an dem Tage, an dem mein Onkel, der eine Drogerie besaß, öffentlich bewies, daß ich es nicht von ihm besaß.
Das aber war die ganze Theorie von Kunz gewesen, weil ich von diesem Onkel im Jahre 1904 Chemikalien für Photographie bezogen hatte. Niemals aber hatte er mir Gift gesandt, und nach Postbelegen ergab sich, daß eine Zusendung ausgeschlossen war, und persönlich hatten wir uns nie getroffen.
Beim „Geständnis" war ich in Verlegenheit, woher ich das Gift beglaubigen sollte. Ich gab an, es im Jahre 1904 von meinem seither verstorbenen Vater bekommen zu haben. Der war tot, konnte nicht leugnen. Und siehe da, die Sachverständigen sagten nun, dies sei möglich. Auf einmal hielt es sich anstandslos 5 Jahre! Noch dazu, wo ich die Hitzen der Herzegowina mitmachte, wo es sicher in Luft aufgegangen wäre. Kunz sah selbst ein, ich lüge, hatte nie dies Gift: wozu auch? Aber ich mußte eben verurteilt werden, und da nahm man halt an, ich hatte es.
Ich stehe Ihnen jederzeit gerne zur Verfügung; und indem ich Ihnen nochmals für all Ihre unvergeßliche Güte innigst danke, verbleibe ich mit dem Ausdrucke besonderer Hochachtung

                Ihr ganz ergebener
                Adolf H.

„... ich mußte eben verurteilt werden", sagt Adolf H. in diesem Brief, aber er, der in der Haft wenig von den Stürmen um seine Person erfuhr, weiß nicht, daß es weniger auf seine Verurteilung als auf sein Geständnis und weniger auf sein Geständnis als auf die Veröffentlichung des Geständnisses ankam. Nur sie konnte eine Clique retten, die in sei-

nem Fall besonders karrierelüstern reklamesüchtig vorgegangen war.
Was mir dieser Brief des ehemaligen Oberleutnants des ehemaligen Namens Adolf Hofrichter Neues enthüllte, war sein Charakter. Wie er stolz darauf ist, als Offizier den Militärbeamten übergeordnet zu sein, wie er betont, daß ihm als Oberleutnant sogar die Superiorität über Stabsauditoren zustand, wie er den Ultratschechen dem Urdeutschen entgegensetzt, wie er sich brüstet, nur aus Furcht vor ihm sei Kunz geflüchtet, das gefiel mir nicht.
Großmannssucht und chauvinistische Herrenmoral atmen aus dieser Sprache, die der Sprache Adolf Hitlers gleicht. Deshalb habe ich ihm nicht geantwortet. Gott verzeih mir, wenn ich ihm unrecht tat, aber ich wollte auch mit diesem Adolf H. nichts zu tun haben.

Tötet der Buchstabe?

Die Landschaft von Smichow (zu deutsch: Lachende Au) war im Zeitalter des Rokokos das Rokoko an sich. Hier besaßen die Herren des böhmischen Adels ihre Lustschlösser und Lustgärten, und wer eine besonders privilegierte Freundin innehatte, ließ ihr in nächster Nachbarschaft ein eigenes Tuskulum erbauen, wie zum Beispiel der Graf Clam für die Sängerin Duschek. Diese wiederum hatte einen Freund, der Wolfgang Amadeus Mozart hieß und im lauschigen Garten der Madame Duschek mancherlei Andantes und Allegros komponierte. So schuf er hier die Ouvertüre zum „Don Giovanni", denn dieser Garten „Bertramka" war der adäquate Platz zum Musizieren über Wollust und Tod. Jeglicher der Herren in diesem Bezirk war mehr oder minder ein Don Juan, den eine Donna Elvira liebte und dem eine Donna Anna Rache spann, und an Smichower Zerlinchen gab's genug, die sich die Werbung der feinen Herren gerne gefallen ließen. Vom Hügel des Gartens blickte der Kompositeur auf den Friedhof „Malvazinka" hinunter. Der war zwar ein verspielter Rokokofriedhof, aber nichtsdestoweniger ein Friedhof. Sicherlich galt eines der Grabmonumente dem Komtur, der vom Verführer seiner Tochter er-

stochen ward und nun darauf sinnt, im steinernen Gewand beim Gastmahl des Mörders zu erscheinen...
Bereits in der ersten Halbzeit des neunzehnten Jahrhunderts schwand der galante Charakter der Gegend, und wenn nun jemand das Wort Smichow mit „Lachende Au" übersetzte, so geschah es im Witz. Die Lust in den Lustschlössern hatte aufgehört, denn ein ununterbrochenes Dröhnen drang heran, das drohender war als der nahende Schritt eines steinernen Gastes. Es war der Schritt einer neuen Zeit.
Selbst ein Mozart hätte hier nicht mehr reine Engelstöne aus dem himmelblauen Himmel auf sein Notenpapier übertragen können. Bliesen doch Fabrikschlote dichte Rauchschwaden in diesen Himmel, und schrille Sirenen zerrissen die Harmonie der Sphären. Die Lachende Au war zu einem Industriedistrikt geworden. Kurz nach den großen Weberaufständen von Lyon und Schlesien, die sich gegen die Bedingungen der Heimarbeit richteten, brach in Smichow wegen der Aufstellung eines Kattundruckautomaten der erste Fabrikarbeiterstreik auf dem europäischen Kontinent aus. Diese Entwicklung setzte sich weiter fort, Smichow wurde und blieb ein radikaler Wahlbezirk, und deshalb wurden hart an den Mietskasernen große Militärkasernen aufgeführt, darunter auch die, in der ich meiner Dienstpflicht samt Arreststrafen Genüge getan hatte. Auf dem Grundstück dreier Adelsparks erhob sich eine Waggonfabrik, auf anderen Brauhäuser, Metallwaren- und Textilfabriken. Das Clamsche Grafenschloß war zu einem Tanzlokal umgewandelt, wobei allerdings die Bosketts im Garten ihren alten Zweck erfüllten. Nur das durch Mozart geheiligte Tuskulum „Bertramka" sowie der mystische Rokokofriedhof „Malvazinka" blieben unverändert bestehen und hatten sogar einen Gärtner. Mit einer seiner Töchter war ich befreundet.
Sie war Verkäuferin in einem Smichower Kurzwarenladen, vor dem ich oft bei Geschäftsschluß wartete, um sie bis zum Tor der „Bertramka" zu begleiten oder, wenn der Abend zu dunkel war, durch den Mozartgarten und seine lauschigen Büsche auf weichem Rasen bis zum Gärtnerhaus.
Meine Freundin war ein bescheidenes Mädchen. Kehrten wir irgendwo ein, wollte sie sich nie den Kaffee bezahlen

lassen, und es gab Kämpfe, bevor sie ein Geschenk annahm. Demnach mußte ein ernsthafter Grund vorliegen, als sie eines Morgens aufgeregt zu mir kam und hundert Kronen erbat. Ein paar Tage später klärte sie mich auf, wozu sie das Geld gebraucht: für eine Fahrkarte nach Frankreich, damit ihr Bruder zur Fremdenlegion könne.
„Zur Fremdenlegion? Dazu hast du ihm noch verholfen?"
Ach Gott, mit dem Rudolf sei's schlimm gewesen, und noch Schlimmeres war zu befürchten. Er war unter den Einfluß eines gewissen Litera geraten, eines ehemaligen Sportkollegen, und ihm sklavisch ergeben. Jede Nacht durchbummelten sie. Ob sie mit Mädchen ausgingen, die sie im Sommertheater „Arena" aufgabelten, ob sie sich beim „König Ottokar" betranken oder ob sie in den Flößerkneipen am Holzhafen Karten spielten – nie kamen sie vor Morgengrauen nach Hause.
Meine Freundin hatte sich schon seit langem Sorgen darüber gemacht, wo die beiden das Geld hernahmen, aber erst in den letzten Tagen, als Rudolf ganz verstört umherging, gelang es ihr, ihm eine Beichte abzupressen. Er habe mit seinem Freund eine Reihe von kleinen Diebstählen verübt, und jetzt bereite dieser Litera eine „nasse Sache" vor, das bedeute wahrscheinlich etwas, wobei Blut fließen könne. Dazu aber fehlte Rudolf der Mut, und noch mehr der Mut, dem Litera abzusagen. Aus Angst, es könnte mit ihrem Bruder etwas Gräßliches geschehen, hatte sie ihm geholfen, ins Ausland zu gehen. Nun war Rudolf bei der Fremdenlegion angekommen und schrieb bereits aus Algier.
Seitdem mir meine Freundin das anvertraut hatte, waren einige Wochen vergangen, als in Smichow eine Mordtat verübt wurde. Pünktlich um halb ein Uhr nachts hatte der Inhaber des Restaurants „Zum König Ottokar" wie allnächtlich hinter seinen Angestellten das Tor von innen versperren wollen. Am Morgen fand man ihn mit eingeschlagener Schädeldecke neben der geleerten Handkasse im Hausflur. Also ein Raubmord.
Dennoch erhob sich sogleich die Behauptung, die räuberische Absicht sei nur vorgetäuscht, in Wirklichkeit handle es sich um ein politisches Attentat. Anzeichen dafür lagen in der Atmosphäre. Die Sozialdemokratie hatte, nachdem sie das allgemeine Wahlrecht erkämpft, bei den ersten

Wahlen auf Kosten aller Parteien einen überlegenen Sieg erfochten. Eine „Allparteiliche Zentralstelle zur Bekämpfung der Internationalen Sozialdemokratie" rüstete zur Abwehr; sie warnte vor dem drohenden Zukunftsstaat, der die sparsamen Bürger zwingen würde, ihr Vermögen mit jedem Hungerleider zu teilen. Informationsmaterial über die Verbrechen der Sozialdemokratie ging den Redaktionen zu, um dort in Artikel umgemünzt zu werden. In ganz Österreich wurden nationale Arbeiterparteien und nationale Gewerkschaften gegründet, und insbesondere die slawischen hatten starken Zulauf, da die Wiener Führer der österreichischen Sozialdemokratie deutsch orientiert waren.

Eine Zeitlang war der Vorsitzende der Nationalen Kellnergewerkschaft Böhmens der Mann gewesen, der nachher das Restaurant „Zum König Ottokar" erwarb und daraufhin Leiter der nationalen Sozialisten von Smichow wurde. Als solcher stand er in erbittertem Kampf mit den Sozialdemokraten, und noch am Morgen, an dem man ihn im Hof seines Hauses ermordet auffand, war in der sozialdemokratischen Presse ein heftiger Angriff gegen ihn erschienen.

Neben der Auffassung, daß ein politischer Mord vorliege, gab es eine, die einen Akt persönlicher Rache annahm. Der Wirt vom „König Ottokar" hatte eben seine Ehescheidung angestrengt, um eine andere Frau zu heiraten, die wiederum von einem Verehrer mit Eifersuchtsszenen und Todesdrohungen verfolgt wurde.

Die Polizei verhörte Stammgäste und Personal und Nachbarn des „König Ottokar", verhaftete in großem Maßstab und fand keinen Anhaltspunkt.

Im Sicherheitsbüro unterhielt ich mich mit dem Detektivinspektor Binder, der mich seit der Wasinski-Affäre für ein unfehlbares Orakel ansah. „Was halten Sie von dem Fall?" fragte er, und ich antwortete: „In Smichow glauben die Leute, daß es ein gewisser Litera war."

„Wer ist Litera?" fragte Inspektor Binder.

„Ich kenn ihn nicht."

„Aber Sie wissen doch etwas über ihn."

„Gar nichts weiß ich über ihn."

„Und warum glauben die Leute in Smichow, daß er es war?"

„Das weiß ich nicht."
Ich wußte wirklich nicht, warum die Leute in Smichow das glauben sollten. Die Namen hatte ich mir gemerkt, weil es ein merkwürdiger Name war; „Litera" ist das tschechische und lateinische Wort für „Buchstabe".
„Ihren Litera hab ich mir geholt", kam abends der Detektivinspektor Binder auf mich zu.
„*Meinen* Litera?" sagte ich erschrocken, „wieso denn *meinen* Litera?"
„Sie haben mich doch auf ihn aufmerksam gemacht."
„Ich habe Sie auf gar nichts aufmerksam gemacht", sagte ich, „ich habe nur im Gespräch erwähnt, was man in Smichow glaubt."
„Ja, genau so habe ich es auch dem Herrn Polizeirat referiert. Ich soll Sie fragen, wer Ihnen den Namen genannt hat."
Ich murmelte etwas von Frauen, die ich in der Straßenbahn über den Mord sprechen gehört. „Mir ist nicht im Traum eingefallen, den Mann zu beschuldigen", fügte ich hinzu.
„Nun, nun", beruhigte mich Inspektor Binder, „morgen werden wir ihn sowieso entlassen. Diesmal waren Sie kein Prophet. Der Litera ist ein harmloser Tunichtgut, ich hab auch kein Geld bei ihm gefunden. Außerdem stimmt sein Alibi: Er hat in einem Gasthaus am Holzhafen Karten gespielt und ist bis zur Sperrstunde dort geblieben. Im ‚König Ottokar' hat er nie verkehrt, den Wirt überhaupt nicht gekannt."
„Im ‚König Ottokar' hat er verkehrt", sagte ich.
Binder sah mich groß an. „Wieso wissen Sie das? Sie haben mir doch gesagt, daß Sie den Litera nicht kennen, gar nichts über ihn wissen!"
„Ich wiederhole Ihnen, daß er bestimmt im ‚König Ottokar' verkehrt hat."
„Hm, hm, sehr merkwürdig. Dann werde ich ihn also mit den Kellnern konfrontieren."
In der Tat erkannten ihn die Angestellten, wußten sogar seinen Namen. Dagegen stimmte es, daß er in der Mordnacht in dem Flößergasthaus Karten gespielt hatte. Knapp vor halb eins war er hinausgegangen, seine Notdurft zu verrichten, und etwa zehn Minuten draußen geblieben. Das bezeugten seine Mitspieler, die auf ihn gewartet hatten, so-

wie der Wirt, der das Lokal schloß, nachdem Litera wieder hereingekommen war und seine Zeche beglichen hatte.
Innerhalb von zehn oder sagen wir fünfzehn Minuten hätte Litera, wenn er der Mörder wäre, folgendes ausführen müssen: das Mordinstrument von irgendwo holen, die neunhundert Schritte zum „König Ottokar" zurücklegen, auf das Opfer lauern, den Mord begehen, Beil und Beute an sicherer Stelle verbergen, sich der Blutspritzer entledigen (mit welchen er bei einem Axthieb rechnen mußte) und den Rückweg machen. Länger hätte er aber nicht wegbleiben dürfen, ohne sein Alibi zu zerstören, ohne den Verdacht seiner Zech- und Spielkumpane wachzurufen.
Nein, Litera war nicht der Mörder, darüber war die Presse sich einig. Nur mir wollte es nicht aus dem Kopf, daß er, den ich fast zufällig nannte, seine Bekanntschaft mit dem Tatort und dem Wirt geleugnet, sich in der Nähe der Mordstätte aufgehalten und um die kritische Stunde vom Kartenspiel entfernt hatte. Ich stellte meine Berichte auf die Täterschaft Literas ein.
Die anderen Blätter schrieben, der wahre Täter sei ganz woanders zu suchen; dort, wo die Polizei ihn nicht suchen wolle, nämlich im Parteihaus der Sozialdemokratie. Es handle sich um planmäßige politische Mordtaten, befohlen vom Triumvirat der sozialdemokratischen Internationale, Viktor Adler, August Bebel und Jean Jaurès. Nicht genug, daß die Polizei gegen die Roten untätig bleibe, verhafte sie einen Unbeteiligten, um die Spuren der wahren Täter und ihrer ausländischen Hintermänner zu verwischen. Selbstverständlich verteidige die deutsche Zeitung „Bohemia" die Ermordung tschechischer Nationalisten und helfe den Behörden bei den Ablenkungsmanövern, indem sie faule Beweisgründe für die Schuld eines Unschuldigen zusammentrage.
„Ich möchte nicht", sagte der Chefredakteur stirnrunzelnd zu mir, „daß wir in den Verdacht kommen, die Sozialdemokraten zu decken."
Ein Reporter kann auf solchen Vorwurf nur mit dem Hinweis auf seine Recherchen erwidern. „Und wenn nun", wandte ich ein, „Litera wirklich der Mörder wäre?"
„Und wenn nun", äffte er mich nach, „und wenn nun Litera wirklich der Mörder wäre, so müssen wir deshalb noch

lange nicht den Roten helfen. Wir sind ein unparteiisches Informationsorgan, aber ein politisches."
Er gab mir zwei Broschüren, herausgegeben von der „Allparteilichen Zentralstelle zur Bekämpfung der Internationalen Sozialdemokratie". Ich nahm die Büchlein als gute Prise für meine kriminalistische Bibliothek. Was darin stand, wußte ich, denn seit dem Smichower Mord brachten alle Zeitungen Reminiszenzen an den Überfall auf den Fabrikanten Merstallinger und den Bankier Eisert, an die Brandlegung auf den Nußdorfer Holzplätzen und an die Ermordung der Polizeibeamten Hlubek und Blöch, verübt von den Anarchisten Kammerer und Stellmacher. Die Fälle lagen schon mehr als zwanzig Jahre zurück, sie waren in Wien geschehen, als die Behörden eine wahre Ausrottungskampagne gegen die beginnende Arbeiterbewegung führten, worauf einige verwirrte Elemente mit Terrorakten antworteten. Mit dem Smichower Mord hatte das nichts zu tun.
Am nächsten Tag sagte mir der Chefredakteur, er wünsche *wirklich* nicht, daß wir in den Verdacht kämen, das sozialistische Gesindel zu decken. Dabei runzelte er die Stirn mehr als gestern, denn das Ausland zitierte in den Berichten über die „sozialistische Mordtat in Prag" ausschließlich unsere Konkurrenzblätter.
Am übernächsten Tag wiederholte er mir, er wollte *unter keinen Umständen* im Verdacht bleiben, die roten Mordkumpane zu verteidigen. Er habe mir das schon dreimal gesagt und werde es mir nicht ein viertes Mal sagen. Überall werden über den Sozimord Leitartikel geschrieben, nur er könne sich meinetwegen nicht rühren. „Ich wage mich gar nicht mehr ins Deutsche Kasino", sagte er, „man behandelt mich dort wie einen Helfershelfer der Sozis." Dabei legte er seine Stirn in noch tiefere Falten als gestern, geschweige denn vorgestern.
Das sozialdemokratische „Volksrecht" führte eine verzweifelte Kampagne, um die Partei vom Vorwurf des Meuchelmords zu reinigen, und stützte sich dabei auf meine Berichte. Das wieder wurde von der nationalistischen Presse als Beweis für die Zusammenarbeit zwischen Sozialdemokraten und deutschen Bürgerlichen gewertet.
Die Worte meines stirnrunzelnden Chefredakteurs waren

mißbilligende Worte, ein sich steigernder Tadel, aber als ausdrücklichen Befehl faßte ich sie nicht auf. Da wurde die Mutter Literas dafür gewonnen, gegen die „Bohemia" eine Verleumdungsklage einzubringen; ein angesehener Anwalt übernahm ihre Rechtsvertretung und der Prozeß konnte uns teuer zu stehen kommen.
Der Chefredakteur runzelte nicht mehr die Stirn und wünschte nichts mehr. Er sagte nur: „Wir sprechen uns am Ersten." Das war die Kündigungsformel, am Monatsersten wurden die Entlassungen ausgesprochen.
„Über den Smichower Mord verbiete ich Ihnen auch nur eine Zeile zu schreiben", fügte der Chefredakteur hinzu. „Wenn Sie etwas Wichtiges in der Sache erfahren, so melden Sie es einem anderen Kollegen, und er soll es behandeln."
Ich sollte meine Berichte von einem anderen schreiben lassen, wie ein zufälliger Melder von der Straße! Das war noch beleidigender als die Entlassung.
Dieses Mal waren beide Nachrichtenbörsen konform in ihrer Auffassung: politischer Mord. Ich war der einzige, der aus der Reihe tanzte. Am Abend des Tages, an dem mir der Chefredakteur die Entlassung verkündet und das Schreibeverbot auferlegt hatte, eröffnete mir Papa Vejvara: „Wir haben Ihren Ausschluß aus der Börse beschlossen, und zwar bedingt. Wenn Sie den Litera noch mit einem Wort beschuldigen, dürfen Sie morgen hier nicht mehr erscheinen."
Die anderen Reporter hatten die Bleistifte hingelegt, zum Zeichen, daß die Erklärung Papa Vejvaras offiziell war. Nach einer Pause wandte sich der fromme Herr Adalbert Betzek an mich: „Jawohl, es steht geschrieben: Der Buchstabe tötet. Aber er tötet *Sie*!" Und er warnte mich mit dem Bibelspruch: „Wir sollen dienen im neuen Zeichen des Geistes und nicht im alten Wesen des Buchstabens!"
Kollege Wenzel Vilde, wie immer in den Tagen eines Mordfalls bis zur Unkenntlichkeit verjüngt, sagte mir: „Wenn Sie beim Reporterberuf bleiben sollten, so merken Sie sich, daß es nichts Schlimmeres gibt, als sich in eine fixe Idee zu verbeißen. Sie haben sich verrannt. Sehen Sie, ich bin heute nachts um halb eins den Weg vom Flößergasthaus zum ‚König Ottokar' in schnellem Schritt abgegangen.

Wissen Sie, wie lange ich gebraucht habe? Acht Minuten, ohne Rückweg."
„Aber Litera ist ein Sportler, ein Schnelläufer", widersprach ich.
Kollege Wenzel Vilde lächelte überlegen. „Deshalb bin ich ja *nachts* hingegangen, um zu sehen, ob jemand, ohne aufzufallen, um diese Zeit dort rennen kann wie ein... wie ein..."
„...Ammoniakläufer", half ihm Oberleutnant Bacula aus, der an Amokläufer dachte.
„In der Mozartgasse sind drei Gasthäuser", fuhr Kollege Wenzel Vilde fort, „die um halb eins schließen; mindestens zwanzig Menschen sah ich aus diesen Lokalen herauskommen. Vor dem Hotel ‚Don Juan' standen vier Liebespaare. Außerdem traf ich zwölf Passanten. Glauben Sie, daß da jemand unbeobachtet rennen kann wie ein..."
„...wie ein Ammoniakläufer", beendete Oberleutnant Bacula die Beweisführung des Kollegen Wenzel Vilde.
Ehe ich antworten konnte, trat ein Smichower Bürgersmann ein. Seine Freunde hätten ihn bewogen, hierherzukommen; er sei nämlich Stammgast im „König Ottokar" und habe einige sensationelle Beobachtungen zu melden. Diese sensationellen Beobachtungen bestanden darin, daß vor einigen Tagen drei Männer mit breitkrempigen Hüten und provokatorischen Krawatten einander in der Gaststube „Zum König Ottokar" rot eingebundene Broschüren gezeigt hätten. Selbige Broschüren aber seien ausländische, jawohl, ausländische Broschüren gewesen! Wiederholt hätten die drei den Wirt so eigentümlich gemustert, daß es ihm, dem Smichower Bürgersmann, sehr aufgefallen sei, aber sehr!
Nachdem er gegangen war, verarbeiteten alle Kollegen seine Wahrnehmungen. Nur ich saß mit verschränkten Armen da – mir war ja das Schreiben von Chefredakteurs wegen untersagt.
„Warum schreiben Sie das nicht?" schrie Papa Vejvara, „was Ihnen nicht in Ihre Verleumdungskampagne paßt, schweigen Sie einfach tot."
Der rauhe Ritter Wuk von Rosenberg hatte mich knapp vorher erfolgreich um einen Barbetrag von drei Glas Weichselschnaps angepumpt, wohl um mir zu zeigen, daß ich durch die Maßregelung seine persönliche Wertschätzung

nicht eingebüßt habe. Nun fiel er mir in den Rücken. „Diese sozialistischen Hungerleider sollte man alle an den Kugeln aufhängen und Sie daneben."
Zu diesem harten Strafausmaß gab der fromme Herr Adalbert Betzek kopfnickend sein Plazet und ergänzte es mit einem Bibelspruch: „Und wird also dasjenige, als welches von Natur eine Vorhaut ist, *dich* richten, der du unter dem Buchstaben und der Beschneidung bist."
Ja, so schien es. Ich war sub literae, der Teufel soll den Buchstaben holen! Als ich das Börsenzimmer verließ, erwiderten alle meinen Gruß, was sonst nicht üblich war. Es war ein Abschied.
Ich ging nach Smichow, um meine Freundin abzuholen, auf andere Gedanken zu kommen, weg vom Mord. Aber die Gedanken waren nicht wegzubringen, und ich ging nicht zu meiner Freundin. Es zog mich hin zum Mord.
Was wollte ich an der Mordstätte? Zu recherchieren gab es nichts, und wenn es etwas zu recherchieren gäbe – für wen sollte ich's tun? Alles hätte ich für möglich gehalten, nur meine Entlassung nicht. Als ich in die Redaktion eintrat, war die „Bohemia" ein Moniteur des Prager Deutschen Kasinos und des Deutschen Volksrats für Böhmen gewesen, abonniert aus achtzigjähriger Tradition, eine Familiengruft. Seither waren einige Faktota der Redaktion infolge Altersschwäche oder Tod ausgeschieden, der verbohrte Doktor Dykschy hatte mit dem Berliner Schriftsteller Paul Wiegler den Platz getauscht, der unser Blatt modernisierte. Ein junger Jurist hatte eine Handels- und Industrie-Rubrik geschaffen, die Massen neuer Leser brachte und Inserate. Die „Bohemia" war die führende Zeitung Böhmens geworden, und – ich muß es wohl oder übel aussprechen – ich hatte diese Entwicklung eingeleitet, und aller Lesestoff, soweit er nicht aus ausländischen Zeitungen ausgeschnitten war, stammte von mir.
Und wie war es auf der Börse? Ich hatte den großen Melzer ersetzt, meinen Kollegen viele Tausende von bezahlten Zeilen verschafft und Siege über den Erbfeind von Chodiera.
Nun schmiß man mich heraus, mir nichts, dir nichts. Weil ich in einem Kriminalfall eine falsche Fährte verfolgte. Nach jeder Mordtat werden, ehe sie aufgeklärt ist, unzählige Leute verhaftet, und über jeden Verhafteten trägt die

Presse so viel Belastungsmaterial zusammen, wie sie erfährt. Das hat noch nie zur Entlassung eines Reporters oder zu seinem Ausschluß von der Nachrichtenbörse geführt.
Gut, mag der Mord im „König Ottokar" ein politischer Mord sein. War ich deshalb verpflichtet, für die nationalen Sozialisten gegen die internationalen zu schreiben? Hätte ich eine Partei der Täterschaft beschuldigt, so wäre das allenfalls ein Grund, mich zu maßregeln. Keinesfalls ist es ein Grund, wenn ich – sei es auch zu Unrecht – an einen Raubmord glaubte.
Mit solchen Gedanken sah ich mich vor dem Restaurant „Zum König Ottokar" stehen, dessen Tor seit der Bluttat geschlossen war. Die Idee des Kollegen Wenzel Vilde, den Weg vom Flößerwirtshaus bis hierher abzugehen, war ein guter Reportereinfall. Ich werde ihn kopieren, obgleich ich auch darüber nicht schreiben darf.
Ich ging, die Schritte zählend. Neunhundert. Zweimal neunhundert Schritte konnte ein Sportler wie Litera in weniger als sechs Minuten zurücklegen, so daß ihm, falls er wirklich nur zehn Minuten von der Kartenpartie weggeblieben war, noch vier Minuten zum Auflauern im Flur, zum Zuschlagen und Rauben zur Verfügung standen. Aber das Mordwerkzeug?
Unwahrscheinlich, daß ein Assistent auf Litera gewartet hat, um ihm die Requisiten vor der Tat zu überreichen und nach der Tat wieder in Empfang zu nehmen. Wer wird sich einer Handreichung wegen einen Mitwisser nehmen, der schon durch sein Warten Aufmerksamkeit auf sich lenken könnte, wer wird ihm geraubtes, noch nicht gezähltes Geld anvertrauen? Zwar wußte ich, daß Litera ursprünglich an einen Komplicen für die „nasse Sache" gedacht hatte, an den Bruder meiner Freundin, der ihm hörig gewesen; aber dieser Sklave diente jetzt in Afrika, und einen neuen Freund besaß Litera nicht, wie die Polizei auf der Suche nach Komplicen festgestellt hatte.
Kollege Wenzel Vilde hat recht, die Gegend ist zu belebt. Bis zur Mozartgasse könnte einer rennen, ohne Aufsehen zu erregen, denn am Holzhafen ist nachts kein Verkehr. Um so mehr Verkehr aber ist in der Mozartgasse.
Möglicherweise ist Litera aus diesem Grunde nicht durch die Mozartgasse gelaufen, obwohl sie die direkte Verbindungs-

linie ist, sondern durch die nächste Parallelstraße. Diese, die Lorenzo-da-Ponte-Gasse, wäre allerdings ein Umweg, denn sie liegt – ich zähle – dreihundert Schritte südlich. Zweimal dreihundert Schritte läuft man in zwei Minuten. So wäre Litera noch immer genug Zeit zur Tat geblieben. Das kann ich dem Kollegen Wenzel Vilde erzählen, falls ich ihn noch einmal wiedersehen sollte. Selbst werde ich kaum mehr etwas schreiben, am allerwenigsten über diesen Fall.
Aber die Idee des Umwegs ließ mich nicht los. Ich fand, daß die nächste Parallelstraße zur Mozartgasse und Lorenzo-da-Ponte-Gasse nicht parallel verlief, sie divergierte mit ihnen. Außerdem verlängerte sie sich dadurch, daß sie einen Bogen machte. Ihr Name erinnerte weder an den Komponisten noch an den Librettisten des „Don Giovanni", ganz unmusikalisch hieß sie Kohlengasse. Dementsprechend bestand sie aus verrußten Häusern, war eng und spärlich beleuchtet. Ich maß ihre Schrittlänge nicht mehr, für einen Spielraum von zehn Minuten kam diese unregelmäßig gebogene, abseits gelegene Straße nicht in Frage.
Andererseits konnte sie sich aber über ein Zuviel an Verkehr nicht beklagen. Obwohl es erst früh am Abend war, traf ich keine menschliche Seele.
Zwischen zwei Häusern bemerkte ich einen Bauplatz, dicht verschalt. Die Bretterwand war über zwei Meter hoch. Könnte sich hier jemand hinüberschwingen? Dazu sind die Latten wohl zu dünn. Sie würden wahrscheinlich zusammenbrechen. Ich taste die Wand ab. Ob sie mich tragen würde, wenn ich mich emporziehe? Eine Planke bewegt sich, sie ist nur oben befestigt, sie schaukelt. Ich drücke sie nach hinten, mein Atem setzt aus.
Innen, gleich neben der Luke, liegt ein dunkles Bündel, darunter schaut etwas wie ein Stock hervor.
Ich telefoniere dem Detektivinspektor Binder und brauche nicht lange zu warten, bevor er mit zweien seiner Leute ankommt. Was sie hinter der Bretterwand aufheben, ist ein Mantel, unter ihm liegt ein Handtuch, ein Taschentuch und eine Axt. Dem Mantel ist ein Sack als Kapuze angenäht und unten am Saum ein zweiter Sack, der bis zur Erde reicht, alles über und über mit Blut bedeckt. Die Taschen sind gefüllt mit Geldscheinen, Kupfer- und Nickelmünzen, Speise- und Biermarken.

Eine halbe Stunde später wird Litera aus seiner Zelle in das Zimmer des Polizeirats geführt. „So spät am Abend wollen Sie mich entlassen?" sagt er lachend beim Eintreten. „Mein Hausbesorger wird in Ohnmacht fallen, wenn er den Raubmörder jetzt heimkommen sieht."
Da aber der Polizeirat auf den Mantel zeigt, weicht aus Litera alle Gesichtsfarbe, seine Unterlippe schiebt sich hoch, und er fängt zu wanken an, so daß ihn Inspektor Binder stützen muß.
„Probieren Sie mal den Mantel da", sagt der Polizeirat.
„Nicht nötig", sagt Litera heiser, „es ist mein Winterrock."
Mit der Nachricht vom Geständnis Literas eile ich in die Redaktion. Ich denke nicht an meinen morgigen Siegesbericht, dessen Titel mit den Worten beginnen wird: „Unser Berichterstatter entdeckt..." Ich denke nur daran, wie sich der Chefredakteur beschämt bei mir entschuldigen wird.
Nichts dergleichen geschieht. Der Chefredakteur sieht kaum vom Schreibtisch auf, als ich ihm von meiner Entdeckung und von Literas Geständnis Mitteilung mache. Er ordnet nur an: „Schreiben Sie in der Einleitung, wir haben als die einzigen die Wahrheit zu sagen gewagt, den Anwürfen zum Trotz, daß wir mit den roten Banditen im Bunde stehen."

Die zusammengewachsenen Schwestern

Sehr merkwürdig erging es mir mit Rosa Blažek, der älteren der zusammengewachsenen Schwestern, sofern man bei zusammengewachsenen Schwestern von einer älteren sprechen kann. Rosa und Josefa Blažek stammten aus Škrejchov bei Mnichovice, einem Nest bei einem Nest, und wurden schon im Säuglingsalter auf Jahrmärkten gezeigt, wie sie zu zweit auf einem einzigen Nachttöpfchen saßen.
Aus den böhmischen Dörfern kamen sie direkt nach New York, und von dort zerrte man sie als Schauobjekt und Aus-

beutungsobjekt durch die Welt. Überall wurden für die „siamesischen Zwillinge aus Böhmen" wahre Wirbel auf der Reklametrommel geschlagen, unter anderem erhob ein Zirkusbesitzer Klage gegen die Eisenbahnverwaltung, weil „von Fräulein Rosa-Josefa Blažek" die Bezahlung zweier Fahrkarten gefordert wurde.

In der Tat benutzte das Paar nur *eine* Sitzgelegenheit. Bisher waren die meisten zusammengewachsenen Zwillinge sogenannte Ischiopagen gewesen, das heißt nebeneinanderstehende Wesen. Rosa und Josefa hingegen waren ein Pygopage, ihre Rümpfe standen in einem Winkel zueinander.

Intimere Details verbreitete eine Schrift, verfaßt von zwei Dozenten der Psychiatrischen und Nervenklinik an der Königlichen Charité zu Berlin: „Über das psychische und sonstige Verhalten des Pygopagen Rosa-Josefa Blažek". Wie die beiden Lehrer der Seelenforschung einleitend hervorheben, „verdanken wir das Glück, eine so haargenaue Schilderung samt graphischer Skizze präsentieren zu können, dem Umstand, daß die Mutter des Pygopagen schwer erkrankt im Charité-Krankenhaus lag, gerade zu der Zeit, als ihr Tochterpaar ein Engagement in Castans Panoptikum antrat. So konnten wir sie veranlassen, uns ihre Töchter zur Beobachtung und Untersuchung zu übergeben, wiewohl sich die Familie sonst gegenüber der Neugier des Publikums und auch wissenschaftlich interessierter Kreise sehr zurückhielt."

Mit dem gedruckten Ergebnis dieser Untersuchung mußten die Mädchen, nachdem sie ihr Duett gesungen und ihr Geigenspiel beendet hatten, dem Publikum die „Sensationelle Beschreibung unseres Körpers" zum Verkauf anbieten.

Im Sommer 1909 kamen die Schwestern auf einem Umweg über den ganzen Erdball zum erstenmal nach Prag. Auf den Plakaten hießen sie „Ruža" und „Joža", wie in ihrer Kindheit. Aber ihre Mutter, für die sie wohl immer so geheißen hatten, kehrte nicht mit ihnen in die Heimat zurück, die Škrejchover Bäuerin war in Singapore gestorben, und von ihren Töchtern hatte ein italienisch-amerikanischer Impresario Besitz ergriffen.

Beladen mit Broschüren, Sonderdrucken und Zeitungsausschnitten, besuchte er die Redaktionen, um die Reklame zu organisieren. Auch mich ersuchte er um den Abdruck des

Materials, ich aber wollte selbst einen Artikel über die Zwillinge schreiben, die den Namen Böhmens in die exotischsten Himmelsrichtungen trugen. Ich schlug dem Manager vor, mir Gelegenheit zu geben, die Schwestern in ihrem Privatleben zu schildern. „Allright", sagte er smart und amerikanisch, „va bene", fügte er temperamentvoll und italienisch hinzu, „morgen haben die Girls Geburtstag, wir werden ihn abends zusammen feiern. Ist das o. k.?"
In ihrer Wohnung waren die Zwillinge anfangs recht befangen und benahmen sich konzertmäßig, und auch ich wußte mich nicht recht in die Situation zu schicken, als Geburtstagsgast, als Freund an ihrem Tisch zu sitzen und dennoch ein Wildfremder, ein Späher der Öffentlichkeit zu sein. Erst nach und nach fielen einige Schranken. Seit langem hatten die Mädchen nicht mehr mit einem Dritten tschechisch gesprochen, und ich hatte noch nie Whisky getrunken. Whisky schien mir ein harmloses Getränk, der Impresario trank ihn pur, die Mädchen zwar mit Sodawasser, aber Glas auf Glas, und ich mit ihnen.
Noch heute, dieweil ich dieses schreibe, liegt ein whiskyfarbener Schleier über meinem Erinnerungsbild. Dahinter schwebt ein vierfüßiges, vierhandiges, zweiköpfiges Fabelwesen, halb himmelblau, halb scharlachrot. Die himmelblaue Halbfee Rosa hat ein aufwärts gerichtetes Näschen, „in das es hineinregnet", wie man hierzulande sagt. In ihrem Kinn hat der Finger des Schöpfers ein Grübchen hinterlassen, als er auf sie wies: „Die da ist ganz nett." Dunkelblond sind ihre Locken. Ihre Pupillen schimmern wie das helle Grün eines Dorfweihers.
„Gibt's einen Teich in Škrejchov?" frage ich.
Rosa weiß es nicht, so lange war sie nicht mehr daheim; ihr Daheim heißt jetzt Unterwegs. Sie ist kein Landmädchen geworden wie die Nachbarkinder, sie tanzt nicht bei der Dorfmusik mit den Bauernburschen, sie ist blaß und mager wie kaum ein anderes Mädchen im Heimatdorf, aber dafür hat sie gelernt, englisch zu sprechen und Whisky zu trinken statt Pilsner Bier. Sie rät mir, nicht soviel Soda zum Whisky zu nehmen und noch ein Glas zu trinken und wieder ein Glas. Wir fangen an zu flüstern, Rosa neigt sich zu mir, wobei sie nolens volens den Kopf Josefas mit herüberzieht, und ich streichle Rosas Hals – spürt es auch Josefa?

Nein, sie spürt es nicht. „Gemeinsam ist die Sensibilität nur im Gebiete ...", habe ich gelesen. Seltsam, sich einem Mädchen zu nähern, von dem man einen Situationsplan mit Grundriß und Aufriß in der Tasche hat.
Unser Geflüster scheint dem Mister Signor nicht zu gefallen und der Josefa ebensowenig. Der Impresario fürchtet wohl, daß Rosa mir, das heißt der Presse, in der ihm nicht verständlichen tschechischen Sprache zuviel anvertrauen könnte. Josefa fürchtet zwar nichts, aber sie ist links liegengelassen, und das ärgert sie offensichtlich. Ich frage Josefa, warum sie so still ist, ob sie schlechter Laune sei.
„Ach, lassen Sie sie!" sagt Rosa. „Die ist immer so."
Wie? Sind denn Rosa und Josefa nicht auch psychisch eine Einheit, sind sie nur ein Leib, nicht auch eine Seele?
Arme Geschöpfe! Lebenslänglich einander verhaftet, lebenslänglich abgesondert von anderen, ist keine von beiden jemals allein. Das Verdikt „lebenslänglich" ward gefällt bei ihrer Geburt und wird dauern bis zu ihrem Tod, mit dem es anfängt, todeslänglich zu werden. Zusammen werden sie im Grabe liegen oder in der mächtigen Spiritusflasche eines anthropologischen Museums. Und am Jüngsten Tag müssen sie einen Urteilsspruch entgegenehmen, der für beide gilt. Denn wie könnten um die eine Hüfte die linden Lüfte des Paradieses wehen, dieweil die andere Hüfte im Teufelskessel schmort?
Aber nicht einmal die Aussicht auf die Unzertrennlichkeit im Jenseits hat die Dualität zu einer Indivi-Dualität verschmolzen. Meine Verwunderung darüber veranlaßt Rosa, die Eigenschaften Josefas zu bekritteln. Josefa repliziert, und im Nu ist ein gehässiger Streit im Gange, der tätlich zu werden droht.
„Habt ihr euch schon einmal geprügelt?" frage ich.
„Als wir noch klein waren. Aber bald sind wir darauf gekommen, daß uns jeder Schlag genauso weh tut, wenn wir ihn geben wie wenn wir ihn bekommen."
Dem zusammengefleischten Haß ist also selbst dieses Ventil genommen, und es bleibt zwischen ihnen nur ein ewiges Gequengel. Auch zum heutigen Festtag, der freilich an den fluchwürdigsten Tag ihres Lebens, den ihres Geborenwerdens, erinnert, macht der Streit die Begleitmusik. Je herzlicher ich mit Rosa werde, desto obstinater wird Josefa; bald

hat sie an Rosas Frisur, bald an ihrem Benehmen etwas auszusetzen. Obwohl sie dem Whisky nicht weniger zuspricht als Rosa, weigert sie sich, mit ihr eine neue Flasche vom Fensterbrett zu holen; als Rosa resolut aufsteht, um die Flasche zu bringen, läßt Josefa sich widerwillig nachschleppen.
Unbemerkt geht der Abend von der Farbe des Whiskys in die der Morgendämmerung über; da ich mich verabschiede, döst der Impresario-Manager im Nebenzimmer vor geleerten Whiskyflaschen; an Rosas Seite ist Josefa eingeschlummert.
Am nächsten Tag, als ich den Bericht schrieb, fühlte ich mich selbst wie ein Doppelwesen: ein privater Romantiker, zusammengewachsen mit einem beruflichen Realisten. Einerseits wollte ich kein indiskreter Gast sein, andererseits war ich ja eingeladen worden, um die Absurdität effektvoll und geschäftsbelebend zu schildern. Nun, ich entlehnte die Realistik den medizinischen Abhandlungen und ließ der Romantik in einer Hymne auf Rosa freien Lauf.
Ein Prager Skandalblatt, „Der Arm mit dem Schwert", bediente sich meines Berichts, um unter dem Vorwand der Empörung und mit dem Mittel der Vergröberung die Geburtstagsfeier in eine Orgie zu verwandeln. Meine Bekannten hänselten mich mit Rosa, wollten Details über das Fest wissen, und mancher Besucher der Blažekschen Schaustellung machte hohe Angebote, um ebenfalls eine Privateinladung zu erhalten.
Erfolgreich hätten die Zwillinge ihr Gastspiel in der Heimat verlängern können, jedoch eine Tourneeverpflichtung rief sie nach Marokko, Algier, Tunis und Ägypten, und erst nach der Rückkehr von dort traten sie wieder einen Monat lang in Prag auf. Ich glaubte sie längst abgereist, als ich eines Tages ihren Italoamerikaner in einem Laden traf. Er war von der Begegnung offensichtlich unangenehm berührt, und auf meine Frage, ob auch die Damen noch hier seien, stotterte er, sie fühlten sich ein wenig unwohl und seien deshalb vorläufig in Prag geblieben.
„Ich möchte sie gerne besuchen", sagte ich.
„No, Sir, das ist unmöglich, sie sind krank, sehr krank, a riverci, good-bye."
Da stimmte etwas nicht, da lag etwas vor, was er verheimli-

chen wollte. Selbst eine gewöhnliche Krankheit solch ungewöhnlicher Menschen ist keine gewöhnliche Krankheit.
Ich ging in die Wohnung, in der wir den Geburtstag gefeiert hatten. Dort saßen neue Mieter, die Schwestern Blažek waren mit Monatsende übersiedelt. Wohin? Die Hausbesorgerin wußte es nicht. „Ich glaube, sie sind abgereist", sagte sie. „Wohin?" fragte ich wieder. Die Hausbesorgerin sagte, sie habe keine Ahnung. Erst ein Trinkgeld brachte ihr in Erinnerung, daß der amerikanische Herr sie gefragt hatte, von welchem Bahnhof man nach Ričan fahre. „Vielleicht", sagte sie, „vielleicht sind sie nach Ričan gefahren."
„Vielleicht" ist vielleicht das Wort, dachte ich, das das Wagnis von der Pflicht unterscheidet, vielleicht sollte das Wort „vielleicht" das Losungswort des Reporters sein. Der Weg, dachte ich weiter, zu den Begebenheiten, zu denen er eingeladen wird, führt zu nichts, der Vielleicht-Weg führt vielleicht auch zu nichts, vielleicht aber auch zu etwas.
Also nach Ričan – vielleicht wird sich die Bahnfahrt lohnen, vielleicht sind die Schwestern dort.
Im Dorf Ričan hatte niemand sie gesehen oder von ihrem Hiersein gehört. Ich fragte nach dem Krankenhaus, es gab keines. Es gab nur ein Entbindungsheim in der Villa des Doktor Polifka.
Vom Gärtner der ersten besten Villa ließ ich mir einen Blumenstrauß binden und betrat die Villa Polifka. „Ich möchte die Damen Blažek besuchen."
„Blažek?" Der Pförtner schüttelte erstaunt den Kopf. „Wir haben keine Frau Blažek hier."
Zu meiner und meines Blumenstraußes Entschuldigung sagte ich: „Die Schwestern Blažek haben mir doch geschrieben, daß sie..."
„Ach so, Sie meinen diese Zusammengewachsenen?"
„Ja, sind sie nicht hier?"
„Die sollten vor ein paar Tagen zu uns kommen, aber statt dessen gingen sie auf die Klinik Kukula. Es war nur eine Appendicitis. Mein Gott, die Weiber, die reden sich leicht ein Kind in den Bauch."
Unverrichteterdinge mußte ich zum Bahnhof zurück. Mein Bukett warf ich ärgerlich über einen Gartenzaun.
Auf ein „vielleicht" hin, noch dazu auf das von einem Trinkgeld hervorgerufene „vielleicht", hatte ich eine Eisen-

bahnfahrt gemacht, Blumen gekauft, einen Nachmittag vergeudet.
„Vielleicht" ist vielleicht das Wort, dachte ich, das den Erfolg ausschließt, vielleicht sollte das Wort „vielleicht" ein Warnungswort für den Reporter sein, vielleicht sollte er auf ein „vielleicht" hin niemals eine Recherche unternehmen. Der Weg, dachte ich weiter, zu den Begebenheiten, zu denen er eingeladen wird, führt vielleicht doch zu etwas, der Vielleicht-Weg führt zu nichts.
Erst in zwei Stunden geht der Zug nach Prag. Ričan ist kein richtiges Dorf, es ist eine Villensiedlung, keine Bauernhäuser gibt es hier, keine Dorfschmiede, keine Mühle, keinen Weiher. Nur der Aprilwind, der mich heftig anfaucht, mag in Ričan wie in Škrejchov der gleiche sein, ein starker, feuchter und kühler Wind. Ich schäme mich vor ihm und gestehe mir ein, daß ich hier nichts zu suchen hatte.
Gut, daß die Mädchen nicht in der Villa Polifka liegen, das wäre ein zu arges Mißgeschick. Eine Blinddarmsache ist glücklicherweise nichts Gefährliches und nichts, was man geheimhalten müßte. Milder weht der Wind, streichelt mich, als wäre er mit mir einverstanden.
Dann aber sitze ich wieder im Eisenbahnzug, die Fenster sind geschlossen, rauchig, stickig ist die Luft im Abteil. Haben die Mädchen eigentlich einen gemeinsamen Blinddarm, oder haben sie zwei? Davon stand nichts in den anatomischen Untersuchungen, auch nicht in der psychisch-somatologischen. Warum sollten die Schwestern zuerst in ein Enbindungsheim kommen? Warum hat man dem Kollegen von der Reporterbörse, der täglich im Allgemeinen Krankenhaus die eingelieferten Fälle notiert, verschwiegen, daß die Blažeks auf der Klinik liegen?
„Vielleicht" ist vielleicht schlecht, „vielleicht" ist aber vielleicht gut, dachte ich und ging zum Krankenhaus. Ohne in der Aufnahmekanzlei nach den Blažeks zu fragen, stieg ich geradewegs die Treppe hinauf in die Klinik Kukula.
Da trat Professor Pitha in einem weißen Mantel und begleitet von zwei Herren in weißen Mänteln aus einer Tür am Ende des Korridors. Was macht Professor Pitha hier, der Leiter der geburtshilflichen Klinik? Unter normalen Umständen hat ein Gynäkologe bei den Chirurgen nichts zu tun, am allerwenigsten im Leinenkittel.

Ich verbarg mich vor den Ärzten und klopfte nach einer Weile an die Tür, aus der sie gekommen waren. Drinnen krähte ein Stimmchen. Eine mächtige Dame, mehr Wehmutter als Krankenschwester, trat heraus, sehr brüsk, sehr abweisend.
Ich sei von der Wiener Gynäkologischen Klinik, sagte ich, Herr Professor Pitha habe mich herbestellt.
Die Wehmutter änderte sofort den Ton. Leider sei Professor Pitha eben fortgegangen, in diesem Moment.
„Macht nichts, es ist nicht so eilig. Wann kommt denn Herr Professor Pitha wieder?"
„Heute nacht wird die Patientin" – sie verbesserte sich lächelnd –, „werden die beiden Patientinnen weggebracht, wegen der Zeitungen, Sie verstehen."
Ich legte alle Verachtung, die ein Wissenschaftler für die Presse aufbringen kann, in meine Miene und sagte skeptisch: „Diese Kerle schnüffeln ja doch alles heraus."
„Bis jetzt wissen sie nichts, obwohl schon drei Tage vergangen sind. Und wenn erst die Patientinnen von hier weg sind, kann niemand etwas erfahren."
„Bravo! Und drinnen? Alles in Ordnung?"
„Alles normal, die Kindesmutter normal und auch der Bub normal. Selbst Fräulein Josefa schimpft nicht mehr soviel, obwohl sie noch immer Milchbildung hat. Entschuldigen Sie, ich muß wieder hinein."
Die Nachricht schwang sich aus unserer Redaktion auf den Telegrafendraht, sprang auf die Druckmaschinen und drang zu den Lesern in allen Ländern: Ein halbes Doppelwesen gebärt ein Kind, die andere Hälfte zeigt sich empört, denn wie kommt sie dazu, gleichfalls das Wochenbett zu hüten und Milch in ihrem jungfräulichen Busen zu spüren, unschuldig, ohne Mehranlaß!
War der Fehltritt Rosas wirklich ohne Wissen, ohne Einverständnis und ohne Mitgefühl Josefas erfolgt? Hatte diese etwa geschlafen? War sie betäubt worden? Wenn nicht, warum hatte sie sich nicht entfernt, die moralisch gefährdete Schwester mit sich ziehend?
Amerika kabelte den Prager Zeitungen diese Fragen, und für die Antworten gab es Dollarschecks. Ich schrieb nichts, ich war der Sache nicht froh.
Bald aber schwand mein Schuldbewußtsein, denn ich wurde

Zeuge von Indiskretionen und Konkurrenzmanövern aus dem Professorenkreis, und sie waren um nichts geringer als die der Tageszeitungen.

Hatten seinerzeit jene zwei Berliner Psychiater ihr „Glück dem Umstand verdankt, daß die Mutter des Pygopagen schwer erkrankte", so verdankten nun eine Reihe von Gynäkologen ihr Glück dem Umstand, daß eine Tochter der alten Blažek in andere Umstände gekommen war. Die Geheimhaltung der Geburt und die Wegschaffung der Wöchnerin waren nur deshalb angeordnet worden, weil sich einige Professoren die Erstveröffentlichung sichern wollten. Jetzt, da das Geheimnis enthüllt war, jagten medizinische Reklamefeitel aus aller Welt heran, um wenigstens etwas von der Nachgeburt zu erhaschen.

Dank seiner machtvollen Beziehungen konnte der Wiener Hofrat Schauta, genannt „Habsburgs Klapperstorch", von der Entbindung Rosas und der Milchbildung Josefas den Rahm abschöpfen. „Ich bin in der außerordentlich glücklichen Lage", begann er seinen Vortrag, zu dem die Tagespresse eingeladen war, „als erster über ein Ereignis wissenschaftlich zu referieren, das bis jetzt niemals bei einer Doppelmißbildung zur Beobachtung kam: die Geburt eines Kindes." Hofrat Schauta, der über jedes freudige Ereignis im Kaiserhaus oder in Theaterkreisen erschöpfende Interviews zu geben pflegte, fuhr fort: „Es ist klar, daß mir jedes Sensationsbedürfnis fernliegt und es mir nur um die Festlegung dieses historischen Phänomens zu tun ist."

Ganz ließen sich die Prager Kollegen Schautas das Recht der Erstgeburt nicht rauben. Professor Pitha führte Mutter, Tante und Kind in der Aula vor, und sie mußten mit anhören, wie er in ihrer Muttersprache ironisch bedauerte, nicht auch den Freund Rosas vorstellen zu können, der sich durch die Vaterschaft den Dank der Wissenschaft erworben.

Inmitten der ärztlichen Rivalitätskämpfe machte der italienisch-amerikanische Impresario sein Geschäft, obwohl die Mädchen nicht mehr auftraten. Er ließ Photos und Ansichtskarten des Wochenbetts herstellen, in dem Rosa mütterlich-verklärt lächelte, während der Photograph der Josefa ein „bitte, recht feindlich" eingeschärft zu haben schien; die Bilder wurden in Massen abgesetzt. Außerdem nützte der

Impresario die Wochen des Wochenbetts dazu aus, um Interviews mit der schuldigen Kindesmutter und der unschuldigen Kindestante gegen hohe Bezahlung an amerikanische Korrespondenten zu vermitteln. Er gab auch selbst Auskünfte über die mirakulöse Empfängnis, wobei er in Abrede stellte, der Kindesvater zu sein; und weil er wußte, daß die Geburtsnachricht von mir stammte, deutete er rachsüchtigerweise an, ein Prager Journalist sei der Autor des Kindes.
„Allgemeinem Vernehmen nach wird das neugeborene Söhnchen der Schwestern Blažek", stand im „Arm mit dem Schwert" zu lesen, „auf den Namen Egon getauft werden; wäre dem Kind ein angewachsener Bruder mitgeboren worden, so hätte dieser den Namen Erwin erhalten zu Ehren des Reporters, der die Zeugung vorgenommen haben soll, um die Nachricht von der Geburt als erster veröffentlichen zu können."
Demgegenüber erkläre ich hiermit, nur die Nachricht von der Geburt des Kindes in die Welt gesetzt zu haben, nicht aber das Kind selbst.

Die Himmelfahrt der Galgentoni

> Wahrlich, ich sage euch, die Buhlerinnen und die Zöllner werden euch einführen ins Himmelreich.
>
> *Evang. Matthäi*

Selten habe ich so wüste Nachtlokale gesehen wie die rings um den Prager Gemüsemarkt und Fleischmarkt. Nicht als Nachtlokale waren sie gedacht, sondern als Morgenlokale, wo die Kutscher, die Bauern und die Bäuerinnen, die Fisch- und die Blumenhändlerinnen, die Metzgerburschen und die Markthelfer im Morgengrauen ihren Kaffee oder ihre Suppe schlürfen sollten. Aber diese Stätten für Frühaufsteher wurden zu Sammelbecken für Spätschlafengeher. Denn da sich ihre Tore just zu jener Stunde öffneten, in der

die anderen Gaststätten von der polizeilichen Sperrvorschrift geschlossen wurden, traf sich hier all das, was das Bett scheute oder scheuen mußte, Kellner, Musikanten, Zeitungssetzer, Journalisten, Prostituierte, Säufer, Obdachlose, Zuhälter. Und die biederen Landleute und Marktleute wurden in den Hintergrund gedrückt.
In vielhundertjährigen Häusern staken diese Kneipen, und jede hatte ihre Geschichte. Unter dem Eichentisch der Schenke „Zur Hölle", wo immer Betrunkene liegen, lag 1378 Herzog Wenzel von Luxemburg, als Kammerherren eintraten, um ihm den Tod seines Vaters zu melden, des deutschen Kaisers Karl IV. Sie trugen den sinnlos Betrunkenen ins Schloß hinauf und setzten ihn auf den Thron.
Von der größten Zeche, die je im „Grünen Frosch" gemacht ward, erzählen noch heute Wirt und Stammgäste, als wären sie dabeigewesen. Aber es sind schon dreihundert Jahre her, seit Scharfrichter Mydlarz hier die zehn Schock Meißner Silberthaler nach dem Tagewerk vertrank, für das er sie verdient hatte: für die Massenhinrichtung der böhmischen Adelsherren.
In der Kaschemme „Bataillon" gibt es keine Teller, nur Mulden, die in die Tische eingeschnitten sind; in diese Mulden wird aus einem Schlauch die Suppe gespritzt. Die Blechlöffel sind mit Ketten am Tisch befestigt, damit sie der Gast nicht mitnehmen könne.
Hier bezog Doktor Unger, Universitätsdozent für Staatsrecht und Abgeordneter des Landtags, seinen permanenten Aufenthalt, als er erfuhr, daß seine Frau Orgien mit seinen Kollegen feiere. Bevor er sich bewußt zu Tode trank, vermachte er sein Vermögen den neunzig Stammgästen des „Bataillon". Dafür sollten sie – so stand es im Testament –, jeder mit einer Flasche Haferschnaps in der Hand, an seinem Begräbnis teilnehmen, unterwegs auf sein Seelenheil trinken und sein Lieblingslied singen „Vorbei, vorbei ist alles, vorbei mein Lebensglück . . ."
Hinter dem Leichenwagen schritten die Witwe in schwarzem Schleier, der Oberstlandmarschall von Böhmen mit Zweispitz, goldgesticktem Frack und Degen, der Rektor und die Dekane der Universität in Talaren und Halsketten; und die Pedelle in purpurnem Ornat trugen die Zepter der Fakultäten. Neben ihnen und zwischen ihnen aber drängte

sich der zerlumpte, saufende, grölende Chor der Erben
Nach wenigen Schritten brach die Witwe vor Scham zusammen. Am Grabhügel versuchte der Rektor seine Rede zu halten, die melodramatisch vom Gebrüll des Liedes „Vorbei, vorbei..." begleitet wurde. Seine Magnifizenz konnte nicht zu Ende sprechen; ein Dekan sank in Ohnmacht und wurde davongetragen, die anderen Trauergäste flüchteten in panischem Schrecken, diewiel die Bataillonsbrüder den Platz behaupteten und dem toten Kumpan weinend die geleerten Haferschnapsflaschen ins Grab schleuderten.
Ein Schwesterlokal des „Bataillon" war die „Mimose". Der bescheidene Name stammte wohl aus der Biedermeierzeit, aber für die Gäste war er ein Fremdwort, das sie sich nicht merken konnten, weshalb sie es „Phimose" nannten. Größer als die Wirtsstube war der Hof, in dem Gebirge von leeren Kisten standen. Sie gehörten dem im gleichen Hause befindlichen Leinenwarengeschäft Brumlick, wurden jedoch in der Nacht vom „Mimose" Wirt an Liebespaare vermietet. Der Kellner Honza Luft, sonst als Athlet gefürchtet, war wegen seiner Geschicklichkeit im Herausziehen von Spänen als Helfer beliebt.
Ich habe in der „Mimose" vielen gefährlichen Zusammenstößen beigewohnt, und alle wurden von Honza Luft geschlichtet, knapp bevor es zum Blutvergießen kam. Nur einmal sah ich seine Intervention kläglich scheitern. Das war, als zwei Veteraninnen der Prostitution aufeinander losgingen. Die eine stotterte, und die andere fluchte in einem wilden Rotwelsch, dem ich nur entnehmen konnte, daß es um einen Gast ging, den die Stotternde der Fluchenden abspenstig machen wollte. Plötzlich begann die Stotterin „Galgentoni, Galgentoni" zu brüllen und „diese da wird geholt, bevor einer aufgehängt wird". Da sprang die als „Galgentoni" Apostrophierte auf sie zu, warf sie zu Boden und schlug, allen Trennungsversuchen des Hünen Honza Luft spottend, so lange auf die unheimlich gellende Feindin ein, bis diese verstummte und leblos dalag. In diesem Augenblick trat die Polizei ein und arretierte die Galgentoni.
Die Schilderung, die ich als Zeuge dieses Frauenduells zu schreiben versuchte, mißlang, weil ich nicht wußte, was mit der Anspielung gemeint war, die diese brachiale Wut ausgelöst hatte. Ich nahm mir vor, die Partnerinnen gelegentlich

darüber zu befragen. Jedoch keine der beiden erschien mehr in der „Mimose". Vielleicht war infolge der Schlägerei die eine verurteilt und die andere tot oder beiden das Lokal verboten.

Eine andere der Marktspelunken hieß Café Melantrich. Auch hier saßen an den Tischen Gestalten, die sich durch nichts von den Stammgästen des „Bataillon" oder der „Mimose" unterschieden. Dennoch stellten sie eine Elite dar gegenüber den Außenseitern, die sich im Korridor drängten, Krakeeler, Gewalttäter, Epileptiker oder Aussätzige. Ihnen erlaubte Herr Isidor Natscheradetz, genannt „Mungo", nicht den Eintritt in das Innere seines Lokals. Stehend mußten sie ihre Zeche konsumieren und neidisch ein Spalier für die Privilegierten bilden, die ungehindert im inneren Heiligtum ein und aus gehen durften.

In diesem Spalier bemerkte ich eines Tages die beiden Duellantinnen aus der „Mimose". Ich ging auf die Galgentoni zu, und unser Gespräch begann mit ihrer Frage, ob ich ihr einen Schnaps bezahlen wolle. Ich zahlte nicht nur ihr einen Schnaps, sondern auch der Stotterin und sogar ihrer anderen Nachbarin, die als Frieda Kniefall angesprochen wurde. Allviert tranken wir einander zu und waren fast Freunde. Als ich jedoch mit der Frage herausrückte, weshalb denn die Galgentoni damals so wütend geworden, verstummte sie unwillig. Vergeblich redeten Stotternde und Frieda Kniefall – die eine schimpfend, die andere gleisnerisch – auf sie ein, mir Auskunft zu geben.

Von Zeit zu Zeit ging Mungo Natscheradetz mit mißtrauischem Gesicht vorbei; er schien sich von einem Interview mit den verrufensten seiner Stammkundinnen keine Reklame für das Lokal zu versprechen.

Erst nach der dritten Runde Schnaps erklärte sich die Galgentoni bereit, mir zu verraten, worin ihre Beziehung zum Galgen bestand, aber sie knüpfte eine Bedingung daran: ich müßte zu ihr kommen in ihre Wohnung, dort werde sie mir alles genau erzählen. An diesem Besuch lag ihr mehr als an Schnaps oder Geld, ihre Wirtin und ihre Mitbewohnerinnen sollten sehen, daß sie noch Gäste empfange!

In einer unbeschreiblich elenden Kammer im Ledergäßchen saß ich viele nächtliche Stunden lang bei der Galgentoni. Mühselig mußte ich die Details ihrer Lebensge-

schichte herausholen, aber ein Redeschwall brach aus ihr, als sie sich, sozusagen vor einem imaginären Richter, zu ihrer Verteidigung aufschwang und zu Anklagereden gegen eine polnische Wanda, die Stotterbetty und die Frieda Kniefall, gegen Mungo Natscheradetz und gegen die Sittenpolizei. Sie verlangte von dem imaginären Richter nicht nur einen glorreichen Freispruch für sich, sondern auch die Verurteilung jener Feinde und Feindinnen.
Ihr Schicksal aber war ein Schicksal zwischen blauester Romantik und grauester Realistik, der Sturz aus einem eingebildeten Paradies in die scheußlichste Gosse, in der sich nur der Wunsch spiegelte, in jenes Paradies zurückzukehren.
Ein paar Wochen später wollte ich die Galgentoni wieder sprechen, fand sie jedoch weder auf dem Korridor des Cafés Melantrich noch in ihrer muffigen Bude im Ledergäßchen. Dort sagte man mir, sie sei im Krankenhaus, im Krankenhaus erfuhr ich, daß sie gestorben sei.
Nun fährt sie also zu dem imaginären Richter hin, auf dessen Urteil sie sich mit ihren Plädoyers vorbereitet hat. Sicherlich vollzog sich diese Himmelfahrt so, wie es sich die Galgentoni vorgestellt hat. Freunde, laßt uns daran nicht zweifeln! Am Sammelplatz der Seelen, wo die Vorstadt der Welt endet, wartet ein gewöhnlicher Polizeiwagen. Und doch kein ganz gewöhnlicher. Es ist ein Polizeiwagen für Höhenfahrt, denn der Klepper, der ihm vorgespannt ist, hat weiße Fittiche, und auch der Polizeiwachtmeister, der auf und ab geht, ist geflügelt. Nicht lange braucht er der Fahrgäste zu harren. Seht, dort kommt schon jemand.
Im Nachthemd, ein weißes Tuch um Kopf und Kinn geknüpft, in der einen Hand einen Kranz, in der andern eine brennende Wachskerze, knickst Frieda Kniefall vor dem Polizeiwachtmeister. Direktenwegs geht sie auf den Wagen zu, direktenwegs will sie ins Paradies.
„Schutzmännchen, mein Schutzengelchen", piepst Frieda Kniefall, „ich komme direktenwegs ins Himmelreich. Das hat mir vor einer Stunde der hochwürdige Herr Pfarrer versprochen, als er mir die Letzte Ölung gegeben hat." Fräulein Frieda Kniefall, habe der geistliche Herr zu ihr gesagt, Sie kommen direktenwegs ins Himmelreich ...
Freundlich erklärt ihr der Wachtmeister, niemand komme sogleich ins Himmelreich, alle Seelen werden zunächst dem

Fegefeuer eingeliefert. Dieser Umweg stört die Frieda nicht allzusehr, sie hat ja die Zusicherung vom Herrn Pfarrer, im Himmel aufgenommen zu werden. Aber warum fährt der Wagen noch nicht ab, da sie doch schon hier ist?
Ja, man müsse bis Mitternacht warten. „Wir sind heute der letzte Transport; wer bis vierundzwanzig Uhr stirbt, fährt noch mit uns hinauf."
In der Tat kommt eben ein anderer Passagier, Herr Mungo Natscheradetz. Er entschuldigt sich, daß er die Herrschaften habe warten lassen, er ist überzeugt, nur auf ihn habe man mit der Abfahrt gewartet, und verlangt eine Fahrkarte erster Klasse in den Himmel, ohne Umsteigen, Schlafwagen womöglich. „Kostet, Herr Kondukteur?"
Wie oft schon mag der Wachtmeister die Auskunft gegeben haben, daß es keine direkte Linie in den Himmel gebe! Herr Natscheradetz hat ein überlegenes Lachen zur Antwort! „Das sagen *Sie*! Sie scheinen nicht zu wissen, wer ich bin!" Er liest seine Todesanzeige vor: „Wir betrauern in dem Heimgegangenen einen hochprima Charakter von vorzüglicher, erstklassiger Qualität . . ." Hernach, der Wirkung sicher, die dieser Text gemacht haben muß, will er die Wagentür öffnen. Aber der Wachtmeister hält ihn zurück, und Frieda Kniefall äußert mit einem Seufzer: „Wir müssen uns in himmlische Geduld fassen."
Mungo Natscheradetz ist baß erstaunt, die Frieda hier zu sehen, jovial streckt er ihr die Hand hin, aber Frieda Kniefall will hier mit dem Wirt der übelbeleumundeten Kaschemme nichts zu tun haben.
„Ich kenne Sie nicht", äfft Mungo Natscheradetz ihr nach, „und seit zwanzig Jahren verkehren Sie bei mir im Lokal, um sich Gäste zu schnappen."
Darüber erschrickt Frieda Kniefall, denn wenn das der Wachtmeister hört und höhern Orts meldet, kann ihr das sehr schaden, der Zusicherung des geistlichen Herrn zum Trotz. Spitzig flüstert sie Mungo Natscheradetz zu, seit langem verkehre sie nicht mehr in seinem Café, seit der Zeit nämlich, da ihr Bräutigam dort all ihr Geld verspielt habe.
Nun ist es Herr Natscheradetz, der erschrickt, denn mit der Beschuldigung, eine Spielhölle gewesen zu sein, könnte ihm, seiner Todesanzeige zum Trotz, die Hölle heiß gemacht werden.

Zum Glück für beide kann der Wachtmeister von dem Gespräch nichts hören, weil sich aus der Ferne ein Gassenhauer nähert, von einer heiseren Stimme geschmettert. Ist das überhaupt eine Stimme zu nennen? Ja. Denn wie aus einem Mund sagen Mungo Natscheradetz und Frieda Kniefall, die Stimme komme ihnen bekannt vor.
Und da erscheint auch schon unsere Galgentoni im Mondscheinlicht. Sie stoppt ihr Lied erst, als sie die vertraute Silhouette eines Polizeiwagens vor sich sieht. Wie sie es wohl immer getan, versucht sie die Wagentür mit dem Fuß aufzustoßen. Hier aber scheint das nicht die richtige Art und Weise zu sein, der Wachtmeister schiebt sie zur Seite. Die Galgentoni nimmt das nicht übel. Sie ist so froh, aus dem Spittel raus zu sein, daß ihr kein Polizist die Stimmung vermasseln kann. Nur ungeduldig ist sie, sie will in den Himmel; sie brauche kein Billett, ruft sie, sie habe eine Jahreskarte, sogar schon kontrolliert, einmal wöchentlich vom Herrn Polizeiarzt bei der Hurenvisite.
Entsetzt raunt Frieda Kniefall dem Herrn Natscheradetz zu, das sei doch die Galgentoni.
Herrn Natscheradetz zu erzählen, daß das die Galgentoni sei, ist auf Ehre sehr gut! Herr Natscheradetz hat sie nicht in die Gaststube gelassen, auf dem Korridor stehend, mußte sie den Kaffee trinken. Und jetzt will sie in den Himmel!
Jawoll, das will die Galgentoni, und möglichst schnell. „Sollen wir denn hier warten, bis es irgendeinem Hottentotten in Italien beliebt, die Beine steif zu machen?"
„Mit solcher Benehmität will sie in den Himmel", murmelt Mungo Natscheradetz seinem Bart zu.
Toni hat es gehört. Sie faucht ihn an, hier habe er nichts mehr zu befehlen, sondern zu schweigen, widrigenfalls sie ihn vor seine Adlernase stoßen müßte, daß er die Engel pfeifen hört, bevor er noch mit der Grünen Minna abgefahren ist. Dabei fällt ihr ein, daß die Grüne Minna, die Rheumatismuskiste da, noch immer nicht Miene macht, abzudampfen.
„Ich will mir hier doch kein Geschäft aufmachen", denkt sie laut, sehr laut sogar. „Das ist nicht mein Strich, so ein mieses Revier such ich mir nicht aus. Wie ein Kind freu ich mich seit zweiundfünfzig Jahren auf meine Himmelfahrt,

und jetzt soll ich Schlange anstehen? Also los jetzt, Himmel, Arsch und Zwirn, sonst passiert was!"
Frieda Kniefall bekreuzigt sich, der Himmel beschütze uns, betet sie, und der Wachtmeister schwingt seinen Gummiknüppel. Die Toni rät ihm eindringlich, keine Wellen mit seinen Flügeln zu machen. Ihre Bestimmungsstation sei der Himmel, und der warte schon auf sie.
„Oder aber die Hölle", sagt der Wachtmeister, wofür er von Mungo Natscheradetz belobt wird, das sei eine ausgezeichnete Abfuhr gewesen, einfach brillant!
Das sei ihr scheißegal, brüllt die Toni, keinesfalls werde sie ihre Pedale hier anfrieren lassen, das sei kein Himmelsstrich für sie. „Wenn die Fuhre nicht gleich abgeht, wichse ich in den Schimmel hinein, daß euch die Pferdeäpfel um die Ohren sausen und die ganze Milchstraße auseinanderläuft."
„So eine Ausdrucksweise hab ich noch nicht erlebt, seit ich tot bin", beteuert Mungo Natscheradetz. Der Wachtmeister ist wütend. „Halten Sie den Mund", sagt er zu Toni, „sonst . . ."
Toni krempelt sich die Ärmel auf und geht auf ihn los. „Sonst? Sonst was?" zischt sie. „Jetzt hat's aber zwölf geschlagen!"
Und da schlägt es wirklich zwölf, und der Wachtmeister schlägt den Ton eines Bahnhofschaffners an: „Einsteigen die Herrschaften, nicht so drängen."
Mungo Natscheradetz drängt sich vor, Toni stößt ihn zur Seite. Kann man's ihm übelnehmen, daß er verärgert fragt: „Gibt's denn da keine erste Klasse? Muß ich mit der Chonte im Wagen fahren?"
„Mit so einer Person", assistiert ihm Frieda Kniefall, „wer mir das bei Lebzeiten gesagt hätte!" Niemals noch sei sie in einem Polizeiwagen gefahren.
„Wirklich nicht?" sagt Toni. Dann könne sich Fräulein Frieda Kniefall ja ein Taxi nehmen, sogar eins für sich allein und ihren Jungfernkranz, wenn sie fürchte, daß Herr Natscheradetz ihn im Wagen zerdrücken könnte.
Mungo Natscheradetz überhört das, er ist damit beschäftigt, den Wagen mißtrauisch zu mustern. „Das heißt eine Karosserie! Ich hab direkt Angst, daß das auseinanderfällt." Worauf die Galgentoni ihn höhnisch beruhigt: „Was kann Ihnen denn noch passieren, Sie toter Jud, Sie?"

Schließlich sind die Fahrgäste einwaggoniert, es knallt die Peitsche, es schwingen die Flügel des magern Hippogryphen, es pfeift der Wind, und es fährt der Wagen von der Erde ab, über Wolkenberg und Wolkental, dem Fegefeuer zu.
Das Fegefeuer sieht aus wie eine Gerichtsstube, aber die Hinterwand hat zwei seltsame Tore. Das eine samt zugehörigem Schilderhaus ist blau und gold gestreift, und eine Lichtreklame mit der Aufschrift „Himmel" funkelt darüber. Schwarz und rot ist das andere Tor, düster seine Tafel: „Hölle". Vor dem blau-goldenen Schilderhaus trippeln zwei Engel, den Palmwedel geschultert, auf und ab; vor dem anderen versehen den Wachtdienst zwei geschwänzte Teufel, die Birkenruten wie Säbel gezogen. Mond und Sterne leuchten nahe, Wolken durchschweben den Gerichtssaal.
Vorne am Gerichtstisch ist der Präsident des Obersten Gerichtshofs eingenickt, ein Herr mit langem Wattebart und ebensolchem Haupthaar. Rechts und links von ihm markieren zwei Assessoren, der himmlische und der höllische, eifrige Arbeit, bis sie am Schnarchen merken, daß der Alte schläft. Da schieben sie die Akten beiseite, zünden ihre Zigaretten an der Mondscheibe an und beginnen eine Diskussion über Gott und die Welt. Solange es nur über Gott und die Welt geht, sind sie in ihren Ansichten ziemlich einig, aber als die Debatte die Politik streift, bricht ein Konflikt aus. Der Himmelsassessor, ein glatter Herr mit Monokel, Schnurrbärtchen und Orden, schnarrt wütend, es sei eine Affenschande, daß man mit jeder hergelaufenen Seele lange Verhandlungen abführe, statt einfach kurzen Prozeß zu machen. Und immer, wenn er ein wenig das römische Recht studieren wolle, müsse er das ewige Gewimmer aus der Hölle anhören. Wehleidige Schlappschwänze! Sollte man alle an die Wand stellen.
Demgegenüber bekennt sich der Höllenassessor zur Demokratie, jeder müsse wimmern können, soviel er wolle.
Der laute Streit weckt den Präsidenten. Der schwingt die Tischglocke. „Ruhe! Ich kenne keine Parteien, ich kenne nur Seelen."
Die beiden Assessoren haben kaum die Zigaretten verlöscht und ihre Plätze eingenommen, als auch schon Pferde-

getrappel, Wagenrollen und Peitschenknall die Ankunft von Zuwachs verkünden – es ist der, den wir kennen. Unsere drei Freunde werden angewiesen, sich auf die Bank zu setzen, jedoch Mungo Natscheradetz gestattet sich, sich höflichst vorzustellen und um Aufenthaltsbewilligung im Himmel zu ersuchen, vielleicht könne er früher drankommen, er sei nämlich momentan effektiv pressiert; er flüstert dem Präsidenten zu, er lasse sich's gern was kosten . . .
„Was fällt Ihnen ein?" schreit ihn der bemonokelte Himmelsassessor an, „Sie atmen hier Himmelsluft!" Nun, Mungo Natscheradetz ist auch bereit, ein Luftgeschäft zu machen, aber der Präsident heißt ihn sich hinsetzen und ruft Frieda Kniefall auf. Mungo Natscheradetz murmelt: „Rischeß!"
Der Präsident hat in Frieda Kniefalls Akten geblättert und erklärt sie schuldig der Heuchelei. Bevor die erschrockene Frieda auf die ausdrückliche Zusage des Herrn Pfarrers hinweisen kann, daß sie direktenwegs ins Himmelreich eingehen werde, wird sie von den beiden Teufelsposten gepackt. Sie sträubt sich und schimpft und droht, ohne daß es ihr nützt. Unsanft wird sie durchs Höllentor befördert, aus dem ein Feuerschein aufflammt.
Als nächster wird Herr Natscheradetz vorgerufen, was wiederum der Galgentoni nicht recht ist. Lange genug, zweiundfünfzig Jahre, warte sie schon auf den Klimbim, sie wolle hier nicht versauern; o nein, da kenne man sie schlecht. Den Himmelsassessor, der sie schneidig zurechtzuweisen versucht, nennt sie einen vertrottelten Monokelfritzen. Die Teufelsposten wollen, sich schüttelnd und die Zunge bleckend, die Galgentoni einschüchtern. Die aber kriegt nur einen Lachkrampf. „Ihr seid wohl aus dem Pfefferkuchenladen geflitzt? Verkriecht euch nur schnell mit euren Schwänzen, oder ich . . ."
Flugs ziehen die Teufel ihre Schwänze ein und verstecken sich im Schilderhäuschen.
Milde sagt der Präsident zur Galgentoni: „Seien Sie endlich still." Da wird sie endlich still. O weh, denkt sie, jetzt hab ich die Karre ganz verfahren, jetzt ist's Essig mit dem Himmel.
Mungo Natscheradetz wird befragt, was er zu seiner Verteidigung vorzubringen habe. Schemajisröl! Zu seiner Vertei-

digung! Wenn er gewußt hätte, daß er hier eine Verteidigung brauche, hätte er seinen Anwalt mitgebracht. Mit bewegter Stimme liest er seine Todesanzeige vor: „Tiefbetrübt geben wir Nachricht vom Hinscheiden des Herrn Isidor Natscheradetz, Seniorchef des bestrenommierten Café Melantrich, Melantrichgasse . . ."
„Der alte Hurenstall", ruft die Galgentoni dazwischen.
„Ihnen gesagt, hineingelassen worden zu sein!" antwortet ihr Mungo Natscheradetz und schickt sich an, in der Vorlesung seiner Todesanzeige fortzufahren, aber der Präsident nimmt sie ihm aus der Hand und gibt sie dem Teufelsposten, der sie durch das Höllentor wirft, „ein Stück Papier für besondere Zwecke".
Natscheradetz schreit auf: „Was, meine Todesanzeige wollen Sie als Ascher-Joze-Papier verwenden? Wissen Sie, was die gekostet hat?"
„Sie können ihr gleich nach", verurteilt ihn der Präsident, „Sie sind ein Kuppler."
Bevor das Höllentor hinter Mungo Natscheradetz zufällt, hört man, wie er dort Freunde begrüßt: „Ah, Schlesinger und Sinaiberger, ihr seid auch schon da?"
Nun wird Antonia Havlova aufgerufen, und das ist der bürgerliche Name der Galgentoni. Ihre Akten werden herbeigetragen, Assessoren, Doppelposten und sogar der Wachtmeister haben daran zu schleppen, daß sie keuchen. Der Präsident liest die Titel der Aktenstöße: „Geheimprostitution", „Körperverletzung", „Ruhestörung", „Grober Unfug", „Verunreinigung öffentlicher Plätze". Erschreckt hört die Galgentoni diese Vorlesung. „Prost Mahlzeit", brummt sie, „das Geschreibsel haben sie hier auch!"
Sie ist, wie sich ergibt, zweiunddreißigmal polizeilich und – drei-, nein, viermal gerichtlich vorbestraft. „Immer unschuldig, hoher Gerichtshof", beteuert sie, „immer unschuldig, so wahr ich lebe."
Alle erschrecken.
„Wer lebt?"
„Ach so, ich bin ja tot. Das vergißt man in der Aufregung."
Der Präsident fragt sie: „Antonia Havlova, haben Sie noch einen anderen Namen, ich meine: einen Spitznamen?"
Ja, antwortet sie mißtrauisch, den habe doch jede von ihrer

Gilde. Auf weiteres Befragen gibt sie diesen Spitznamen an: „Mich nennt man die Galgentoni."
Der Präsident schiebt die Akten fort und fragt, warum man sie so nenne. Da kommt er aber schön an. Das seien ihre ureigensten Privatangelegenheiten, das stehe in keinem Akt, da habe sich keiner hineinzumischen, darüber gebe sie keine Auskunft. Schikanieren lasse sie sich nicht, das habe nicht einmal die Sittenpolizei fertiggekriegt, darüber rede sie nicht, und wenn man sie auch in den heißesten Höllenkessel schmeiße."
Ruhig läßt der Präsident diesen Wortschwall über sich ergehen und erinnert sie, daß sie ja die Geschichte auch bei Lebzeiten manchmal erzählt habe.
Oh, das sei eine ganz andere Kiste gewesen. Wenn jemand sie besucht habe oder mal drei Glas Schnaps bezahlte, das war die Taxe, dann konnte er allenfalls die Geschichte verzapft kriegen. Aber zwingen – nein, Herr!
Nun, Schnaps wird hier nicht geführt, aber dafür gibt's Äther genug. Auf ein Zeichen des Präsidenten senkt sich aus den Wolken eine Flasche nieder, und die Galgentoni äußert ihr Erstaunen, daß sich auch die himmlischen Heerscharen zeitweise einen hinter die Binde gießen. Gegen eine solche Verdächtigung protestiert der ganze Gerichtshof entrüstet.
Es ist ein guter Schluck, den Toni aus der Ätherflasche macht. „Fein! Ein Klassetröpfchen! Gibt's das in der Hölle auch?"
Statt einer Antwort erhält sie die Aufforderung, zu erzählen.
„Ja also, heiliger Gerichtshof, das ist schon eine alte Brühe. Das ist schon bald nicht mehr wahr. Es war am 12. August 1881."
„Da sind es heute dreißig Jahre", bemerkt der Präsident, worauf Tonis Mißtrauen verstärkt wiederkehrt. „Wirklich wahr, auf den Tag dreißig Jahre! Na und? Hab ich mich nicht auf Erden genug damit herumgeschlagen? Wollen Sie mir aus der Sache hier auch noch einen Strick drehen?"
„Erzählen Sie nur ruhig, Toni."
„Also, ich war damals im Salon Koutzki angestellt, in der Plattnergasse."

„Hm", macht der Präsident, „Ecke Saazergäßchen, nicht wahr?"
„Da schau her, Sie kennen das Lokal? Haben Sie auch bei uns verkehrt?"
Assessoren und Wachtposten kichern.
„Sie müssen sich dafür gar nicht genieren, Herr Gerichtshof, es war ein sehr nobles Etablissement, nur Herren aus der ersten Gesellschaft waren unsere Stammgäste. Das können Sie mir doch bestätigen, wenn Sie uns beehrt haben, Herr Gerichtshof."
Vergeblich versucht das Personal das Lachen zu verbeißen, und ärgerlich gebietet der Präsident Ruhe. Und die Galgentoni erzählt weiter:
„Also, ich war damals bei Koutzki in der Plattnergasse und war weitaus die schönste von den Damen."
Der Himmelsassessor räuspert sich.
„Sie sollten lieber nicht hüsteln, sonst kommt Ihnen Ihr Monokel in die falsche Kehle. Wenn ich sage, ich war die schönste von den Damen, so können Sie mir das glauben. Heute bin ich ja ein alter Schlampen, was hätte ich davon, mich zu rühmen? Aber damals war ich ‚die blaue Toni', wegen meiner blauen Augen und weil ich ein blaues Empirekleid aus Atlas getragen hab, Ajour-Strümpfe und Lackschuhe. Wenn ich in den Salon hinuntergekommen bin, haben immer schon Herren auf mich gewartet, und um vier Uhr früh, bevor Schluß gemacht worden ist, haben sie sich vor meinem Zimmer angestellt, ganze Reihen, jawohl. So eine Klasse war ich. Alle Damen – Sie wissen, die Kolleginnen – haben mich beneidet."
„Nun, und was war am 12. August?"
„Ja, also am 12. August saßen wir, alle Damen, in der Küche beim Essen, da kam ein Detektivinspektor von der Polizei mit einem Gefängniswärter vom Strafgericht und tuschelte mit der Frau Koutzki. Wir haben gehört, wie die Alte sich aufregt und wie der Inspektor sagt, er habe es satt, von einem Puff ins andere zu laufen. Wenn ihm die Frau Koutzki Schwierigkeiten macht, so wird er ihr nächstens auch Schwierigkeiten machen. Natürlich hat die Alte sich mit ihm nichts anfangen wollen, na und da kommt sie zu uns nach hinten, und der Inspektor fragt, ob eine von uns Damen nicht ins Strafgericht gehen möchte zum Ferdinand

Prokupek. Und Frau Koutzki hat dazu gesagt, sie gibt der Betreffenden noch fünf Gulden extra. Natürlich hat sich keine gemeldet."
„Es hat sich eine gemeldet", unterbricht der Präsident die Darstellung.
„Nein, hoher, heiliger Gerichtshof, es hat sich keine gemeldet. Ganz Prag hat ja gewußt, daß der Prokupek morgen gehängt wird, weil er drei Mädel erwürgt hat, eine bei Brandeis, eine bei Krtsch, und die restliche hat er ins Wäldchen bei Hodkowitschka gelockt. Alle drei hat er erwürgt, und dann hat er die Leichen verstümmelt. Ein scheußlicher Kerl. Und so hat er auch auf dem Bild ausgesehn, das von ihm im ‚Illustrierten Kurier' war – ein Strolch mit zerfressenem Gesicht, das Kotzen ist einem angegangen, wenn man nur die Photographie angeschaut hat, pfui Teufel!"
Zum Glück baumelt die Flasche noch, so daß die Galgentoni den Ekel hinunterspülen kann und weitererzählt: „Der Detektivinspektor hat eine Dame gebraucht, weil der Prokupek sich gewünscht hat, ein Mädchen bei sich zu haben, und wenn einer hingerichtet wird, muß ihm sein letzter Wunsch nämlich erfüllt werden."
Diese Gelegenheit, mit seiner Kenntnis des römischen Rechts zu protzen, läßt sich der Himmelsassessor nicht entgehen. Devot bemerkt er zum Präsidenten, das sei das alte Scortum Scorto.
„Was ist los?" fragt die Galgentoni.
„Nichts ist los, das ist aus dem römischen Recht", sagt der Himmelsassessor.
„Dann unterlassen Sie, bitte, solche Bemerkungen. Bei uns gilt das nicht, und es hat sich auch keine gemeldet."
„Aber Toni", sagt der Präsident, „es hat sich ja doch eine gemeldet."
„Nein, hoher, heiliger Gerichtshof, das muß ich doch besser wissen, es hat sich keine gemeldet. Nicht einmal die Ludmilla wollte gehen, ‚nicht für tausend Gulden', hat sie gesagt. Und sie war doch die mieseste von uns, daran werden Sie sich ja noch erinnern, Herr Gerichtshof, wenn Sie unser Stammgast waren."
„Ruhe am Richtertisch, wenn ich bitten darf", ruft der Präsident, denn die Assessoren prusten wieder los.
„Weil also keine von uns Damen zum Prokupek gehen

wollte, so hat die Frau Koutzki zur Frau Petrikova gesagt, sie soll sich anziehn und ins Strafgericht mitgehn. Die Frau Petrikova war damals nur Bedienerin bei uns, drei viertel Jahre vorher war sie noch Dame gewesen, aus dieser Zeit werden Sie sie vielleicht kennen, Herr Gerichtshof."
„Ruhe!"
„Olga hat sie damals geheißen. Aber dann ist sie krank geworden, und als sie aus dem Spital zurückgekommen ist, hat sie so alt und häßlich ausgesehn, daß man sie unmöglich in den Salon lassen konnte. Eingefallene, fleckige Wangen hat sie gehabt und rote Augen, die Haare sind ihr ausgegangen, und immerfort war sie heiser. Furchtbar."
Ein neuer Schluck aus der Ätherflasche schwemmt die Erinnerungen weg.
„Die Frau Koutzki wollte die Olga nicht mehr aufnehmen, aber weil sie so geheult hat, daß sie sich umbringen wird, hat man sie auf dem Sofa im Doktorzimmer schlafen lassen und hat ihr das Essen gegeben. Dafür hat sie dann eben aufräumen müssen und hat natürlich nicht mehr Olga geheißen, sondern Frau Petrikova. Weil nun keine von uns Damen zum Prokupek hat gehn wollen, sollte sie diejenige sein. Da hat sie die Hände über dem Kopf zusammengeschlagen und hat aufgeschrien, aufgeschrien ohne Stimme. Lieber schmeißt sie sich in die Moldau, hat sie gesagt und hat gezittert wie Sülze... Da fiel mir plötzlich ein zu sagen: Ich geh zum Prokupek..."
„So, so!"
„Jawohl, dann bin ich also mit dem Inspektor losgezogen bis ins Strafgericht. Damals war ich zum erstenmal dort. Im Aufnahmebüro waren ein paar Aufseher, die haben so blöd gemeckert: ‚Gute Unterhaltung wünschen wir Ihnen, Fräulein', und dann haben sie mich genau und gründlich abgetastet – angeblich, ob ich nicht ein Messer oder einen Strick für den Prokupek mitbringe. Na, vielleicht haben sie auch wirklich Angst gehabt, daß ich ihnen die schöne Hinrichtung verderben könnte. Und ein junger Aufseher hat ganz traurig zu mir gesagt: ‚So ein bildhübsches Mädel, schämen Sie sich nicht?' Er hat geglaubt, ich mache es wegen der paar Gulden. Na, und dann haben sie mich in die Zelle vom Prokupek geführt. Sein Bild hab ich schon aus dem ‚Illustrierten Kurier' gekannt, das hab ich Ihnen, glaube ich, schon er-

zählt. Aber er war noch viel ähnlicher als auf der Photographie. So eine schmierige Zuchthauskluft hat er angehabt und lauter Stoppeln und Pickel im Gesicht."

Ein Zug aus der Ätherflasche beweist, daß der abstoßende Eindruck, den der Mörder auf sie gemacht hat, ein tiefer war.

„Wie ich ihn gesehn hab, hab ich mir gedacht: Wenn ich nur schon wieder draußen wäre! Aber anmerken hab ich mir das nicht lassen. Wenn ich schon einmal da bin, soll er sich auch mit mir freuen. Ich weiß, was ich meinem Beruf schuldig bin. Ich hab also zu ihm gesagt: ‚Ihr Bild habe ich schon im »Illustrierten Kurier« gesehen, hat mir gleich gefallen, deshalb bin ich gekommen.‘ Da hat er etwas ganz Ordinäres gebrummt: ich soll ihn..."

Hier hält es der Präsident für angebracht, den Satz selbst zu vollenden: „... den Buckel runterrutschen."

Diese Fassung aber ist nicht die authentische. „O nein", beharrt die Galgentoni, „noch viel gemeiner. Sie verstehen schon, hoher Gerichtshof, ich brauche mich hoffentlich nicht darüber zu verbreiten, das wäre mir peinlich. Eine halbe Stunde war ich mit dem Prokupek, da sagt er zu mir: ‚Jetzt kannst du gehn.‘ Ich war heilfroh, daß es vorbei war; ich hab ja so eine Angst gehabt, daß er mich vielleicht auch erwürgen wird wie die drei Mädel. Aber wie ich ihm die Hand geben will, hat er mir leid getan. Ich hab mir gedächt, am Morgen holt ihn der Henker, und da hab ich zu ihm gesagt: ‚Ich möchte gerne noch ein bißchen bleiben.‘ Da hat er wieder so etwas gebrummt wie vorher. Sie wissen schon..."

„Gewiß, Sie müssen es nicht wiederholen."

„Nein, nein, ich wiederhole es nicht, ich erwähne nur, daß er wieder so etwas Unfeines gesprochen hat. Aber es hat ihn doch *sehr* gefreut, daß ich gesagt hab, ich möchte dableiben. Na, und um zwei Uhr nachts bin ich nach Hause gerannt und bin gleich auf mein Zimmer und wollte mich schlafen legen. Da sehe ich, daß mir meine Kolleginnen, die Damen, diese Säue, einen Galgen aus Pappdeckel auf den Nachttisch gestellt haben. Mit so etwas macht man doch keine Witze, nicht wahr, hoher Gerichtshof? Ich hab einen solchen Zorn gehabt, daß ich kaum einschlafen konnte. Wie ich am Nachmittag zum Frühstück runterkomme, haben

alle schon die Hinrichtung in der Zeitung gelesen und fangen an, mich zu uzen: ‚Du bist wohl so stolz geworden, weil sie deinen Liebsten erhöht haben?' – ‚Schlepp uns nur keinen kleinen Prokupek ins Haus, sonst erwürgt er uns noch alle.' Je mehr ich mich geärgert habe, desto mehr haben sie mich gehöhnt, und wütend bin ich auf mein Zimmer gelaufen."
„Aber Sie sind doch wieder hinuntergegangen, Toni?"
„Erst am Abend, wie das Geschäft angefangen hat. Wie ich also abends in den Salon runterkomme in meinem blauen Empirekleid, das mir so gut gepaßt hat – Sie erinnern sich doch noch . . . ?"
„Ja, ja, erzählen Sie weiter."
„. . . da haben die Luder alle im Chor gerufen: ‚Galgentoni!' Und denken Sie, diese Gemeinheit: den Gästen haben sie auch erzählt, wo ich gestern abend war. Das ist doch unlauterer Wettbewerb, nicht wahr, hoher Gerichtshof? Meine treuesten Gäste haben mich nicht einmal angeschaut."
Und jetzt dringt auf die Galgentoni eine Erinnerung ein, die nicht mit Äther hinunterzuspülen ist und nicht mit Tränen. Sie schluchzt, da sie vom blonden Willy erzählt: „Um ein Uhr ist der blonde Willy gekommen, der war schon drei viertel Jahre mein richtiggehender Liebster – ich hab den Lausejungen, den elenden, so schrecklich gern gehabt, nie mehr werde ich einen wieder so gern haben – ein feiner Junge, er war immer tipptopp angezogen, Sie werden sich sicherlich noch an ihn erinnern, hoher Gerichtshof, er ist immer am Mitteltisch gesessen, mit gelben Handschuhen und einer grün-weißen Krawatte. Also, ich will mich zu ihm setzen, da schreit er durchs ganze Lokal: ‚Bevor mich der Henker hochzieht, laß ich dich schon rufen.'"
Tonis Körper schüttelt sich vor Schmerz. „Und dann – und dann – ist er mit der – polnischen Wanda aufs Zimmer gegangen! Mit dem Biest, das immer so gemein zu mir war. Das hätte er mir nicht antun sollen, das nicht, nein, das nicht!"
„Trinken Sie einen Schluck, Toni, und erzählen Sie weiter."
„Am nächsten Tag bin ich vom Salon Koutzki weggelaufen. Bei der ‚Blauen Nudel' haben sie mich aufgenommen."
„Blaue Nudel?"

„Das werden Sie nicht kennen, das ist ein ganz kleines Puff gegenüber vom Blindeninstitut."
Der Himmelsassessor nickt.
„Ja, *Sie* werden es kennen. Ach Gott, das war mit dem Salon Koutzki gar nicht zu vergleichen. Da hab ich kein blaues Empirekleid mehr gehabt und keine Lackschuhe und keine durchbrochenen Strümpfe. Und wissen Sie, was mir am meisten gefehlt hat – das Grammophon. Erinnern Sie sich noch an das große Grammophon bei Koutzki? Da hab ich so gern getanzt, wenn es gespielt hat:

,Komm, Karlinchen, komm, Karlinchen, komm,
Wir wolln ins Grüne gehn...'"

Erinnerungsselig streckt sie die Arme aus und beginnt zu summen und sich zu bewegen, dann zu singen und zu tanzen:

„Da ist es wunderschön..."

Und der Gerichtshof mitsamt dem Wachtpersonal summt und singt und bewegt sich mit, sogar die Wolken schaukeln im Takt des Liedes:

„Komm, Karlinchen, komm, Karlinchen, komm,
Wir wolln ins Grüne gehn,
Da ist es wun..."

Der Präsident ist der erste, der sich wieder besinnt. „Pst! Ruhe!" ruft er. Und als schon alle verstummt sind, fügt er hinzu: „Ein Skandal!"
Dann sagt er zu Toni: „Weiter!"
Worauf sie wieder aus voller Kehle zu singen anfängt:

„Komm, Karlinchen, komm, Karlinchen..."

„Ruhe! Sind Sie verrückt geworden?"
„Aber Sie haben doch gesagt ‚weiter', Herr Gerichtshof."
„Weiter *erzählen* sollen Sie."
„Ach so! Ja, wo sind wir denn stehengeblieben? Richtig, bei dem Grammophon. Also das Grammophon hat mir, wie ge-

sagt, sehr gefehlt. Nein, Koutzki und ‚Blaue Nudel', das war wie Tag und Nacht, hoher Gerichtshof, den Unterschied sollen Sie Orgel spielen können. Ich war aber nur drei Nächte dort: In der dritten Nacht ist ein Gast gekommen, der mich vom Salon Koutzki gekannt hat, und der Quatschkopf hat die Geschichte gleich ausgepackt. Die Damen haben mich sowieso beneidet, weil ich den schönsten Körper gehabt hab und weil ich eine Neue war. Gleich hat's wieder geheißen: Galgentoni! Das war ein richtiges Fressen für die: Galgentoni! Unter solchen Umständen ist es schwer, in einem Lokal zu arbeiten, das müssen Sie doch einsehen! Da bin ich dann wieder von der ‚Blauen Nudel' weg und bin auf die Straße gegangen. Ja, was ist mir denn anderes übriggeblieben als der Strich? Dreißig Jahre lang bin ich so gegangen, Abend für Abend, keine Müdigkeit vorschützen. Und ich hab auch, Gott sei Dank, jeden Abend einen Freier gefunden."
Hier kann sich der Himmelsassessor der spöttischen Bemerkung nicht enthalten: „Nulla dies sine linea."
„Was heißt denn das schon wieder?" fragt Toni.
„Das heißt: Kein Tag ohne Strich."
„Jawohl, das stimmt, dreißig Jahre lang kein Tag ohne Strich. Zuletzt hat mir ein Kunde einen Pelzmantel versprochen, damit ich in den feinen Kaffeehäusern verkehren kann. Aber das hab ich nicht mehr erlebt. Ist es denn ein Wunder? Die Straße ist doch das Furchtbarste, was es gibt."
„Warum denn?" fragt der Präsident und gibt dem Assessor ein Zeichen, das zu protokollieren.
„Was man von der Polizei ausstehen muß. Und erst recht von der Zimmerwirtin! Jeden Tag schikaniert sie einen mit was Neuem, und alle nasenlang erhöht sie einem die Miete, und alles muß man sich gefallen lassen. Alles muß man sich allein besorgen, am hellen, lichten Tag, wo man doch schlafen sollte. Und wenn man was einkaufen geht, einen Hut oder eine Bluse oder Reizwäsche – man kann doch nicht in Flanell herumlaufen! –, dann begaunern einen die Verkäufer. Jeder glaubt, unsereins kann geneppt werden. Und woher kommt das, unser ganzer schlechter Ruf?"
„Nun, woher, glauben Sie?"
„Das kann ich Ihnen ganz genau angeben, Herr Gerichts-

hof, und der Herr dort soll es aufschreiben. Unser ganzer schlechter Ruf kommt nur von den Fräuleins auf der Promenade, von diesen Nutten. Das sind solche Rotznasen, die nichts gelernt haben und nichts können und die glauben, wenn sie nachts ausgehen, dann sind sie schon Huren. Und sehen Sie: die gehn zu keiner Kontrolle, und von ihnen kommen dann die Krankheiten. Aber gerade diese Luder haben die meisten Kundschaften. Und wir müssen stundenlang herumjagen, bevor wir einen Freier erwischen. In der Nässe, in der Kälte – nein, die Straße ist einfach gräßlich. Das ist nicht wie im Salon, wo sie einem alles besorgen und wo man von hinten und vorn bedient wird."
„Finden Sie's dort wirklich so schön?" fragt der Präsident und macht sich eine Notiz.
„Ach, das Puff ist das Schönste, was es gibt. Na, aber das ist vorbei. Und am Strich hat mich wenigstens niemand gekannt, und das mit der ‚Galgentoni' hat aufgehört."
Der Präsident stöbert in den Akten und fragt: „Für immer aufgehört?"
„Nein, nicht für immer. Die Menschen sind ja so schlecht! Einmal sitzen wir in der ‚Phimose', wo man frühmorgens die beste Kuttelflecksuppe gekriegt hat – ich war mit einem Kerl da, mit dem ich mich schon die ganze Nacht herumgeschleppt hatte, und ich hoffte, doch noch Handgeld zu machen. In dem Lokal waren ein paar Nutten, die noch niemanden gefunden hatten, und bei denen am Tisch saß die Stotterbetty, die mich noch von der ‚Blauen Nudel' gekannt hat. Das Aas hat ganz genau gewußt, daß ich schon stundenlang mit dem Kerl herumzottle, und trotzdem macht sie verliebte Nasenlöcher auf ihn. Na, ich lasse mich doch nicht aus einem Geschäft schieben! Also hab ich sie aufs Klosett hinausgerufen und zu ihr gesagt: ‚Das kannst du doch nicht machen!' Da stottert sie: ‚Der Kakaka-kartoffelbauer interessiert mich ja gagagar nicht.' Kaum haben wir uns wieder ins Lokal gesetzt, hat das Weibsstück wieder angefangen. Jetzt wollte der Kerl wirklich mit ihr anbandeln, und da hab ich sie aufmerksam gemacht: ‚Wenn die Komödie nicht gleich aufhört, hau ich dir das Tischbein um die Ohren, daß dir die Zähne in Doppelreihen aus dem Hintern marschieren, du dreckiger Abort.' Kaum hab ich das gesagt, denken Sie nur, ist die Person schon ordinär gewor-

den. „Gegegeh doch zu deine Kukukundschaften in der Todeszelle, gegegeh doch zu deinen Mördern!' ruft sie durchs ganze Lokal. Und wie die anderen fragen, was denn das heißen soll, da brüllt die Stotterbetty, dieses Mistvieh: ‚Wiwiwißt ihr denn nicht, daß das die Gagagalgentoni ist? Die wird geholt, wenn einer gegegehängt wird, damit er befriedigt aus dem Leben scheidet.' Alle haben gelacht, mir aber ist ganz schwarz vor den Augen geworden, so eine Wut hab ich gekriegt. Ich bin aufgesprungen und hab ihr in die Fresse geknallt..."

Mehr und mehr hat sich die Toni in die Wut hineingelebt, die sie damals empfand, und nun haut sie auf den Gerichtstisch ein, als wäre er die Fresse der Stotterbetty. In weitem Bogen fallen die Aktenstücke auf den Boden. Das stört die Toni nicht in der Erzählung:

„... daß der Stottersau gleich die Marmelade aus der Nase gekommen ist. Dann hab ich sie zwischen die Beine genommen und so hingehaut, daß die Rettungsgesellschaft sie hat abholen müssen. Das werden Sie ja ganz leicht...", sie zeigt auf den Boden, wo die Aktenstücke verstreut liegen, „... in den Akten finden. Seit dieser Zeit hütet sich die Stotterbetty, etwas von ‚Galgentoni' zu erwähnen, auch wenn wir nächtelang im Café Melantrich auf dem Korridor miteinander streiten. Aber die Sache hat sich herumgesprochen. Zuletzt war's mir auch schon egal, und wenn ich gut gelaunt war und mir einer drei Glas Schnaps zahlte oder zu mir ins Zimmer kam, so kriegte er die ganze Geschichte von mir erzählt, wie ich beim Prokukep in der Zelle war, mit allen intimen Einzelheiten, auch wie er mich..."

Hier unterbricht der Präsident: „Toni, wollen Sie mir noch eine Frage beantworten?"

„Aber mit dem größten Vergnügen. Sie sind ja so ein freundliches gemütliches Huhn. Fragen Sie nur ruhig, was Sie interessiert."

„Antonia Havlova, warum sind Sie damals zu dem Mörder Prokupek gegangen?"

Toni denkt nach. „Das weiß ich eigentlich selber nicht", antwortet sie schließlich.

Da erhebt sich der Präsident und klingelt. Es wird dunkel, nur ein transparenter Schlüssel leuchtet. Unter Orgelklang und Glockengetön verwandelt sich die Gerichtsstube in ein

Lokal mit runden Tischen, an denen Mädchen und Gäste sitzen. Wolken schweben darüber.
Toni selbst ist wieder jung, im blauen Empirekleid, mit großen gefiederten Flügeln. Sie klatscht entzückt in die Hände.
„Ach, wie fein, da bin ich ja wieder im Salon Koutzki."
Alle Gäste freuen sich, die blaue Toni wiederzusehen, und die sehr dicke, sehr dekollettierte und sehr geschminkte Frau Koutzki bietet ihr eine Zigarette an.
Und wer ist noch da? Der blonde Willy ist noch da. Er sitzt wie immer am Mitteltisch und hat seine knallgelben Handschuhe an und seine grün-weiße Krawatte und ruft: „Na, Liebling, Gott sei Dank, daß du wieder da bist."
„Der blonde Willy!" flüstert Toni, die das alles gar nicht fassen kann.
Geringschätzig rümpft der Himmelsassessor die Nase und äußert in dementsprechendem Ton: „Da haben Herr Präsident Ihrem Grundsatz wieder einmal Ehre gemacht: ‚Jedem Menschen sein Himmelreich.' Dem Geschmack *dieser* Person haben Herr Präsident jedenfalls tadellos getroffen."
Der Präsident überhört die Ironie. „Glauben Sie wirklich, Herr Assessor?" fragt er.
„Na, zweifellos", antwortet der, „Herr Präsident sind geradezu unfehlbar."
Aber der Präsident will aus Tonis eigenem Mund hören, ob sie nun glücklich sei.
„So glücklich!" bringt sie nur hervor.
„Und hast du noch einen Wunsch, Toni?"
„Ach ja, ich möchte so gern das Grammophon wieder hören."
Daraufhin gibt der Präsident ein Zeichen. Das Grammophon beginnt das Lied „Komm, Karlinchen" zu spielen. Die blaue Toni lauscht verzückt. Dann wirft sie die Zigarette fort, packt den blonden Willy und tanzt mit ihm. Sie ist im Himmel.

Der Mordversuch
und der Mord
an meinem Onkel

I

In der Zeitungsnotiz über den Einbruchsdiebstahl im Juwelenladen des Herrn Rummel, die in meiner Kindheit so großen Eindruck auf mich machte, stand der Name des Kommissars, der durch das unorthographisch geschriebene Wort „Bezirk" die Identität des verhafteten Einbrechers feststellte.
Nicht zufällig war damals der Name Olitsch in die Zeitung gekommen. Olitsch liebte eine gute Publizität und haßte eine schlechte. Er ließ mich das schon am ersten Tag meiner Polizeireportertätigkeit wissen. An diesem Tag machte ich meine Antrittsvisite beim Chef der Kriminalpolizei, zu welchem Amt jener Held meiner Knabenzeit inzwischen aufgestiegen war.
Olitsch war ein alter Mann von so winziger Statur, wie ich es mir beileibe nicht vorgestellt hätte, er trug eine goldene Brille und war so kurzsichtig, wie ich es mir beileibe nicht vorgestellt hätte. Auch sein Amtszimmer, von dem aus er die Geheimnisse der Unterwelt aufspürte, bot nichts Besonderes, nichts Kriminalistisches, nichts Geheimnisvolles dar, es war ein Büro wie jedes andere.
Nur hinter dem Spiegel steckte ein zusammengefaltetes, vergilbtes Zeitungsblatt, auf das ich neugierig hinschielte. Der alte Olitsch bemerkte meinen Blick, löste den Reißnagel, mit dem das Blatt befestigt war, und reichte es mir.
Es war ein Blatt aus dem sozialdemokratischen „Volksrecht" und stammte aus den Tagen des Mordes an der Juwelierin Gollerstepper, einer Affäre, die ich aus einem Lied des blinden Methodius und aus den Erzählungen des frommen Herrn Adalbert Betzek kannte. Wochenlang hatte man vergeblich die Spur der Täter gesucht, und wochenlang wurde der Kriminalpolizei Unfähigkeit vorgeworfen.
Schon hieß es, Olitsch werde in den Ruhestand versetzt

werden, als er plötzlich durch seine Glanzleistung in einem anderen Kriminalfall rehabilitiert wurde. In die Wechselstube Eduard Kischs in der Poritscher Straße kamen eines Freitags zur Abendstunde zwei Männer und ließen sich alte Schlicksche Silbermünzen, sogenannte „Joachimsthaler" vorlegen. Diese böhmischen Stammväter aller Taler und Dollars waren eine spezielle Ware meines Onkels Eduard.
Während er einige Joachimsthaler auf den Ladentisch legte, sprangen die beiden Männer über das Ladenpult, einer schwang eine Axt, um sie auf den Kopf des Wechselstubenbesitzers niedersausen zu lassen und – im gleichen Augenblick tauchten einige versteckt gewesene Detektive mit erhobenen Revolvern auf und machten die Männer dingfest.
Wenige Tage vorher hatte nämlich Olitsch durch die Festnahme eines lange gesuchten Verbrechers erfahren, daß dessen Komplicen die Wechselstube zu berauben beabsichtigten, und zwar am Freitag, an welchem Tage mein Onkel vorzeitig zu schließen pflegte. Daraufhin traf Olitsch Vorkehrungen, und seine Leute traten im Augenblick der Tat, absichtlich erst im Augenblick der Tat in Aktion, um die Räuber in flagranti zu überführen.
So stand es im Polizeibericht, und tagelang bewunderte die Stadt den genialen Schachzug Olitschs. Bloß das sozialdemokratische „Volksrecht" gab sich nicht zufrieden. Wohl sei der Schachzug genial, jedoch in anderem Sinn, als der Öffentlichkeit weisgemacht werde. Die angeblichen Raubmörder seien Olitschs Kreaturen, und für ihre Freilassung werde er schon sorgen. Nur um die öffentliche Aufmerksamkeit von dem unaufgehellten Mord an Frau Gollerstepper abzulenken, habe Olitsch die Szene arrangiert. „Das ist so wahr", schloß der Artikel, „wie es wahr ist, daß sich Herr Olitsch diesen Artikel nicht hinter den Spiegel stecken wird."
Ich reichte dem Chef der Kriminalpolizei, der noch immer den Reißnagel in der Hand hielt, die Zeitung zurück.
„Sehen Sie: bis zum letzten Wort erlogen!" Mit diesen Worten steckte er den Artikel wieder sorgfältig hinter den Spiegel.

II

Vier Jahre nach dieser meiner Installierung ins Reporteramt traten abermals zwei Männer in Eduard Kischs Wechselstube ein. Diesmal aber konnte leider kein oppositionelles Blatt einen Zweifel daran äußern, daß es sich um Raubmörder handelte, denn diesmal waren keine Polizeibeamten abwehr- und verhaftungsbereit im Laden versteckt, diesmal wurde mein Onkel wirklich erschlagen und sein Geschäft ausgeraubt, und diesmal verschwanden die Täter mit großer Beute.

Unter den Reportern, die sich nach der Entdeckung des Mordes am Tatort einfanden, fehlte ich.

Ich war an jenem Abend, einem Freitag, ins Städtische Asyl gegangen, um für die Sonntagsnummer darüber zu schreiben. In dünnen Strähnen rieselte ein Septemberregen auf die hernieder, die ohne Mantel und ohne Sohlen vor dem versperrten Obdach schlotterten.

Als sich endlich das Haustor öffnete, öffnete es sich als Spalte und vorläufig nur denen, die ein Arbeitsbuch besaßen. Nach einer Stunde fand die zweite Schicht Einlaß, die mit Heimatscheinen. Wer weder Arbeitsbuch noch Heimatschein sein eigen nannte, mußte noch länger harren im Regen und vor allem in der Ungewißheit, ob man ihn aufnehmen werde. Aber schließlich ward auch an den letzten der Gnadenakt vollzogen, sofern die Untersuchung nach Läusen ein negatives Ergebnis hatte.

Wir waren unter Dach, bekamen einen Teller warme Suppe, die mehr warm als Suppe war, saßen im Schlafsaal auf den „Kavalletts", den Feldbetten, spielten Karten oder erzählten, bis das Schlafsignal ertönte. Alle Gasflammen schrumpften gleichzeitig, wie vom Hauch eines unsichtbaren Wesens erstickt, auf das Volumen einer Haselnuß zusammen. Wir krochen unter die dunkelgraue Decke. Einige fingen gleich zu schnarchen an.

Plötzlich der Ruf: „Streifung!" Durch die Tür kommt ein Polizeiinspektor mit zwei Mann, und zu Ehren ihres Eintritts entfalten sich, wie vom Hauch eines unsichtbaren Wesens angefacht, die Haselnüsse fächerförmig und leuchtend.

Die Gestalten der drei Polizisten sind von Radmänteln aus

schwarzem, nassem Wachstuch geweitet, auf denen sich die flackernden Gasflammen widerspiegeln.
„Alles aufstehen! Papiere vorweisen!"
Jedermann tritt, seinen Ausweis in der Hand, ans Fußende seines Bettes. Des Inspektors Schnurrbartspitzen bewegen sich, als wären sie es, die die Eintragungen läsen und die Seiten der Arbeitsbücher umblätterten. In Heimatscheinen gibt es wenig zu lesen und nichts umzublättern. Aber jemand, der nur einen Heimatschein besitzt, erlaubt dem Schnurrbart erst recht nicht, ruhig zwischen Oberlippe und Nasenwurzel zu verharren.
„Zeigen Sie die Hände!" knurrt der Schnurrbart, und seine Spitzen scheinen zu dieser Handfläche oder zu jenem Handrücken etwas Mißbilligendes zu äußern. Sechs harte Augen prüfen die Schlafanzüge, als könnten sie an diesen dem Städtischen Asyl gehörigen Wäschestücken Spuren einer draußen verübten Ungesetzlichkeit entdecken.
Ich Neuling denke, das ist wahrscheinlich immer so, jeden Abend, kaum daß die Obdachlosen unter Obdach sind, sich ausstrecken und die Augen schließen wollen, kommt die Polizei und sucht nach solchen, die gesucht sind. Ich beschließe, diese allabendliche Razzia und die Sinnlosigkeit der Wäscheprüfung in meinem Artikel zu brandmarken.
Ich ahne nicht, daß ein ganz anderer Stoff meiner Behandlung harrt, ahne nicht, daß vor wenigen Stunden, nah vom Asyl, ein Raubmord verübt worden ist und die Polizei hier die Täter sucht!
Von Feldbett zu Feldbett, von Arbeitsbuch zu Arbeitsbuch, von Heimatschein zu Heimatschein, von Händepaar zu Händepaar schreitet der Inspektor und kommt zu mir.
„Ihre Papiere."
„Ich habe keine."
„Gar keine?"
Seine Schnurrbartspitzen sind von mehr Argwohn bewegt als angesichts der anderen Asylisten. Zweifellos sind ihm die von früher her bekannt, wohl schon oft hat er über sie die Amtshandlung niedergehen lassen. Wo auch immer Geprüfte sich ducken – die Obrigkeit dringt ein, um sie von neuem zu prüfen.
Hier im Schlafsaal sind manche Greise, Veteranen der industriellen Reservearmee, und manche Krüppel, Invaliden der

industriellen Reservearmee. Hunger, Alkohol und Obdachlosigkeit haben an den meisten das Ihre getan, einige sehen wie Leichen aus, die kein Geld haben, sich begraben zu lassen. Die Polizei, die im Asyl nach Hochwild pirscht, wird kaum Jagdbeute machen, wohl keinen Wechselfälscher finden, keinen Hoteldieb, keinen Defraudanten, keinen Geldschrankknacker und – wenn sie gar danach jagen würde – keinen Raubmörder. Nein, niemandem ringsumher ist ein solches Verbrechen zuzutrauen. Da schon eher mir.
„Wie heißen Sie?"
„Kisch."
Der Inspektor taumelt einen Schritt zurück, aber seine Schnurrbartspitzen taumeln diesmal nicht mit, steif stehen sie da, erstarrt. Die beiden Polizisten machen Miene, sich meiner zu bemächtigen.
„Wie heißen... wann sind...?" Der Inspektor beginnt einige Fragen an mich, ohne sie zu beenden. „Kommen Sie mit hinunter."
Rechts ein Polizist, links ein Polizist, hinter uns der Inspektor, so durchschreiten wir den langen Schlafsaal.
„Den haben sie", höre ich die Zimmergenossen sagen, ehe sich hinter unserer Eskorte die Tür schließt.
In der Aufnahmekanzlei gebe ich an, wer ich bin, was ich hier will. Ich gebe es lächelnd an. Kein Gegenlächeln rufe ich hervor, unbewegt verharren die gezwirbelten Spitzen der Behörde.
„Weshalb haben Sie sich als Handlungsgehilfe eintragen lassen?"
„Weil ich nicht sagen wollte, daß ich Journalist bin."
„Hm. Warum haben Sie angegeben, Sie seien aus Reichenberg, wenn Sie aus Prag sind?"
„Weil man mich gefragt hätte, warum ich nicht zu Hause schlafe."
Langsam, jedes Wort betonend und die Wirkung auf mein Gesicht beobachtend, den entscheidenden Namen an den Schluß setzend, stellt er die Frage: „Sind Sie verwandt mit Herrn Eduard Kisch?"
Wahrscheinlich, denke ich, kennt der Inspektor meinen Onkel Eduard, dessen Laden ja hier im Revier liegt, gleich wird sein Mißtrauen schwinden, wenn ich ihm sage, daß ich der Neffe des soliden Kaufmanns Eduard Kisch bin.

„Und wann haben Sie Ihren Onkel zuletzt gesehen?"
„Gestern oder vorgestern."
„Wo?"
„In seinem Geschäft – in der Poritscher Straße."
Wie eine angriffsbereite Schlange züngelt der Schnurrbart des Inspektors. „Was haben Sie dort gemacht?"
Jetzt wird mir das Verhör ungemütlich. „Herr Inspektor", sage ich, „alle Herren der Polizeidirektion kennen mich, Sie können sich über mich erkundigen."
Er geht zum Telefon, verlangt die Kriminalpolizei. Ich schüttle den Kopf, denn zu dieser Stunde kann sich dort niemand melden, um acht Uhr abends ist der Dienst zu Ende. Nur im Präsidialbüro hält ein Beamter Nachtdienst, der Inspektor müßte also das Präsidialbüro anrufen.
Seltsam – der Inspektor bekommt die Verbindung. Er spricht mit einem Kommissar, macht die Meldung: „Hier Städtisches Asyl... Mann ohne Papiere... gibt sich für einen Journalisten Kisch aus... Wie?... Bitte?... Jawohl, Egon Erwin, sagt er..."
Pause. Der Schnurrbart verrät erstaunten Unmut. „Jawohl, Herr Kommissar, er steht neben mir." Sich zu mir wendend: „Sie sollen ans Telefon kommen."
Ich: „Hallo, ah, Herr Kommissar Wasanek, noch so spät im Dienst? Ist denn was passiert? Zu dumm, daß ich nicht hinkommen kann."
Im Schlafsaal, in den ich zurückkehre, sind die Gasflammen wieder auf Haselnußgröße zusammengeschrumpft.
Die Mörder meines Onkels hat man nicht gefunden, obwohl der Tatort reichliche Spuren aufwies. An alle Polizeibehörden des In- und Auslands wurden die Photos der Fingerabdrücke gesandt; Berlin telegrafierte die Antwort: „Abdrücke stammen von Einbrecher Rudolf Hauser aus Innsbruck."
Nachforschungen ergaben, daß der Einbrecher Rudolf Hauser mit einem gewissen Karl Josef Hess aus Amstetten vor kurzem dem Zuchthaus entsprungen war. Wahrscheinlich hatten die beiden während ihrer Haft von einem Teilnehmer des ersten, des mißglückten Überfalls auf Eduard Kisch erfahren, welche Chance dessen Wechselstube am Freitagabend biete, und hatten ihre Flucht auf dieses Ziel hin unternommen.

III

In den Umsturztagen von 1918 bereitete das neugeschaffene Volksheer die Besetzung der monarchistischen Stützpunkte in Wien vor, darunter auch des k. u. k. Militärkommandos. Die neu in die Maschinengewehrgruppe Eingeteilten standen in der Bataillonskanzlei, ihre Personalien wurden aufgenommen, und jeder bekam eine Anweisung auf Stahlhelm und Ledergamaschen. Wer seinen Schein hatte, wartete auf die anderen, denn alle sollten gemeinsam in das Monturmagazin hinübergehen.
Eben hatte ich den Schein für „Weigend, Alois" unterschrieben, dem Soldaten dieses Namens gereicht und wandte mich dem nächsten zu. Weigend las meine Unterschrift und fügte wie für sich hinzu: „Eduard Kisch."
Schreibend fragte ich ihn: „Kennst du einen Eduard Kisch?"
„Hab mal einen gekannt, das ist schon lang her, das war in Prag..."
„Den Wechselstubenbesitzer?" sagte ich; „der ist tot."
Weigend, ein untersetzter Mann, verlor jäh alle Gesichtsfarbe. „Nein, nein, kein Wechselstubenbesitzer", stotterte er, „ich weiß gar nicht, was er war."
Ich tat uninteressiert, unterschrieb den nächsten Schein. Weigend trat auf mich zu und sagte: „Der Kisch, den ich gekannt hab, das war ein Schlosser. Jetzt hab ich mich erinnert, daß er ein Schlosser war. Er war nicht aus Prag, ich hab mich geirrt, er war aus Ternitz. In Ternitz hab ich mit ihm gearbeitet."
Ich nickte, schrieb weiter, bis alle fertig waren und die Kanzlei verließen. Dann ging ich ins Monturdepot hinüber, um mit Weigend zu sprechen. Ich sah ihn nicht und fragte nach ihm. Der Gewehrmeister sagte: „Einer ist zum Tor gegangen, weil seine Frau dort auf ihn wartet."
Bei der Torwache erkundigte ich mich, ob jemand die Kaserne verlassen habe.
„Ja, ein Weigend, Alois, aber der kommt gleich zurück, er hat seinen Fassungsschein für die Ledergamaschen als Pfand dagelassen."
Wie triftig die Gründe für den angeblichen Weigend waren, auf neue Ledergamaschen zu verzichten und aus der Ka-

serne für immer zu verschwinden, konnte der Wachtposten nicht wissen.
In der Stammrolle waren alle Adressen der Soldaten verzeichnet. Weigend hatte angegeben: Neubaugürtel 72. Ich schickte jemanden hin, um ihn zu suchen. Ein Weigend war im Haus Neubaugürtel 72 unbekannt.
Weitere Nachforschungen unterließ ich. Die Kischs sind kein sizilianisches Bauerngeschlecht, und keine Tradition verpflichtet mich, Blutrache zu üben.

Magdalenenheim

An eine Reportage, die ich in meiner Jugend machte oder, besser gesagt, zu machen versuchte, wurde ich dreißig Jahre später auf höchst kuriose Weise erinnert.
Im Jahre 1933 gründeten die deutschen Schriftsteller, die ihre den Nazis zur Beute gewordene Heimat verlassen hatten, in Paris ein kulturelles Zentrum der antifaschistischen Emigration, den Schutzverband Deutscher Schriftsteller. An jedem Montag versammelten sich im Gebäude der Société de l'Encouragement de l'Industrie mehrere hundert deutsche Flüchtlinge, um Vorträge und Vorlesungen zu hören. Ausstellungen der in Nazideutschland verbotenen Kunst und Theater- und Kabarettvorstellungen auf großen Pariser Bühnen wurden veranstaltet, eine vieltausendbändige „Bibliothek des verbrannten Buches" und der Heinrich-Heine-Preis geschaffen, der jährlich für ein in der Emigration geschriebenes Erstlingswerk verliehen wurde. Eine Zeitschrift „Der Schriftsteller", äußerlich dem gleichnamigen Organ der nationalsozialistischen Reichsschrifttumskammer nachgeahmt, ging per Post an alle in Deutschland lebenden Schriftsteller, die teils anonym und zustimmend, teils nichtanonym und ostentativ schimpfend, aber immer aufschlußreich den Empfang bestätigten.
Die Redaktion dieser Zeitschrift verfolgte genau die Literaturrubriken der Nazipresse – keine ergiebige Arbeit, denn in der Nazipresse spielte alles andere eine beträchtlichere Rolle als die Literatur. Aber plötzlich schien sich eine Schwenkung zur energischen Literaturförderung vorzube-

reiten: Die Stadt Hamburg schrieb einen Preis von tausend Mark für diejenige Kurzgeschichte aus, „die den bodenständigen Humor und Witz der deutschen Wasserkante am besten zum Ausdruck bringt". Bisher waren fünfzig oder hundert Mark das Maximum gewesen – tausend Mark für eine Kurzgeschichte war für Deutschland eine erstaunlich hohe Summe.
Einige Wochen später las man, daß die gekrönte Geschichte den Titel „Magdalenenheim" trage; der Preisträger war der Humorist des „Hamburger Fremdenblatts" Hanns ut Hamm.
An sich ist ein Magdalenenheim, eine Anstalt zur Besserung gefallener Mädchen, kaum eine Quelle für bodenständigen Humor und Witz, am allerwenigsten aber für die Nazis, deren Kulturprogramm ganz auf dem Glauben an die Wunderwirkung solcher Heime fußt, Umschulungslager, Erziehungslager, Konzentrationslager. Wie kann ein Heim wenn auch gefallener, so doch deutscher Mädchen Gegenstand einer Satire sein?
Mir hatte allerdings einmal, durch das Zusammentreffen von Umständen, ein solches Heim seine komische Seite enthüllt, aber meine Schilderung dieses Zusammentreffens von Umständen trug mir keine Preiskrönung ein.
Es war so gewesen, daß ich das Prager Heim für gefallene Mädchen anrief und die Oberin fragte, ob ich die Anstalt besichtigen könne, um einen Artikel darüber zu schreiben.
Ein Schreckensschrei war die Antwort: „Einen Artikel? Sagten Sie: einen Artikel?"
Ich konnte der Oberin nur bestätigen, daß sie richtig gehört habe.
„Um Gottes willen!" stöhnte es drüben, „hier ist ja nichts passiert! Warum wollen Sie denn einen Artikel über uns schreiben?"
Ich beruhigte die Oberin, ich wolle bloß die Einrichtungen der Anstalt und die Erziehungsarbeit schildern, ganz allgemein, ohne jeden äußeren Anlaß.
„Ach so!" Ein Quaderstein fiel vom Herzen der Oberin. „Ich darf aber keine Besuchserlaubnis erteilen, ich muß erst Ihre Exzellenz die Frau Präsidentin fragen. Morgen nachmittag werde ich Ihnen Bescheid geben."

Morgen nachmittag erfuhr ich nur, daß für übermorgen eine Ausschuß-Sitzung anberaumt sei, um über meine Besuchserlaubnis zu beraten. Überübermorgen wurde ich davon in Kenntnis gesetzt, daß ich überüberübermorgen um elf Uhr vormittags in der Anstalt erscheinen dürfe.
Pünktlich war ich am Tor, das vom Kaiserbart eines Portiers ausgefüllt war, und wollte eintreten. Von oben herab fragte mich der Kaiserbart: „Haben Sie einen Passierschein?" Woraufhin ich erwiderte, herbestellt zu sein.
„Sind Sie etwa der Herr von der Zeitung?"
Ebendieser war ich, was ihm zu einem nicht verhohlenen Staunen Anlaß gab. „Ihretwegen steh ich ja hier", sagte er, „und auch die Damen erwarten Sie schon."
Unter den Damen verstand er keineswegs die gefallenen Mädchen, denn weder von Mädchen noch von gefallen konnte die Rede sein bei den Damen, die mich erwarteten, der Ausschuß der Anstalt. Es waren Sprossinnen von Familien, deren Adel bis zum böhmischen Amazonenkrieg zurückreichte. Großgestaltig, großbusig, großhändig und großfüßig erhoben sie sich vor mir, und als wäre ihnen soviel Größe nicht groß genug, hatten sie steile Straußenfedern, sogenannte Pleureusen, auf ihre Köpfe gepflanzt.
Im Kreise dieser stattlichen Männlichkeit stand ein verlegenes und verschüchtertes Wesen gehüllt in ein langes schwarzes Kleid, und war der Seelsorger der Anstalt. En profil schien er dick, denn er trug einen Bauch vor dem Bauche, en face aber mußte man ihn als mager bezeichnen, weil seine Schultern und sein Körper schmal waren. Dieser bäuchig-magere Priester stellte sich mir mit einer Art Knicks vor und mich hernach Ihrer Exzellenz der Frau Präsidentin, den anderen Vorstandsdamen und der Frau Oberin, die durch mich telefonisch so erschreckt, aber auch eines Quadersteines entbunden worden war.
Wir nahmen an einem runden Tisch Platz. Zum Behufe meiner Begrüßung erhob sich der Pater von dem Sitz, den er eben eingenommen, legte ein beängstigend umfangreiches Manuskript vor sich hin und begann eine Ansprache, für mich geschrieben, an mich gerichtet: „Verehrter Herr Redakteur, lassen Sie mich Ihnen im Namen unserer Anstalt sagen, wie erfreulich wir es finden, daß ein Vertreter der öffentlichen Meinung den Ernst und die Gottgefällig-

keit unserer moralischen Betätigung erfaßt hat" (hier nickten sich die Pleureusen Anerkennung zu) „und über unsere Anstalt einen Aufsatz in die Zeitung setzen will, was der Ausschuß in der satzungsmäßig einberufenen Sitzung vom 22. Februar dieses Jahres einstimmig bewilligt hat. Vor der Besichtigung will ich Sie, verehrter Herr Redakteur, über die Ziele und Zwecke unseres Instituts in kurzen Worten unterrichten."

Die Worte mögen wirklich kurz gewesen sein, die Rede aber war lang. Halb war sie eindringliche Fastenpredigt, halb belehrender Vortrag. Sie begann mit den Begriffen der Versuchung und Verführung. Mitnichten etwa in abschreckender Gestalt – also ward ich belehrt – nahe sich das Laster dem Erdenbürger, kein Pferdefuß und keine Hörner und kein Geruch von Pech und Schwefel verraten den Sendboten Luzifers. Sondern im Gegenteil. In gefälliger Gestalt, schmeichelnd und gleisnerisch trete das Laster auf seine Opfer zu, um sie in seine Fallstricke zu locken.

Nachdem der Seelsorger mit lauter Stimme, als rufe er in ein Kirchenschiff, mir diese Enthüllung gemacht, sah er mich groß an. Sein Blick fragte: Hättest du solches für möglich gehalten?

Bislang hatte ich noch nie über die Methoden des Lasters nachgedacht und mir demnach auch nicht vorgestellt, daß es durch Hörner und Teufelsschwanz erkennbar und durch Höllengestank ruchbar gemacht sei. Weil ich jedoch den Blick des pausierenden Sprechers so antwortheischend auf mich gerichtet sah, beantwortete ich ihn durch ein ungläubiges Kopfschütteln: Ist das auch wirklich wahr, was hier über die Perfidie des Lasters berichtet wird?

Doch, es mußte wahr sein, denn alle Pleureusen ringsumher nickten Bestätigung, und so ließ ich langsam jeden Zweifel aus meiner Miene schwinden.

Befriedigt nahm der Seelsorger seine Rede wieder auf: „Aber diese gefällige Gestalt des Lasters ist nichts als Verstellung, nichts als Verkleidung, nichts als Maske. Wehe den armen Opfern, wehe vor allem den jungen Mädchen, die sich willig davon täuschen lassen und sich hingeben..."

Hier erschraken alle Hörerinnen, aber zum Glück meinte

der Redner nur, daß sie sich hingeben „... der Versuchung. Wehe ihnen", rief er aus, „dreimal wehe! Denn saget an, was ist ihnen zum Lohne? Es ist ihnen zum Lohne nur Verachtung, und diese Verachtung ist vollauf berechtigt; denn sie wollten der Armut entgehen, die doch wahrhaft keine Schande ist, und sie wollten der Arbeit im Schweiße ihres Angesichts entgehen, die in der Heiligen Schrift anbefohlen ward uns allen."

An dieser Stelle nickte der Redner sich selbst die Bestätigung zu, und der weibliche Uradel nickte im Schweiße seines Angesichts.

Weiter floß der Rede Strom: Es sei das eitle Streben, welches diese Mädchen hinführe zu dem Bösen. Statt sich als Dienstmädchen oder Fabrikarbeiterinnen bei ihren Mitmenschen Ansehen zu erwerben, ziehen sie es vor, sich der Schwelgerei und Wollust zu ergeben; statt das Ehrenkleid der Not mit Stolz zu tragen, schmücken sie sich lieber mit Flitter und Tand. Dafür bleiben ihnen die Enttäuschungen auch nicht erspart, „bittere Enttäuschungen, vornehmlich im Alter!"

Also, ich war starr. Wer hätte das gedacht? Weil aber die Pleureusen abermals bekräftigend nickten, mußte ich das wohl oder übel glauben.

„Noch berechtigter jedoch als die Verachtung für die gefallenen Mädchen ist die Verachtung, die die Versucher verdienen. Wer aber ist da gemeint?"

Mein Blick gab zu verstehen, daß ich nicht wisse, wer da gemeint sei.

„Gemeint sind jene verworfenen Männer, die sich nur um des Vergnügens willen mit Mädchen einlassen, ohne die Absicht, diese Mädchen auch zu ehelichen."

Diesmal war ich es, der durch lebhaftes Nicken sein volles Einverständnis mit der Verdammung derartiger Männer kundtat. Zum Trost hörte ich nun, daß die Unsittlichkeit ihren Gegner gefunden habe: „Unsere Anstalt erhebt sich" (Redners Stimme erhob sich) „als ein Schanzgraben" (Redners Stimme erhob sich mehr), „als ein Bollwerk" (Redners Stimme erhob sich noch mehr), „als eine Bastion gegen die Verderbnis der heutigen Welt. Freilich" – hier sank Redners Stimme von der Höhe der Schanzgräben, der Bollwerke und der Bastionen auf den Boden der schlichten Tat-

sachen herab –, „freilich haben wir den Sieg noch nicht errungen. Die Schuld liegt nicht bei uns, die Schuld liegt bei den Mädchen selbst. Die wenigsten nur kommen aus Reue und freiwillig in unsere Mauern: Die Polizei und die Jugendgerichte müssen sie mit Gewalt herbringen – höret an, mit Gewalt an die Stätte ihrer Rettung! Manche, die sich selbst zur Aufnahme melden, geben zwar an, sie täten es aus bußfertigem Herzen, aber die Wahrheit ist eine andere: Nur um eine Zeitlang ohne Nahrungssorgen zu leben oder weil sie krank sind, suchen sie den Weg in unser Heim. Einige kommen auch, weil sie fälschlicherweise glauben, bei uns vor der Polizei sicher zu sein. Was Wunder, daß sie sich nach ihrer Entlassung wieder dem eingangs geschilderten Laster in die Arme werfen – was sage ich da: ‚in die Arme', ich sollte besser sagen, in die Fänge, in die Klauen, in die Teufelskrallen.
Nimmermehr aber stehet uns an, durch solche Mißerfolge uns ablenken zu lassen vom Wege der Versittlichung, denn der Herr hat sich erbarmt der Büßerin aus Magdala und sie hinangeführt die Stufen der Heiligkeit.
Wir wollen das gleiche tun, das der Herr getan, und unser Leitspruch lautet: ora et labora. Gebieterisch voran steht ‚ora'. Es wird gebetet zur Morgenstunde und zur Mittagsstunde, es wird gebetet zur Vesperstunde und zur Abendstunde, und es wird gebetet während der Arbeit, zu der unsere Schützlinge unerbittlich angehalten werden. Keine mißverständliche Milde waltet in unserem Haus der Buße, wir strafen mit schärfsten Strafen, denn also stehet es geschrieben: Wer seine Kinder liebet, der züchtiget sie. So erziehen wir denn mit Strenge zu Gebet und Arbeit, zu jener Arbeit, deren Erzeugnisse wir verkaufen zu frommen kirchlichen Zwecken. Amen."
Damit war der Seelsorger zu Ende und sah sich im Kreise um, der ihm aus vollen Pleureusen Beifall spendete. Dann heftete er seine Augen auf mich. Ich tat alles, um ihn feststellen zu lassen, daß ich über seine Enthüllungen tief erschüttert sei.
Ihre Exzellenz die Frau Präsidentin ergriff jetzt das Wort, um zu verkünden, daß wir nun einen Rundgang durch die Arbeitsräume, die Wohnräume und die Kapelle unternehmen wollten. „Auch eine Reihe weiblicher Handarbeiten

haben wir eigens für unseren verehrten Gast zu einer Ausstellung vereinigt."
Der verehrte Gast war niemand anderer als ich. Ihre Exzellenz die Frau Präsidentin sprach die Hoffnung aus, der verehrte Gast werde an diesen Häkel-, Strick- und Stickereiarbeiten die Energie des Aufsichtspersonals erkennen und zu rühmen wissen.
„Gewiß, gewiß", versprach ich.
Mit diesem meinem Schlußwort war die Empfangszeremonie programmgemäß beendet, und wir schritten, ein aus Ausschußdamen, einem Seelsorger und mir bestehender Zug, durch einen langen Korridor. Unterwegs flüsterte mir der Pater zu, es sei heute zum erstenmal gewesen, daß er vor der Presse gesprochen habe. Er übergab mir das Manuskript und erläuterte mir, wie wichtig es sei, die Rede in extenso zu veröffentlichen und darauf zu achten, daß sein Name richtig gedruckt werde.
Bei unserem Eintritt in den Arbeitsraum erhoben sich etwa dreißig Mädchen sittsam von ihren Sitzen, indem sie in gedehntem Chorus einen frommen Gruß sprachen. „In Ewigkeit, amen", antworteten wir.
„Hier sehen Sie zunächst...", begann Ihre Exzellenz die Frau Präsidentin mir zu erklären, als mich die Fanny Melker erkannte.
„Servus, Egon", rief sie.
„Der Egon ist da", tönte es jetzt von allen Seiten, und Mädchen kamen auf mich zugelaufen. Die Handschuhbetty aus dem Café Montmartre umarmte mich und küßte mich in der Freude des Wiedersehens. Über sie hinweg streckte mir die lange Mizzi Mohnkuchen ihre Handfläche hin. „Gib mir eine Zigarette, wir kriegen hier keine." – „Was macht mein Feuerwerker?" rief die Artillerieliesel, „ist der Schweinekerl schon ausgeheilt?" Eine andere gab mir den Auftrag: „Grüß mir die Bengels in der Bar Brasilia und sag ihnen, in längstens vierzehn Tagen ist Hansi Waschblau wieder bei ihnen."
So peinlich ich von diesen Begrüßungen berührt war, die Ausschußdamen waren es weit mehr, sie hätten direkt in einem Heim für aus den Wolken gefallene Mädchen Aufnahme finden können.
Die erste, die Worte fand, war Ihre Exzellenz die Frau Prä-

sidentin. In einem Ton, in dem grönländische Kälte, gaurisankarhohe Empörung und tiefseetiefe Verachtung lagen, wandte sie sich an mich: „Sie brauchen sich nicht weiter zu bemühen, mein Herr, so ähnlich ist es in allen unseren Räumen."
Damit war ich entlassen, aber ich schrieb alles nieder, wie ich es erlebt. Mein Bericht machte böses Blut, böses blaues Blut. Einige Adelsfamilien bestellten unsere Zeitung ab. Anderen aber gefiel der Spaß, und ein Berliner Verlag nahm ihn in eine Anthologie des Welthumors auf.
Dieser Besuch im Prager Magdalenenheim war es, an den mich ein Menschenalter später der in allen deutschen Zeitungen veröffentlichte Titel der preisgekrönten Hamburger Kurzgeschichte erinnerte. Einen Augenblick lang dachte ich, Hanns ut Hamms Schöpfung könnte in irgendeiner Weise von meinem Erlebnis beeinflußt sein, aber sofort wies ich den Gedanken zurück, denn was auch immer man aus meiner seinerzeitigen Schilderung herauslesen konnte, keinesfalls den bodenständigen Humor und Witz der deutschen Wasserkante.
Nachdem dem Preisträger im Festsaal des Hamburger Senats das Diplom der Nazi-Jury und die tausend Mark mit vielen schönen Reden überreicht und die Meisterhumoreske unter dröhnender Heiterkeit verlesen worden war, erschien „diese köstliche, an Fritz Reuter erinnernde und noch etwas derbere Probe unverfälschtesten Volkshumors von der Wasserkante" in den Zeitungen Hitlerdeutschlands.
Freunde, ich traute meinen Augen nicht. Es war wörtlich mein Prager Magdalenenheim. Hanns ut Hamm hatte es nur nach Hamburg und ins Plattdeutsche verlegt und eine kleine, allerdings effektvolle Änderung meines Textes vorgenommen, statt mit „Egon" läßt er sich nämlich von den gefallenen Engeln mit „Hanns" begrüßen.
Ich wollte diese meine Preiskrönung durch die Nazis in unserer Zeitschrift „Schriftsteller" den in Deutschland verbliebenen Kollegen zum Nachdenken empfehlen. Aber das „Schwarze Korps", Organ der SS, kam mir mit der Enthüllung zuvor. Es hatte die Quelle entdeckt und tobte. Beileibe nicht die Tatsache des literarischen Diebstahls war es, was das Blut des „Schwarzen Korps" am 6. Mai 1939 in Wal-

lung brachte, sondern die „schamlose Einschmuggelung von typisch volksfremden Gedankengängen in das nationalsozialistische Volks- und Brauchtum".
Die Vorstellung, daß sich nationalsozialistische Führer feierlich versammeln, „um das Produkt eines Asphaltliteraten zu krönen, dessen Bücher mit Recht schon auf unserem ersten Scheiterhaufen verbrannt wurden", erfüllte das Blatt mit dem eingestandenen Gefühl tiefster Beschämung. Es verlangte, daß der neue Verfasser meines alten Berichts sofort verhaftet werde, „damit Hanns ut Hamm *ein für allemal* erfährt, was es kostet, wenn man in Egon Erwin Kischs ausgelatschte Stiefel schlüpft und beginnt, auf plattdeutsch zu jüdeln..."
Nach diesem Ergebnis des Preisausschreibens sind die Bemühungen um Schaffung einer Naziliteratur wieder aufgegeben worden.

Ein Mädchen, das des Mörders harrt

„Aber", wandte jemand ein, als wir eines Abends von 1913 über kriminelle Begebenheiten sprachen, „wenn es wahr ist, daß die Verbrecher dumm sind, wie kommt es dann, daß so viele Verbrechen gelingen?"
„Weil ihre Opfer noch dümmer sind."
Zustimmend nickte die Frau meines Verlegers und fragte: „Sie kennen doch mein Stubenmädchen?"
„Die alte Klara?"
„Die alte Klara. Neulich hat sie mir ihren Liebesroman gebeichtet: In ihrer Jugend war sie Kindermädchen in Hannover. Die Familie, bei der sie diente, fuhr zum Sommeraufenthalt nach Vöslau bei Wien. Dort hat die Klara einen Mann kennengelernt und sich mit ihm verlobt. Sie fuhr nach Hannover zurück, um ihre Ersparnisse zu beheben und in Wien zu heiraten. Ihr Bräutigam nannte sich Ingenieur Siegel und deutete an, daß er in Wirklichkeit ein Fürst Wipolinski sei."
„Nicht Winipolski?" fragte ich.

„Ja, Winipolski, ganz recht. Sie kennen ihn? Wer ist dieser Fürst Winipolski? Wenn Sie den Mann kennen, ist die Sache vielleicht doch anders. Mir schien es unglaubhaft, daß der Zar ihn von Mördern verfolgen lasse. Ich war überzeugt, die Klara sei einem Heiratsschwindler in die Hände geraten."
„Wie ging denn die Sache weiter?"
„Sie fuhr nach Wien. Ihre Ankunft hatte sie ihm angekündigt, aber er war nicht an der Bahn. Sie ging in ein Hotel, das er ihr angegeben. Dort war er auch nicht. Auf dem Postamt erfuhr sie, daß ihre letzten Briefe nicht behoben waren. So wußte sie, daß ihr Verlobter verhindert war, entweder durch Krankheit oder durch eine wichtige Geschäftsreise. Ein paar Tage wartete sie im Hotel, dann kehrte sie nach Hannover zurück. Seither wartet sie, daß er kommen wird und sie heiraten, wie er ihr geschrieben. In einer Schatulle hat sie seine Briefe aufbewahrt mitsamt dem Verlobungsring – ihr einziges Heiligtum."
„Könnte ich die Briefe sehen?"
„Die Klara wird sie sicherlich nicht zeigen wollen."
„Sagen Sie ihr doch, ein Graphologe könnte aus der Handschrift feststellen, ob der Schreiber noch lebt, ob er wiederkommen wird."
„Warum interessiert Sie die Sache so?"
„Ich werde es Ihnen erzählen, wenn ich die Briefe gesehen habe."
So lud mich die Frau meines Verlegers für einen Sonntag ein, an dem Klara Ausgang hatte, und ich nahm Einsicht in ihren Schatz.
Er bestand aus sechs kurzen Billetts aus der Zeit vom Juli bis Dezember 1883, aus zwei gepreßten Rosen und einem goldenen Ring mit einem großen weißen Saphir. Diese Unterpfänder plus einem oder zwei Gesprächen hatten genügt, um Klara drei Jahrzehnte lang in Glaube, Liebe, Hoffnung des Verlobten harren zu lassen. Der brauchte wahrlich nicht mehr zu tun, um sich ihrer zu versichern, und er hätte auch kaum Zeit gehabt, mehr zu tun.
Denn er, der mit „Hermann Siegel, Ingenieur" unterzeichnet, war, wie ich sofort wußte, als der Name „Fürst Winipolski" fiel, kein anderer als der Dienstmädchenmörder Hugo Schenk. Und in jener Zeit, als er das junge hannove-

ranische Kindermädchen kennenlernte und lieben lehrte, übte er eine Tätigkeit aus, so bestialisch, daß noch Jahre später dieser Alpdruck in den Schlafkammern der Dienstmädchen lastete.

Aus alten Zeitungsberichten über seinen Prozeß konnte ich feststellen, was der Fürst ihres Herzens während der Verlobungszeit getrieben, wann und wieso es kam, daß er mit Klara anbändelte, genauer wohl, als sie selbst es weiß.

Weshalb war er in Vöslau? Kurz vorher hatte Hugo Schenk mit der böhmischen Dienstmagd Josefine Timal und seinem erprobten Mordkomplizen Karl Schlossareck einen Ausflug nach Weißkirchen zur Schlucht „Gevatterloch" gemacht. Im Walde ließen sie sich nieder, und Schlossareck ging abseits. Als er mit einem großen Stein zurückkam, lag die Timal in derangierter Kleidung auf dem Boden. Schlossareck fragte Schenk: „Warum hast du das getan?" Schenk erwiderte: „Sie hat es verlangt." – „Was?" fragte Josefine, und das war ihr letztes Wort, denn in diesem Augenblick knebelte Schenk das Mädchen, mit dem er wenige Minuten vorher zärtlich gewesen, und Schlossareck fesselte ihr Arme und Beine. Gemeinsam lösten Schenk und Schlossareck die Schmuckstücke von Arm, Fingern, Ohren und Hals des Mädchens und nahmen das Sparkassenbuch, das sie in der Bluse verwahrt hatte, an sich. Dann banden sie ihr den Stein um den Leib und warfen sie lebend die Böschung hinab in das Wasser des Gevatterlochs. „Wie fuchtig sie uns ang'schaut hat", sagte Schlossareck, sonst bloß gefühlloser Gehilfe, zu seinem Meister, „die Augen werd ich mein Lebtag nicht vergessen."

Die Tat fällt in jene Epoche des Schenkschen Schaffens, in der er sich zur Erkenntnis durchgerungen hatte, ein Opfer dürfe nicht bloß beraubt, sondern müsse auch getötet werden, und ebenso alle Leute, die einen Anhaltspunkt zur Aufhellung der Tat geben könnten. Im gegebenen Fall war die Tante der ermordeten Josefine, Fräulein Katharina Timal in Budweis, aus der Welt zu schaffen, weil sie nach dem Verbleib ihrer Nichte forschen konnte. Außerdem hatte auch Katharina Geld.

Ingenieur Siegel, recte Schenk, entschloß sich, ihr zu schreiben, daß er Josefine geheiratet habe, und lud die Tante ein, zu ihnen auf ihr Landgut bei Pöchlarn zu übersiedeln. Da

er die Adresse von Tante Katharina nicht wußte, fuhr er nach Vöslau, um die Schwester der Josefine danach zu fragen.
Das war rasch erledigt, und es blieb ihm noch Zeit, das hannoveranische Kindermädchen Klara auf der Straße anzusprechen, ihr ewige Liebe zu schwören, sie um ihre Hand zu bitten, das Jawort zu erhalten und ihr sein Lebensgeheimnis zu enthüllen, daß er vom Zaren verfolgt werde. Ferner erkundete er noch die Höhe ihrer Ersparnisse, besprach den Termin der Hochzeit und trug ihr strengstes Stillschweigen auf, ohne daß diese Überfülle von Erklärungen und Verpflichtungen dem jungen Mädchen aus den achtziger Jahren irgendwie auffiel.
Katharina Timal aus Budweis kam, der vermeintlichen Einladung der „jungverheirateten" Nichte Folge leistend, mit Hab und Gut am 21. Juli in Wien an. Ihr neuer Neffe Hermann Siegel erwartete sie und fuhr mit ihr nach Krumm-Nußbaum. Abends gingen sie dem nicht vorhandenen Landgut zu, als Schlossareck am Donauufer an sie herantrat. „Brauchen Sie einen Fährmann?" Hugo Schenk bejahte – das verabredete Zeichen –, und im gleichen Augenblick fiel Schlossareck über Katharina Timal her, um sie zu erwürgen. Da sie sich loszureißen versuchte, schnitt ihr Hugo Schenk mit einem Schlachtmesser Hals und Kehle durch. Dann nahmen sie der Sterbenden Pretiosen und ein auf zwölfhundert Gulden lautendes Sparkassenbuch ab, banden ihr einen Stein um den Leib und warfen sie in die Donau. Tags darauf behob Hugo Schenk in Wien die Spareinlage und machte mit Emilie Höchstmann, einem Mädchen, das er wirklich zu lieben schien, eine Landpartie nach Melk, wo sich, um in seinem Stil zu sprechen, ihre Beziehungen nach seinem Wunsch gestaltet haben.
Am gleichen Tage putzte sich unsere Klara in Vöslau schön heraus, sie erwartete ihren Verlobten. Statt seiner kam ein Brief, sein erster Brief:

Wien, 25. Juli 1883
Verehrtes Fräulein!
Ich bestätige den Empfang Ihres w. Schreibens vom 22. und muß ich nur bedauern, daß ich Sonntag nicht zurecht kommen konnte, da ich Ihr Schreiben viel zu spät erhielt.

Es hätte auch meinem Herzenswunsch entsprochen, mit Ihnen den Sonntag auf dem Lande zu verbringen, doch kam Ihr Brief erst gestern an. Heute ist es leider zu spät, denn ich nehme an, daß Sie in den nächsten Tagen nach H. verreisen werden. Ich hätte Sie dann gerne in Wien erwartet, aber ich reise heute abend nach Ungarn (geschäftlich), was mich ein bis zwei Wochen aufhalten wird. Reisen Sie glücklich, verehrtes Fräulein, ich hoffe bestimmt, daß Sie in Ihrer Heimat die Versprechungen nicht vergessen werden, die wir uns gegenseitig gegeben haben und an denen ich mit ganzem Herzen festhalte. Mit innigen Grüßen zeichne ich mich

Hermann Siegel
Ingenieur

Adresse: H. K. S.,
Westbahn Wien,
Posterestante.

Der Brief ist wie alle folgenden mit gewandter Hand geschrieben. Hugo Schenk, Sohn eines Kreisgerichtsrates in Teschen, hatte gute Schulbildung genossen und war, obwohl er erst vierunddreißig Jahre zählte, ziemlich weit gereist. Er hatte jung geheiratet, lebte aber nicht mit seiner Frau, die in Prag und später in Saaz wohnte und bis zu seinem Tode verzweifelte Versuche machte, seine Liebe wiederzugewinnen.

Schenks nächstes Schreiben an Klara ist nach Hannover gerichtet, nach einer neuerlichen Bluttat, die er allein verübte. Am 5. August 1883 war er mit dem Stubenmädchen Therese Ketterl nach Lilienfeld zur Gebirgsschlucht „Sternleiter" gefahren, an deren Rand er das Mädchen erschoß. Hugo Schenk beraubte die Leiche vollständig, sogar Kleider, Wäsche und Strümpfe zog er ihr aus. Drei Tage darauf schreibt er an Klara nach Hannover:

Wien, 8. August 1883

Verehrtes Fräulein!
Anzeige Ihnen, daß ich von meiner Geschäftsreise zurückgekehrt bin, habe viele Aufregungen hinter mir, doch glaube ich alles gut erledigt zu haben, so daß unsere Zukunft jetzt heller erscheint. Ich fand Ihre beiden 1. Briefe und können Sie sich denken, wie ich mich freute. Ich ver-

traue Ihnen vollkommen, wie Sie auch mir vertrauen können. Das Leben hat viele ernste Momente, doch mit Mut und Geduld kann man alles überwinden. Auch Haß und Mißgunst können nichts ausrichten gegen die Einigkeit zweier treuer Herzen. Ich würde Ihnen raten, alle notwendigen Papiere sich von Ihren w. Eltern schicken zu lassen, und auch alles andere bereit zu halten. Sie werden von mir sehr bald erfahren, was ich für uns beide beschlossen habe, und glaube ich, daß dann unser Glück vollkommen sein wird. Seien Sie vielmals und aufrichtig innig gegrüßt von Ihrem
                                                         Hermann S.

Dieser Brief, mit dem er sich Klara als Opfer sichern will, ist der Brief eines Unermüdlichen, denn die letzte Beute ist so beträchtlich, daß er sich eine Zeitlang Ruhe gönnen könnte. Hat er doch das Depot der Ketterl, 1400 Gulden, behoben und dem Leichnam ziemlich viel Schmuck geraubt.
Mit der geliebten Emilie Höchstmann fährt er nun nach Stein an der Donau, nicht ohne vorher der Klara obige edle Sentenzen von den ernsten Momenten des Lebens und von der Macht des Muts und der Geduld eingeprägt zu haben. Den Rest seiner Flitterwochen mit Emilie Höchstmann verbringt er in Wien, wo Plakate das Verschwinden der Therese Ketterl anzeigen und den Verdacht eines Raubmords aussprechen.
Doch Klara drängt sich zu ihrem Glück und schreibt ihm, daß sie demnächst nach Wien komme. Hermann S. winkt ab. Korrespondenzkarte genügt:

                                           Wien, 25. August 1883
Verehrtes Frl.!
Ein Telegramm zwingt mich, auf einige Zeit zu verreisen, und muß ich Sie daher bitten, Ihre Abreise zu verschieben, bis ich Ihnen meine Rückkunft anzeige, welches hoffentlich recht bald der Fall sein wird. Mit vielen Grüßen zeichne ich mich
                                                        Hermann S.

Hermann S. arbeitet an neuen Dingen. In Baden bei Wien lebt die greise Baronin Malfatti, Witwe nach dem Leibarzt des Herzogs von Reichstadt, und bewahrt goldene, brillantenbesetzte Geschenke auf, die der einzige Sohn und Erbe Napoleons dem ärztlichen Freund vermachte. Bei Baronin Malfatti will Schenk einbrechen. Vorher macht er fürsorglich die Bekanntschaft ihrer Zofe Josefine Eder. Die verfällt der Macht ihres neuen Freundes so sehr, daß der es gar nicht nötig hat, den Einbruch zu verüben. Sie selbst stiehlt das napoleonische Erbe mitsamt dem Schmuck der Baronin, um es dem Freund zu bringen.

Diese gute Prise, die sich allerdings nicht gleich veräußern läßt, hindert Schenk keineswegs daran, ein anderes Stubenmädchen aufs Korn zu nehmen, Rosa Ferenczi, die achthundert Gulden besitzt. Aber sie hat ihr Sparkassenbuch verloren, und es muß amortisiert werden, bevor er darangehen kann, sie umzubringen.

Deshalb schreibt Hugo Schenk wieder an die Reservebraut nach Hannover:

Wien, 12. Oktober 1883

Verehrtes Fräulein Klara!
Mitteile Ihnen voller Freude, daß ich gesund zurückgekehrt bin und daß Ihre Briefe vorgefunden habe. Bin sehr schmerzlich überrascht, weil Sie an meiner Treue verzagt sind, ich bin ein Mann von Wort und was ich mir vornehme, führe ich durch, auch wenn sich noch so unermeßliche Schwierigkeiten gegen mich türmen. Seien Sie versichert, daß auch ich der schönen Stunden in V. mich gerne erinnere und nichts sehnlicher wünsche, wie unsere endliche Vereinigung. Schreiben Sie mir, wann Sie nach hier kommen können, damit ich, mit Berufsgeschäften und -sorgen überhäuft, alles einrichten kann. Nehmen Sie nochmals die Versicherung meiner vollsten Liebe und Ergebenheit entgegen von Ihrem

Hermann S.

Diesem Wink kann Klara nicht sogleich Folge leisten. Bevor sie Ende August zur Hochzeit zu fahren beabsichtigte, hatte sie ihrer Herrschaft gekündigt. Als dann die absagende Postkarte aus Wien kam, wollte Klara wieder in der Stellung bleiben, und ihre Dienstgeber willigten nur unter der Bedingung ein, daß sie sich für weitere vier Monate ver-

pflichte. Obwohl sie jeden Tag Fürstin sein könnte, hält sie ihr Wort, das sie der Herrschaft gegeben.
Wenn der Bräutigam „sehr traurig" darüber ist, bis Neujahr auf Klara warten zu müssen, so ist das begreiflich. Denn die Amortisierung von Rosa Ferenczis Sparkassenbuch verzögert sich, und die Inhaberin ist deshalb noch nicht schlachtreif. Aber diesen Grund seiner „Sehr-Traurigkeit" gibt Schenk der Klara selbstverständlich nicht an, nur ungeduldige Liebe gibt er ihr an:

Wien, 2. Nov. 1883

Verehrtes Fräulein Klara,
bestätige Ihnen Ihre beiden Briefe vom 18. und 26. Oktober und bin sehr traurig, daß Sie sich auf so lange Zeit verpflichtet haben. Ich habe unsere Vereinigung, die ich so sehr ersehne, für diese Tage erwartet und bin sehr traurig, daß ich bis Neujahr warten muß. Schreiben Sie mir, wann Sie eintreffen, da ich Sie sehnsüchtig am Bahnhof erwarten werde. In meinem Leben ist unerwartet eine sehr günstige Wendung eingetreten, ich gebe Ihnen die bestimmte Versicherung, daß sich unsere Zukunft sehr günstig gestalten wird. Vergessen Sie nicht, die Papiere mitzubringen und alles andere, damit nichts verzögert, ich habe hier bereits alle Vorbereitungen getroffen. Mit der Hoffnung auf endliches baldiges Wiedersehen, empfiehlt sich Ihnen Ihr Sie liebender

H. S.

Der letzte Brief, den Schenk an Klara schreibt, und in dem er ihr – vielleicht wirklich „aus aufrichtigem Herzen" – ein „glücklichstes Weihnachtsfest" wünscht, „weil es doch das letzte ist...", trifft auch alle Anordnungen über ihre Ankunft.

Wien, 10. Dez. 1883

Verehrtes Fräulein Klara,
wie ich aus Ihrem letzten Briefe vom 1. d. M. ersehe, haben Sie alles so erledigt, wie ich es nicht besser wünschen kann. Betreffs Ihrer Befürchtung kann ich Sie vollkommen beruhigen, ich bin ein freiheitlicher Mann und habe keine Vorurteile. Bewahren Sie mir nur Ihre w. Zuneigung und Vertrauen, und seien Sie versichert, daß ich Gleiches mit Glei-

chem vergelten und meine Zärtlichkeit niemals erkalten wird. Ich wünsche Ihnen aus aufrichtigem Herzen ein glücklichstes Weihnachtsfest, weil es doch das letzte ist, das Sie in ledigem Stand verbringen.
Abreisen Sie also am 1. n. M., nehmen Sie alles mit und schreiben Sie mir noch die Stunde Ihrer Ankunft. Ich werde auf dem Perron warten, wenn ich in Wien bin. Sonst gehen Sie ins Hotel „Zur gold. Spinne" auf der Landstraße, wo ich ein Zimmer reservieren werde. Es kann nämlich sein, daß mich eine wichtige unaufschiebbare Angelegenheit zu einer kurzen Reise zwingt. (Geschäftlich.)
Nehmen Sie die Versicherung meiner vollsten Ehrenhaftigkeit, mit der ich mich zeichne

Siegel.

PS Bitte antworten Sie mir noch umgehend.

Eine Woche nach der Absendung dieses Briefes trifft endlich die Mitteilung an Rosa Ferenczi ein, daß ihre Einlage auf ein neues Sparkassenbuch umgeschrieben wurde. Am 28. Dezember macht Schenk mit der Ferenczi einen Ausflug nach Preßburg, Schlossareck fährt mit. Von dort gehen sie nach dem Marktflecken Kittsee. Vielleicht – man erlaube eine kleine Hypothese – spielen dort vor dem Haus des Kaufmanns Goldmann dessen Knaben. Vielleicht fragt Hugo Schenk sie nach dem nächsten Weg zur Furt, und vielleicht erklärt sich auch der kleine Max bereit, sie hinzuführen. Aber das Drama, das am Ufer gespielt werden soll, bedarf keines Regisseurs, und wenn es auch der zukünftige Max Reinhardt wäre...
Kaum fünfhundert Schritte hinter dem Goldmannschen Haus läßt sich die Gesellschaft am Ufer nieder. Schlossareck nimmt eine Hacke aus seinem Koffer und reicht sie Hugo Schenk. Der zertrümmert der Rosa Ferenczi damit die Schädeldecke und holt das Sparkassenbuch aus ihrer Handtasche. Ohrgehänge und Perlenarmband nimmt Schenk der Leiche rechtens ab, denn es sind seine Geschenke, der Schmuck, den die Eder bei der Baronin Malfatti gestohlen. Steinbeschwert sinkt Rosa Ferenczi auf den Grund des Donaustroms.
Schenk holt am nächsten Tag das Geld aus der Sparkasse, dann aber wird er vorsichtig. Das Verschwinden der Rosa

Ferenczi könnte in Verbindung mit der Abhebung des Spardepots Verdacht erwecken, und die Dienstgeber der Ferenczi kennen ihn. Auch die Schwester der Josefine Timal kennt ihn, und die Josefine Eder, die wegen Diebstahls der napoleonischen Andenken in Haft ist. Deshalb hält sich Hugo Schenk in der Wohnung Schlossarecks verborgen, betritt die Straße nicht.

Klara kommt in Wien an, und weil ihr Bräutigam sie nicht am Bahnhof erwartet, geht sie ins Hotel „Zur goldenen Spinne". Kein Zimmer reserviert, ein Ingenieur Hermann Siegel unbekannt. Auf dem Postamt der Westbahn erfährt sie, daß ihre letzten Briefe nicht behoben sind. Sie fährt nach Hannover zurück. Auch hier kein Brief. Nun, sicherlich hat ihr Bräutigam wichtige, unaufschiebbare Geschäfte.

In Wien wird Hugo Schenk von der Polizei ausgeforscht, verhaftet, prozessiert, und am 22. April 1884 baumelt er neben Schlossareck auf dem Galgen.

Alle Bänkelsänger singen von ihm, kein anderes Motiv erfüllt die Kolleginnen seiner Opfer mit solch gruselnder Wollust. Auch der blinde Methodius hat in seinem Repertoire die Hugo-Schenk-Ballade, und bei der Stelle, da die Kehle der Katharina Timal durchschnitten wird, reißt er das Messer mit einem Ruck über den Schleifstein, daß die Funken sprühen wie Blut und die Hörerinnen grell aufschreien.

Vielleicht kennt Klara dieses Lied, vielleicht singt sie es selbst, schüttelt dabei den Kopf und denkt: Wie weltenfern sind doch die Männer voneinander verschieden!

Zur Arbeit und zur Muße, im Wachen und im Traum, in Liebe und im Liede denkt sie an den ihren. Sie betet vor dem Heiligenschrein, darin die Briefe sind, zwei Rosen und ein Ring, das Liebespfand ihres Fürsten, der vornehm, zurückhaltend und feinfühlig ist wie kein anderer Mann der Welt. So harrt sie seiner seit Jahrzehnten, unbeirrbar überzeugt, er werde wiederkehren und sie freien.

Wie ich erfuhr,
daß Redl ein Spion war

Noch immer gehörte ich dem Fußballklub an, mit dem ich einst gegen „Slavia" gespielt hatte, lange bevor der damalige Halfback Eda Beneš zum Präsidenten der Republik geworden war. Noch immer spielten wir als einzige deutsche Mannschaft gegen tschechische Mannschaften, obwohl ich nicht nur Redaktionsmitglied einer deutschen Zeitung, sondern jetzt sogar Obmann des Klubs „Sturm" war.
Ein Obmann, ihr wißt ja, erweist den Koryphäen (auch wenn sie Amateure sind) Gefälligkeiten, manchmal zahlt er für sie die Zeche, manchmal kauft er dem einen oder anderen einen Winterrock, manchmal borgt er ihnen bares Geld.
Unser rechter Endback hieß Wagner und war die Stütze der Mannschaft. Es ist also verständlich, daß ich ihm eine der eben erwähnten Gefälligkeiten erwies unmittelbar vor unserem Auswahlspiel gegen die zweitklassige Mannschaft Union Holleschowitz. Vom Ausfall dieses Matchs hing es ab, ob wir oder sie unter die Erstklassigen eingereiht würden.
Das Match fand am Sonntag, dem 25. Mai 1913, statt. DBC Sturm verlor und kam nicht in die Reihe der Erstklassigen. Warum? Der Zeitungsbericht formulierte es so:
„Der DBC Sturm I gegen SK Union Holleschowitz 5 : 7 (Halbzeit 3 : 3). ‚Sturm' war anfangs seinem Gegner überlegen, und seine Stürmerreihe arbeitete, wie sich auch in der großen Zahl seiner Scores ausdrückt, das ganze Spiel hindurch sehr erfreulich. Doch war ‚Sturms' Verteidigung durch das Fehlen Mareceks und Wagners derart geschwächt, daß Atja allein nicht imstande war, alle Durchbrüche ‚Unions' zu vereiteln."
Mareceks Nichtantritt war entschuldigt, er hatte eine Sehnenzerrung. Aber Wagner war nicht entschuldigt. Gegen ihn richtete sich unsere Wut nach dem verlorenen Spiel, besonders die meine. Hatte er mir doch, erfreut über mein Geschenk, doppelten Spieleifer versprochen, und nun blieb er schon am ersten Sonntag weg, beim Auswahlspiel, unent-

schuldigt, unentschuldbar. Deshalb schaute ich gar nicht auf, als mich Wagner am nächsten Vormittag in der Redaktion aufsuchte.
„Ich komm dir sagen, daß ich gestern nicht antreten konnte."
„Hab ich gemerkt. Hau ab!"
„Es war wirklich unmöglich. Ich mußte . . ."
„Ist mir ganz egal, was du mußtest", schnitt ich ihm das Wort ab.
„Ich war schon angezogen, da kommt ein Soldat in unsere Werkstatt und sagt, jemand von uns muß sofort ins Korpskommando, ein Schloß aufbrechen."
„Erzähl mir keine Geschichten! So etwas dauert fünf Minuten. Und wir haben eine geschlagene Stunde mit dem Anstoß gewartet."
„Drei Stunden hat es gedauert. Ich mußte eine Wohnung aufbrechen und dann alle Schubfächer und Schränke, es waren nämlich zwei Herren aus Wien da, den einen haben sie Herr Oberst genannt. Sie haben nach russischen Papieren gesucht und nach Photographien von Plänen."
„Wem gehört denn die Wohnung?"
„Ich glaube, einem General. Eine große Wohnung im ersten Stock."
„Und der General war nicht da?"
„Der, dem die Wohnung gehört? Nein, der war nicht dabei. Aber der Korpskommandant war dabei."
Obwohl ich Obmann des Fußballklubs bin, der gestern durch die Schuld eines pflichtvergessenen Endbacks das Wettspiel verloren hat, vergesse ich, dem pflichtvergessenen Endback länger böse zu sein. Ich sage ihm nicht mehr: „Erzähl mir keine Geschichten", sondern lasse mir die Geschichten von gestern nachmittag ganz genau erzählen, wie der Wiener Oberst die Photographien von Plänen und Aktenstücken dem Prager Korpskommandanten hinüberreichte und wie dieser jedesmal den Kopf geschüttelt und gesagt hat: „Schrecklich, schrecklich! Wer hätte das für möglich gehalten!"
Wagner erzählt, daß die Wohnung ganz merkwürdig ausgesehen habe, „wie von einer Dame", lauter Toilettengegenstände und Brennscheren und parfümierte Briefe und Photos von jungen Männern.

„Wieso weiß du denn, daß die beiden Offiziere aus Wien waren?"
„Sie haben gesagt, daß sie noch abends nach Wien zurück müssen. Sie glaubten, ich verstehe nicht Deutsch. Der Korpskommandant hat mir immer tschechisch übersetzt, wenn sie wollten, daß ich ein Schloß aufmachen soll."
Es kann sich nur um die Wohnung von Oberst Alfred Redl, dem Generalstabschef des Prager Korps, handeln, über den das k. u. k. Telegrafen-Korrespondenzbüro heute eine Meldung ausgegeben hat. Die Lobpreisung Redls, die diesem Telegramm beigefügt war, ist also ein Verschleierungsmanöver, denn die Kommission war nach Prag gekommen, weil Oberst Redl des Militärverrats verdächtigt wurde. Der Generalstabschef von Prag ein Spion! Alfred Redl, Kandidat für den Posten des Kriegsministers, der zukünftige Armeekommandant – eine Kreatur des Feindes! Das ist eine ungeheuerliche Nachricht!
Aus der begeisterten Würdigung im Telegramm des Korrespondenzbüros geht hervor, daß man diese ungeheuerliche Nachricht unterdrücken will. Ich aber habe keinen Anlaß, sie zu unterdrücken, keinen Anlaß, ein Geheimnis zu hüten, das man mir nicht anvertraut hat.
Allerdings, da ist eine Schwierigkeit, eine schier unüberbrückbare. Die Enthüllung, daß ein österreichischer Generalstabschef im Dienste des Auslands steht, wie bringt man sie in eine österreichische Zeitung, ohne sofort konfisziert zu werden?
Mit einem Überraschungstrick könnte es vielleicht gelingen.
Der Überraschungstrick gelingt, wie wir später sehen werden, meine Nachricht erscheint unkonfisziert im Abendblatt der „Bohemia", und der Sturm bricht los. Verweigerung des Heeresbudgets nach tobender Parlamentssitzung, Maßnahmen des Thronfolgers, den Generalstab nur aus Mitgliedern des Adels zusammenzusetzen, Pensionierung der höchsten Militärs, Debatten im Inland und Ausland über die Wehrfähigkeit der österreichischen Monarchie – kurz, all das, was die Eingeweihten hatten vermeiden wollen. Ein Prozeß, der die volle Aufklärung des Verrats gebracht hätte, war verhindert, Spezialeide waren geleistet und ein überschwenglich warmes Lob für einen Verräter

war amtlich ausgegeben worden, nur damit die Sache geheim bleibe vor dem Kaiser, dem Thronfolger, dem Kriegsminister und der Welt.
Alle erfuhren davon, aber niemand ahnte meine Quelle. Die Militärbehörde forderte von der Staatspolizei einen Bericht, ob irgendwelche Anzeichen darauf hindeuten, daß ich Beziehungen zu auswärtigen Militärstellen unterhalte. In dem Lokal, in dem ich nach Redaktionsschluß verkehrte, setzten sich zwei ostentativ angeheiterte Herren zu mir und beteuerten ihre Bewunderung für meinen im Fall Redl bewiesenen Spürsinn. Sie boten sich an, mir Zeitungsnachrichten über militärische Dinge zu liefern, aber – Vertrauen gegen Vertrauen – ich möge ihnen sagen, woher ich von der Spionagetätigkeit Redls wußte, vom Eintreffen der Kommission, von ihrem Verhalten in Redls Wohnung, von der Homosexualität.
Das Pariser „Journal des Débats" schrieb, oh, Ruhm meiner Karriere, von einem jungen Wunderjournalisten, der in der Provinzstadt Prag ein internationales Geheimnis nach dem andern zu enthüllen wisse.
Soviel aber auch über den Fall Redl gesagt und geflüstert wurde, das meiste mußte ungesagt und ungeflüstert bleiben, solange die österreichisch-ungarische Monarchie bestand. Nach dem Weltkrieg versuchte ich alle Zusammenhänge der Redl-Affäre festzustellen. Unter anderem fuhr ich nach Graz, um Feldmarschalleutnant Urbanski von Ostromiesz aufzusuchen, der 1913 Chef des Evidenzbüros und Oberst im Generalstab gewesen war; er gehörte zu denen, die am Tage nach meiner Veröffentlichung vom Thronfolger Franz Ferdinand aus der Armee gejagt wurden. Ebenso schnell aber wurde Urbanski von Ostromiesz reaktiviert, als aus Sarajewo die Nachricht von der Ermordung des Thronfolgers eintraf. Er machte den Krieg mit und avancierte.
Mehrere Tage lang saß ich bei Feldmarschalleutnant Urbanski von Ostromiesz in seiner Grazer Wohnung, und er gab mir auf alle Fragen geduldig Antwort. Nur bei meiner Frage, wieso das Geheimnis in die Öffentlichkeit gedrungen sei, wurde er unwillig, und erst recht unwillig, als ich meine Auffassung äußerte, wie das geschehen sein konnte. Diese Auffassung schien ihm denn doch zu naiv für einen

Journalisten, der den Eingeweihtesten der Affäre interviewt. Die Darstellung Urbanskis von Ostromiesz war nur die militärische Innengeschichte, über die abenteuerliche Verfolgung Redls und manches andere wußte er weniger als ich.

Der Sachverhalt war in Kürze dieser: Im Frühjahr 1913 wurden zwei Briefe als verdächtig geöffnet, die postlagernd unter der mit Schreibmaschine geschriebenen Chiffre „Opernball 13" beim Hauptpostamt Wien eingetroffen waren. Sie stammten aus Eydtkuhnen, einem Ort an der deutsch-russischen Grenze, und enthielten österreichische Banknoten, der eine sechstausend Kronen, der andere achttausend Kronen. Solche Summen werden nicht postlagernd und anonym geschickt, wenn es sich um rechtmäßiges Gut handelt. Der Absendungsort deutete auf Rußland, es schienen Gelder für Bestechung, vielleicht sogar für Spionage zu sein. Deshalb war es die Politische Staatspolizei, die mit der Aufklärung dieser Sendung betraut wurde.

Zwei Geheimpolizisten, Ebinger und Steidl, wurden zu ständiger Dienstleistung in das Postamt entsandt. Ihr Zimmer war durch eine elektrische Klingel mit dem Postschalter verbunden, und auf das Glockenzeichen des Schalterbeamten sollten die beiden den Übernehmer der Briefe sicherstellen. Wochen vergingen, Monate. Der Polizeirat, der diese Überwachung organisiert hatte, war ins Ministerium versetzt worden und hatte die Angelegenheit seinem Nachfolger, dem nachmaligen Bundeskanzler Johann Schober, übergeben. Auch die Beamten am Postschalter wechselten, und die neuen wußten wohl nicht, wie wichtig die Sache sei. Es kam auch niemand, die Briefe zu beheben.

Am Abend des 24. Mai 1913, einem Samstag, fünf Minuten vor Schluß der Amtsstunden, weckte das Glockensignal die beiden Geheimpolizisten aus ihrer gewohnten Ruhe. Bevor sie zum Posterestanteschalter kamen, wo der Beamte zwar langsam, aber doch auch nicht auffallend langsam die Briefe mit der „Opernball"-Chiffre ausgehändigt hatte, war der Beheber fort.

Sie eilten ihm nach, sie erblickten ihn noch, einen stattlichen Herrn, der die Tür des angekurbelt gebliebenen Autos hinter sich zuschlug, der Wagen fuhr davon. Es war ein Taxi.

Ein Auto, das die Verfolgung hätte aufnehmen können, besitzen Ebinger und Steidl nicht. Was hilft es ihnen, daß sie die Nummer des Taxis gelesen haben? Was hilft es ihnen, daß sie den Chauffeur ausforschen und erfahren können, woher und wohin die Fahrt gegangen sei? Sicherlich ist der Mann nicht direkt in seine Wohnung gefahren, sicherlich steigt er unterwegs aus und nimmt einen neuen Wagen. Fest steht für die beiden Detektive nur ihre schimpfliche Entlassung. Aber nun beginnt für sie und die österreichische Wehrmacht eine Kette von unglaublichen Zufällen, „Jägerglück".

Die beiden Polizeiagenten stehen auf dem Kolowratring und beraten. Sollen sie versuchen, den Chauffeur gleich ausfindig zu machen, und im Einvernehmen mit ihm ein Märchen von mißglückter Verfolgung des Unbekannten ausdenken? Oder sollen sie lieber dem Polizeirat Schober ihr Mißgeschick melden? Während sie überlegen, fährt ein Taxi vorbei. Sie lesen die Nummer – es ist der Wagen, der ihnen vor zwanzig Minuten ihre Beute entführt hat. Sie winken, pfeifen, schreien, laufen. Das Auto hält. Es ist leer.

„Wohin haben Sie den Herrn vom Postamt aus geführt?"
„Ins Café Kaiserhof."

Auf der kurzen Fahrt finden die Detektive im Innern des Wagens das Futteral eines Taschenmessers, eine Hülle aus hellgrauem Tuch. Im Café Kaiserhof, in das sie mit dem Chauffeur eintreten, ist der stattliche Herr nicht mehr. Was nun?

Sie eilen zum nächsten Taxistandplatz. Jawohl, ein Herr, der so aussieht, sei eben weggefahren. Wohin? Wir sind in Wien, und dort weiß es einer: der Wasserer. Eigentlich ist er kein Wasserer, denn seit der Fiakerstand zum Autostand degradiert ist, gibt's keine harben Rösser mehr, denen der Wasserer den Tränkeimer servieren kann. So putzt er die Karosserien, holt Würstel für die Chauffeure und übt das altehrwürdige Gewerbe des Wagentüraufmachens aus. Der Wasserer hat gehört, wohin der Herr befohlen hat, „ins Hotel Klomser", hat er befohlen.

Nach ins Hotel Klomser. Im Foyer wird der Hotelportier befragt. „Gerade jetzt sind zwei Herren im Auto angekommen, Kaufleute aus Bulgarien." – „Und vorher ein Herr al-

lein?" – „Im Auto? Das weiß ich nicht. Vor einer Viertelstunde ist Herr Oberst Redl gekommen. In Zivil war er, das weiß ich. Aber ich weiß nicht, ob er im Auto vorgefahren ist."
Oberst Redl? Den Polizeiagenten flößt dieser Name Scheu ein. Sie kennen ihn gut. Er hat ihnen keine Sekunde Rast gegönnt, niemals die Notwendigkeit einer Nachtruhe anerkannt, wenn sie seine Treiber waren auf der Jagd nach Spionen. Und wie wußte Oberst Redl sein Wild zur Strecke zu bringen, wie wußte er einen Spionageverdächtigen zu inquirieren, er, der berufene Sachverständige, der Leiter des österreichisch-ungarischen Kundschafterdienstes.
Geheimpolizist Ebinger lacht schallend. „Das ist ja großartig! Jetzt wohnt der Spion mit unserem Oberst Redl Wand an Wand! In einem Kriminalroman würde das heißen: ‚In die Falle gegangen.' Oder: ‚Die Flucht in die Höhle des Löwen.' Nein, das kann sich kein Dichter ausdenken, daß ein Spion sich in dem Haus einmietet, wo der allergrößte Verfolger der Spione wohnt."
Ebinger will gleich zu Oberst Redl hinaufgehen und ihm den spaßigen Zufall melden. Der andere Geheimpolizist, Steidl, hat Bedenken gegen einen solchen selbständigen Schritt. Vielleicht hat das Postamt den Polizeirat bereits verständigt, daß die Briefe behoben wurden. Also muß man ihm berichten, wie die Verfolgung ausgefallen ist.
Während Ebinger aus der Telefonzelle des Hotels, die auf der linken Seite der Halle ist, mit Polizeirat Schober spricht, reicht Steidl auf der rechten Seite der Halle das Messerfutteral dem Portier. „Fragen Sie, wem von den zuletzt angekommenen Gästen das Futteral gehört."
Eine Freitreppe führt von der Mitte der Halle zu den Etagen. Oberst Redl kommt in Uniform, sich die Handschuhe zuknöpfend, die Treppe herab und legt dem Portier den Schlüssel von Zimmer Nr. 1 auf den Tisch. In der Telefonzelle berichtet Detektiv Ebinger, daß Oberst Redl zufälligerweise auch im Hotel Klomser wohnt, und fragt, ob er ihm die Sache sofort melden solle. „Vielleicht", meint Ebinger, „hat sich der Spion absichtlich hier eingemietet, um sich an Oberst Redl heranzumachen."
„Haben Herr Oberst das Futteral Ihres Taschenmessers verloren?" fragt der Portier, während in der Telefonzelle Ebin-

ger seinem Vorgesetzten von dem Fund im Taxi berichtet. „Ja", antwortet Oberst Redl, holt sein Messer aus der Tasche und stülpt das hellgraue Tuchsäckchen darüber, „ich suche es schon seit einer Viertelstunde. Wo haben Sie es denn gefun..."

Er hat die Frage noch nicht beendet, da fällt ihm die Antwort ein. Zuletzt hat er sein Taschenmesser benutzt, als er auf der Fahrt vom Postamt die Umschläge der Geldbriefe aufgeschnitten hat. Dort im Taxi hat er die Messerhülle vergessen. Wieso hat man sie gefunden? Wieso hierhergebracht? Mit einem Ruck wendet er sich um und erblickt einen Mann, der abseits steht und mit betontem Interesse das Gästebuch des Hotels durchblättert. Oberst Redl kennt den Mann.

Oberst Redl wird blaß wie ein Toter, denn er weiß, daß er ein Toter ist.

Er tritt auf die Straße hinaus, geht raschen Schrittes weiter. An der ersten Ecke schaut er zurück, ob niemand aus dem Hoteltor kommt. Niemand kommt aus dem Hoteltor. Aber aus dem Restaurant Klomser treten zwei Männer.

Einer dieser beiden Männer hat, bevor sie das Hotel verließen, dem Portier aufgetragen, die Nummer 12348 anzurufen, die Geheimnummer der Politischen Staatspolizei. „Sagen Sie dem Herrn Polizeirat Schober, daß das Futteral dem Herrn Oberst Redl gehört."

Da Ebinger und Steidl die Straßenecke erreichen, sehen sie Oberst Redl nicht mehr. Er ist im Haus der alten Börse verschwunden, das drei Ausgänge hat. Alle Achtung vor einem Mann, der noch vor zwei Minuten ein glanzvolles Leben vor sich sah und seit zwei Minuten einen schimpflichen Tod vor sich sieht und bereits die Möglichkeit des Entkommens kaltblütig ins Auge faßt.

Inzwischen spielt das Telefon vom Hotel Klomser zur Staatspolizei, von der Staatspolizei zum Evidenzbüro des k. u. k. Generalstabs. Oberst Urbanski von Ostromiesz nimmt die Meldung entgegen und kann sich nicht fassen vor Erregung. Oberst Redl!

Der Adjutant Urbanskis von Ostromiesz fährt zur Hauptpost, um den Schalterbeamten zu fragen, wie der Beheber der Briefe ausgesehen habe. Außer der Personenbeschreibung wird ihm ein Zettel gegeben, auf den der Beheber die

Chiffre der postlagernden Briefe geschrieben hat, „Opernball 13".
Im Evidenzbüro suchen Urbanski von Ostromiesz und sein Adjutant Handschriften Redls heraus. Es ist kein Mangel daran: eine „Anweisung zur Anwerbung und Überprüfung von Kundschaftern, verfaßt von Alfred Redl, k. u. k. Hauptmann im Generalstab", fünfzig Paragraphen lang, ein „Schema für die Beschaffung von Kundschaftermaterial", „Normen zur Aufdeckung von Spionen im In- und Ausland", ein dickes Aktenbündel „Gutachten in den Jahren 1900 bis 1905". Zwar ist auf dem Zettel „Opernball 13" nur leicht und dünn hingeschrieben, jedoch von einer Verstellung kann keine Rede sein, es ist die Schrift des Obersten Redl.
Den verfolgen unterdessen die beiden Geheimpolizisten. In einer Passage haben sie den Verschwundenen wieder erspäht. Auch er sie. Er zerreißt Papiere, wirft sie auf den Boden. Einer der Detektive, nimmt er an, wird sich aufhalten, um sie aufzuklauben, und dem anderen ließe sich allenfalls entkommen. Aber beide gehen ihm weiter nach. Sie halten ein Taxi an und geben dem Chauffeur die Weisung, langsam nachzufahren. Dann erst kehrt Geheimpolizist Steidl in die Passage zurück, sammelt die Papierschnitzel auf und bringt sie zur Polizei.
Von dort fahren die Papierchen sofort im Auto ins Evidenzbüro, wo sie zusammengesetzt werden. Es sind Postbestätigungen über Geldsendungen an einen Ulanenleutnant in Stockerau und über eingeschriebene Briefe nach Brüssel, Warschau und Lausanne. Die Adresse in Lausanne ist, wie vor einigen Tagen festgestellt wurde, eine Deckadresse für die Spionagezentrale Italiens, des „Bundesgenossen". Jetzt ist es verständlich, daß seit Jahresfrist jede noch so geheime strategische Vorkehrung an der italienischen Grenze mit Gegenvorkehrungen beantwortet wurde, oft sogar, bevor Österreich sein Projekt in Angriff nahm.
Soll man die Verhaftung von Oberst Redl sofort anordnen? Militärische oder polizeiliche Verhaftung? Soll man die Militärkanzleien des Kaisers und des Thronfolgers benachrichtigen? Oder soll man das Ergebnis der Untersuchung abwarten?
Oberst Redl geht zum Franz-Josephs-Kai. Von Zeit zu Zeit

sieht er sich um, ob sein Schatten ihm folgt. Sein Schatten folgt ihm. Oberst Redl will zum Brigittaplatz. Dort ist er heute um vier Uhr nachmittags in einem Daimler-Tourenwagen, den er im August 1911 für achtzehntausend Kronen gekauft hatte, aus Prag angekommen. Ein schönes Auto. A. R. in Goldbuchstaben auf dem Wagenschlag: der Querstrich des A besteht aus zwei schrägen Linien und sieht wie ein „v" aus, ein abgekürztes „von". Über dem Monogramm schwebt eine Krone, zwar nur die fünfzackige Bürgerkrone, aber wer merkt das? Oberst Redl hat sein Auto beim Karosseriemacher Zednitschek auf dem Brigittaplatz eingestellt, damit der die Seitenwände des Chassis unten mit Glanzleder und oben mit bordeauxroter Seide tapeziere.

Im Hotel Klomser empfing Oberst Redl den Besuch von Leutnant Stefan Hromadka, einem hübschen Ulanenoffizier aus Stockerau, und hatte eine lange Auseinandersetzung mit dem geliebten Freund, der sich von ihm trennen und heiraten wollte. Um halb sechs ging Leutnant Stefan Hromadka fort, zehn Minuten später Oberst Redl. Er mußte aufs Postamt. Das Geld beheben. Wochenlang hatte er es aufgeschoben, weil es riskant war. Jetzt blieb keine Wahl. Er hat seinem Stefan ein Auto versprochen. Er will mit ihm über Land fahren, ihn von seiner Braut loslösen, ihn die Heiratsabsicht vergessen machen.

„Über Land fahren..." Und jetzt hastet Redl zu Fuß mit unheimlichem Gefolge den Donaukanal entlang und denkt, wie gut es wäre, in seinem Tourenwagen zu sitzen und, auch ohne Glanzlederbelag und ohne bordeauxrote Seide, über Land fahren zu können. Über Land fahren. Daran ist jetzt nicht mehr zu denken. Er kehrt, beschattet, ins Hotel Klomser zurück.

Zur gleichen Zeit fährt Oberst Urbanski von Ostromiesz bei einem anderen Hotel vor. Im Grandhotel sitzt der Chef der Chefs, der Oberkommandierende des Generalstabs, mit Freunden im Speisesaal. „Was bringst du mir Schönes?" fragt General Conrad von Hötzendorf seinen Evidenzchef und Freund. Die Zigeunerkapelle Rigos, des Geigers, der die belgische Königstochter entführt hat, spielt ein Potpourri aus der neuen Operette „Graf von Luxemburg". „Dürfte ich Eure Exzellenz gehorsamst um ein Gespräch unter vier Augen bitten?"

„Was, mitten im Abendessen? Ist's wirklich so dringend? Na, alsdann gehn wir."
In einem Nebenraum erstattet Urbanski von Ostromiesz die Meldung, daß die Opernballbriefe behoben wurden, der Beheber, von Detektiven verfolgt, habe unterwegs Postbestätigungen zerrissen, darunter eine aus Lausanne.
„Lausanne auch!" seufzt General Conrad von Hötzendorf. „Dachte ich mir schon lange. Ist der Mann verhaftet?"
„Er wurde sichergestellt, Exzellenz."
„Nur sichergestellt? Wer ist es denn?"
„Exzellenz..."
„Nun? Wer der Mann ist, will ich wissen."
„Es ist..."
„Heraus mit der Sprache, August. Ich bin ja darauf vorbereitet, daß es nicht der erste beste ist."
„Exzellenz, es ist Oberst Redl."
„Wer? Sind Sie wahnsinnig geworden?" Conrad von Hötzendorf schreit: „Nehmen Sie sich in acht, Herr Oberst!"
„Exzellenz..."
„Entschuldige, August. Oberst Redl! Ist denn das sicher?"
General Conrad von Hötzendorf ist auf einen Stuhl gesunken, er preßt beide Hände aufs Herz. „Wenn doch wenigstens", sagt er, nachdem er sich etwas gefaßt hat, „wenn doch wenigstens dieser widerliche Rigo mit seinem Gefiedel aufhören würde." Dann spricht der General lange kein Wort. Er versucht, sich die Tragweite auszumalen. Wenn die Schmach bekannt wird – das Kriegsministerium und der Thronfolger hassen den Generalstab ohnedies, die „Auserwählten" –, was wird das Ausland sagen! Der Feind! Alles schon morsch, sagt man gern der Doppelmonarchie nach – die Überheblichkeit des verbündeten Deutschlands wird noch größer werden. Und die oppositionellen Nationen! Was wird geschehen, wenn in dieses Pulverfaß ein Zündstoff fällt? Gerade jetzt, da die Lage kritisch ist.
General Conrad von Hötzendorf erhebt sich. „Dieser Schuft hat sofort zu sterben."
„Er soll selbst... Exzellenz?"
„Ja", entscheidet Conrad von Hötzendorf. Diese zwei Buchstaben sind Todesurteil und Befehl zur Vollstreckung, bei der der Verurteilte als sein eigener Henker zu fungieren

hat. „Niemand darf etwas über die Todesursache erfahren, niemand! Bin ich verstanden worden, Herr Oberst?"
„Zu Befehl, Exzellenz!"
„Noch heute nacht."
„Zu Befehl, Exzellenz."
„Sie werden sofort eine Kommission zusammenstellen, Herr Oberst, bestehend aus Höfer als Leiter, aus Chefauditor Worlitschek, Ihnen und Ihrem Adjutanten. Über den Vollzug ist morgen früh direkt an mich zu melden."
Um Mitternacht erscheinen vier hohe Offiziere im Hotel Klomser. Sie klopfen an die Tür von Zimmer Nr. 1. Während ein heiseres „herein" hörbar wird, öffnen sie. Oberst Redl, der am Tisch sitzt, macht zweimal den Versuch aufzustehen und fällt in den Stuhl zurück. Endlich erhebt er sich wankend. „Ich weiß, weshalb die Herren kommen", bringt er hervor, „ich bin im Begriff, Abschiedsbriefe zu schreiben."
Ein Brief an seinen Bruder ist kuvertiert, ein angefangener Brief ist an General von Giesl, den Kommandanten des Prager Korps, gerichtet. Auf dem Nachttisch liegt das Taschenmesser mit dem hellgrauen Futteral und ein Stück Bindfaden. („Ein dolchartiges Messer und eine Rebschnur hatte Redl zur Verübung des Selbstmords vorbereitet", antwortet zwei Tage später Landesverteidigungsminister Georgi im Parlament auf die Beschuldigung, der Selbstmord Redls sei vom Generalstab befohlen worden.)
Die Kommission befragt Redl nach seinen Komplicen.
„Ich habe keine", erwidert er.
„Wer hat Sie für die Spionage geworben?"
„Der russische Militärattaché in Wien. Er zwang mich dazu, denn er – denn er wußte, daß – daß ich – homosexuell bin."
Die vier Offiziere schütteln sich vor Ekel. Homosexuell? Entsetzlich!
Auf die Frage nach dem Umfang seiner Tätigkeit, nach deren Details und Dauer antwortet er, alle Beweise würden sich in seiner Prager Dienstwohnung finden. Damit gibt sich die Kommission zufrieden. Bevor sie das Zimmer verläßt, fragt General Höfer: „Herr Redl, haben Sie . . ."
Redls Finger tasten nach seinem goldenen und besternten Kragen. Dort ist er noch kein Herr Redl, dort ist er noch Oberst.

„... eine Schußwaffe?" vollendet General Höfer die Frage.
„Nein."
Der General: „Sie dürfen um eine Schußwaffe bitten, Herr Redl."
Redl: „Ich bitte – gehorsamst – um einen – Revolver."
Niemand hat einen bei sich. „Sie werden einen bekommen."
Oberst Urbanski von Ostromiesz fährt nach Hause, seinen Browning zu holen, um ihn „Herrn Redl" einzuhändigen.
Die vier Offiziere warten an der Straßenecke. Sie können die Fenster von Zimmer Nr. 1 nicht sehen, denn es ist ein Hofzimmer. Kein Lärm, keine Aufregung, kein Schuß verrät, daß das Urteil vollstreckt ist. Abwechselnd fahren die Kommissionsmitglieder nach Hause, um Zivil anzulegen, denn vier auf und ab gehende Stabsoffiziere würden auffallen. Die Stunden verrinnen. Nichts.
Zeitig morgens will General Conrad von Hötzendorf die Meldung haben, daß die Angelegenheit beendet ist. Oberst Urbanski von Ostromiesz und Chefauditor Worlitschek müssen mit dem Schnellzug sechs Uhr fünfzehn nach Prag fahren, die Haussuchung vorzunehmen. Aber andererseits kann man nicht gut hinaufgehen und zu Redl sagen: „Erschießen Sie sich rasch, wir können nicht so lange warten."
Um fünf Uhr wird ein Detektiv der Staatspolizei telefonisch herbeigerufen, einer von den beiden, die gestern die Verfolgung Redls durchgeführt und noch in der Nacht einen „Spezialschwur auf Diensteid" geleistet hatten, kein Wort über die Angelegenheit zu sprechen. Das Geheimnis soll auf neun Personen beschränkt bleiben, und kein zehnter soll auch nur ahnen, daß ein Generalstabschef Verrat beging.
Der herbeigekommene Detektiv ist Ebinger, er wird angewiesen, zu Oberst Redl hinaufzugehen. Was immer er auch im Zimmer sehen würde, er möge im Hotel nichts davon sagen. So will man Diskussionen darüber verhindern, daß die Leiche von einem Polizeiagenten entdeckt wurde. Ebinger sagt dem Nachtportier, er sei vom Herrn Oberst Redl bestellt. Der Portier, seines vergeblichen Einspruchs gegen den nächtlichen Besuch der vier Offiziere eingedenk, läßt Ebinger passieren.

„Das Zimmer war nicht versperrt", meldet Ebinger einige Minuten später der Kommission, „ich habe also die Tür geöffnet. Neben dem Sofa liegt der Herr Oberst tot."
Damit ist der Straßendienst der vier Stabsoffiziere zu Ende, genau zwölf Stunden nach Behebung der postlagernden Briefe. Noch vor Tagesanbruch soll die Leiche gefunden werden, deshalb wird das Hotel angerufen: Herr Oberst Redl möge ans Telefon kommen.
Das Hotel Klomser verständigt die Polizei von einem im Hause vorgefallenen Selbstmord. Redl hat sich, vor dem Spiegel stehend, in den Mund geschossen, das Projektil durchbohrte das Gaumendach und drang schräg von rechts nach links in das Gehirn; im linken Scheitelknochen blieb das Geschoß stecken, die Ausblutung erfolgte durch die linke Nasenhöhle. Neben der Leiche lag ein Browning.
Am Sonntag gab das k. k. Telegrafen-Korrespondenzbüro die Meldung vom Selbstmord des Obersten Alfred Redl aus und fügte einen Nekrolog hinzu, der aus dem Büro des Generalstabs stammte. „Der hochbegabte Offizier", hieß es darin, „dem eine große Karriere bevorstand, hat sich in einem Anfall von Geistesverwirrung...", „... in der letzten Zeit an außergewöhnlicher Schlaflosigkeit litt...", „... in Wien, wohin ihn dienstliche Aufgaben geführt hatten...", „... an dem Leichenbegängnis werden die gesamte in Wien weilende Generalität und die dienstfreien Truppen und Militäranstalten..."
Der Chef des Evidenzbüros, Urbanski von Ostromiesz, und der Chefauditor Worlitschek fuhren nach Prag und meldeten sich beim Korpskommandanten Baron Giesl. Der war telegrafisch vom Selbstmord seines Generalstabschefs in Kenntnis gesetzt worden, nicht aber vom Motiv der Tat. Tags vorher hatte Korpskommandant Baron Giesl von seinem Bruder, dem österreichisch-ungarischen Gesandten in Belgrad, die Mitteilung bekommen, daß die serbischen Regierungskreise den Krieg als unvermeidlich betrachten.
Für „Fall 3" (Krieg gegen Serbien) war das Prager Korps zum Vormarsch zwischen Drinamündung und Savemündung bestimmt. Um so größer war die Erschütterung des Korpskommandanten Baron Giesl, als er nun von den beiden Wiener Stabsoffizieren erfuhr, daß die Pläne seines Korps verraten seien und gewiß auch die vertraulichen Mit-

teilungen seines Bruders, verraten von seinem Vertrauensmann.
Nach dem Essen ging Korpskommandant Baron Giesl mit Oberst Urbanski von Ostromiesz und Chefauditor Worlitschek in die Wohnung Redls. Sie war versperrt, und niemand hatte die Schlüssel.
Während die Kommission vor der Tür steht, stehe ich auf dem Fußballplatz in Holleschowitz. Das Wettspiel soll beginnen, aber unser Endback Wagner ist noch nicht da.
Ohne zu ahnen, daß sein Interviewer mit den Gedanken auf einem Fußballfeld ist, erzählt Feldmarschalleutnant Urbanski von Ostromiesz von der Hausdurchsuchung: „Wir mußten die Tür aufbrechen lassen, die Schränke und den Schreibtisch."
„Von einem Zivilschlosser?" frage ich.
„Ich glaube. Es war Sonntagnachmittag und wahrscheinlich kein Professionist anwesend."
„Exzellenz wissen nicht mehr, woher man den Schlosser holte?"
„Nein. Von irgendwo aus der Nachbarschaft, das ist doch wirklich unwichtig."
Feldmarschalleutnant Urbanski von Ostromiesz runzelt ärgerlich die Stirn. Deshalb bemühe ich mich, meine Frage zu entschuldigen. „Der Schlosser hätte doch die gewaltsame Öffnung der Wohnung und der Schubfächer verraten können."
Urbanski von Ostromiesz verzieht spöttisch die Mundwinkel. „Wem verraten?"
„Der Presse zum Beispiel."
„Mein lieber Freund", seufzt Urbanski von Ostromiesz, „Sie sehen den Fall als Kriminalfall an! Es war aber ein Fall der internationalen Wehrpolitik. Da spielt kein Schlossergehilfe mit."
„Und wie, glauben Eure Exzellenz, ist die Sache in die Presse gekommen?"
„Ja, das war allerdings das ärgste an der Katastrophe. Zuerst dachten wir an den privaten Racheakt eines in Prag tätigen Spions, etwa eines Geliebten von Redl. Nachher mußten wir annehmen, daß eine ausländische Spionagestelle auf die Nachricht von der Erledigung ihres Vertrauensmanns Redl der Zeitung ‚Bohemia' das Material gab, um sich am Gene-

ralstab zu rächen. Aber erst während des Krieges hat mir Exzellenz Conrad von Hötzendorf anvertraut, daß die Sache auf ganz andere Weise in die Zeitung gekommen war. Es war schlimmer."
"Wieso schlimmer, Exzellenz?"
"Der Polizeirat Schober hat trotz seinem Spezialeid den Vorfall dem Kriegsminister gemeldet, und der Kriegsminister fuhr noch am Sonntag im Auto nach Prag, inkognito natürlich. Er haßte den Generalstab, weil wir ihm nicht unterstellt waren, obwohl er das immerfort beantragte. So wollte er uns in der Öffentlichkeit schaden und vor allem beim Thronfolger, ohne uns direkt bei ihm zu denunzieren. In Prag übergab der Kriegsminister die Nachricht einem befreundeten Redakteur von der ‚Bohemia', einem gewissen Kisch..."
Urbanski von Ostromiesz fällt ein, daß ich auch „Kisch" heiße. „War das Ihr Herr Vater?" unterbricht er sich.
Ich nicke bejahend. Ich bin nicht hier, Informationen zu geben, sondern zu empfangen.
„Dann wissen Sie ja, daß die Sache stimmt."
Durch neuerliches Kopfnicken bestätige ich die kleine Verwechslung des Schlossergehilfen mit dem Kriegsminister.
„Sehen Sie", fährt Urbanski von Ostromiesz fort, „deshalb war in der ‚Bohemia' der Artikel mit dem Vermerk versehen: ‚Von hoher Stelle'. Vielleicht erinnern Sie sich daran?"
Gewiß, ich erinnerte mich sehr genau. Kaum hatte damals Wagner das Redaktionszimmer verlassen, als ich zum Chefredakteur stürzte, Beratung. Sollen wir die große Meldung bringen, trotz der Gewißheit, beschlagnahmt zu werden? Oder sollen wir die große Meldung einfach weglassen?
Wir entschlossen uns zu einem Kompromiß: die Konfiskation der Abendausgabe zu riskieren, indem wir die Nachricht in Form eines Dementis bringen. So erschien ein Dementi in Fettdruck an der Spitze des Blattes: „Von hoher Stelle werden wir um Widerlegung der speziell in Militärkreisen aufgetauchten Gerüchte ersucht, daß der Generalstabschef des Prager Korps, Oberst Alfred Redl, der vorgestern in Wien Selbstmord verübte, einen Verrat militärischer Geheimnisse begangen und für Rußland Spionage getrieben habe. Die aus Wien nach Prag entsandte Kommission, die, geleitet von einem Obersten, am gestrigen Sonn-

tagnachmittag in Gegenwart des Korpskommandanten Baron Giesl die Dienstwohnung des Obersten Redl, die Schränke und Schubfächer aufbrechen ließ und eine dreistündige Durchsuchung vornahm, hatte nach Verfehlungen ganz anderer Art zu forschen... usw."
Solche Dementis versteht der Leser, es ist so, wie wenn man sagt: „Der X ist kein Falschspieler." Aber konfiszieren ließ sich ein solches Dementi schwer. Der Presse-Staatsanwalt mußte annehmen, es stamme vom Korpskommando oder aus Wien, von einem Ministerium.
Als die Nachricht in Wien ankam, läutete die Presse Sturm beim Kriegsministerium. Dort las der diensthabende Telefonist jedem anrufenden Journalisten folgendes vor: „Hieramts ist von irgendwelchen Verfehlungen des verstorbenen Herrn Generalstabsoberst Alfred Redl nichts bekannt, und stehen solche Gerüchte im Widerspruch zum untadeligen Charakter des Verewigten. Ebensowenig ist hieramts von einer Entsendung einer Kommission nach Prag etwas bekannt, und kann es sich sohin nur um eine normale Inventaraufnahme in der Dienstwohnung des verstorbenen Herrn Oberst Redl handeln."
Aber fast gleichzeitig sagte das Platzkommando von Wien das militärische Leichenbegängnis ab – ein Mehr an Eingeständnis war nicht nötig. In der Nacht zog das Kriegsministerium seine Erklärung zurück, so daß von ihr nur ein Detail zurückblieb: Dem Kriegsministerium war die Spionageaffäre unbekannt gewesen.
Von den Wolken des Vorkriegs war die Redl-Affäre die dunkelste: Wie soll die k.k. Armee einen Krieg bestehen, wenn ihre Aufmarschpläne bis ins letzte Detail verraten sind? Mit ebensoviel Energie wie Ahnungslosigkeit wurde in Presse und Parlament die unverzügliche Änderung der Kriegspläne gefordert, und der Landesverteidigungsminister beeilte sich, beruhigende Versicherungen in diesem Sinne zu geben. Aber ein Kriegsplan läßt sich nicht willkürlich ändern, denn er stellt die Lösung der strategischen Aufgabe auf Grund ethnographischer und militärischer Gegebenheiten dar.
Der Thronfolger ließ ein Telegramm nach dem andern los: „Ich bin zu der unumstößlichen Gewißheit gelangt, daß die geistige Spannkraft des Oberst Urbanski von Ostromiesz in

derartigem Maße gelitten hat, daß er für eine aktive Verwendung nicht mehr in Betracht kommt, und ist er der Superarbitrierung zu unterziehen." Auch gegen General Conrad von Hötzendorf, gegen Höfer und Worlitschek richtete sich die Wut Franz Ferdinands, also gegen alle, die ihrem Generalstabskollegen zu nächtlicher Stunde den Selbstmord befahlen, ihm keine Gelegenheit zur Beichte und zum Heiligen Abendmahl gaben und sich Spezialeide leisten ließen, nur damit er, der Thronfolger, nichts erfahre. Ja, sie hatten ihm sogar den Vorschlag unterbreitet, an dem Leichenbegängnis von Oberst Redl teilzunehmen.
Aber nicht einmal diese Geheimhaltung hatten sie durchzuführen vermocht. Anderthalb Tage später wußte die ganze Welt davon.
Die ganze Welt wußte davon, weil ein Endback, ein Fußballer, ein Wettspiel versäumte. Das Spiel gegen Union Holleschowitz, eine zweitklassige Mannschaft.

Von der Reportage

Lachen und Kreischen dringt durch die Mauern des Bärenhauses. So stark war des blinden Methodius humoristische Wirkung noch nie.
Hm. *Dieser* Fall also ist es . . .
Dieser Fall ist in fachmännischem Sinne keine Tagesnachricht. Nur die Nachbarn der Beteiligten wußten davon, und einer von ihnen hat mir die Begebenheit erzählt, gelegentlich, als sie schon mehrere Wochen alt war. Immerhin schrieb ich sie auf.
Der blinde Methodius singt nun, was ich damals schrieb, die Geschichte vom Eisenbahnschaffner, der sich morgens von seiner Frau verabschiedet, um auf Fahrt zu gehn. Wie üblich kocht sie ihm kein Frühstück, sie behauptet, es dauere zu lange, bevor der Herd warm wird. Wie üblich bleibt sie noch im Bett. Wie üblich ist ihr Abschied ein liebevoller – „sie reicht ihm Kuß und Pfötchen", singt der blinde Methodius. Aber das Schicksal erspart dem Schaffner heute zufällig den Dienst, und er kann nach Hause zurückkehren. Leise, um Frauchen nicht zu wecken, sperrt er die Türe auf,

und – braucht's da eines Gedankenstrichs? – Frauchen ist höchst wach, und ein Gast ist's mit ihr. Und was vielleicht das schlimmste ist, im Herd, der angeblich so schwer zu erheizen ist, brodelt ein fröhliches Feuer.
Während der Gast, seine Wäsche und Kleider in den Händen, das Weite sucht, packt der wütende Schaffner die ungetreue Schaffnerin. Mit starken Armen hebt er sie hoch und setzt sie mitten auf den geheizten Küchenofen, den flammenden Beweis ihres Ehebruchs; und zwar dergestalt, daß sie im Herdloch steckenbleibt. Vergeblich versucht sie von diesem Sitzplatz aufzustehen, sie ist vom eisernen Ring umfaßt, und unter ihr steigt die Wärme hoch, die sie selbst entfacht hat.
Das also ward würdig befunden, Substrat einer Ballade zu sein, und die Hörerinnen lachen, weil der treulosen Gattin tüchtig eingeheizt wird, und freuen sich, daß der Untugend die Strafe auf dem Fuße oder auf sonst etwas folgt: Warum so wenig Solidarität mit der Geschlechtsgenossin? Ist es der Neid darüber, daß sich die Frau Schaffnerin einen Schichtwechsel ihrer Belegschaft leistet?
Wie dem auch sei, es ist zum erstenmal, daß eines meiner Themen, in Poesie und Musik gesetzt, vom Ideal meiner Kindstage vorgetragen wird. Da habe ich nun etwas Ersehntes erreicht, und prompt stellt sich die Enttäuschung ein. Der blinde Methodius könnte wirklich bessere meiner Stoffe verwenden.
Andere verwenden bessere meiner Stoffe, aber auch das ist mir nicht recht, bringt mir nur zum Bewußtsein, wie gering der Marktwert der Wahrheit ist. Jeden Abend füllt die Operette „Die Galgentoni" das Stadttheater. Alles kommt darin vor, was ich in meinem Artikel geschrieben, die Schlacht zwischen Stotterbetty und Galgentoni im Café Mimose, der Cafetier Mungo Natscheradetz und die heuchlerische Frieda Kniefall und vor allem die anklagende Verteidigung, auf die sich die Galgentoni vorbereitet hat und die sie mir in ihrer häßlichen Kammer im Ledergäßchen vorgesprochen.
Ich verklagte die Plagiatoren, und das Gericht stellte mir die Frage, ob Handlung und Figuren erfunden seien. Selbstverständlich antwortete ich, daß sie nicht erfunden seien. Überdies fand sich ein Zeuge, ein Angestellter des verklag-

ten Stadttheaters, und er beschwor, eine Frau habe ihm ihr Leben so erzählt, wie es auf der Bühne gespielt werde. Die literarischen Sachverständigen erklärten, mein Artikel sei nur ein Tatsachenbericht gewesen und kein Phantasieprodukt, „weshalb ihm ein geistiges Eigentumsrecht keinesfalls innewohnen könne". So wurde meine Klage abgewiesen und ich zur Tragung der Prozeßkosten verurteilt. Seither ging ich mit Plagiatoren nicht mehr zu Gericht.

Nach dem Ersten Weltkrieg recherchierte ich die Hintergründe und Zusammenhänge des Redl-Falles, den ich 1913 aufgedeckt hatte, und veröffentliche die Ergebnisse. Ohne mich zu fragen, ohne mich zu nennen, wurde meine Darstellung mitsamt dem verlorenen Fußball-Wettspiel, dem Entschuldigungsbesuch des Schlossers Wagner, dem komischen Verhalten der Detektive, den Dialogen und so weiter von Zeitungen abgedruckt, von „Autoren" an Zeitschriften verschickt, zu Romanen ausgewalzt, dramatisiert, verfilmt und als Grundlage von Anthologien der Spionage verwendet. In einer ernsten Geschichte der Spionage, die in Amerika erschien, hat sich der Verfasser die Mühe genommen, die vielen gleichlautenden Publikationen über Redl durchzustudieren und sie gewissenhaft zu zitieren; nicht mich, denn er wußte nicht, daß sie allesamt von mir abgeschrieben waren.

Der Preis, den Nazi-Hamburg meiner Geschichte aus dem Magdalenenheim erteilte, ist nicht meine einzige Ehrung durch eine Stadtgemeinde. Ein Volksdichter XY (er ist tot, und so lasse ich ihn leben) bekam den Literaturpreis der Stadt Wien für seine Autobiographie. Das Interessanteste in seinem Leben ist ohne Zweifel das Erzählertalent seiner böhmischen Großmutter. Wann immer sie im Lebensbuch ihres Enkels auftaucht – und sie taucht bei Beginn jedes Kapitels auf –, erzählt sie eine meiner Geschichten, die in der „Bohemia" als Sonntagsfeuilletons erschienen waren, aufs Komma genau. Nur den Namen des Verfassers nennt sie nie, wahrscheinlich hat sie ihn vergessen, begreiflich bei einer so alten Frau.

Oft rieten mir Freunde und Kritiker, mich nicht selbst einen Reporter und meine Produkte nicht Reportagen zu nennen, nicht zu betonen, daß meine Stoffe mit wirklichen Ereignissen übereinstimmen. „Lassen Sie doch Daten und

Namen weg, und schreiben Sie als Untertitel ‚Novelle' hin. Dann werden Sie literarisch beurteilt werden, als Mann von Phantasie."

„Von Phantasie!" Bedarf die Gestaltung der Wahrheit keiner Phantasie? Es ist wahr, die Phantasie darf sich hier nicht entfalten, wie sie lustig ist, nur der schmale Steg zwischen Tatsache und Tatsache ist zum Tanze freigegeben, und ihre Bewegungen müssen mit den Tatsachen in rhythmischem Einklang stehen. Und selbst diesen beschränkten Tanzboden hat die Phantasie nicht für sich allein. Mit einem ganzen Corps de ballet von Kunstformen muß sie sich im Reigen drehen, auf daß der sprödeste Stoff, die Wirklichkeit, in nichts nachgebe dem elastischen Stoff, der Lüge.

Ist schließlich das Darzustellende folgerichtig dargestellt, dann erscheint es dem Leser so klar, daß er ausruft: „Das ist doch klar!" Wobei das Wort „klar" soviel wie „selbstverständlich" bedeutet und den Vorwurf der Banalität, der Platitüde, der Photographiererei ausdrückt. „Er hat ja nur aufgeschrieben, was er gesehen", wie Doktor Dykschy sagte.

Ich nahm den Rat nicht an, das Wahre als Erlogenes zu tarnen. Im Gegenteil, ich versuchte, das Fehlen der Fakten, unter dem ich während des Mühlenfeuers gelitten, durch Fülle, oft durch Überfülle von Details zu kompensieren, selbst graphische Darstellungen, Situationspläne, Termini technici, Fußnoten und Bibliographien verschmähte ich nicht. Eine solche Genauigkeit bringt wieder andere Vorwürfe als den des Mangels an Phantasie. Die anspruchsvolle Akribie reizt den Leser, nach einer Lücke zu suchen.

In der Tat kann auch dem Sachlichsten etwas Wichtiges entgehen, wofür der Reisechronist Thomas Platter aus Basel ein klassisches Beispiel ist. Der kam zu Anfang des siebzehnten Jahrhunderts nach London und stöberte alle Besonderheiten auf. Auch im strohgedeckten Globe-Theater war er bei der Novität „Julius Cäsar" und widmete ihr den Satz: „Haben in dem streuernen Dachhaus die Tragedy vom ersten Keyser Julio Cäsare mit ohngefähr funfzehn Personen sehen gar artlich agiren, und dantzeten sie zu endt der Comedien, ihrem gebrauch nach, gar überaus zierlich." Er spricht also einmal von einer Tragödie und das andere Mal von einer Komödie, weil er wohl merkt, daß hier weder das eine noch das andere im aristotelischen Sinne „agirct" wird. Aber daß hier die Revolution des Dramas vorliegt, merkt Thomas Platter nicht oder hält es nicht der Aufzeichnung wert. Wie grundlegend wäre sein Buch durch eine zeitgenössische Kritik oder gar durch ein Interview mit Shakespeare gewesen, während es so nur als ein Dokument aus der Stadt und der Zeit Shakespeares Erwähnung findet, das den Namen Shakespeare nicht kennt.

Von den Fesseln des aktuellen Anlasses emanzipierte ich mich bald. Daß ich das konnte, verdanke ich einem neuen Redaktionskollegen, Paul Wiegler. Er schätzte meine Lokalberichte anders ein, als es die anderen Redakteure taten. Einmal kommentierte ich die Nachricht vom Verkauf des aus der Mozartzeit stammenden Clamschen Parks, der zu einem Tanzlokal geworden war. Am Sonntag fand ich die Glosse im Gehege des Feuilletons, wo bisher nur die berühmtesten Schriftsteller Deutschlands abgedruckt worden waren, mit meinem Namen und dem Serientitel „Prager Streifzüge" samt einer römischen I. Auf diese Weise war ich via facti zum ständigen Wochenfeuilletonisten ernannt, und ich schrieb jahrelang allsonntäglich die Prager Streifzüge, eine Art unaktueller Lokalschilderungen, ähnlich denen, die mir im Liederschatz des blinden Methodius so gefallen hatten.

Ich drängte mich mit der Masse der Frierenden in den Wärmestuben, ich wartete mit den Hungernden in der Volksküche auf die Armensuppe, ich nächtigte mit den Obdachlosen im Nachtasyl, mit den Arbeitslosen hackte ich Eis auf der Moldau, schwamm als Flößerbursch nach Hamburg, statierte im Theater, zog mit dem Heerbann des Lumpenproletariats ins Saazer Land auf Hopfenpflücke und arbeitete als Gehilfe des Hundefängers. Gab es Hindernisse, so registrierte ich die Hindernisse, und sie waren oft merkwürdiger als das Thema selbst.

Als ich den Friedhof der Strafanstalt St. Pankraz beschreiben wollte, lehnte der Oberstaatsanwalt mein Ansuchen ab:

„Das Betreten des Anstaltsfriedhofs kann aus disziplinären Gründen ebensowenig bewilligt werden wie ein Besuch der Gefangenenzelle. Da die innerhalb der Anstalt Beerdigten vor Abbüßung ihrer Strafe gestorben sind, unterstehen sie de jure auch weiterhin den k. u. k. Gefängnisvorschriften. Ein Sträflingsfriedhof kann niemals als Stätte öffentlicher Pietät betrachtet werden."

Mir blieb nichts anderes übrig, als die Friedhofsmauer zu überklettern und nachher minuziös zu beschreiben, wie ich dies bewerkstelligt hatte und daß ich dabei das Verbot des Oberstaatsanwalts in der Tasche trug. Ebenso genau schilderte ich die Gräber, in denen politische Häftlinge und lokalhistorische Personen lagen.

Nach Erscheinen meines Artikels wurde ich zum Oberstaatsanwalt zitiert, der mir ein Verfahren wegen Hausfriedensbruchs, Leichenschändung und Verletzung von Amtsgeheimnissen androhte. Ich fragte, wie er denn Tag, Stunde und Durchführung dieser Verbrechen feststellen wolle? Ob er Zeugen aufführen könne?

„Sie wollen also Ihre Tat leugnen, die Sie selber beschrieben haben?"

„Ich werde nur von dem Recht des Beschuldigten Gebrauch machen, die Aussage zu verweigern."

Er ließ es nicht darauf ankommen.

Eine meiner unaktuellen Reportagen war die reale Suche nach einem irrealen Stoff. Vom Hohen Rabbi Loew, dem Thaumaturgen, erzählt die Sage, daß er aus Lehm und lebensgroß den „Golem" schuf und ihm menschliches Leben einhauchte. Als dieser Frevel Unglück über die Gemeinde brachte, habe der Hohe Rabbi Loew die Lehmfigur auf dem Dachstuhl der tausendjährigen Altneu-Synagoge beigesetzt und einen Bannfluch gegen jeden verkündet, der den toten Nichtmenschen zu stören wage. Die Treppe zum Dach wurde abgetragen.

Mit Hilfe von Steigeisen stieg ich im Morgengrauen die Außenwand der Synagoge empor und schwang mich in die Dachkammer. Ich versuchte vorwärts zu gehen, aber es gab keinen Fußboden, es gab nur spitze Hügel und spitze Abgründe aus Stein – die Außenseite der Wölbungen, welche die darunter liegende Bethalle überdachten. Auf dieser Felsenlandschaft balancierte ich, nach rechts und links lugend. Eine aufgestörte Fledermaus prallte immer wieder gegen meinen Kopf.

Hätte ich die von meinem Ahnen geschaffene Statue gefunden, dann hätte ich vielleicht versucht, sie wieder zum Leben zu erwecken. Aber das wäre mir keinesfalls so geglückt wie dadurch, daß ich sie nicht fand. Der Golem wurde lebendig infolge meiner vergeblichen Suche und dem Bericht darüber. In der Einleitung zu seiner Golem-Monographie schildert Professor Chajim Bloch diese meine Einleitung der Golem-Renaissance. Dramen, Filme, eine Oper und ein Oratorium hatten nun den Golem zum Helden. Vor allem aber geistert er durch Meyrinks gleichnamigen Roman. Mein Vater, der dem Bankier Gustav Meyer viele Stoffe lieferte, hat kaum geahnt, daß sein Sohn dieser Kundschaft einmal einen Stoff von so anderer Art liefern werde. Die Prager Stadtgemeinde errichtete dem Hohen Rabbi Loew, dem Schöpfer des Golems, ein künstlerisches Denkmal, das die Nazis am Tage ihres Einmarsches zertrümmerten.

Paradox und aus paradoxen Gründen veranlaßt war meine Fahrt auf dem Moldau-Dampferchen „Lanna 8" — eine Reportage ohne Erkundungszweck, ein Spaß, der sich über viel Zeit und Raum erstreckte. Der winzige Schleppdampfer war von der Behörde bestimmt worden, auf dem Wasserweg von Prag nach Preßburg abzugehen. Dabei hatte man eines nicht bedacht: Prag liegt an der Moldau, die zum Flußgebiet der Nordsee gehört, während Preßburg an der Donau liegt, die nach Süden ins Schwarze Meer fließt. Als der Spediteur, der mit dem Transport beauftragt war, auf die Undurchführbarkeit des Befehls hinwies, äußerte der verantwortliche Beamte frei nach Kaiser Wilhelm: „Wo ein Wille ist, ist auch ein Wasserweg." Allerdings, es gab einen, wenn auch nur den lächerlich umständlichen auf Moldau und Elbe nordwärts nach Hamburg und Cuxhaven, von dort übers Meer westwärts zum Rhein, diesen südwärts zum Main und dann auf Kanälen zur Donau. Diese Route rund um Europa mußte also die „Lanna 8" nehmen, und der halb ärgerliche, halb amüsierte Spediteur konnte nur protestieren, indem er mich als Administrator für diese Fahrt anheuerte. Begeistert nahm ich an.

Das Schiffchen mit der Bemannung von zwei Mann, die nie aus dem Prager Hafenbezirk herausgekommen waren, und ich als dritter, ging nun auf Weltumseglung. Wir hatten einen Schulatlas mitnehmen wollen, ihn aber vergessen. Gleichfalls vergessen oder, besser gesagt, nicht gewußt hatten wir, daß ein Flußdampfer nicht übers Meer fahren kann, weil er keinen Kondensator für Salzwasser besitzt. Aber da wir das nicht wußten, fuhren wir ahnungslos von der Elbemündung über das Meer. Und das Meer, das noch nie ein Flußdampferchen gesehen hatte, erkannte nicht, daß die „Lanna 8" ein Flußdampferchen sei, und ließ es dahingehen. Bei unserer Landung in Wilhelmshaven waren wir ganz mit funkelnden Salzkristallen bekleidet, unsere Bärte, Haare, Kleider und Schuhe, der Kamin, die Reling, die Schiffswand, das Steuerrad; sogar die den Bordrand überhängende WC-Hütte war in eine Märchengrotte verwandelt. Unser Kapitän und unser Maschinist, der Getränke des Nordseegebietes ungewohnt, hielten es für eine vom Alkohol bewirkte Halluzination, als sie ihre alte „Lanna 8" im Flitterkleid sahen. Hunderte Menschen standen entzückt um das Schiff aus dem Fabelland.

Grotesk war unsere Passage durch die Felsenengen des Rheins. Von hohen Leuchttürmen und Felsengipfeln herab zeigen Signalwächter, sogenannte „Wahrschauer", jedem Schiff an, ob es weiterfahren darf oder zu warten hat, denn in dieser Enge können zwei Schiffe nicht aneinander vorbeifahren. Für jeden Winkel dieser Strecke müssen die Schiffe einen anderen Piloten aufnehmen, der nicht nur Strömung und Tiefe, sondern auch die komplizierten Licht- und Flaggen- und Hornsignale kennt. Nachtfahrt ist verboten.

Wir aber wußten nichts von alledem. Wir besaßen nur eine zusammenlegbare Ansichtskarte des Flußlaufs, die ich am Ufer gekauft hatte. Ohne Piloten und ohne die verzweifelten oder wütenden Signale der Wahrschauer zu verstehen, fuhren wir durch eine gewitternde Nacht, unausgesetzt an Riffe und verankerte Schiffe prallend.

Nach meiner Rückkehr habe ich die Weltumseglung der „Lanna 8" in Gemeinschaft mit Jaroslav Hašek, dem Verfasser des „Braven Soldaten Schwejk", dramatisiert. Die Szene vom Rhein ist zur Gänze von Jaroslav Hašek, und ich setze sie wegen ihrer grandiosen Mischung von Gottesglauben, Blasphemie und Naturmythos hierher:

MASCHINIST MIKULASCHEK: Achtung, ein Fisch! Ausweichen!
KAPITÄN STRUHA: Ich sehe gar nichts in diesem Regen.

Gleich werden wir kaputtgehn in dieser Finsternis, dieser gottverfluchten.

Es blitzt und donnert.

REPORTER KISCH *immer mit Notizbuch und Bleistift:* Wir sind verloren! Schiffbruch! Wir werden herniedersinken auf den Grund des Rheins, wo der Nibelungenhort liegt. Hier unter uns tanzen die Rheintöchter, die Walküre und Carmen. *Notiert:* „Unser geschätzter Mitarbeiter Kisch stirbt den Seemannstod!" Hurra!

MIKULASCHEK: Man sagt, daß der liebe Gott die Betrunkenen beschützt, also müssen wir uns schnell besaufen. Seht ihr jetzt ein, wie vorsorglich es von mir war, daß ich gestern den Liter Rum eingekauft habe? Nicht diesen milden holländischen Genever, den soll der Teufel holen.

Blitz und Donner.

STRUHA: Ich sehe nicht einmal das Steuer.

MIKULASCHEK: Ja, ja, finster wie im Hintern ist es, und dazu immerfort diese unanständigen Geräusche vom Himmel.

Ein Blitz fährt neben dem Schiffchen ins Wasser.

MIKULASCHEK *zu den Wolken hinauf:* Du willst uns abschießen, weil wir fluchen? Da mußt du schon besser zielen! Ein Patzer bist du, laß dich ausstopfen!

Blitze sausen backbord und steuerbord vorbei.

MIKULASCHEK *schwenkt den Arm:* Fehler! Fehlgeschossen!

Es donnert furchtbar.

STRUHA: Wenn ich je schon so einen Krach gehört hab, soll mich der Blitz erschlagen.

Blitz und Donnerschlag.

STRUHA *bekreuzigt sich erschreckt. Zum Himmel:* Na, na, man wird doch noch ein Wörtchen reden dürfen.

KISCH: Mit Recht sagt man, daß die Landschaft nirgends so heroisch ist wie an der Lorelei. Die Lorelei ist die Scylla und Charybdis, die Homer besungen. Seit das

Weltmeer unseren Ozeandampfer „Lanna 8" mit Stalaktiten und Adamiten geschmückt hat, war nichts so romantisch auf unserer Fahrt.

STRUHA: Schwätzen Sie nicht soviel, Herr Reporter.

MIKULASCHEK: Man kann ja bei Ihrem Geblödel nicht einmal den Donner hören.

STRUHA: Zünden Sie lieber ein Streichholz an, Herr Reporter, damit wir den Weg sehen.

KISCH: Ja, ich werde die Wasserstraße beleuchten. Ich werde der Scheinwerfer sein, ich werde als Leuchtturm strahlen. Ich bin das Licht, ich bin die Flamme. *Er entzündet ein Streichholz.* Wie wildromantisch! Wie schön!

MIKULASCHEK: Schön? Wenn das schön ist, will ich verdammt sein.

Blitz und Donner.

STRUHA: Laß das Fluchen, Mikulaschek. Die Streichhölzer werden genügen.

KISCH: Ganz richtig! Bedienen wir uns des technischen Fortschritts. Was brauchen wir mythische Kräfte? Heutzutage beherrscht der menschliche Verstand vollkommen alle Naturkräfte. Es bedarf keines Gottes mehr.

Blitze und schauerlicher Donner gehen nieder.

STRUHA: Schweigen Sie doch, Herr Reporter, sonst kippt das Schiff um. Zünden Sie wieder ein Streichholz an.

KISCH: Ich hab keins mehr.

STRUHA: Also dann müssen Sie fluchen. Aber schnell, bitte, hier scheint ein Schiff zu sein.

KISCH *nach einer Pause des Nachdenkens:* Donnerwetter noch mal ...

Kleiner Blitz.

STRUHA: Das war gar nichts, Herr Reporter.

MIKULASCHEK: Das hat soviel Wirkung wie ein Furz im Hochwald.

STRUHA: Mikulaschek, fluch du.

MIKULASCHEK *gegen den Himmel:* Du kannst uns den Buckel runterrütschen, kreuzweise, damit du's weißt!

Blitze kreuzen sich.

KISCH: Das war ein sehr lichtstarker Fluch. Bitte, lästern Sie noch so etwas, Herr Mikulaschek, etwas Gepfeffertes womöglich.
STRUHA: Nicht mehr nötig. Wir haben die Felsen schon umschifft. Wir schwimmen jetzt im breiten Strom.
KISCH: Gerettet! *Notiert:* „Unsere Fregatte ist wieder flott. Wir haben offene Fahrt!" Ahoi!
STRUHA: Ja, uns sturmgewohnten Seeleuten kann kein Unwetter etwas antun. Aber in Schweiß bin ich geraten, zum Teufel!

Kurzer Donnerschlag.

STRUHA *zum Himmel:* Brauchst dich gar nicht mehr aufzuregen, wir lassen dich jetzt in Ruhe.

Perverses Vorspiel

Außer einer alten Dame mit ihrem Sohn waren keine Gäste in der Brünner Vorstadtpension, in der ich wohnte. Der Sohn war ein untersetzter Herr, Mitte der Dreißig, vielleicht ein Bankbeamter. Er trug einen Kneifer und sah, wenn man so sagen kann, auffallend uninteressant aus. Während der zwei Tage, in denen ich mit ihnen zusammen wohnte, wechselten wir, so gerne sie auch anscheinend ein Gespräch angeknüpft hätten, kein Wort miteinander.

Am Morgen schaute ich – o Dantesche Neugier! – die im Vorzimmer liegende Post an, obwohl ich keine zu erwarten hatte. Es waren zwei Karten für den Pensionsinhaber und ein Brief aus Teschen für Frau Prochaska da. So hießen also die alte Dame und ihr Sohn. Prochaska ist der gewöhnlichste Name in Österreich, wie Lehmann der gewöhnlichste Name in Deutschland ist; deshalb wurden Kaiser Franz Joseph „Prochaska" und Kaiser Wilhelm „Lehmann" genannt.

Am gleichen Nachmittag ging ich mit meinem Freund Hugo meiner Pension zu, als uns in ihrer Nähe ein Platzre-

gen überraschte. Passanten liefen ins nächste Kaffeehaus, wir mit ihnen. Es war überfüllt, nur an einem kleinen Tisch fanden wir zwei Stühle frei. Auf dem dritten saß mein Pensionsnachbar und machte ein gelangweiltes Gesicht. Er hatte keine interessantere Gesellschaft als sich selbst gefunden, kannte also keine Menschenseele in der Stadt.
Mein Freund Hugo zog aus seiner Aktentasche Photos von neuen Filmen. Neugierig wie ein Kiebitz lugte unser Nachbar auf die Bilder, worauf Hugo ihm eines nach dem anderen reichte. Auf diese Weise entstand ein Gesprächsbeginn, just so uninteressant wie unser Nachbar und sein Name. Er fragte, ob wir aus der Filmbranche seien, und wir antworteten, wir seien aus der Filmbranche, und er sagte, das sei ein sehr interessanter Beruf, und wir antworteten, ach Gott, es sei nicht alles Gold, was glänze. Zu einem der Photos bemerkte er, daß er diesen Film gesehen habe. „Wie ist das möglich?" fragte mein Freund Hugo, „dieser Film ist noch gar nicht gelaufen." Aber das klärte sich rasch auf, denn es war im Ausland gewesen, in Belgrad, wo unser Nachbar den Film gesehen hatte.
„Waren Sie lange in Belgrad?" fragte ich.
Unser Nachbar erwiderte, zehn Jahre lang habe er auf dem Balkan gelebt, er habe die Nase voll davon.
„Die Geschäfte schlecht da unten, nicht wahr?" fragte mein Freund Hugo mit regem Interesse, denn er verschmäht niemanden, den er bezaubern kann.
Unser Nachbar erwiderte, er sei als Beamter dort gewesen.
„Ah, sicherlich im Holzhandel", meinte mein Freund Hugo, damit sei freilich jetzt nicht viel los, er habe einen Schwager, der sei Direktor der Belgrader Sägewerke und ...
Nein, unterbrach unser Nachbar, er sei Staatsbeamter.
Das schien mir seltsam. Die Balkanstaaten beschäftigen keine Österreicher in ihrem Staatsdienst, am allerwenigsten einen, der die Nase voll hat vom Balkan. Andererseits unterhält auch Österreich keine Staatsbeamten im Ausland, es sei denn Diplomaten. Wie ein Diplomat sah aber unser Nachbar nicht aus, und er war es auch nicht, wie sich aus dem weiteren Verlauf des Gesprächs ergab. Bestenfalls konnte er ...
Kaum hatte ich begonnen, mir ihn auszurechnen, als ich schon den Ruf ausstieß: „Sie sind der Konsul Prochaska!"

Er lächelte halb geschmeichelt, halb erschrocken und schaute nach allen Seiten, ob niemand meinen Ausruf gehört. Niemand hatte ihn gehört, alle Gäste ringsum waren mit dem Abtrocknen ihrer durchnäßten Anzüge beschäftigt.
„Woher wissen Sie, wer ich bin?" forschte unser Nachbar.
Ich antwortete, daß ich heute morgen in der Pension einen Brief aus Teschen mit dem Namen Prochaska gesehen.
„Und als Sie eben sagten, daß Sie Staatsbeamter auf dem Balkan waren..."
„Hm. Man muß noch viel vorsichtiger sein, als ich es schon bin. Sind Sie wirklich aus der Filmbranche, meine Herren? Haben Sie nichts mit der Zeitung zu tun?"
„Mit der Zeitung? Unsere einzige Beziehung zu den Zeitungen sind die Filminserate, die wir aufgeben."
Der Ton unserer Erklärung mußte jedes Mißtrauen beseitigen. Überdies fragte mein Freund Hugo unseren Nachbar, ob er sich nicht filmen lassen möchte. „Um Gottes willen", sagte der, „das fehlte gerade. Ich bin ja hierhergeschickt worden, damit mich niemand sieht. Ich durfte nicht einmal nach meiner Heimatstadt fahren, mußte meine Mutter aus Teschen hierherkommen lassen. Seit ich hier bin, habe ich mit keinem Menschen gesprochen."
Er war offenbar erpicht zu sprechen, und ich war erpicht, etwas von ihm zu hören. Aber es hieß vorsichtig zu Werke gehen, nicht mit der Tür ins Haus fallen, taktvoll sein, nichts Indiskretes fragen, nichts, was seine Person betraf. Ich fragte also: „Ist es wahr, Herr Konsul, daß Sie von den Serben kastriert wurden?"
„Keine Spur", antwortete er verbindlich und begann alles zu erzählen, was er wußte. Aber er wußte nicht alles. Selbst wenn ihm weiter nichts abgeschnitten worden war als die Verbindung mit der Außenwelt, so war es doch gerade die Außenwelt gewesen, die seine uninteressante Persönlichkeit zum Zentrum des Interesses und den harmlosen Namen „Prochaska" zum Schlachtruf von Europa gemacht hatte.
Im Winter 1912 war der Krieg der Balkanstaaten gegen die Türkei in vollem Gange, denn Griechenland, Rumänien und Serbien hatten sich noch nicht wegen der zukünftigen Beute (Konstantinopel und Mazedonien) entzweit.
Die österreichisch-ungarische Monarchie war strikt neutral,

das heißt, sie trat offen gegen Serbien auf. Hingegen wurde Serbien ebenso offen von Rußland in der Feindschaft unterstützt, die es seit der Annexion von Bosnien und Herzegowina gegen Österreich hegte.
Anfang November drang die dritte serbische Armee über Orischtina und das Amselfeld gegen die Stadt Prizrend vor und eroberte sie trotz ihres Widerstandes.
„Keine Spur", antwortete also unser Nachbar auf meine Frage, ob er kastriert worden sei, und fuhr fort: „Aber es wäre wirklich kein Wunder gewesen, wenn mir in Prizrend etwas passiert wäre. Die Besatzungstruppen konnten an sich einem österreichischen Konsul nicht sympathisch gegenüberstehen. Außerdem wurden wohl auch über meine persönliche Haltung Gerüchte ausgesprengt."
Ganz recht, Herr Nachbar. Und damit begann's.
Die Serben warfen Ihnen vor, daß Sie die Türken und die Albaner zur Verteidigung der Stadt Prizrend aufgereizt und eigenhändig auf die einziehenden Truppen geschossen hätten; und daß Sie dem serbischen Armeekommandanten Jankovic keinen Besuch abgestattet hätten, während der russische Konsul das sofort tat. Einige Zeitungen forderten Ihre standrechtliche Aburteilung als Spion.
„Jedenfalls hatte ich keine Ahnung, welcher Art die Ausstreuungen gegen mich waren, und konnte ihnen daher nicht entgegentreten."
Ganz recht, Herr Nachbar, aber das österreichische Außenministerium nahm Sie in Schutz. Es protestierte gegen die Angriffe, die nicht nur in der Presse Serbiens erschienen, sondern auch in Kroatien und Slawonien, also österreichischen Provinzen, lanciert wurden. Das Wiener Kommuniqué bezeichnete diese Verleumdungen und Drohungen gegen Ihre Person als völkerrechtswidrige Hetze.
„Aus der Haltung der serbischen Behörden mußte ich schließen", erzählte unser Nachbar weiter, „daß die Aussprengungen auf fruchtbaren Boden gefallen waren."
Ganz recht, Herr Nachbar, und zwar wurden diese Anwürfe zur Grundlage eines diplomatischen Protestes von seiten Serbiens. Statt von den Presseangriffen abzurücken, erklärte nämlich der Gesandte Serbiens in Wien, seine Regierung betrachte Sie, Herr Nachbar, als Persona non grata und verlange Ihre Abberufung.

„In dem Haus, in dem ich meine Diensträume und meine Wohnung hatte, wurden Soldaten untergebracht. Ich war praktisch ein Gefangener. Die türkischen Postbeamten waren aus Prizrend geflohen, und die Serben hatten nur eine Feldpost eingerichtet, in deren Dienst ich nicht einbezogen war. So konnte ich nicht nach Wien berichten, und das mußte dort auffallen."

Ganz recht, Herr Nachbar. Die Tatsache, daß keine Nachricht von Ihnen einlangte, war der dritte Akt der Komödie um Ihre Person. Im Zusammenhang mit dem ersten Akt (den Pressedrohungen gegen Sie) und dem zweiten Akt (dem Verlangen nach Ihrer Abberufung) erregte Ihr Stillschweigen Aufsehen und Besorgnis. Sie waren vermißt, Sie waren spurlos verschwunden, Sie waren verschleppt oder gefangen oder gar tot, denn warum hätten Sie sonst kein Lebenszeichen gegeben? Repressalien gegen Serbien war die Forderung des Tages in Österreich.

In den Delegationen, einer Repräsentanz der Reichsräte von Österreich und Ungarn, kam es zu Szenen stürmischen Unwillens, als Graf Berchtold, der Außenminister, erklärte, daß eine Fühlungnahme mit Ihnen, Herr Nachbar, unmöglich sei, weil die serbischen Militärbehörden gegen die Entsendung eines österreichischen Kuriers nach Prizrend Widerspruch erhoben.

„Ich bekam nur die Bewilligung, meiner Mutter in Teschen eine Postkarte des Inhalts zu schicken, daß ich gesund sei. Sonst nichts. Man erlaubte mir nicht einmal, mit unserer Belgrader Gesandtschaft Fühlung zu nehmen. Dahinter mußte etwas stecken."

Ganz recht, Herr Nachbar. Was dahintersteckte, war der riesenbärtige serbische Ministerpräsident Nikola Pašić, der „Bismarck des Balkans". Er beantwortete die Telegramme, die Ihretwegen an ihn gerichtet wurden, keineswegs selbst, sondern ließ durch einen Beamten die nichtssagende Mitteilung ergehen: „Laut Informationen liegt kein Anlaß zu Besorgnissen über befragte Persönlichkeit vor."

Österreichs Sprachrohre führten keine Sprache mehr, sie spritzten Galle und Haß. Voll alttestamentarischen Zorns wütete die „Neue Freie Presse" gegen das Königreich Serbien. Moriz Benedikts Leitartikel fingen immer mit einer lapidaren Banalität an, die dann am Schluß als Pointe wie-

derkehrte. (So begann und endete die berühmte Benediktsche Verfluchung des Bolschewismus mit dem Satz: „Die Familie Broisky war eine der reichsten in Kiew.")
In Ihrem Fall, Herr Nachbar, war es die Postkarte an Ihre Frau Mutter, mit der Moriz Benedikt die Welt aus den Angeln heben wollte. „Der Konsul Prochaska darf seiner Mutter schreiben. Eine harmlose Mitteilung an das Ministerium wird jedoch nicht erlaubt, und Österreich-Ungarn muß wegen dieser kleinlichen, nichtigen und geradezu widerwärtigen Gehässigkeit die ernstesten Vorstellungen machen ... Das Ehrgefühl der Monarchie ist nicht minder lebendig als das anderer Großmächte, und spielen lassen wir mit uns gewiß nicht ... Rußland schweigt, obgleich gerade dieses Volk die Selbstverleugnung der österreichisch-ungarischen Monarchie am genauesten verstehen sollte ... Die serbische Politik drängt ihre wirklich abstoßende zänkische Art selbst dann nicht zurück, wenn die Angelegenheit abseits von der Heerstraße der großen Fragen liegt. Das k. u. k. österreichische Außenministerium bekommt keine Nachricht aus Prizrend. Ist der Konsul etwa tot? Nein! Konsul Prochaska darf seiner Mutter schreiben."
„Wochenlang saß ich", erzählte unser Nachbar weiter, „in Prizrend, bis ich eines Tages vom serbischen Kriegshauptquartier – wie es heißt, auf persönliches Betreiben Seiner Königlichen Hoheit des Prinzen Alexander – die Bewilligung erhielt, aus Prizrend abzureisen und nach dem inzwischen von den Serben eroberten Üsküb zu gehen. Das heißt: die Stadt hieß nicht mehr Üsküb, dieser türkische Name war eben abgeschafft worden. Sie hieß nunmehr ‚Skoplje'. Dort traf ich einen unserer Vertrauensmänner und trug ihm auf, an eine Privatfirma in Wien zu telegrafieren, daß X – ich gab ihm einen Namen an – in Üsküb sei. Die Firma war eine der Anlaufadressen des Ministeriums, der Name des in Üsküb Eingetroffenen war mein Deckname. Ich glaubte, mit diesem Telegramm die Besorgnisse zerstreut zu haben, die mein Stillschweigen erregt haben mußte. Aber stellen Sie sich vor, meine Herren, plötzlich bekam ich Telegramme, die ich nicht verstand: Sie machten mir nur klar, daß irgendwelche peinlichen Gerüchte über mich herumliefen."
Ganz recht, Herr Nachbar. Es waren peinliche Gerüchte,

die über Sie herumliefen, sie erhitzten den friedvollsten Bürger und brachten sein Blut zum Sieden. Was Ihnen angetan worden war, Herr Nachbar, wagte die dezente Presse nur anzudeuten: „Schändliches Attentat gegen unseren Konsularvertreter", „Bestialische Grausamkeit ..." „Verstümmelung", „Vergewaltigung". Die etwas weniger dezente Presse war etwas weniger zurückhaltend und sprach das Wort „Kastrierung" aus. Aber die ausgesprochen indezente Presse malte mit krassen Farben, wie Sie, Herr Nachbar, von hohnlachenden balkanischen Hammeldieben festgehalten wurden, während Ihnen die Zange in die Lenden fuhr – ein Akt, mit dem die Täter symbolisieren wollten, daß Österreich aus einem maskulinen Widder zu einem neutralen Hammel gemacht sei.

In einem Punkt aber waren sich Dezente, weniger Dezente und ausgesprochen Indezente einig, nämlich darin, daß diese der Großmacht angetane Schmach vergolten werden müsse, Auge um Auge, Zahn um Zahn, Hoden um Hoden. Auch die Pazifisten streckten ihre Waffenlosigkeit. Ihr Führer trat mit allen seinen Titeln („Herrenhausmitglied, Hofrat, ord. Professor der Wiener Universität und Mitglied des Internationalen Schiedsgerichtshofes im Haag") hervor und forderte Sühne für die Gewalttat, die kaum ihresgleichen in der neueren Geschichte aufweise.

Nun hieß es nicht mehr Intervention und Repressalien. Nun hieß es Krieg. Der vierte Akt der Komödie um Ihre Person, Herr Nachbar, war erfüllt von Massenszenen und Schlachtenlärm. Vor dem Reiterstandbild des Prinzen Eugen im Wiener Burghof sammelten sich Zehntausende von erregten Männern, meist dem gehobenen Mittelstand angehörend. Sie sangen das Lied vom Prinzen Eugenius, dem edlen Ritter, welcher bekanntlich „wollt dem Kaiser wied'rum kriegen Stadt und Festung Belgrad". Seinem hehren Beispiel folgend, ruckten die Demonstranten zwar nicht gegen Belgrad, immerhin aber vor das Gebäude der serbischen Gesandtschaft und in das Geschäftslokal eines serbischen Friseurs, das sie kurz und klein schlugen. Der Schlachtruf hieß schlicht: „Kastriert die Kastrierer!" Wiederholt wurde auch der Ruf „Hoch, Prochaska" ausgestoßen, womit sowohl Sie, Herr Nachbar, als auch der alte Kaiser Franz Joseph gemeint sein konnten.

Der Sprecher der Sozialdemokratie erklärte in den Delegationen, seinen Informationen zufolge sei Ihnen, Herr Nachbar, nur einer der Testikel exstirpiert worden, was zwar die Roheit der Täter nicht wesentlich vermindere, aber ebensowenig Ihre Manneskraft. Die kriegshetzerische Journaille übertreibe also wie üblich um fünfzig Prozent.
Ganz zu zweifeln vermochte niemand an Ihrer Kastrierung, Herr Nachbar. Die Nachricht stammte aus dem Außenministerium, und dieses bestätigte sie mit dem berühmten Kommuniqué: „Das k. u. k. Ministerium des Äußern ist leider um so weniger in der Lage, der Meldung von der Verletzung des Herrn Konsul Oskar Prochaska ein Dementi entgegenzusetzen, als die Entsendung eines Spezialkuriers zu ihm auf eine Ablehnung stößt, die nur dadurch erklärt werden kann, daß die Meldung auf Richtigkeit beruht."
„Als mir schließlich gestattet wurde", erzählte unser Nachbar weiter, „mit meiner vorgesetzten Behörde in Verbindung zu treten, schickte ich ihr einen telegrafischen Bericht. Der war einerseits so ausführlich und kam andererseits so verstümmelt an, daß die von vier Beamten vorgenommene Dechiffrierung drei Tage und drei Nächte in Anspruch nahm, wie ich später erfuhr. Graf Berchtold schien der Richtigkeit des Telegrammes nicht zu trauen, denn ich bekam weiter mysteriöse Anfragen über die Art meiner Verwundung."
Ganz recht, Herr Nachbar, das Außenministerium dementierte auch jetzt nicht und hatte gute Gründe dafür. Die Volksempörung, die durch die Ausgabe und Bestätigung der Nachricht entfesselt war, hätte sich gegen ihre Urheber gewendet. Überdies wäre durch ein Dementi die Aktion gescheitert, die das österreichische Ministerium bei der serbischen Regierung führte: die Entsendung eines österreichischen Ministers nach Üsküb, der sich durch Lokalaugenschein von der Intaktheit Ihrer Organe überzeugen sollte. Serbien weigerte sich, diese beleidigende Reise zuzulassen. Mitten in diesem diplomatischen Scharmützel konnte Österreich, obwohl es nun Ihren unzweideutigen Bericht in Händen hatte, ohne Prestigeverlust seinen Antrag nicht zurückziehen. Gab es doch bereits Truppenaufmärsche an der Grenze, Zusammenstöße von Patrouillen und Gewehrgeplänkel.

Im letzten Augenblick kam es durch Intervention Großbritanniens am russischen Hof zu einem Akkord, auf Grund dessen das Königreich Serbien dem Abgesandten Österreichs – nicht einem Minister, sondern zwei Konsularbeamten – die Reise zu Ihnen, Herr Nachbar, freigab. Der Vorhang ging auf über dem fünften und letzten Akt.
Siegesglocken und Friedensjubel klangen durch Österreich, aber darein mengten sich neue Kriegsfanfaren. Was in Wirklichkeit der Intervention Großbritanniens zu danken war, wurde als das Ergebnis der Kriegsbereitschaft dargestellt, die das sonst so friedfertige Volk Österreichs und seine energische Regierung gegen das freche Serbien kundgetan. Und noch liege der Befund nicht vor, den die beiden Vertreter des Außenministeriums vom Besuch bei Ihnen, Herr Nachbar, zurückbringen werden.
„Ich saß eines Morgens in Üsküb", erzählte unser Nachbar, „und hatte von meinem gewöhnlichen Frühstück, einem Schinkenbrot und zwei Eiern, das Schinkenbrot bereits aufgegessen. Eben wollte ich mich an den Rest der Mahlzeit machen, als zwei meiner Wiener Kollegen eintraten, Konsul Edl und Konsul Rakic. Eine sechstätige Reise über die militärisch besetzte Grenze und dann durch das serbisch-türkische Kriegsgebiet hatten die Herren gemacht, um mich aufzusuchen! Sie waren sehr erstaunt, mich unversehrt, bei gutem Appetit und meinen zwei Eiern dasitzen zu sehen und zu hören, daß ich ihnen in normaler Stimmlage guten Morgen wünschte. Schon am nächsten Tage fuhren die Herren nach Wien zurück, und dort wurde die Ehre meines Geschlechts von Amts wegen wiederhergestellt."
Ganz recht, Herr Nachbar. Und zwar war die Verlautbarung, mit der die weltbewegende Affäre aus der Welt geschafft wurde, recht lendenlahm: „Konsul Edl, der gestern in Wien eingetroffen ist, scheint von seiner Mission vollkommen befriedigt zu sein. Er hob das Entgegenkommen serbischer Behörden hervor und fügte hinzu, er habe Herrn Konsul Prochaska bei bester Gesundheit in Üsküb zurückgelassen."
„Ich mußte noch ein Jahr in Üsküb bleiben", sagte unser Nachbar, „ein ganzes Jahr."
Ganz recht, Herr Nachbar, Sie mußten noch lange bleiben, ein ganzes Jahr, obwohl Sie dort unbeliebt waren – nein,

weil Sie dort unbeliebt waren. Konnte denn Österreich einen Vertreter abberufen, dessen Abberufung die Serben verlangten?

„Schließlich wurde ich doch abberufen und fuhr nach Wien."

Wir hatten die Erzählung unseres Nachbars nicht unterbrochen, unsere Ergänzungen nur in Gedanken geäußert. Jetzt aber mußte ich ihm eine Frage stellen: „Wieso gab das Ministerium die Nachricht von Ihrer Kastrierung aus? So etwas kann ja nicht einfach erfunden werden?"

Unser Nachbar lächelte ein diplomatisch sein sollendes Lächeln und schwieg vielsagend.

„Nun ja, Sie können freilich nicht wissen, was sich in Wien abgespielt hat", sagte ich.

„Doch", erwiderte er, in seiner Eigenliebe getroffen, „ich weiß es."

Unser Nachbar schaute sich im Kreise der durchnäßten Kaffeehausgäste um, ob nicht etwa jemand zuhöre, und erzählte leise: „In Wien habe ich erst erfahren, wie es kam. Das Telegramm, das ich durch unseren Vertrauensmann aufgeben ließ, hatte gelautet: ‚stryc dragotin u skoplje', auf deutsch: ‚Onkel Karl in Skoplje'. Mit dem Onkel Karl war ich gemeint – natürlich stand ein anderer Name im Telegramm, aber den kann ich Ihnen nicht verraten. Nun mußten einem Telegrafenbeamten die beiden Worte ‚u skoplje' unverständlich erscheinen. War es doch erst wenige Tage her, seit der türkische Name der Stadt Üsküb in ‚Skoplje' geändert worden war. Dagegen war das Wort ‚uskopljen' jedem Telegrafenbeamten vertraut in einem Lande, das von Hammelzucht lebt und jährlich genau viereinhalb Millionen Widder zu Exportzwecken in Schöpse verwandelt. So setzte der Beamte den Buchstaben ‚n' hinzu, und Wien bekam das Telegramm mit dem Wort ‚uskopljen'. Die Wiener Firma war nur für *meine* Meldungen die Anlaufadresse, niemand anderer kannte sie, und selbst ich durfte mich ihrer nur im Notfall bedienen. Daß ich der – wie sagte ich doch? – ‚Onkel Karl' war, wußte außer mir nur mein direkter Vorgesetzter. Also war zweifellos ich selbst der Absender der Nachricht aus Üsküb, und da der Text nicht verstümmelt schien, mußte es der Absender sein."

Draußen goß es immer noch in Strömen, jedoch ich be-

hauptete, der Regen habe schon nachgelassen, und verabschiedete mich.
So schnell wie möglich wollte ich die Sensation niederschreiben. Als ich aber begann, ward mir bewußt, wie wenig sensationell diese Sensation im journalistischen Sinne war. Wohl gewährte sie einen seltenen Einblick in den Mikrokosmos der Diplomatie, in die Frivolität, mit der patriotischer Haß entfesselt wird, und in die eitle Hartnäckigkeit von Staatsmännern, die einen Irrtum nicht eingestehen wollen und lieber so nahe an den Krieg heranoperieren, daß ein kleiner Buchstabe ihn auslösen könnte. Aber das hat „stets und immer sich begeben', ist also ohne Neuigkeitswert. Für die Zeitung ist ein Konsul, der weder kastriert wurde noch potent genug war, einen Krieg zu zeugen, so uninteressant, wie er mir zuerst erschienen war.
Die Aktualität der Prochaska-Affäre war vorbei.
Schon ein paar Monate nach ihrer Aufhellung verdunkelt sich das europäische Firmament von neuem. Größere Ereignisse als die angebliche Verletzung des Völkerrechts durch die angebliche Verletzung eines Konsuls sind fällig, ein Mordanschlag auf den österreichischen Thronfolger zum Beispiel.

Ein Reporter wird Soldat

Der Journalismus, so sagt man, führt zu allem, wenn man ihn verläßt. Ich verließ den Journalismus 1914, um Soldat zu werden, und wohin führte er mich?
Zu Beginn des Weltkriegs, gleich mit den ersten Truppen, ging ich als Korporal der österreichisch-ungarischen Armee in die Schwarmlinie. Das wurde mir schwerer gemacht als jenen, die sich nicht dazu drängten, weil die mir vorgesetzten Kommandostellen in Heimat und Etappe mich als Historiographen (wie der Euphemismus für Reklamechef lautet) bei sich behalten wollten.
Mich jedoch verlangte es nach dem großen Abenteuer, und so lag und schoß und rannte ich vor dem Feind. Der Feind war zunächst das Königreich Serbien.
Ich hatte also einen neuen Beruf, wenn auch nur den zeit-

weiligen eines Soldaten. Zum erstenmal sah ich Begebenheiten von innen, die wichtiger waren als alle, die in der Presse erschienen. Daß nicht die wichtigen, sondern die belanglosen Begebenheiten in der Presse erschienen, war für mich selbst inmitten des unfaßbaren Grauens ein Stoff zum Nachdenken.
Meine Kompanie hatte Sturmangriff auf die Dammstraße von Kolubara gemacht. Die hundertfünfzig Schritte hatten mehr als die Hälfte unserer Leute gekostet, Burschen, mit denen ich Tag und Nacht beisammen gewesen war, von denen ich jeden Gedanken und jede Regung kannte. Mit manch einem hatte ich Freundschaft bis zum Tod geschlossen. Heute war der Termin abgelaufen.
Eine Landwehrkompanie hat uns abgelöst. Wir liegen wieder, reduziert, in unserer alten Stellung, die jetzt nicht mehr vorderste Linie, sondern Regimentsreserve ist. Noch immer bombardiert die feindliche Artillerie das hundertfünfzig Schritte breite Maisfeld, dessen Erwerbung uns so teuer zu stehen kam.
Mit dem Essen kommt auch Post zu uns, für mich eine Zeitung. Da ich sie aufschlage, wird Fähnrich Frank auf einer Bahre vorbeigetragen, Bauchschuß. Ich trete auf ihn zu. „Grüß mir Prag." – „Ich komm nicht mehr bis Prag", stöhnt er.
Ich schaue in die Zeitung. „Heeresbericht nördlicher Kriegsschauplatz" ... „südlicher Kriegsschauplatz" ... Leitartikel: „Gegen die Flucht in die Sachwerte".
Ich führe eine Patrouille zur linken Nachbarkompanie und frage dort einen Gefreiten, der abseits seine Notdurft verrichtet, nach dem Kompaniekommando. Er weist mit der Hand die Richtung.
Fast gleichzeitig bäumt sich die Erde auf, Schollen sausen mir in den Mund, in die Augen. Da ich wieder sehen kann, sehe ich den Rumpf des Gefreiten auf dem Boden, aus dem Hals spritzt Blut hoch. Die Granate fuhr durch seinen Kopf hindurch ins Erdreich, ein Blindgänger.
Ich bin wieder in meinem Unterstand, mir zittern noch die Glieder, ich bemerke, daß meine Hose mit Blut bespritzt ist. Schnell die Zeitung, nur vergessen, auf andere Gedanken kommen.
„Im Nachlaß des Barons Wladimir Schlichtner fand sich

eine von Fragonard mit einem gewagten Bild geschmückte Tabatiere, die begreiflicherweise bei der gestrigen Auktion..." – „Dem sonntäglichen Wettspiel zwischen ‚Sportbrüder' und ‚Deutscher Fußballklub', die einander bei ihrem letzten Zusammentreffen nach erbittertem Kampf ein unentschiedenes Spiel lieferten, wird mit um so größerer Spannung entgegengesehen, als..."
Sanitäter tragen in einem Zeltblatt einen Verwundeten, vor unserem Unterstand legen sie ihn hin, um auszuruhen. Ich schaue in sein Gesicht: es ist fahl. Ich berühre seine Hand: sie ist kalt. Die Legitimationskapsel wird ihm abgenommen, seine Taschen geleert, und er wird hinter den Pflaumenbaum getragen, wo die Toten liegen.
Im Feuilleton: „Um die Firste der Dächer wob das Mondlicht einen silbern-bläulichen, zittrigen Schimmer und verwandelte die Landschaft in eine Fata Morgana, wie sie in den heißen Träumen des Wachens dem Sehnsüchtigen vor der Seele gaukelt."
Ein Meldegänger der 12. Kompanie fordert von uns Blessiertenträger und Soldaten zum Fortschaffen von fünfzehn Toten und fünfundachtzig Verwundeten; die Schwarmlinie sei zu sehr geschwächt, als daß ihr Mannschaft entzogen werden könnte.
„Sechster Ziehungstag der 2. Österreichischen Klassenlotterie. Je 200 Kronen gewannen folgende Leute..."
Ein Soldat, aus dem Mund blutend, bittet um Wasser. Zum Glück ist noch ein wenig kalter Kaffee in der Feldflasche. Er trinkt, wankt weiter, wir wischen sein Blut vom Flaschenhals.
„Javazucker fest, 23,6 bezahlt; Silber: 24,62; Rotterdam (Öle und Fette) Umsatz 6500." – Aus dem Gerichtssaal: „Das Muster einer braven Tochter scheint die vierundzwanzig Jahre alte Martha Planer aus Komotau..."
Der Leichengeruch wird unerträglich. Gott weiß, wann die Pioniere kommen werden, um sie zu begraben.
„Eine Nachricht, die die Verehrerschar von Pauline Ulrich, der auch bei uns rühmlich bekannten Heroine des Dresdner Schauspielhauses, sicherlich hoch erfreuen wird, ist die Verleihung..." – „Morgen wird zum 75. Male, fürwahr ein seltenes Jubiläum, die Operette ‚Das Musikantenmädel' aufgeführt..." – „In Fräulein Helene Winterfeld,

bisher Breslau, scheinen wir nun endlich die Altistin gefunden zu haben, die die schmerzliche Lücke ausfüllen ..."
Ssss-wum – eine Granate schlägt beim Hilfsplatz ein, ssss-wum – eine zweite schon näher bei uns, ssss-wum – die dritte beseitigt unsere Latrine. Wir warten auf die vierte.
"Kreuzherrenplatz. Die blonde Dame im grauen Tailormade wird von sie verfolgendem, nicht unbemerkt gebliebenem Herrn dringendst ..."
Dort links kriecht jemand aus den Strünken des Kukuruzfelds, ich nehme das Gewehr in Anschlag. Ich erkenne, daß es der Hornist vom 3. Bataillon ist. Seine Uniform ist naß von Blut. Am frühen Morgen bekam er einen Schuß in den Rücken, blieb bewußtlos liegen, erwachte gegen Mittag, kroch stundenlang vorwärts, teils weil er nicht die Kraft hatte aufzustehen, teils weil ihm Kugeln um die Ohren pfiffen. Seine Wunde hat er sich mit einer Wickelgamasche verbunden. Er beginnt zu schluchzen. "So allein war ich, so allein ..." Die Blessiertenträger erneuern seinen Verband, legen ihn auf ihre Trage. "So allein."
Wir frieren, und einer sagt: "Schade, daß ich keinen Mantel erwischt hab." Wir alle fühlen uns ertappt bei dem gleichen Gedanken: gäbe es doch mehr Tote, damit wir uns mit ihren Mänteln zudecken könnten.
"Eine Liebestragödie in der Weinberger Handelsschule" füllt die Lokalrubrik, hundert Zeilen, an Ort und Stelle recherchiert, sehr sentimental. Es handelt sich um den Selbstmordversuch zweier Schülerinnen aus Liebe zu einem Lehrer. "Eine Liebestragödie!" Wenn das Tragödie heißt, wie heißt denn das, was wir hier ununterbrochen erleben?
Das, was wir hier ununterbrochen erleben, heißt Krieg. Auch über den Krieg erscheinen Berichte in den Zeitungen, wahrlich genug. Aber alles ist falsch und entstellt. Mich beschäftigt die Frage: Hätte ich als Kriegsberichterstatter auch solche Geschichten geliefert?
Zwischen mich und meinen alten Beruf hat sich eine Distanz geschoben. Ich sehe jetzt anders. Mein journalistisches mit meinem soldatischen Auge vereint, ergeben ein plastisches Bild der Dinge.
Etwas Ähnliches wie die "Zeitung", die ich als Kind für mich allein verfaßt und gedruckt hatte, ist jetzt mein Tagebuch. Jeden Tag stenographiere ich meine Lebensweise und

meine Gedanken, die Lebensweise und Gedanken von Hunderttausenden. Stundenlang schreibe ich in mein Notizbuch. Die Kameraden spotten: „Schreib das auf, Kisch!" Der Satz wird zur ständigen Redensart. Auch wenn ich nicht dabei bin, unterstreichen die Soldaten ihre Witze, Flüche, Drohungen, Klagen mit einem „Schreib das auf, Kisch!". Kisch schreibt auf, wenn der letzte Hosenknopf abreißt, wenn das einzige Stück Seife in den Brunnen fällt, wenn Blut in den Eßnapf spritzt. Manches schreibe ich auf, was ich als Journalist nicht gewußt hätte. Manches hätte ich als Journalist auch dann nicht geschrieben, wenn ich es gewußt hätte, denn es wäre mir zu belanglos erschienen. Manches schreibe ich auf, was ich als Journalist nicht hätte schreiben dürfen, die Zeitung nicht gedruckt hätte. Mein Tagebuch weiß und darf. Welch ein Unterschied zwischen einem Spezialkorrespondenten und einem Soldaten, zwischen Zeitung und Notizbuch, zwischen einem Tag, den die Zeitung spiegelt, und einem Tag, im Schützengraben überlebt.

Der Heeresbericht meldet kurz und befriedigt: „Unsere Südarmee hat ihre Uferstellungen an der Drinamündung verstärkt." Für uns sah das so aus: Am Morgen waren wir über die Drina in Serbien eingedrungen, und nachts wurden wir wieder zurückgezwungen in die „Uferstellungen". Es war zwei Uhr nachts, als der Rückzug begann. Vom linken Flügel aus ging in Intervallen eine Kompanie nach der andern zurück. Das Zentrum und der rechte Flügel verstärkten inzwischen ihr Gewehrfeuer, damit die Serben das Manöver nicht merken, nicht unmittelbar die Verfolgung aufnehmen sollten.

Um drei Uhr bildete unsere Kompanie den linken Flügel. Wir zogen uns gegen die Drina zurück. Immerfort durch Gestrüpp, immerfort mußten wir uns zu Boden werfen, Artilleriegeschosse streiften unsere Kappen. Wir verloren die Richtung oder glaubten es wenigstens. „Hierher!" rief einer. „Nach rechts!" rief ein anderer. Bald war alles zerflattert, Gruppen rannten hierhin, Gruppen dorthin.

Wir kamen an einen Fluß, der durch Spiegelung des Mondlichts etwas Helle gab. Ist das die Save? Wenn es die Save ist, sind wir oberhalb oder unterhalb der Drinamündung? Einer will eine Streichholzschachtel ins Wasser werfen, um die Stromrichtung festzustellen. „Die Schachtel ist zu schade", wehren die Freunde. – „Sie ist ja leer." – Aber auch eine leere Streichholzschachtel ist ein Wertobjekt. So werfen wir eine Feldpostkarte in den Fluß. Sie schwimmt nach rechts, wir gehen nach links. Soldaten kriechen aus dem Uferschilf und schließen sich uns an, andere überholen uns, wieder andere kommen uns entgegen und beteuern, daß wir in falscher Richtung gehen. Allerdings, wenn der Fluß, in den wir die Postkarte warfen, nicht die Save, sondern die Drina war, entfernen wir uns von der Überschiffungsstelle. Aber bald hören wir, hören entsetzt, daß wir richtig gehen.

Ein ungeheuerliches Gedränge saugt uns auf. Soldaten werfen Gewehre und Tornister von sich, ziehen ihre Stiefel aus. Hunderte stehen im Wasser, um sich in dem herüberkommenden Ponton einen Platz zu sichern, bevor er anlegt. Durch Gebrüll und durch Schwenken der Arme wollen sie den Ponton veranlassen, bei ihnen anzulegen.

Andere haben die Absicht, den Strom bis ans österreichische Ufer zu durchwaten. Mit den Armen das Gleichgewicht herstellend, stapfen sie vorwärts, eine geschlossene Gruppe. Ihr schließe ich mich an. Weil das Gewehr an meiner Schulter mich am Balancieren hindert, stecke ich den Kopf in den Gewehrriemen. Wir stolpern über Tornister, Brotsäcke und Gewehre, die im Flußbett liegen. Kaum ein Viertel der Strombreite haben wir zurückgelegt, als ein verstörter Haufe uns entgegenkommt: es geht nicht weiter, der Fluß ist zu tief, die Strömung wirft einen um.

Mit einemmal erhält das Schreien einen gemeinsamen Text: „Die Serben sind schon am Ufer!" Tatsächlich verdichtet sich das Pfeifen der Projektile, ein horizontaler Regen prasselt los, nicht über unsere Köpfe sausen jetzt die Schüsse, sondern ins Wasser. Ins Wasser, in dem wir sind.

Wir hasten nach rechts und zurück, denn nur links, so scheint es, sind die Serben. Wer kann, beginnt zu schwimmen. Fünf Schritte schräg vor mir schwimmt Oberleutnant Batek. Ich rufe seinen Namen, aber er hört mich nicht. Ich will ihn einholen, da taucht sein Kopf unter und kommt nicht mehr zum Vorschein.

Rings um mich Ertrinkende, gegen den Ertrinkungstod sich Wehrende, Jappende, Röchelnde. Der oder jener versucht,

sich den Krallen des Wassers zu entreißen, springt hoch, um sich an dem Nichts emporzuziehen. Im gleichen Augenblick sinkt er zurück. Manchmal verliert einer den Boden, während sein Nachbar noch aufrecht steht; der reicht ihm die Hand und rettet ihn. Wenn sich Nichtschwimmer an Schwimmer klammern, werden sie verzweifelt abzuschütteln versucht. Gemeinsam schlagen sie um sich, gemeinsam sinken sie in die Tiefe.
Plötzlich geht eine Bewegung nach links durch die Massen, obwohl man links die serbischen Schützen vermutet. Aber von dort scheint auch Rettung zu winken. Links fahren drei unserer Pontons dem serbischen Ufer zu, um Soldaten aufzunehmen. Mitgerissen eile auch ich hin (soweit man eilen kann, wenn das Wasser fast bis zum Hals reicht). Einer der Pontons wird von den im Fluß Stehenden aufgehalten, bevor er ans Ufer kann. Der Ponton liegt quer. Während alle auf der ihnen zugekehrten Seite in den Kahn springen, stapfe ich zu der entfernteren, zu der dem österreichischen Ufer zugekehrten, und fasse den Bordrand. Noch ein zweiter ist so schlau gewesen und hängt schon dort.
Ich bitte einen im Kahn, mich hineinzuziehen. Er packt mich, vermag mich aber nicht über den Rand zu heben, so hoch ich mich auch emporziehe. Ein anderer Bootsinsasse bemüht sich, meinen Nachbarn ins Innere zu zerren, gleichfalls vergeblich. „Hilf zuerst dem da und dann mir", sage ich zu dem, der mit mir beschäftigt ist.
Er tut es, und mein Nachbar ist drinnen.
Der Ponton hat sich gefüllt, die Insassen verlangen: „Abstoßen, keinen mehr hereinlassen!" Ich rufe meinem Helfer zu, jetzt wieder mir zu helfen, aber der denkt nicht mehr daran, ebensowenig mein früherer Nachbar, der mir seinen Platz im Boot verdankt.
Unterdessen ist das ganze Fahrzeug einschließlich meiner privilegiert geglaubten Pontonseite von etwa sechzig verzweifelten Händen umsäumt. „So können wir nicht rudern", schreien die Pioniere, und das ist das Signal zu einem Angriff gegen die Hängenden. Mit Gewehrkolben schlägt man auf sie ein, bis sie loslassen. Sie fallen ins Wasser, tauchen auf und sinken wieder unter.
Der Aufgabe, mich vom Bootsrand abzuschütteln, unterzieht sich ein Bursch, dessen Gesicht ich niemals vergessen

werde. Auf seiner Bluse trägt er die papageigrünen Aufschläge der Einundneunziger, eine golden glänzende Locke schwingt sich zum Auge hin; zu diesem Blond passen die Augen, hellblaue große Kugeln, gutmütige Augen, möchte man sagen. Diese Augen würdigen die meinen keines Blickes, sind nur auf meine Finger gerichtet, die sich verzweifelt an die Brüstung klammern.
Im Boot kniend, beginnt er meine Hände vom Bootsrand zu lösen, so gleichmütig, als schäle er Nüsse. Es gelingt ihm, meine rechte Hand zu öffnen, und er macht sich an meine linke. Im gleichen Moment aber habe ich mich von neuem mit der rechten Hand festgekrallt.
So geht es also nicht. Einen Augenblick denkt er nach, wobei er seine Mütze in den Nacken schiebt, dann faßt er mit einer Hand meinen linken kleinen Finger, mit der anderen den rechten und versucht, sie zu brechen.
Während dieser Prozeduren bin ich keineswegs stumm. Zuerst flehe ich ihn an, verspreche ihm, ewig dankbar zu sein, appelliere an seine Kameradschaft, erkläre ihm, daß durch mich das Boot ja nicht umkippen werde.
Das alles berührt ihn kaum. Schon hat er meinen linken kleinen Finger in seiner Macht. „Du feiger Hund", brülle ich, „ich kenne dich genau. Wenn ich hinüberkomme, zeige ich dich als Mörder an."
Verfehlt ebenfalls jede Wirkung. Ich habe ihm den Finger wieder entwunden, er hebt seinen Fuß, um auf meine Hand zu treten, aber der Bootsrand ist zu hoch. Nur ein Fußstoß in die Fingerspitzen trifft mich.
Die im Boot sind wütend, daß ich mich geradezu dagegen auflehne, ertränkt zu werden. „Helft mir diesen da ins Wasser schmeißen", ruft der Goldblonde.
Nun will ich nicht weiter lästig fallen, lasse mich los und plumpse hinab. Stehen kann ich nicht mehr, das Wasser ist zu tief. Ebensowenig vermag ich zu schwimmen. Bei jedem Tempo schiebt sich mein Gewehr hoch und gibt mir einen Nackenstoß. Den Gewehrriemen über den Kopf zu zerren, um mich des Gewehres zu entledigen, gelingt nicht. Ich muß Wasser treten, aber die schweren Kommißstiefel zerren mich grundwärts.
Inzwischen hat sich der Ponton gedreht und Fahrt gewonnen. Es ist an einer so tiefen Stelle, daß er keinen weiteren

Angriff von Fußgängern zu gewärtigen hat. Fast fährt er über mich hinweg. Mit letzter Kraft schnelle ich mich hoch und packe ihn am Heck. Mein Gesicht presse ich an die Bordwand, ich möchte nicht gesehen werden, am allerwenigsten von den blauen Kulleraugen.
In die Pfiffe der Projektile, in das Aufwimmern der Getroffenen, in die Schreie, Schreie, Schreie vom Ufer her mischen sich jetzt neue Töne, das tiefe Surren von Schrapnells. Ihre Füllkugeln dringen ins Wasser und ins Blut.
Ein Sprengstück – oder sind es mehrere? – saust in den Ponton. „Der Boden ist durch!" – „Zeltblätter, Mäntel hineinstopfen! Schnell, schnell! Rascher!" Ich höre diese Rufe, ohne etwas zu sehen. Nebenan gleitet ein anderer Ponton, ein Artilleriegeschoß schlägt direkt hinein; der Ponton kippt um, ich schaue weg. Der unsrige bewegt sich rasch, die Strömung treibt ihn ab, einige hundert Schritte nördlich von der Überschiffungsstelle kommt er nahe ans österreichische Ufer. Er landet nicht am Ufer, sondern einige Meter davon entfernt. Die Insassen springen heraus, helfen einander mit Stoßen und Ziehen über den lehmigen Flußgrund und die glatte Böschung. Bevor ich mich von der Hinterwand nach vorn gegriffen habe, ist der Ponton leer.
Ich versuche, an Land zu gehn, das Wasser reicht mir bis ans Kinn, die Strömung tut, was sie kann, mich umzuwerfen, ich rufe um Hilfe. Einer oder der andere wendet den Kopf, aber jeder ist froh, die Böschung erklommen zu haben; keiner kehrt zurück. Ich glaube einen Kompaniekameraden zu erkennen. „Neumaier!" schreie ich, „Neumaier!", aus Leibeskräften. Neumaier fragt zurück: „Wer ruft mich?" „Ich, der Kisch." Er kommt herunter, streckt mir sein Gewehr entgegen, ich fasse es, er zieht mich an Land. Der Uferrand ist abschüssig und glitschig, an meinen Sohlen klebt der Lehm des Flußgrunds. Ich bin am Ende meiner Energie, meine Finger schmerzen vom Fußstoß des Kulleräugigen und meine Arme vom Festhalten am Boot. Ich verliere das Gleichgewicht, falle rücküber ins Wasser. Neumaier springt mir nach, richtet mich auf. Er stellt sich hinter mich, packt mich bei den Hüften, stößt mich vorwärts und aufwärts über den Damm.
Boden, Boden unter den Füßen!
Eine jämmerliche Kolonne trabt längs der Böschung, noch

jämmerlicher, noch zerlumpter als Falstaffs Lumpenpack; nackte Soldaten, Soldaten mit einem Zeltblatt über nacktem Körper; Soldaten im Hemd; Soldaten in Unterhosen und Soldaten in Uniformresten trotten apathisch und ziellos einher, naß und triefend, zähneklappernd vor überstandener Angst und vor nicht überstandener Kälte.

Am Straßenrand leere ich meinen Brotbeutel. Als flüssiger Brei liegt der Zwieback darin, dazwischen der Tabak meiner Zigaretten. Klaffend ist die Blechkapsel in meiner Hosentasche geöffnet, mein Name auf dem Legitimationsblättchen ist ein unleserlicher Fleck geworden. Egal, mag man mich als X oder Y begraben.

Mein Tagebuch war mit Tintenstift geschrieben, nun sind die Eintragungen verwischt, davongeschwemmt. Der Tintenstift selbst – er steckt zwischen den Seiten – ist unbrauchbar geworden, seine Mine hat sich in ein Liquid liquidiert.

Ich starre auf die violette Sauce, die gleichmäßig die Seiten des Tagebuchs bedeckt. Kein Wort zu lesen. „Schreib das auf, Kisch", hatte mein gesellschaftlicher Auftrag gelautet. Ich hatte das aufgeschrieben, was kein Kriegsberichterstatter aufschrieb. Nun aber ist der Zensor gekommen, unbarmherzig hat er alles verlöscht, sogar den Tintenstift unschädlich gemacht für künftige Zensurwidrigkeiten.

Beim Gendarmeriehaus treffe ich Neumaier, der sich in Ertrinkungsgefahr begeben und alles aufgeboten hat, um mich zu retten. Rauchend sitzt er da. „Neumaier", sage ich, „laß mich einen Zug aus der Zigarette machen." Unwillig lehnt er ab.

Von unserer Division sind kaum tausend Mann übriggeblieben. Dreitausend sind vermißt – erschossen oder ertrunken binnen weniger Stunden auf einer winzigen Fläche. Das Erdbeben von Messina oder der Tribüneneinsturz bei der Krönung des Zaren waren harmlose Lokalfälle im Vergleich mit dem, was sich heute nacht ereignete. Es ist vielleicht die größte Katastrophe des Jahrhunderts.

Ich denke nach, wie ich das Zeitungstelegramm formulieren würde, wenn ich eins absenden dürfte. Auf die Idee komme ich nicht, auf die zur gleichen Stunde der Verfasser des Heeresberichts kommt: „Unsere Südarmee hat ihre Uferstellungen an der Drinamündung verstärkt."

Ein halbes Jahr später wurde ich an der russischen Front verwundet, lag im Hospital und kam eines Tages wieder ins Bärenhaus. Hier sang mir der kahlköpfige Gatte von Hannchen, genannt „Hanka Falschheit", der blinde Methodius, die Elegie vom Übergang über die Drina. Sitzend, meinen Rücken auf Kissen gestützt, hörte ich die zwanzig Strophen des Liedes, zwanzig Strophen, die das Echo von Todesschreien ertrinkender Soldaten waren.
„Pure Erfindung", bemerkte mein Bruder. „Kein Wort von so etwas stand in den Zeitungen."

Kriminalfall wie keiner

Auch wenn in dem Kriminalfall, von dem ich nun zu berichten habe, der Täter verhaftet worden wäre, hätte man ihn nicht gerichtlich bestrafen können. Denn in keinem Strafgesetz findet sich ein Paragraph, nach welchem er zu verurteilen wäre, obschon er geraubt und wissentlich den Tod eines Menschen herbeigeführt hat. Gewiß, es scheint unglaubwürdig. Indes, gerade die Nichtstrafbarkeit stempelt diesen Kriminalfall zu einem so merkwürdigen.
Vielleicht ist es auch kein Kriminalfall im engeren Sinne des Wortes, weil er ja, wie gesagt, niemanden ins Kriminal geführt hat und auch nicht führen konnte. Höchstens deshalb kann man von einem Kriminalfall sprechen, weil der Held ein Krimineller war und seine Tat der Denkweise des Verbrechers entsprang.
Unser Regimentskommando wußte, daß der junge Infanterist Alois Davidek wegen Diebstahls mit Zuchthaus vorbestraft war, und das war auch der Grund, weshalb er weder einen Chargengrad noch eine Auszeichnung bekam. Beides hätte er reichlich verdient, und zwar von dem Tage an, an dem wir eine neue Waffe zu handhaben hatten.
Diese neue Waffe war die Handgranate. Von ihrer Existenz wußten wir nichts, bis sie in ein paar hundert Exemplaren in unserem Schützengraben anlangte mitsamt einem Instruktor, der seine Instruktionen im Eilzugstempo abhaspelte, um so schnell wie möglich aus dieser unbehaglichen Gegend zu verschwinden.

Wir hielten die neue Waffe für modernistischen Unsinn. Zwischen uns und dem Feind, den Serben, lagen fünfundsechzig Meter flaches Feld. Abgebrochene Kukuruzstauden. Granattrichter neben Granattrichter, und dazwischen Hügel, aufgeworfen vom Einschuß. Soldatenleichen, die nicht geborgen werden konnten. Spanische Reiter, die man hüben und drüben vor die Gräben geschoben hatte, um dem Feind ein Herankommen zu erschweren. Auf diesem Terrain hätte bei Tag jede Figur augenblicklich gesehen werden müssen. Und bei Nacht knatterte das Angstschießen; es bestrich den Raum so dicht, daß einer, der sich im Dunkeln über den Wall des Schützengrabens hinausgewagt hätte, zum Sieb durchlöchert worden wäre, auch ohne ein sichtbares Ziel zu sein. Auf eine Entfernung von fünfundsechzig Metern konnte niemand die Granate schleudern, und sich näher heranzuschleichen schien unmöglich.

Wir begnügten uns damit, sie in die Richtung des Feindes zu werfen, ins Niemandsland. Unseren Vorgesetzten war das recht, denn so konnten sie Meldungen über die eifrige Verwendung der neuen Waffe erstatten.

Nur dem Alois Davidek mißfiel die Vergeudung von Material. Ich sah ihn einmal vor den Handgranatenverschlägen stehen und sie mit wunschvollen Blicken messen, als handle es sich um fremdes Hab und Gut.

Im Abenddämmer machte er sich an die Handgranaten heran. Zuerst trug er zwei der mit Stroh ausgestopften Uniformpuppen, die wir oft zum Spaß aus dem Graben steckten, an den linken Flügel der Kompanie. Dann warf er vor seine Stellung, die am rechten Flügel lag, ein Bündel Kukuruzstauden, anscheinend, um nicht gesehen zu werden, wenn er aus dem Graben steigen würde. In der Tat sprang er ins Vorterrain, und zwar genau im Augenblick, da an unserem linken Flügel die Puppen hochgehoben wurden. Sein Sprung blieb unbemerkt, denn der Feind konzentrierte das Feuer selbstverständlich auf die beiden Ziele.

Erregt beobachteten wir Alois Davidek, der flach auf dem Boden lag. Was, wenn er sich aufrichtet? Aber es fiel ihm gar nicht ein, sich aufzurichten, dem Feind seine Figur darzubieten. Liegend, den Körper ans Erdreich gepreßt, bewegte er sich vorwärts. Das Wort „kriechen" wird im Sprachgebrauch oft für „Langsamkeit" verwendet. Hier kroch etwas mit der Schnelligkeit eines Salamanders, aber es war kein Salamander, sondern Alois Davidek. Er jagte dem Feinde im Zickzack zu, die winzigste Deckung ausnutzend, bald eine Soldatenleiche, bald ein Hügelchen, bald ein Büschel vertrockneter Stauden. Selbst uns, die wir ihn nicht aus den Augen ließen, verschwand er zeitweilig aus den Augen.

Wie ein Fassadenkletterer die Senkrechte aufwärts läuft und jede Mauerzacke, jedes griffgeeignete Ornament und jedes Gesimse ausnützt, so nun kletterte Alois Davidek auf einer horizontalen Fassade.

Nachdem er einige Sekunden auf diese Weise liegend galoppiert war, buchstäblich „ventre à terre", verschwand er in einem flachen Granatkessel, etwa zwanzig Meter am Feind, und aus diesem seinem Kessel sausten nun in raschem Intervall vier Eier in den feindlichen Graben. Um die Wahrheit zu sagen, ich sah nur eines fliegen, denn im gleichen Augenblick bäumte sich drüben der Boden auf, der Schutzwall brach krachend zusammen, seine Bestandteile wirbelten durch die Luft. Bevor sich der Rauch verzog, war Alois Davidek wieder bei uns, triefend vor Schweiß. Auch den Rückweg hatte er bauchwärts zurückgelegt, weil er, wie er sagte, unsere Schüsse mehr fürchtete als die des Feindes, der in diesem Augenblick mit sich selbst beschäftigt war.

Der Regimentskommandeur ließ Alois Davidek rufen, schüttelte ihm die Hand, kredenzte ihm ein Glas Wein und ein Stück Torte und teilte ihn dem Regimentsstab zu. Nur unmittelbar vor Sturmangriffen wurde Alois Davidek in die Schwarmlinie beordert. Jedesmal bereitete er seine Aktion auf andere Weise vor, einmal zum Beispiel ließ er zwei kleine Schweine aus unserer Stellung nach vorne jagen, und während die Serben ihnen ihr Augenmerk zuwandten, explodierte ihr Schützengraben.

Eines Tages wurde auch ich zum Regimentsstab berufen, um den Meldungen über unsere Sturmangriffe einen ähnlichen Schwung zu verleihen, wie Alois Davidek ihn seinen Handgranaten verlieh. Vielleicht war es Alois Davidek, vielleicht mir zuzuschreiben, daß unser Regimentskommandeur avancierte. Er übernahm ein Brigadekommando.

An seine Stelle kam ein langer Oberstleutnant, geschnürt und parfümiert, in übertrieben eleganter Uniform, Monokel über dem rechten Tränensack und Dünkel in den herabgezogenen Mundwinkeln. Unseren Soldaten aus dem nördlichen Böhmerwald war es gleichgültig, wer von den vielen tausend Stabsoffizieren der österreichisch-ungarischen Armee zum Kommando des Regiments bestimmt wurde, denn sie kannten ja die hohen Herren nicht. Nur gerade diesen Oberstleutnant kannten viele von ihnen. Er war nämlich Kontrolloffizier der Waffenfabrik Skoda gewesen, deren Abteilung für Holzbearbeitung sowie die Versuchsstellen für Geschütze innerhalb unseres Ergänzungsbezirks lagen. Unsere Soldaten hatten, bevor sie noch Soldaten waren, durch ihn den ärgsten militärischen Drill am eigenen Leib erfahren. Wenn ein Zehntel davon wahr war, was sie von der Brutalität des Oberstleutnants gegen die männlichen Arbeiter und von seiner Zärtlichkeit gegenüber den weiblichen erzählten, so wäre das Unbehagen bereits hinreichend erklärt, mit dem sie ihn bei uns auftauchen sahen.

Für Zärtlichkeiten gegenüber dem weiblichen Geschlecht fehlte es bei uns an Gelegenheit. Um so ungehemmter entfaltete er seine diktatorischen Neigungen. Vor allem führte er eine neue Ordnung ein. Punkt fünf Uhr morgens hatte der Koch mit einem Glas Zitronensaft ans Bett des Oberstleutnants gestellt zu sein. Fünf Uhr dreißig begann der Oberstleutnant die Inspektion, die zugleich sein Verdauungsspaziergang war und ihn bis zu den vier Betaillonskommandos, aber auch nicht weiter hinaufführte. Er tauchte, wo es nicht gefährlich war, in den Unterständen der Telefonisten und Gefechtsordonnanzen auf, bemängelte die Lage der Tornister und Brotsäcke und befahl, Uniformen und Stiefel zweimal täglich zu putzen.

Außerdem heischte er eine unausgesetzte Straßensäuberung. Der Laufgraben, der von der Gefechtslinie zum Sanitätshilfsplatz führte, auf dem sich Köche mit tropfenden Fahrküchen bewegten, auf dem blutende Verwundete sich schleppten oder getragen wurden – dieser Einschnitt in Erdreich und Kot sollte gereinigt und gepflegt werden wie der Kiesweg eines Schloßparks. Fand der Oberstleutnant irgend etwas zu beanstanden, so ließ er den Schuldigen schnurstracks an den nächsten Baumstamm binden. Persönlich achtete er darauf, daß das keine Formalität blieb, sondern die Stricke tief ins Fleisch schnitten.

Glock sieben morgens schritt er zu einer sakralen Handlung. Für deren Vollzug hatte er sich gleich am ersten Tag eine nur für ihn bestimmte Latrine zimmern lassen, die an Komfort weit über das hinausging, was die „k. u. k. Anweisungen zum Bau feldtechnischer Anlagen" vorschreiben. Wohl bestand auch die für den Oberstleutnant hergestellte Konstruktion nur aus einer Bank, aber diese war so groß und so stabil, daß das ganze Offizierskorps gleichzeitig auf ihr hätte Platz nehmen können. Überdies war sie poliert und mit einer bequemen Rückenlehne versehen.
Uns verdroß die Mißachtung, mit welcher die Latrine direkt vor unserem Unterstand aufgerichtet wurde. Wir mußten mit der Mehrheit unserer fünf Sinne wahrnehmen, wie der Oberstleutnant jeden Morgen um sieben dort seinen Platz bezog und den Akt zelebrierte mitsamt einer eindringlichen Nachmusterung, zwecks welcher er sich prüfend über die Rückenlehne beugte.
Unser Unterstand lag am Rande des Laufgrabens, und dort sah der Oberstleutnant eines Tages ein paar Papierschnitzel auf dem Boden liegen. Wütend herrschte er den Alois Davidek an, der sich damit verteidigte, daß eben in diesem Moment jemand die Papiere hingeworfen haben müsse. „Klaub das Zeug auf", befahl der Oberstleutnant seiner ihn begleitenden Ordonnanz, „und trag es zum Nachrichtenoffizier!"
Vom Nachrichtenoffizier erfuhr der Oberstleutnant, daß die Papierschnitzel einen an den Infanteristen Alois Davidek adressierten Briefumschlag gebildet hatten. Alois Davidek wurde gerufen, um zu hören: „Du verlogenes Schwein! Eine Stunde anbinden! Du sollst an mich denken!"
Alois Davidek stand auf den Zehenspitzen, den Körper mit Stricken an den Baumstamm gepreßt. Seine langen Finger waren wie aus Gips. Weiß war auch sein Gesicht. Nur in seinen Augen war Farbe, sie flackerten, wie ich sie noch nie flackern gesehen.
Sie flackerten noch immer in dem noch immer weißen Gesicht, als er in unseren Unterstand zurückkehrte. Die Augen flackerten, aber sahen nicht. Alois Davidek hörte auch nicht. Wenigstens gab er mir keine Antwort auf die Frage, ob er einen Schluck Kaffee haben wolle. Er sprach zu sich selbst. Er zischte sich etwas zu. Ich verstand die Worte „so ein Hund", „muß krepieren, *muß* krepieren".

Die Nacht brach herein, eine der Sternennächte Serbiens, die heller sind als der Tag.
„Willst du dich nicht schlafen legen?" fragte ich ihn endlich.
„So ein Hund", sagte er zu mir oder zu sich, „morgen muß er weg. Schon morgen. Morgen werde ich's ihm besorgen, ich schwöre das beim Leben meiner Mutter."
Erschreckt setzte ich mich auf. „Du willst ihn erschlagen?"
Die flackernden Augen richteten sich erstaunt auf mich. „Was redest du da? Erschlagen? Hältst du mich für einen Mörder? Ich bin ein Dieb, verstehst du: ein Dieb."
Als ich mich wieder hingelegt hatte und er mich wohl schlafend glaubte, schnallte er den Feldspaten von seinem Tornister los und verschwand aus dem Unterstand. Ich sprang auf und sah, wie er sich auf die Erde warf und vorwärts jagte im Horizontallauf, den ich von seinen Exkursionen mit den Handgranaten kannte.
Erleichtert merkte ich, daß er nicht die Richtung zum Regimentskommando nahm, wo der Oberstleutnant schlief. Alois Davidek bewegte sich zur neuen Latrine. Dort, unter oder unmittelbar hinter dem Sitzbrett, sah ich ihn, sein eigener Schatten, auf dem Boden herumkriechen, den Feldspaten hantierend, aber ich verstand nicht, was das bedeutete.
Zunächst dachte ich, daß er das Erdreich lockere, damit die Bank umfalle, wenn sich jemand darauf setzt. Oder wollte er gar die Stützpfeiler der Bank durchsägen? Ich war entschlossen, es zu verhindern, denn das mußte ja ans Tageslicht kommen.
Noch stiller und friedlicher als sonst Nächte in der Natur sind die Nächte im Krieg. Der Gefechtslärm, das ununterbrochene Knattern der Gewehrpatronen und das Rollen des Geschützfeuers werden von dieser Stille aufgesogen, lösen sich in ihr ohne Rückstand und dienen nur dazu, sie zu verstärken. Draußen rückt Artillerie vor, ächzen die Achsen, schnauben die Pferde, knallen die Peitschen und fluchen die Feuerwerker, und die Soldaten liegen im sanftesten Schlummer. Aber wenn im Zelt nebenan jemand zu schnarchen beginnt, fahren die Schläfer wütend auf, denn er stört die tiefe lärmende Ruhe.

Inmitten dieser Stille hätte ich genau gehört, wenn sich Alois Davidek an dem Bretterwerk der Latrine zu schaffen gemacht hätte. Absolut lautlos kroch Alois Davidek hinter dem Sitzbrett herum. Dabei bewegte er die rechte Hand, in der er den Spaten hielt. Dann sah ich ihn einige Maisstaudenbündel, die überall herumlagen, näher an die Latrine heranschieben.

Der Morgen kam. Punkt sieben schritt der Oberstleutnant wie immer zu seiner morgendlichen Tätigkeit. Ich schaute nach Alois Davidek aus, sah ihn aber nicht. So ließ ich, dem nichts Gutes schwante, den sitzenden Oberstleutnant nicht aus dem Auge, bis er zu Ende war.

In dieser Sekunde sah ich einen rasend schnellen Salamander in Menschengröße, fest an den Boden geschmiegt und sich durch Maisstauden deckend, von hinten an den Oberstleutnant heranhuschen, fast unter ihn hin. Ein Feldspaten nahm etwas auf, und der Menschensalamander verschwand.

Der Oberstleutnant war inzwischen aufgestanden, drehte sich um und neigte sich, die Hände auf die Rückenlehne gestützt, hinab.

Er sah nichts.

Er beugte sich tiefer vor und sah nichts.

Er klemmte sein Monokel ins Auge und sah nichts.

Er nahm das Monokel aus dem Auge, hauchte es an, putzte es, klemmte es wieder ins Auge, beugte sich ganz tief hinab und sah nichts.

Neben mir stand der zurückgekehrte Alois Davidek und beobachtete den Oberstleutnant, der sich wieder auf die Latrine setzte.

Als der Oberstleutnant schließlich aufstand, resultatlos selbstverständlich, wankte er in seinen Unterstand und rief nach dem Regimentsarzt. Der rannte herbei, untersuchte den Oberstleutnant, verabreichte ein Laxativ und blieb bei ihm – mochten die verwundeten und ruhrkranken Soldaten unten am Hilfsplatz sehen, wie sie selbst mit ihrem Leid fertig würden, ein verstopfter Oberstleutnant hat vor laufender Kundschaft natürlich den Vorrang.

Alois Davidek lag wieder auf dem Anstand. Kaum eine halbe Stunde brauchte er zu lauern, bis der Oberstleutnant blaß seiner Latrine zueilte. Mit einer Geste, als ob es sich um einen Revolver handle, nahm Alois Davidek den Feld-

spaten und zog los. Wieder sah ich ihn, mit seinem Schatten vereinigt, dahinjagen, wieder sah ich ihn die Beute schöpfen, mit ihr verschwinden. Als er zurückkam, rieb er die Schaufel mit Erdreich ab und ließ Wasser darüber laufen, sie hatte das Ihrige getan und wusch ihre Hände in Unschuld.
Drüben stand der Oberstleutnant und straffte sich. Seine Bewegung atmete Befreiung, Befriedigung, Glück. Langsam, den Genuß verzögernd, wandte er sich um.
Und damit waren seine schönen Gefühle zu Ende. Verständnislos blickte er hinab, fassungslos beugte er sich tiefer und starrte regungslos auf das Nichts. Er untersuchte seine Kleider und Schuhe, ging um das Sitzbrett herum, musterte es genau. Nur das Nichts war überall, nichts als das Nichts.
Einem Kadaver glich er, als er sich zum Regimentsarzt schleppte, von ihm ein neues Abführmittel in Empfang nahm und sich aufs Feldbett legte. Wie uns eine Ordonnanz berichtete, wand er sich in Schmerzen, ein begreiflicher Zustand, da er zwei Dosen Laxativ im Leibe hatte und sonst nichts anderes, wenn auch er und der Regimentsarzt das Gegenteil glaubten.
Ein Krankenwagen fuhr vor, um den Oberstleutnant ins Divisionsspital zu schaffen.
Mit welchen Symptomen auch immer man im Divisionsspital eintraf, man wurde auf Dysenterie untersucht, und wer in der Dysenteriebaracke untersucht wurde, steckte sich unfehlbar von den Kranken an. Beim Oberstleutnant schien die Diagnose Dysenterie von allem Anfang an klar. Hatte doch das zweite Laxativ durch die Fahrt im ratternden Krankenwagen seine Wirkung getan und mangels anderer Masse nur Blut und Wasser zutage gefördert.
Einige Tage später kam die Nachricht vom Heldentod des Oberstleutnants sowie die postmortale Verleihung des Eisernen Kronen-Ordens an ihn. In der Zeitung lasen wir den Bericht über die Enthüllung einer Ehrentafel in den Skodawerken; auch eine Straße sollte nach ihm benannt werden.
Und damit ist meine Geschichte zu Ende, die Geschichte eines Verbrechens mit tödlichem Ausgang, das nicht bestraft werden kann.

Ausgangsstation

Ich hatte mir Bücher kommen lassen über die Frage, die mich und Millionen anderer Soldaten seit Kriegsbeginn beschäftigte: Wie ist unsere Welt umzugestalten in eine Welt ohne Kriege, ohne Greuel und ohne Unrecht? Es waren zwei Arten von Büchern: die eine Gruppe vertraute auf die evolutionäre Entwicklung der Menschheit durch harmonische Allmählichkeit der Reformen, die andere Gruppe setzte ihre Hoffnung auf einen radikalen Umsturz, ähnlich dem, den die Französische Revolution von 1789 herbeiführt. Gerne hätte ich diese Werke in Ruhe durchstudiert.
Aber mein Dienst in Ungarn erforderte täglich einen mehrstündigen Aufenthalt im Eisenbahnzug und ließ mir wenig Zeit. Wohl hätte ich während der Fahrt lesen können, wenn ich nicht immerfort, immerfort das gleiche Gespräch hätte führen müssen. Es bezog sich keineswegs auf Reformierung oder Revolutionierung der Gesellschaft.
Wäre auch ein Gespräch über diese Fragen mit den meisten Passagieren des Offiziersabteils kaum sehr ergiebig gewesen, so hätte es mich wenigstens nicht so weit von meinem Thema entfernt. Am liebsten hätte ich freilich überhaupt nicht gesprochen, sondern die Bücher gelesen. Das erwies sich jedoch als unmöglich.
Nach Vorschrift mußte sich jeder Offizier oder Offiziersanwärter beim Betreten eines Raumes, also auch eines Eisenbahncoupés, allen Ranghöheren in deutscher Sprache vorstellen. Nur die Ungarn hatten das Recht, sich ungarischen Vorgesetzten in ungarischer Sprache vorzustellen.
In Püspökladany stieg ich in den Zug. Ein Husarenmajor in blauer Uniform saß darin, auf Brustkorb und Taille mit Posamenten verschnürt, eine Art Violinschlüssel auf den prall anliegenden Hosen und goldene Bärentatzen auf den Ärmeln. Wer nicht daran erkannt hätte, daß der Major ein Ungar war, hätte es an seinem Schnurrbart erkennen müssen, der parallel zu den Posamenten der Uniform verlief und über die Ohren hinausreichte. In strammer Haltung meldete sich: „Herr Major, Kadett-Offiziersstellvertreter Kisch stellt sich gehorsamst vor."

„Mért nem mondod magyarul?" antwortete der blaue Husarenmajor in einem Tonfall, der gutmütig war und darauf schließen ließ, daß er mir eine Frage stelle.
Daraufhin fragte ich meinerseits: „Herr Major befehlen?"
Langsam strich er den Schnurrbart entlang, den ganzen Schnurrbart. „Azt kérdezem, hogy mért nem mondod magyarul!" Das war kein Fragezeichen mehr, das war ohne Zweifel ein Ausrufungszeichen.
Ich erlaubte mir gehorsamst zu äußern, daß ich nicht verstehe. Ich sah sein Erstaunen. Er sagte in ungarischem Deutsch: „Habe ich nicht verstanden Ihre Namen. *Wie* heißen Sie, Herr Kadett?"
„Melde gehorsamst: Kisch."
„Warum also stellen Sie sich nicht vor auf ungarisch?"
Blieb mir gehorsamst zu wiederholen, daß ich nicht Ungarisch verstehe. Worauf sein Erstaunen wuchs. „Was? Wieso nicht verstehen Sie Ungarisch. Sind Sie doch Ungar!"
Eine Dosis von Bedauern, ja Zerknirschung meinem gehorsamsten Tonfall beimischend, gestand ich, daß ich kein Ungar sei, sondern nur ein Prager.
„Aber Herr Vater hat gewesen Ungar?"
Nachdem auch diese Frage meiner kleinlauten Verneinung begegnet war, schüttelte der blaue Husarenmajor den Kopf: Da werde man im Kasino Augen machen, wenn er das zum besten gebe! „Herren werden mir einfach nicht glauben. Haben keine Visitkarte zufälligerweise, Herr Kadett?"
Und dann begann er, mir, der ich auf Eduard Bernsteins „Voraussetzungen des Sozialismus", auf die Theorie des Reformismus neugierig war und gar nicht neugierig auf ein Gespräch mit dem blauen Husarenmajor, ausführlich auseinanderzuexplizieren: Kisch sei nämlich ein ungarischer Name. Kisch bedeute „klein". Nagy dagegen bedeute „groß". Und das seien die beiden häufigsten Namen in Ungarn.
Seit ich in Ungarn war, wußte ich das ganz genau, hundertmal, tausendmal hatte ich das in allen Varianten gehört, mußte aber so tun, als ob ich mit gespannter Aufmerksamkeit den Enthüllungen lausche.
„Haben wir zum Bleistift – haha, wollte sagen: zum Beispiel..."
„Haha, haha", mußte ich gehorsamst mitlachen.

„Haben wir also, bei uns in Satoraljauhély, wo bin ich Garnisonskommandant, einen Dichter, was auch heißt Kisch. Kisch Josef, und der hat zusammengestellt Theaterstück für unseren Kinematographentheater. ‚Simon Judith' ist Theaterstück übergetitelt. Das heißt, meine Tochter, was ist in Szegedin auf Lyzeum, hat gelernt, daß Dichter Kisch Josef ist schon tot zehn Jahre. Aber versteh ich das nicht, weil vor zehn Jahren hat noch nicht gewesen Kinematographentheater in Satoraljauhély. Verstehen Sie, Herr Kadett, wie kann haben geschrieben Theaterstück, wann ist schon tot?"

Das verstand ich auch nicht, bitte gehorsamst.

Und der blaue Major fuhr fort, sehr viel Kischs gebe es in Ungarn. Auf der ersten Seite jeder Budapester Zeitung stehen täglich zwei Inserate von Lotteriegeschäften, gleich oben neben dem Titel der Zeitung. Der eine Inhaber heiße Kisch und inseriere: „Kisch szerencséje nagy", was ein Wortspiel sei, weil es bedeute: „Das Glück des Kleinen ist groß."

Hahaha, hatte ich da wieder zu lachen, denn der blaue Husarenmajor lachte so über den Witz und klatschte sich so auf die Schenkel, daß ich glaubte, er werde sich die Violinschlüssel ins Fleisch schlagen.

Aber es komme noch besser, keuchte er. Die Konkurrenzfirma bleibe dem Kisch die Antwort nicht schuldig. Diese andere Firma heiße Török und inseriere: „Török szerencséje Török." Das bedeute: „Töröks Glück ist ewig" und reime sich noch dazu. Darüber lachte der blaue Husarenmajor Tränen, die auf Bärentatzen, Prallhosen und Violinschlüssel kullerten.

Er wollte mir etwas noch Komischeres erzählen, aber ich entschuldigte mich, daß ich leider jetzt aussteigen müsse. Tatsächlich stieg ich nur aus, um im gleichen Zug ein anderes Abteil aufzusuchen. Wohlweislich wählte ich ein leeres. Kaum war ich in der Fensterecke installiert, als ein blutjunger Rittmeister und zwei uralte Leutnants vom Train hereintorkelten.

Ich stellte mich gehorsamst vor und bekam, wenn auch nicht zu verstehen, so doch zu hören: „Ujra valaki, aki szégyenli, hogy magyar."

Der ungarische Feudaladel unterdrückte zwar die in seinem Staatsgebiet lebenden Kroaten, Ruthenen, Siebenbürger

Sachsen und Banater Schwaben, dennoch besaßen die Ungarn ein gerüttelt Maß von nationalem Verfolgungswahn. So glaubten zum Beispiel die drei angeheiterten Train-Offiziere, ich sei ein Ungar, der seine Nation verleugne.
Als ich das aufzuklären versuchte, hörten sie unwillig zu und klärten ihrerseits mich auf: Kisch sei ein kernungarisches Wort und bedeute „klein", und der Name Kisch sei der verbreitetste Name, zehn Prozent aller Magyaren heißen Kisch und zehn Prozent heißen Nagy, was wiederum „groß" bedeute. Aber es gäbe keinen Nagy in der Welt, der nicht ein Ungar sei, und ebensowenig hätte man je etwas von einem nichtungarischen Kisch gehört.
Der letzte Satz war besonders scharf, was vielleicht darauf zurückzuführen war, daß ich die Enthüllung über meinen Namen nicht mit so gut gespieltem Staunen entgegennahm wie vor dem blauen Husarenmajor.
„Ihre Familie hat sich austrifiziert, wahrscheinlich nach 1849, als Ungarn niedergeschlagen wurde von den Österreichern und den Kosaken", sagte der blutjunge Train-Rittmeister verächtlich, und seine beiden Leutnants nickten dazu mit ihren grauen Köpfen. Dennoch wollte er sich seine Diagnose auch von mir bestätigen lassen: „Nicht wahr, Herr Kadett, Ihr Großvater war noch Ungar?"
Nein, sagte ich, meine Familie lebe schon seit dem fünfzehnten Jahrhundert in Prag.
Er wurde noch schärfer. „Widersprechen Sie nicht, Herr Kadett! Ich befehle, daß Ihr Großvater Ungar war."
Vorschriftsmäßig nahm ich diesen meinen Großvater betreffenden Befehl zur Kenntnis. Damit war noch nicht alles vorbei. Die drei unterhielten sich laut über mich, um mich – wenn ich protestieren sollte – dabei zu ertappen, daß ich Ungarisch verstehe. Kein Protest erfolgte von meiner Seite, und ich wollte eben meinen Eduard Bernstein weiterlesen, als mich einer der Leutnants fragte: „Sind Sie vielleicht mit dem Bela Kisch in Czinkota verwandt, Herr Kadett?"
Alle drei bogen sich vor Lachen. Der Massenmörder Bela Kisch hatte in Czinkota nach und nach ein Dutzend Heiratskandidatinnen umgebracht und die Leichen in Zinnfässern verlötet. Der Fall hatte vor einiger Zeit alle Zeitungen gefüllt.
„Nein, Herr Leutnant", antwortete ich, „ich bin ja kein Un-

gar, und" – nun betonte ich jedes Wort – „der Bela Kisch war ein Ungar."
„Ich habe doch befohlen, daß Sie ein Ungar sind, Herr Kadett", schrie der Train-Rittmeister, wütend über meine Antwort.
Weiß Gott, was noch geschehen wäre, wäre nicht der Zug soeben in eine Station eingefahren und ein eleganter, ordensbesäter Oberstabsarzt eingestiegen. Bald war eine Unterhaltung in ungarischer Sprache zwischen den alten und dem neuen Insassen des Abteils im Gange. Über mich ging sie hinweg. Erst nach der Station, wo die drei Train-Offiziere hinaustorkelten, sprach der Oberstabsarzt mich an und erfuhr so, daß ich nicht Ungarisch verstehe.
„Oh, entschuldigen Sie", sagte er, „da liegt ein Mißverständnis vor. Ich hatte bei der Vorstellung verstanden, daß Ihr Name Kisch ist."
Um allem die Spitze abzubrechen, sagte ich, in der Tat führte ich merkwürdigerweise diesen kernmagyarischen und in Ungarn so häufigen Namen, obwohl meine Familie schon seit vielen hundert Jahren in Prag ansässig sei.
Er erwiderte, das sei wirklich sehr merkwürdig und ich hätte ganz recht, wenn ich sage, das sei ein in Ungarn so häufiger Name. Aber ich könne mir gar nicht vorstellen, *wie* verbreitet der Name sei, zehn Prozent aller Ungarn heißen Kisch, und zehn Prozent heißen Nagy. „Meine Frau", sagte er, „ist auch eine geborene Kisch, aber eine adlige Kisch, eine Baronin Kisch de Ittebe. Der Onkel meiner Frau, Géza Kisch de Ittebe, ist mit Katharina Schratt verheiratet. Sie wissen doch, wer Katharina Schratt ist?" Ich bejahte mit dem für Mitglieder des Kaiserhauses angebrachten allerhöchsten Respekt, denn Katharina Schratt war die Freundin des Kaisers Franz Joseph.
Aber bürgerliche Kischs gäbe es zum Schweinefüttern, sagte der Neffe der Frau Schratt. In seinem Spital habe er einmal die Krankenzimmer inspiziert. „Da sehe ich einen Mann wachsgelb und ohne Bewegung im Bett liegen. Ich fasse seine Hand, sie ist kalt. Natürlich schlage ich sofort Krach, das geht denn doch nicht, daß einer stirbt, ohne daß man davon weiß, und daß eine Leiche so mir nichts, dir nichts herumliegt. ‚Kisch', rufe ich nach meinem Regimentsarzt. Und gleich kommt der Kisch gelaufen, alle

Kischs auf einmal: der Regimentsarzt, der Sanitätsfeldwebel und zwei Krankenpfleger, die auch Kisch geheißen haben. Alle stehen Habt acht vor mir. Und wissen Sie, wer noch Habt acht vor mir gestanden hat? Der Tote! Er war nämlich gar nicht tot und hat auch Kisch geheißen."

Der Oberstabsarzt lachte schallend in Erinnerung an die Szene, und dann kam noch ein Epilog: „Der Regimentsarzt Kisch war der längste Mann, den Sie sich denken können: ein Meter zweiundneunzig, und wir hatten einen ganz kleinen Assistenzarzt, ein Meter fünfundfünfzig, und der hat Nagy geheißen. Das ist doch großartig, nicht wahr? Ach so" – er schlug sich auf die Stirn –, „Sie verstehen ja gar nicht, warum das großartig ist! Kisch bedeutet nämlich auf ungarisch ‚klein' und Nagy bedeutet ‚groß'. Jeden Tag inseriert ein Lotteriegeschäft in allen Budapester Zeitungen..."

In der nächsten Station mußte ich umsteigen. Gerade vor meinem Waggon lief ich dem blauen Husarenmajor, dem ich entflohen war, in die Arme. Ich wollte mich verdrücken, aber er stellte mich. „Kadett Kisch!" – „Befehlen, Herr Major?" – „Wieso Sie kommen in diesen Zug? Zuerst Sie lügen, daß verstehen nicht ungarische Sprache, trotzdem Sie heißen Kisch, und dann Sie steigen in anderes Coupé. Paßt Ihnen nicht Unterhaltung mit Ungarn! Habe ich das gleich bemerkt. Ist unerhört!"

Sein Gesicht war jetzt so blau wie seine Uniform. „Wie heißen mit Taufnamen und was ist Nummer von Ihr Regiment? Werde ich Anzeige machen wegen respektwidriges Verhalten."

Zur Hölle mit meinem Namen! Ich werde ihn reformieren im Sinne Eduard Bernsteins, dann wird Schluß sein mit dem Ärger. Ich muß meinen Namen leicht verändern, damit ich im Falle einer Entdeckung behaupten kann, ich sei falsch verstanden worden.

„Herr Oberintendant", sagte ich im neuen Abteil, „Kadett-Offiziersstellvertreter Klisch stellt sich gehorsamst vor."

„*Wie* heißen Sie?" fragte er, als ob er nicht recht gehört hätte.

Ich erschrak. Kannte er mich vielleicht? Wenn auch: es war zu spät. Ich wiederholte: „Klisch, melde gehorsamst."

„Komisch", sagte der Oberintendant, „wenn Ihnen ein Buchstabe fehlen würde, wären Sie ein Ungar."

Ich nickte höflich und setzte mich, um die Theorie des Reformismus weiterzulesen.
„Sie fragen ja gar nicht, welcher Buchstabe Ihnen fehlen müßte, damit Sie ein Ungar wären, Herr Kadett."
Worauf ich mir, innerlich die Zähne knirschend, gehorsamst die Frage erlaubte, welcher Buchstabe mich daran verhindere, ein Ungar zu sein.
„Der Buchstabe l, lieber Freund."
Ich dankte gehorsamst für die Aufklärung und griff zu meinem Buch.
„Interessiert es Sie denn nicht, zu erfahren, was der Buchstabe l mit ihrem Ungarntum zu tun hat?"
„Selbstverständlich interessiert es mich, Herr Oberintendant."
„Also werde ich es Ihnen sagen, wenn es Sie so sehr interessiert. Sie heißen Klisch, nicht wahr? Ohne das l aber würden Sie Kisch heißen, und Kisch ist ein ungarischer Name; und zwar ein sehr häufiger Name. Zehn Prozent..."
Auf der nächsten Station stieg ich wieder um. Sie hieß Bekescaba, und ich werde sie mir für mein Leben merken, denn sie bedeutet eine Ausgangsstation für mich. Es war mir klargeworden, daß reformistische Lösungen keine Lösungen sind.
Im neuen Abteil lag ein fuchsteufelswild aussehender Honvedoberst ausgestreckt auf der einzigen Bank und funkelte den Kadetten an, der einstieg, um ihn seiner Einsamkeit und Schlafmöglichkeit zu berauben.
„Herr Oberst", meldete ich, „Kadett-Offiziersstellvertreter Weitemeyer stellt sich gehorsamst vor."
Er stand auf. „Oberst von Kisch", sagte er und reichte mir die Hand, „freut mich sehr." Dann setzte er sich still in die Fensterecke.
So. Jetzt konnte ich lesen, aber es war nicht mehr die Theorie des Reformismus, die ich las.

Nachwort

Am 10. Mai 1942, dem neunten Jahrestag der faschistischen Bücherverbrennung, gründeten emigrierte deutsche Schriftsteller in Mexiko den Verlag El Libro Libre (Das freie Buch). Zu den ersten Publikationen, die 1942 herauskamen, gehörten der Reportagenband „Marktplatz der Sensationen" von Egon Erwin Kisch, der Bericht „Unholdes Frankreich" von Lion Feuchtwanger und der Roman „Das siebte Kreuz" von Anna Seghers. Für Egon Erwin Kisch bot die Zeit des Abwartens im mexikanischen Exil – in das er 1940 gekommen war –, der gemeinsamen antifaschistischen Arbeit mit Freunden und Genossen Gelegenheit, Rückschau zu halten und Rechenschaft zu geben. Der Ausbruch des zweiten Weltkriegs und die Entfernung von Europa hatten die Formen politischen Kampfes verändert. Nicht wenige emigrierte Schriftsteller führten die Auseinandersetzung mit der faschistischen Ideologie im Spiegel der eigenen Vergangenheit, verstanden Autobiographie, nach einem Wort Thomas Manns, „als Kritik des erlebten Zeitalters". Etwa zur gleichen Zeit, als Kisch von Mexiko aus den „Marktplatz der Sensationen" aufsuchte, beschwor Stefan Zweig im brasilianischen Exil die „Welt von gestern", bereitete Heinrich Mann in Kalifornien sein Bekenntnisbuch „Ein Zeitalter wird besichtigt" vor, schrieb Klaus Mann an seinem Lebensbericht „Der Wendepunkt".

Es gehört zur ironisch-satirischen Grundstimmung der Erinnerungen von Kisch, wenn der Autor seinem Leser zu suggerieren versucht, daß er seine Memoiren zum erstenmal schreibe und daß ihm die Übung mangele. Egon Erwin Kisch weiß natürlich sehr wohl, wie man es „richtig macht". Bereits der Reportagensammlung „Die Abenteuer in Prag" von 1920 hatte er zwei umfangreiche autobiographische und familien-

geschichtliche Kapitel vorangestellt. Und in manche Berichte und Aufsätze vor allem aus den zwanziger Jahren sind Begegnungen und Erfahrungen eingeflossen, die nun, entsprechend modifiziert und ausgeschmückt, in den Band über seine Prager Jugend aufgenommen werden können. Einzelne der am meisten bekannten Texte, wie die Reportagen „Der Fall des Generalstabschefs Redl" oder „Die Himmelfahrt der Galgentoni", vom Verfasser mehrfach bearbeitet, bleiben auch hier nicht unberücksichtigt. „Wie jeder gute Erzähler", schreibt Bodo Uhse, „seine Geschichten zu wiederholen liebt und wie diese Geschichten dann beim Wiederholen ihre Form jedesmal ein wenig ändern, abgeschlossener, gerundeter, eindringlicher werden, so ist es mit vielen der Kapitel im ‚Marktplatz der Sensationen' gegangen, zu dem Kisch aus seiner eigenen Vergangenheit schöpft."
Das erzählerische Temperament Egon Erwin Kischs kann sich in diesem Buch der Reprisen und Reminiszenzen ungehemmt entfalten. Die schönsten Anekdoten aus dem Leben des Prager Lokalreporters, zeitgeschichtlich und autobiographisch zugeordnet, erhalten hier, von der Höhe eines kämpferischen Antifaschismus, eine neue, oft überraschende Pointierung. Man wird Kischs Werk, sagt F. C. Weiskopf, erst dann ganz begreifen, wenn man das Prager Element darin sieht und zu deuten versteht. Mit der Geschichtensammlung aus dem alten Prag, wo Egon Erwin Kisch 1885 als Sohn eines jüdischen Tuchhändlers geboren wurde und wohin der „rasende Reporter" von seinen Entdeckungsreisen und Abenteuern in aller Welt immer wieder zurückkehrte, schließt sich der Kreis dieses Lebens.
All die kleinen und großen Prominenten der Zeit, mit denen der junge Zeitungsschreiber direkt oder indirekt in Berührung kam, sind zu Ausstellungsstücken auf dem Marktplatz journalistischer Sensation herausgeputzt. Der Alternde blickt auf seine Jugend zurück, meint Bodo Uhse. „Der als Dichter begann, um dann Reporter zu werden, kehrt zur Dichtung zurück." Deshalb wird man die Darstellung Egon Erwin Kischs nicht in allen Details als authentischen Lebensbericht nehmen dürfen. Manche Episoden haben sich in der Erinnerung verwischt und verdichtet oder sind bewußt stilisiert worden. „Debüt beim Mühlenfeuer" zum Beispiel ist nicht viel mehr als ein vergnügliches Demonstrationsob-

jekt, eine lehrreiche, aber erfundene Anekdote – die Schittkauer Mühlen brannten im Dezember 1912, als Kisch längst ein anerkannter Journalist war und der erste Band seiner „Prager Streifzüge", „Aus Prager Gassen und Nächten", bereits vorlag.
Der international geschätzte, in alle Weltsprachen übersetzte Schriftsteller Egon Erwin Kisch sieht dem unbekannten Prager Lokalreporter gleichsam über die Schulter und rekapituliert einige wichtige Abschnitte seiner geistigen und beruflichen Entwicklung. Das Buch wird zu einer „Reportage über die Reportage". Von den Erfahrungen seiner Jugend her resümiert Kisch die lebenslange, durch Krieg und Revolution drastisch geförderte Auseinandersetzung mit dem literarästhetischen Vorurteil gegenüber der Reportage und mit dem Wesen journalistischer Arbeit.
Im Jahre 1917 zum Wiener Kriegspressequartier kommandiert, erlebte Kisch tagtäglich das Übermaß „an Liebedienerei, an entwürdigenden Anerbietungen und Korruptionen", von dem die österreichischen Zeitungen beherrscht waren. Wichtig für das Selbstverständnis des vom Faktischen ausgehenden Schriftstellers wurde der im Januar 1918 erschienene Aufsatz „Wesen des Reporters", in dem Kisch die spezifische Arbeitsweise und die Funktion des Reporters untersuchte. Und als er in den Tagen der Revolution als Führer der Roten Garde von Wien selbst zum Objekt massiver Angriffe und Meinungsmanipulationen bürgerlicher und sozialdemokratischer Blätter geworden war, erkannte er die eminente Bedeutung des aktuellen Reports in den sozialen Kämpfen der Zeit. Um so mehr muß man es bedauern, daß Kisch den zweiten Teil des „Marktplatzes", der wahrscheinlich bis in die Jahre der Revolution und des Nachkriegs führen sollte und von dem nur einige Nachlaßtexte überliefert sind, nicht vollenden konnte.
Seine Vorstellungen von einem kämpferisch aufklärerischen, sozial engagierten Journalismus hat Kisch in der Anthologie „Klassischer Journalismus" von 1923 am Beispiel vorbildhafter Vertreter und Zeugnisse deutlich zu machen versucht. Und wenn er im Vorwort zum „Rasenden Reporter" von 1925 erklärt, der Reporter habe keine Tendenz, habe nichts zu rechtfertigen und keinen Standpunkt, dann ist das alles andere als ein Bekenntnis zur Standpunktlosig-

keit. Auf der Suche nach gesellschaftlicher Wahrheit distanziert sich Kisch von jeder Art bürgerlicher Rechtfertigung und Verschleierung, fordert er für die literarische Reportage eine klare ästhetische und politische Wirkung und Wertschätzung. In einer Welt, die „von der Lüge unermeßlich überschwemmt ist", in einer Welt, die „sich vergessen will und darum bloß auf Unwahrheit ausgeht", vermochte sich der Schreiber allein durch strikte Sachlichkeit, durch leidenschaftliche „Hingabe an sein Objekt" aus den Zwängen „vorgeschriebener Ideologie" zu befreien. Die Reportage wurde für Kisch, wie er es 1935 auf dem Pariser Schriftstellerkongreß zur Verteidigung der Kultur formulierte, immer ausgeprägter zur „Kunstform und Kampfform".
„Marktplatz der Sensationen", dieses amüsante Kompendium über den Prager Journalismus und die deutschsprachige Prager Literatur vor 1914, ist ein Buch des Abschieds von der Vorkriegszeit, von den „alten Herren" eines anachronistisch gewordenen bürgerlichen Journalismus und von der kapitalistischen Presse. Kisch schreibt ein Stück Lebensgeschichte und damit zugleich ein Stück Weltgeschichte. Er zeigt, wie die große Politik vor dem ersten Weltkrieg sich in der Berufsarbeit eines kleinen Prager Lokalreporters spiegelt, wie sie zuerst anekdotisch, später sehr handgreiflich in die Existenz dieses Journalisten eingreift.
Vom Lokalreporter, der nicht selten als Gerichtsreporter, Kriminalreporter recherchieren mußte, entwickelte sich Kisch zu einem beschlagenen Kriminologen, der über alle bekannteren Kriminalaffären, Verbrechen und Prozesse der Zeit Bescheid wußte. „Das Interesse für Kriminalistisches liegt den meisten Menschen im Blut", schrieb der fünfundzwanzigjährige Journalist in einem seiner Feuilletons. „Dabei sind die wahren Verbrechergeschichten viel seltsamer, spannender und erschütternder als die Phantasieprodukte der begabtesten Kriminalnovellisten. Und unwahrscheinlicher." Seine profunde Kenntnis und das Bestreben, jede Schilderung mit dem „Reiz des Erlebten" auszustatten, verführt den Schriftsteller mitunter dazu, die eigene Person mit mancher Kriminalgeschichte in einen engeren Bezug zu setzen, als das tatsächlich der Fall gewesen sein mag.
Die Reportagen Egon Erwin Kischs sind nicht bloß interessante Berichte, es sind leidenschaftliche Erfahrungen dieses

Lebens. Sie führen immer wieder zur Problematik journalistischer Arbeit zurück, zur Schwierigkeit bei der Beschreibung von Wirklichkeit, beim Schreiben der Wahrheit. Wie leicht wird der „sprödeste Stoff", die Realität, von der „interessanten" Lüge und Halbwahrheit verdeckt und verdorben. Kisch stellt die Frage, die ihn ein Leben lang beschäftigt hat: Bedarf die Gestaltung der Wahrheit der Phantasie und läßt sie sie überhaupt zu? In einer seiner Retrospektiven aus den zwanziger Jahren an die Prager Zeit weist der Schriftsteller auf die tödliche Gefahr für den Zeitungsreporter. „Die Verkümmerung aller Phantasie war eine naturnotwendige Folge der Tätigkeit, alltägliche Fakten niederzuschreiben." Die bloße Wiedergabe von Tatsachen reicht nicht aus, sie bedarf der Ergänzung, Erweiterung, Einordnung. Der wirkliche Reporter besitzt detektivische, dichterische Fähigkeiten; mit Hilfe der „logischen Phantasie", wie Kisch es nennt, auf dem „schmalen Steg zwischen Tatsache und Tatsache", löst er das Aktuelle, an den Tag Gebundene aus seiner Zufälligkeit – der Bericht wird zur „Kunstform".

Es war stets das Bemühen Egon Erwin Kischs, die Wahrheit über seine Zeit auf anregende und vergnügliche Art unter die Leute zu bringen. In den Geschichten und Anekdoten dieses Erinnerungsbandes ist eine Fülle von Informationen mit Selbstironie, auf geistreich unterhaltsame Weise dargeboten. Hermann Kesten bezeichnete den „Marktplatz der Sensationen" als das „beste Buch von Kisch und eines der amüsantesten Bücher, die bisher in der Emigration erschienen sind".

Fritz Hofmann

Der Text folgt dem Band VII der Gesammelten Werke, Aufbau-Verlag Berlin und Weimar, 4. Auflage 1979; die Auswahl dagegen der Ausgabe von 1947, an deren Zusammenstellung Kisch noch selbst mitgewirkt hat. Fünf weitere Texte, die aus dem Nachlaß in die Werkausgabe aufgenommen wurden, wurden im vorliegenden Band nicht berücksichtigt.

Anmerkungen

8 *Sankt-Nepomuks-Tag* – Sankt Nepomuk, böhmisch-katholischer Schutzheiliger, dessen am 16. Mai gedacht wird.
27 *Clairvoyantes* – (franz.) Hellseherisches.
52 *Crimen lasae majestatis* – (lat.) Majestätsbeleidigung.
63 *père noble* – (franz.) Heldenvater.
108 *Arcierenleibgarde* – Leibgarde des Kaisers von Österreich, bestand aus gedienten Offizieren.
134 *... so daß die Hebellänge der Schere sechs Meter betrug* – Offensichtlich ein Irrtum von Kisch, gemeint sind zwei Hebel von je drei Meter Länge.
146 *Official Forgery* – (engl.) Amtliche Fälschung.
Falsification commise par le gouvernement du Kaiser – (franz.) Fälschung, begangen von der Regierung des Kaisers.
Bella gerant alii! – (lat.) Krieg führen mögen die anderen!
210 *Chonte* – (jidd.) Dirne.
212 *Schemajisröl!* – (jidd.) Eigentlich sch'ma-Jissró'ejl, Höre Israel!
213 *Ascher-Joze-Papier* – (jidd.) Eigentlich Ascher-jozar-papir, wertloses Dokument; hier euphemistisch für Klosettpapier.
276 *Stalaktiten und Adamiten* – Kisch verwechselt Stalagmiten mit Adamiten, einer mittelalterlichen Sekte, die nackt wie Adam in den böhmischen Wäldern umherlief. (Diese Anmerkung steht so schon als Fußnote in der Ausgabe von 1942 und stammt wahrscheinlich von Egon Erwin Kisch selbst.)
296 *Liquid* – (lat.) Eigentlich liquid, flüssig; hier für Flüssigkeit.
306 *Mért nem mondod magyarul?* – (ungar.) Warum hat Er nicht ungarisch gesprochen?
Azt kérdezem, hogy mért nem mondod magyarul? – (ungar.) Ich habe gefragt, warum Er nicht ungarisch gesprochen hat?
307 *Ujra valaki, aki szégyenli, hogy magyar.* – (ungar.) Wieder einer, der sich schämt, Ungar zu sein.

Inhalt

- 5 Von den Balladen des blinden Methodius
- 15 Im Innern von „S. Kisch & Bruder"
- 30 Wirklich gedruckt
- 46 Das tätowierte Porträt
- 58 Vorträge und Theater
- 75 Deutsche und Tschechen
- 83 Die alten Herren
- 94 Kämpfe um die Lokalnotiz, speziell um Selbstmorde
- 106 Vom großen Zorn dieser Reporter
- 113 Sonnenthal im letzten seiner Tode
- 116 Debüt beim Mühlenfeuer
- 127 Weihnachtsbescherung
- 138 Die unabsehbaren Konsequenzen
- 148 Die Mutter des Mörders
- 158 Die Wasserkatastrophe von Konopischt
- 169 Zyankali gegen den Generalstab
- 182 Tötet der Buchstabe?
- 194 Die zusammengewachsenen Schwestern
- 203 Die Himmelfahrt der Galgentoni
- 225 Der Mordversuch und der Mord an meinem Onkel
- 232 Magdalenenheim
- 240 Ein Mädchen, das des Mörders harrt
- 250 Wie ich erfuhr, daß Redl ein Spion war
- 267 Von der Reportage
- 277 Perverses Vorspiel
- 287 Ein Reporter wird Soldat
- 297 Kriminalfall wie keiner
- 305 Ausgangsstation

- 313 Nachwort
- 319 Anmerkungen